De Kennedy Code

Abonneer u nu op de Karakter Nieuwsbrief.
Ga naar www.karakteruitgevers.nl en:
* ontvang maandelijks informatie over de nieuwste titels;
* blijf op de hoogte van speciale aanbiedingen en kortingsacties;
* én maak kans op fantastische prijzen!
www.karakteruitgevers.nl biedt informatie over al onze boeken,
Nova Zembla-luisterboeken en softwareproducten.

Gé Bosschee

De Kennedy Code

Karakter Uitgevers B.V.

© Gé Bosschee
© 2007 Karakter Uitgevers B.V., Uithoorn
Omslag: Hesseling Design, Ede
Opmaak: ZetSpiegel, Best

ISBN 978 90 6112 256 2
NUR 332

Voor Madelon, Joris en Frederieke

Dit boek is fictie. De gebeurtenissen in deze roman zijn fictief, maar spelen zich af tegen de achtergrond van een werkelijke, historische gebeurtenis.

De uitgever heeft getracht de herkomst van alle in deze uitgave opgenomen tekstfragmenten te achterhalen. Wie desalniettemin van mening is rechten te kunnen doen gelden wordt verzocht zich tot de uitgever te wenden.
Niets uit deze uitgave mag worden openbaar gemaakt en/of verveelvoudigd door middel van druk, fotokopie, microfilm of op welke andere wijze dan ook zonder voorafgaande schriftelijke toestemming van de uitgever.

'To see a world in a grain of sand
And a heaven in a wild flower
Hold infinity in the palm of your hand
And eternity in an hour.'

William Blake, *Auguries of Innocence*

'Wij, vertegenwoordigers van de hoogste Raad van het Rozenkruis, verblijven zichtbaar en onzichtbaar in deze stad, bij de gratie van de Allerhoogste, tot wie het hart van de rechtvaardigen zich wendt. Zonder boeken of tekens spreken wij, en wij leren dit ook aan anderen, in alle talen van de landen waar wij willen verblijven om de mensen, onze gelijken, van dodelijke vergissingen te bevrijden.
Indien iemand ons slechts uit nieuwsgierigheid wil ontmoeten, zal hij nooit met ons in contact komen. Als echter zijn wil hem ertoe brengt zich te laten inschrijven in het register van onze broederschap, dan zullen wij, die de gedachten kunnen doorzien, hem tonen dat wij waarlijk onze beloften nakomen. Zo vermelden wij niet de plaats waar wij in deze stad verblijven, want de gedachten toegevoegd aan de waarachtige wil van de lezer zullen het mogelijk maken dat hij ons leert kennen, en wij hem leren kennen.'

*Aanplakbiljet van de Frères de la Rose-Croix,
Parijs, augustus 1623*

JFK Truth

TRUTH

FRAMES

A∴L∴G∴D∴

or Dare

DARE

TFARC

G.`A.`D.`L.`U.`

Inhoud

Proloog	9
Deel I – Rosae et Aureae	13
Deel II – Elias Artista	131
Deel III – Sub umbra alarum tuarum	239

Appendix
1 Vertaling van de Latijnse, Oudduitse, Engelse en Hebreeuws/
   kabbalistische teksten   356
2 Integrale teksten van de website www.JFKTruthOrDare.com   360

Verantwoording   399

Proloog

De oude man trachtte zich overeind te houden terwijl hij door zijn belager de trappen af werd geduwd in de richting van het water.
'Kijken, zeg ik je, kijk ernaar!'
Vermoeid probeerde de man zijn hoofd op te richten. De beul greep zijn schedel echter van achteren vast en plantte zijn vingers zo diep in zijn wangen, dat het voelde alsof zijn bovenkaak zou breken. Daarna gaf hij een ruk omhoog.
'Kijk ernaar!'
Vertwijfeld probeerde de oude man om zijn blik scherp te stellen op het monument dat hij in de verte zag. De enorme, verlichte pilaar, gemaakt van brokken marmer en graniet, richtte zich op imponerende wijze op naar de hemel. De gelige kleur contrasteerde scherp met de donkere lucht en de overweldigende afmetingen ervan deden de verlichte koepel van het Capitool in de verte in het niet verdwijnen.
Het Washington Monument, het eerbetoon aan de eerste president van de Verenigde Staten. Dit zou het laatste zijn wat hij in zijn leven zou aanschouwen. Koortsachtig probeerde hij na te denken, zodat hij nog een laatste poging kon ondernemen om zijn belager op andere gedachten te brengen. Maar wat hij ook probeerde, hij kon het antwoord niet vinden, het antwoord dat hem wellicht kon redden van het noodlot dat hem te wachten stond. Want daar was hij van overtuigd. Vanavond zou hij de dood vinden.
Struikelend bereikten ze de waterkant. De beul dwong hem op de knieën en drukte zijn hoofd naar beneden, totdat het nog zo'n dertig centimeter van het wateroppervlak was verwijderd.
'Waar is het?'
De oude man keek recht in zijn eigen ogen, die hem in doodsangst aanstaarden. Hij begon te snikken. De tranen liepen langs zijn jukbeenderen naar beneden en vielen daarna in het koele water van de Reflecting Pool. De druppels maakten perfecte kringetjes die langzaam uitdijden, tot ze uiteindelijk wegebden in het wateroppervlak.
'Toepasselijk, vind je niet, zo'n prachtig uitzicht!' siste de beul spottend.
'Nog één keer: waar is het?'

Tergend langzaam duwde hij het gezicht van de oude man verder naar beneden. Die probeerde zich te verzetten, maar het had geen enkele zin. Hij kneep zijn ogen nu stijf dicht. Het wateroppervlak kwam centimeter voor centimeter dichterbij. De geur van het stilstaande water drong nu in zijn neusgaten. Het was een muffe, weeïge lucht, de typische geur van de poel des verderfs.

Opeens sperde hij zijn ogen wijd open. Hij probeerde te schreeuwen, te krijsen, te smeken. Maar het mocht niet meer baten. Op datzelfde moment verdween zijn hoofd onder water. Wat resteerde waren slechts luchtbellen, een orgie van ontelbare luchtbellen die omhoogborrelden naar het oppervlak.

Terwijl het water opspatte door het gespartel van zijn slachtoffer, tuurde de beul met een verbeten blik naar het monument in de verte.

Onder water bereikte de walgelijke tragedie langzaam zijn climax. De oude man had zijn ogen nog steeds opengesperd. Hij voelde de druk in zijn hoofd tot ongelooflijke proporties toenemen. Terwijl de resterende zuurstof al seconden geleden was opgebruikt, bleef hij met opengesperde mond in het water happen, maar het enige wat hij daarmee bereikte, was dat het proces zich versnelde. De druk werd nu zo groot dat zijn ogen uit hun kassen puilden. Zijn hoofd werd paars. In een laatste wanhopige poging trachtte hij met zijn hoofd boven het water uit te komen, al was het maar voor een seconde. Tevergeefs. Ergens in de verte, vertroebeld door het water, zag hij een laatste, wazige glimp van de verlichte pilaar. Een rimpelende, oranje schim aan de horizon.

Ontelbare scènes schoten als een razende door zijn hoofd. Als een op hol geslagen film, zonder begin en zonder einde. Plotseling kwam de achtbaan van beelden echter tot stilstand. Hij zat geknield naast zijn vader, bij de vijver in de achtertuin van zijn ouderlijk huis. De vijver die ze altijd samen schoonmaakten. De kronkelende goudvissen schoten razendsnel op en neer in een poging om uit de handen van hun belagers te blijven. Zoals altijd probeerde hij de vissen met zijn blote handen uit het water te grissen, zoals altijd zonder resultaat.

Er verscheen een glimlach op zijn gezicht.

Met een allerlaatste krachtsinspanning probeerde hij zijn hand uit te strekken naar de gele, kronkelende vis in de verte.

Toen was het voorbij.

De beul voelde het lichaam verslappen. Nog zeker een halve minuut bleef hij er kracht op uitoefenen, om er zeker van te zijn dat hij zijn gruwelijke daad had volbracht. Toen hij zijn greep verslapte, bleef het hoofd drijven.

De dunne, grijze haren spreidden zich uit over het wateroppervlak en wiegden zachtjes op de deining op en neer, als de levenloze tentakels van een aangespoelde kwal.

Hij trok het stoffelijk overschot uit het water, legde het over zijn schouder en begon de trappen op te lopen in de richting van het Lincoln Memorial. Toen hij op het eerste voetgangersplateau was aangekomen, wierp hij tussen de zuilen door een korte blik op het zes meter hoge, marmeren beeld dat vanuit zijn verlichte, neoklassieke tempel op hem neerkeek.

Vervolgens draaide hij zich een halve slag om en liep in de richting van het groen aan de zijkant van het gebouw. Eenmaal onder de bescherming van de bomen, liet hij zijn last op de grond glijden en tuurde gespannen in de verte. Hij keek op zijn horloge en probeerde zijn wazige blik scherp te stellen op de cijfers. Hij had nog voldoende tijd.

Deel I

Rosae et Aureae

1

Professor Thomas Shepard boog zich voorover om zijn aantekeningen uit zijn versleten leren tas te pakken. Zoals altijd was hij nogal nonchalant gekleed in een oude spijkerbroek met een ouderwets colbertje, waaronder hij een T-shirt met lange mouwen droeg. Hij was vijfenveertig, maar de sporen van de tijd waren hem nog niet echt aan te zien. Shepard was vrij lang en deed zijn best om niet al te veel gewicht aan te kweken. Hij had een smal gezicht en een grote bos warrig haar, waardoor hij altijd wat jongensachtig overkwam. Vaak werd hij dan ook zo'n vijf jaar jonger geschat. Maar meer nog dan door zijn postuur, kwam dat waarschijnlijk door de brutale, onderzoekende blik die hij altijd in zijn ogen had wanneer hij op iets stuitte wat zijn aandacht trok.

Hij lag goed bij zijn studenten, niet in de laatste plaats bij het vrouwelijke gedeelte ervan. Zijn tomeloze enthousiasme voor zijn vakgebied, politicologie in historisch perspectief, bracht hij met veel verve over op zijn leerlingen. In tegenstelling tot veel van zijn collega's schuwde Shepard de behandeling van controversiële, en daardoor vaak populaire onderwerpen, niet. Juist deze aanpak maakte politicologie volgens Shepard tot de smeuige wetenschap die ze kon zijn en het studentenaantal dat zich voor zijn richting inschreef, steeg dan ook elk jaar weer.

Hij tuurde de collegezaal in en zag voornamelijk bekende gezichten. Daar was dit niet verplichte college ook voor bedoeld, voor de fijnproevers, voor die leden van de studentenpopulatie die net als hijzelf meer dan een gemiddelde belangstelling bezaten voor een fenomeen uit de Amerikaanse geschiedenis: John F. Kennedy. En dan ging het niet over leven en werk, maar over de nog altijd onopgeloste omstandigheden rondom zijn dood. Over de complottheorieën dus. Want als er één ding was waarover het Amerikaanse volk het ruim veertig jaar later nog steeds eens was, dan was het de overtuiging dat Kennedy was vermoord als gevolg van een complot. En Shepard, die zich sinds jaar en dag in deze materie verdiepte, voegde daar in besloten kring graag zijn eigen, persoonlijke opvatting aan toe. In besloten kring omdat hij het tot nu toe niet had aangedurfd om zijn theorie voor het grote publiek toegankelijk te maken. Simpelweg omdat

hij van tevoren wist dat hij door een groot aantal van zijn vakgenoten zou worden weggehoond, en niet in de laatste plaats door de officiële overheidsinstanties, bij wie dit onderwerp tot op de dag van vandaag grote irritatie wekte. Genoeg irritatie in elk geval om zijn wetenschappelijke status in gevaar te brengen, daar was hij zich terdege van bewust. Maar een verhandeling over dit onderwerp voor een beperkte groep geïnteresseerde studenten leek geen kwaad te kunnen. Zo diep zouden de voelsprieten van Washington niet reiken, toch?
Hij schraapte zijn keel.
'Goed, allereerst welkom, allemaal. Ik herken de meeste gezichten, maar het is altijd goed om weer nieuwe te zien. In het komende uur zullen we het hebben over de achtergronden van de aanslag op president John F. Kennedy. Maar dan vanuit een geheel andere invalshoek dan gewoonlijk. Ik zou u willen verzoeken om geen aantekeningen te maken, want zoals u weet, kan dat leiden tot aanhouding, veroordeling en internering. En dat zou ik niet op mijn geweten willen hebben.'
Er klonk gegrinnik.
Shepard wist zijn gezicht in de plooi te houden, maar het kostte hem moeite. Nog maar kortgeleden had de decaan hem er in een indringend gesprek nog van proberen te overtuigen dat het beter zou zijn als hij dit soort op persoonlijke fascinatie gebaseerde zijsprongen zou staken, al was het maar omwille van de naam van de universiteit. Als Shepards opvattingen in grotere kring openbaar zouden worden gemaakt, zou dit immers heel goed kunnen leiden tot intrekking van de fondsen die bepaalde instanties en particulieren tot nu toe aan de universiteit schonken. Maar hij had voet bij stuk gehouden. Wetenschappelijke ontplooiing staat of valt met de mogelijkheid tot onafhankelijk onderzoek, zo had hij zijn baas voorgehouden. En elke inperking daarvan was in strijd met de beginselen van diezelfde wetenschap. Deze keer had de decaan het hierbij gelaten, maar Shepard voorvoelde dat ze hem steeds minder ruimte zouden geven.
'De laatste keer heb ik gesproken over de verstrengeling tussen twee machtsfactoren binnen de Amerikaanse samenleving. We hebben toen vastgesteld dat er vele, hoewel onzichtbare, maar toch niet minder tastbare, banden bestaan tussen de, laat ik het maar noemen, heersende klasse en de vrijmetselarij. Ik ben toen geëindigd met de tegenwoordig in bepaalde kringen nog steeds levende overtuiging dat de vrijmetselarij op enigerlei wijze betrokken is geweest bij de aanslag op Kennedy. Overigens hecht ik eraan om te melden dat deze overtuiging door regeringsinstanties altijd is ontkend en dat de vraagstelling dus puur hypothetisch en wetenschappelijk van aard is.'

Shepard liet zijn blik zo opvallend mogelijk door het lokaal gaan.
'Zo, als er dus ergens een microfoon zit verborgen, dan ben ik nu in elk geval vrijgepleit.'
Er klonk opnieuw gegrinnik.
'Vandaag wil ik het met u hebben over symbolen, of riten zo u wilt. Symbolen die hun oorsprong vinden in de vrijmetselarij en die met enig inlevingsvermogen in verband kunnen worden gebracht met de aanslag.'
Shepard zette de overheadprojector aan. Op het lichtscherm verscheen een plattegrond van Dealey Plaza, het plein in Dallas waarlangs de autokaravaan van Kennedy reed toen hij werd vermoord. Shepard tikte met een aanwijsstok op het scherm.
'Dit is de route die de karavaan op 22 november 1963 nam. Vanuit Main Street sloeg men af naar Houston Street, om vervolgens met een scherpe bocht af te buigen naar Elm Street, een van de drie wegen die uiteindelijk bij het viaduct bij elkaar komen. Valt u daarbij iets op?'
Het was even stil in de zaal.
Een roodharige studente stak haar hand op.
'Carry?'
'Het was wel een erg scherpe bocht, van Houston naar Elm Street, een ideaal moment voor een aanslag.'
Shepard knikte instemmend.
'Juist, daar heb je een punt. Tot op de dag van vandaag is het onduidelijk waarom men van de oorspronkelijke, rechtdoor gaande route over Main Street is afgeweken en heeft gekozen voor de bocht, waardoor de limousine sterk moest afremmen. Inderdaad, een ideaal moment voor een aanslag. Maar ik bedoel iets anders. Kijk nog eens goed naar het plein.'
'Er staan veel openbare gebouwen omheen.'
'Inderdaad, opnieuw kansen genoeg voor een schutter om zich te verbergen. Maar ik wil ergens anders heen.'
Opnieuw stilte.
Shepard tikte opnieuw op het scherm. 'Kijk eens goed, er zijn drie wegen, die uiteindelijk samenkomen onder het viaduct.'
Hij pauzeerde even.
'Volgens sommigen is de keuze van deze plaats symbolisch voor de betrokkenheid van de vrijmetselarij. De drie wegen staan voor de drie-eenheid die in de vrijmetselarij zo'n belangrijke rol speelt. De drie-eenheid die wordt voorgesteld door de driehoek Stof, Kracht en Geest en die symbolisch wordt gevormd door de in elkaar geschoven passer en winkelhaak. Zo kent de vrijmetselarij ook drie basisgraden, de zogenaamde blauwe of

johannesgraden, te weten leerling, gezel en meester. Voor niet-ingewijden klinkt het allemaal vergezocht, maar er zijn nog meer verwijzingen te vinden naar de vrijmetselarij.'
'Maar wilt u dan zeggen dat de daders de mogelijkheid hadden om juist deze route te kiezen?'
'Als ze voldoende hooggeplaatst waren in de samenleving, wie zal het zeggen, Jeffrey?'
'Dat vind ik eerlijk gezegd wel wat ver gezocht, professor.'
'Mmm, je zult zien dat er wel meer zaken vergezocht zijn als je de omstandigheden rondom de aanslag uitpluist. Maar goed, als we kijken naar de datum van de aanslag, 22 november 1963, dan valt ook daar wat aan op. Als we de dag en de maand bij elkaar optellen, komen we uit op drieendertig. Eveneens een belangrijk getal in de symboliek van de vrijmetselarij. Na de initiatie in de drie blauwe graden kan men ook nog worden ingewijd in een aantal bijkomende graden, die als een verdieping van de basisgraden worden beschouwd. Het aantal graden hangt af van de ritus waarbinnen de betreffende loge werkt. Zo bestaan er binnen een van de oudste en bekendste orden van de vrijmetselarij, die van de Aloude en Aangenomen Schotse Ritus of de A.A.S.R., niet minder dan drieëndertig graden. De drieëndertigste graad is de hoogste die men kan bereiken.'
Shepard legde een nieuwe sheet op de projector.
'Hier heb ik een overzicht van de graden binnen de A.A.S.R. Ze zijn onderverdeeld in vijf trappen. De eerste trap is die van de blauwe basisgraden. De tweede bestaat uit de zogenaamde Perfectieloges, de vierde tot en met de veertiende graad.' Hij las een paar benamingen hardop.
'4 Geheim Meester
5 Volmaakt Meester
6 Geheimschrijver
13 Ridder van het Heilig Koninklijk Gewelf
14 Groot Schots Meester van het Heilig Gewelf of Verheven Metselaar.'
Er klonk wat geroezemoes.
'Klinkt goed, hè?' Shepard grijnsde. 'Daarna volgen de Kapittels:
15 Ridder van het Oosten en van het Zwaard
16 Prins van Jeruzalem
17 Ridder van het Oosten en van het Westen
18 Soevereine Prins of Ridder van het Rozenkruis.
Deze laatste is ongetwijfeld de populairste van alle vrijmetselaarsgraden, hij wordt éénmaal per jaar verleend, op Witte Donderdag. De twaalf volgende graden zijn de Areopagi. Daar zitten ook erg aardige bij:

19 Schots Hogepriester van het Hemelse Jeruzalem
20 Achtbare Grootmeester van Alle Reguliere Loges
22 Ridder van de Koninklijke Bijl of Prins van Libanon
24 Prins van het Tabernakel
26 Schots Trinitariër of Prins van Barmhartigheid
27 Commandeur van de Tempel van Jeruzalem
30 Groot Uitverkoren Ridder Kadosch of Ridder van de Witte en de Zwarte Arend.'
Shepard zweeg en keek geamuseerd het lokaal in. Hij wreef vergenoegd in zijn handen.
'Vermakelijk, nietwaar?'
'Welke graad hebt u zelf, professor, die van Verheven Metselaar?'
Er klonk gelach. Shepard draaide zich om naar het projectiescherm en wreef over zijn kin.
'Bedankt voor het compliment, Robert, maar de mooiste moeten nog komen. Daar kies ik er liever eentje uit. De eenendertigste graad wordt namelijk gevormd door een Tribunaal van Grootinspecteurs of -inquisiteurs en de tweeëndertigste door een zogenaamd Consistorie van Sublieme Prinsen van het Koninklijk Geheim. En die laatste lijkt me wel wat.'
Shepard grijnsde, wachtend op de reactie. Opnieuw veel gelach.
'De Sublieme Prins van de George Washington-universiteit heeft wel wat weg van de Fresh Prince of Bel Air.'
Nu ontstond er grote hilariteit in de zaal.
Shepards pretoogjes glommen van plezier. Hij had het weer eens voor elkaar. Zonder dat ze het zich bewust waren, hadden ze het grootste plezier met historische genootschappen die honderden jaren terug waren opgericht, maar die vandaag de dag nog een immens grote invloed hadden op het politieke leven. Dat bedoelde hij nou met spelenderwijs kennis vergaren.
Ze moesten eens weten.
'Goed, genoeg gelachen, dames en heren. Jij krijgt voor je eerstvolgende paper alvast een D, meneer Deforrest.'
'Dank u, professor.'
'Graag gedaan, altijd tot wederdienst bereid. Goed,' ging Shepard verder, 'de laatste graad, de drieëndertigste, wordt gevormd door de Soeverein Grootinspecteurs-Generaal. En om het verhaal dan af te maken wordt het geheel bestuurd door een Opperraad, een college van broeders bestaande uit negen tot drieëndertig houders van de drieëndertigste graad, onder voorzitterschap van een Soeverein- of Grootcommandeur. En voordat jul-

lie nu weer in lachen uitbarsten, zou ik jullie erop willen wijzen dat vijftien Amerikaanse presidenten lid waren van de een of andere orde binnen de vrijmetselarij. De laatsten waren voor zover ik weet de presidenten Ford en Bush senior, beiden houder van de drieëndertigste graad en deel uitmakend van de Opperraad van de Verenigde Staten.'

Shepard hield bewust een paar seconden pauze.

'Wat op het eerste gezicht dus vermakelijk en soms op het belachelijke af lijkt, krijgt zodoende toch weer een geheel andere lading, vinden jullie niet?'

Die laatste opmerking sloeg in. Het bleef opvallend stil in de zaal.

'Oké, 22 november, dames en heren, het getal drieëndertig, de drieëndertigste graad, volgens bepaalde bronnen opnieuw een symbolische aanwijzing dat de vrijmetselarij betrokken was bij de aanslag op president Kennedy.'

Terwijl er opnieuw geroezemoes ontstond in de zaal, legde Shepard een nieuwe sheet op de projector.

'Bekijken jullie nu dit overzicht maar eens.'

Het betrof opnieuw een schema, ditmaal van elf graden:

Eerste orde:
Neofiet   0 (voorbereidingsgraad)
Zelator   1e (Malchoet)
Theoreticus   2e (Jesod)
Practicus   3e (Hod)
Philosophus   4e (Netsach)

Tweede orde:
Adeptus minor   5e (Tifferet)
Adeptus major   6e (Gevoera)
Adeptus exemptus   7e (Gedoella)

Derde orde:
Magister Templi   8e (Bina)
Magus   9e (Chochma)
Ipsissimus   10e (Keter)

'Dit is een stelsel van elf graden, verdeeld in drie klassen, met voor elke graad een zogenaamde Sefirah-aanduiding. Elf graden, denk aan de elfde maand, november. Het interessante is dat dit stelsel niet afkomstig is uit de vrijmetselarij, maar dat het is ontwikkeld door de Rozenkruisersbewe-

ging in de Verenigde Staten. De Rozenkruisers en de vrijmetselarij hebben een band die teruggaat tot de zestiende eeuw. Sommigen gaan ervan uit dat ze oorspronkelijk één beweging vormden, die zich later splitste in enerzijds de vrijmetselarij, die zich meer toelegde op de verspreiding van filosofische en filantropische ideeën, en anderzijds de Rozenkruisers, die zich richtten op kabbalistisch en alchemistisch onderzoek. Andere historici zijn van mening dat de eerste Rozenkruisersbroederschap al in 1494 ontstond, in het Deense Schleswig. De Rozenkruisers kwamen volgens hen samen met Anna van Denemarken naar Schotland, waar ze huwde met Jacob VI van Schotland. Daar fuseerden ze met de vrijmetselaars. Als uiterlijk bewijs daarvan zou het gedicht *Muses Threnodie* van Henry Adamson kunnen dienen, dat in 1638 in Edinburgh verscheen.'
Shepard pakte zijn aantekeningen en las de woorden hardop voor:
'*For we be brethren of the Rosie Crosse*
We have the Masons's Word and the second sight.
Want wij zijn broeders van het Rozenkruis, we hebben de gelofte van de vrijmetselaars en de helderziendheid,' vertaalde hij.
'Hoe dan ook, de Rozenkruisersgeest is het best bewaard gebleven in de achttiende graad van de Aloude en Aangenomen Schotse Ritus, die van de Ridder van het Rozenkruis. Overigens roept ook de officiële leeftijd van de Ridder, drieëndertig, in dit verband wellicht associaties op.'
Shepard fronste zijn wenkbrauwen en keek veelbetekenend de zaal in.
'Sommigen brengen de maand november, de elfde maand, in verband met de elf graden die gelden in de hermetische orde van de Golden Dawn. En zo komt de datum van de aanslag, de tweeëntwintigste dag van de elfde maand, in een geheel ander perspectief te staan. Je kunt het geloven of niet, feit is dat het wel erg toevallig is dat deze getallen zoveel overeenkomsten vertonen met de twee belangrijkste en hoogst bereikbare symbolen in de ritus van de vrijmetselarij en de Rozenkruisers.'
Hij liet de informatie een volle minuut op de groep inwerken. Het was muisstil, niemand had meer de behoefte om een humoristische opmerking te plaatsen. Shepard haalde de sheet weg en schakelde de overheadprojector uit.
'We hebben nu de getallen drieëndertig en elf proberen te verklaren. Wat overblijft is het getal tweeëntwintig. Ook dat getal is volgens bepaalde bronnen zeker niet uit de lucht gegrepen. De datum 22 november, en daarmee dus de som van tweeëntwintig en elf, zou in verband staan met de ondergang van de tempeliers, die als voorlopers worden beschouwd van de vrijmetselaars en de Rozenkruisers.'

Shepard schraapte zijn keel en nam een slokje water.
'In september of oktober 1307 gaf Filips IV, de koning van Frankrijk, het bevel om alle tempeliers van Frankrijk gevangen te nemen. Hij had middelen nodig om de geplande kruistocht veilig te stellen en die middelen dacht hij te kunnen vinden bij de tempeliers, die een enorme rijkdom hadden vergaard. Als orde van huursoldaten en bankiers waren de tempeliers te rijk en te machtig geworden om als staat in een staat geduld te worden. Filips handelde daarbij als een soort uitvoerder van de Kerk. Het probleem was namelijk dat de orde niet onderworpen was aan de koning, maar aan de Heilige Stoel. De paus pikte dat niet en wilde de snelle berechting die Filips in gang had gezet blokkeren en zelf het initiatief terugwinnen. Het vooronderzoek door de Inquisitie had er ondertussen echter toe geleid dat de tempeliers werden beschuldigd van ketterij en het beoefenen van de geheime gnostische leer. Beschuldigingen waarop de doodstraf door verbranding stond. Daarom werd de aanklacht nu openlijk door de Kerk onderzocht. Door de bul "Pastoralis Praeeminentiae" verordende de paus op 22 november 1307 de arrestatie van alle tempeliers en de overdracht van al hun bezittingen aan de Kerk. In het voorjaar van 1308 beval de paus alle machthebbers in wier rijk zich bemiddelde tempeliers bevonden, deze te arresteren en te vervolgen. Bij de verhoren werden niet zelden folterpraktijken toegepast. De aangeklaagden wisten welke bekentenissen van hen verwacht werden en velen bekenden. Ook de regering van Cyprus, waar zich het hoofdkwartier van de orde bevond, werkte mee met de paus. Op 22 maart 1312 werd de orde van de tempeliers opgeheven.'
Shepard pauzeerde even.
'En op 22 november 1963, exact 656 jaar na de pauselijke bul, namen de erfgenamen van de tempeliers dus wraak.
De geschiedenis herhaalde zich, zou je kunnen zeggen.
Opnieuw was er een heersende klasse opgestaan, rijk en machtig, die de eigenlijke machtsfactor in de staat begon te overvleugelen. En opnieuw stond er een koning op die het bestaan van die staat in een staat niet duldde. Maar deze keer zou de katholieke heerser het onderspit delven.'
'En die koning was Kennedy?'
Shepard knikte instemmend. 'Sommigen menen van wel. De Amerikaanse samenleving werd en wordt gekenmerkt door een verregaande verstrengeling tussen twee machtsfactoren: de politiek en het bedrijfsleven. De vorige keer hebben we al vastgesteld dat er vele onzichtbare banden bestaan tussen de heersende klasse en de vrijmetselarij. Een en een is twee,

zou je kunnen stellen. Of misschien beter: tweeëntwintig en elf is drieëndertig.'

Shepard wreef in zijn handen en toverde een geforceerde glimlach tevoorschijn.

'Ik denk dat we het hier vandaag maar bij zullen laten. Voor de geïnteresseerden heb ik nog wat aanvullende literatuur. Laat het allemaal maar eens bezinken en dan ben ik benieuwd wat jullie er de volgende keer van denken. Zijn het broodjeaapverhalen of zit er wellicht een kern van waarheid in? Tijd voor een kritische, wetenschappelijke benadering, dames en heren!'

2

Het luikje in de zware eikenhouten deur ging langzaam open.
Vanachter het smeedijzeren vlechtwerk dat ervoor zat, werd de bezoeker door twee spiedende ogen opgenomen.
'*Ave frater*,' groette de man die naar binnen wilde op lage toon.
'*Rosae et Aureae*,' antwoordde de Anubis.
'*Crucis.*'
Vervolgens spraken ze beiden tegelijkertijd de laatste zin van de begroeting uit: '*Benedictus Dominus Deus noster, qui dedit nobis signum.*'
De Anubis knikte. Hij hield zijn zegelring omhoog achter het luikje. De bezoeker toonde eveneens zijn zegel. Daarna werd de grendel van de deur geschoven.
Snel stapte de man naar binnen. De deur werd meteen weer achter hem gesloten. Ze bevonden zich nu op een klein, ijzeren plateau van amper een vierkante meter in doorsnede, omgeven door een ijzeren reling. Er konden amper twee volwassen personen naast elkaar op staan. Van daaruit liep een smalle, steile wenteltrap in een soort liftkoker naar beneden. Gezien de iele constructie van de trap en de nauwe ruimte waarin hij was geplaatst, leek het erop dat deze ingang pas later was toegevoegd aan het gebouw. Maar wonderwel had juist die beperkte ruimte bijgedragen aan de toepasselijkheid van deze spiraalvormige constructie.
Volgens de ritus, ontleend aan de kathedraalbouw in de middeleeuwen, moest iedere inwijdeling immers de triniteit leerling-gezel-meester door-

lopen. Daarbij diende de kandidaat de 'oude mens' af te leggen en zich te ontdoen van zijn verzamelde kennis en vooroordelen, om aldus symbolisch te worden opgenomen in de schoot van Moeder Aarde. Als hij het stadium van meester had bereikt, kon hij van daaruit als het ware opstijgen en terugkeren als een ingewijd mens, herboren tot een nieuw leven. En precies deze belangrijke ritus werd in de leer van de orde algemeen gesymboliseerd door de wenteltrap in koning Salomo's tempel.

Beneden aangekomen ging de Anubis de bezoeker voor naar de zogenaamde tussenruimte. Dat was een lang, smal vertrek van zo'n zeven meter lang en ongeveer drie meter breed, althans als men de kledingkasten niet meerekende die aan weerszijden van het vertrek over de hele lengte langs de muren waren geplaatst. Op de vloer lagen afwisselend zwarte en witte tegels. Zwijgend liepen de beide mannen naar hun eigen kast, openden die met hun persoonlijke cijfercode en pakten hun mantel. Zoals voorgeschreven had de Anubis zijn mantel eerder uitgedaan en opgeborgen zodra de bezoeker zich had gemeld. Niet alleen uit veiligheidsoverwegingen, maar ook uit respect jegens de leer die deze kledij belichaamde.

Zonder een woord te wisselen knoopte de bezoeker zijn overhemd open en deed het uit. Daarna stak hij zijn arm omhoog. Aan de binnenkant van de bovenarm, vlak boven de oksel, was de tatoeage met het teken van de orde duidelijk zichtbaar. De Anubis knikte opnieuw en daarna sloegen ze beiden hun mantel om.

Vervolgens toetste de Anubis de cijfercode in op de toegangsdeur naar de grote zaal. Zwijgend wachtten ze tot dezelfde handeling, maar dan met een andere code, ook aan de andere kant was verricht. Een dubbele controle die was ingevoerd nadat een aantal jaren geleden een journalist erin was geslaagd met de hulp van een afvallige van binnenuit tot in de tussenruimte te komen. Slechts door doortastend optreden van de toenmalige Hiërofant was de indringer tijdig ontmaskerd en overmeesterd.

Toen de deur automatisch werd ontgrendeld, stapten beide mannen de grote zaal binnen. De bezoeker herhaalde de eerdere begroeting:
'*Ave Frater.*'
'*Rosae et Aureae,*' luidde het antwoord van de Imperator.
'*Crucis.*'
'*Benedictus Dominus Deus noster, qui dedit nobis signum.*'
'U bent laat, broeder.'
'Excuses, Imperator, maar ik werd opgehouden door wereldse zaken.'
De Imperator gaf een korte knik ten teken dat hij de verklaring aanvaardde.
Ze bevonden zich in een zaal van zo'n tien meter doorsnee, met zeven zij-

den en zeven hoeken. De zaal had een donker, gewelfd plafond dat bezaaid was met afbeeldingen van sterren. Het plafond was vanaf de zeven zijden tot het middelpunt in drie hoeken verdeeld. In het midden hing een enorme kroonluchter, in de vorm van een vijfpuntige ster. Daaronder bevond zich een ronde stenen tafel, waarop een koperen plaat met inscriptie lag:

A.C.R.C. HOC UNIVERSI COMPENDIUM UNIUS MIHI SEPULCHRUM FECI.

In het midden van de plaat stonden vijf figuren afgebeeld, omgeven door cirkels, met daarin de volgende opschriften:

1. JESUS MIHI OMNIA
2. NEQUAQUAM VACUUM
3. LEGIS JUGUM
4. LIBERTAS EVANGELII
5. DEI GLORIA INTACTA

Verspreid over de zaal stonden drie marmeren sokkels opgesteld. Op een ervan stond een beeld van een vogel, een pelikaan, die de jongen die tussen haar poten zaten, voedde met bloed uit haar opengepikte borst. Op de tweede lag een opengeslagen, dik boek, met daarop een passer en een winkelhaak die in elkaar geschoven waren. En op de laatste stond een stenen kruis met in het midden een roos.

De wanden waren versierd met afbeeldingen. De twee meest in het oog springende waren schilderijen van William Blake. *De Jakobsladder*, uitgebeeld als een wenteltrap waarlangs engelen en andere figuren neerdaalden tegen de achtergrond van een met sterren bezaaide hemel en opgingen naar het licht. En *De Grote Geometer*, waarop een oude man met lange grijze haren en baard stond afgebeeld, die vanuit de hemel een gigantische, geopende passer naar beneden richtte.

Rondom de enorme, stenen tafel in het midden van de zaal stonden in rijen van twee ongeveer veertig personen opgesteld, allemaal gehuld in hetzelfde witte gewaad, met rond het middel een rode sjerp, die kruislings over de schouders werd gedragen. Het geheel had veel weg van een klassiek college van wijzen dat, ver verheven boven het gepeupel, zijn licht zou laten schijnen over de daden van de mensheid.

Degene die de voorzitter van het college leek te zijn, droeg een gepofte, witte muts en hij stond op een verhoging, waardoor hij boven de rest uittorende. Zijn stem galmde door het gewelf.

'Praemonstrator, het woord is aan u.'

Op datzelfde moment klonk er een zwaar, ronkend geluid ergens boven hen. Het nam steeds meer in sterkte toe, tot het bijna leek of het oude plafond naar beneden zou komen. Ondanks de overweldigende herrie en de trillingen die tot in de vloer voelbaar waren, leek geen van de aanwezigen zich zorgen te maken.

De Anubis reageerde direct op het korte gebaar van de Imperator.

Toen hij even later de deur opende, werd hij door de sterke windvlaag bijna van het plateau af geblazen. Terwijl hij de reling van de trap stevig vastgreep, boog hij zijn hoofd voorover tussen zijn schouders. Zijn ogen vernauwden zich tot spleetjes tegen het stof en het zand, dat door de wervelende wind alle kanten op werd geblazen. Vanaf deze afstand leek de natuurlijke landingsplaats veel te klein te zijn voor het enorme toestel. De rotorbladen leken bijna te pletter te slaan tegen de bomen erachter. Terwijl de wieken van de helikopter steeds langzamer begonnen te draaien, ging een van de zijdeuren van het toestel open. Een man in kostuum stapte uit en kwam met een kleine sprong op het grasveld terecht. Met snelle passen en gebogen hoofd liep hij naar de ingang.

'Welkom, broeder.'

'Dank u.'

De Anubis liet de gebruikelijke, officiële begroeting ditmaal achterwege en gebaarde de bezoeker om de trap af te dalen. Blijkbaar verdiende hij een speciale behandeling die hem verhief boven de rest. In de tussenruimte deed de bezoeker zijn colbert uit en hij begon zijn overhemd los te knopen. De Anubis voelde zich zichtbaar niet op zijn gemak. Toen de bezoeker zijn arm omhoogstak, gaf de Anubis het bekende knikje en hij draaide zich snel om naar de toegangsdeur.

Eenmaal in de zaal werd de gezamenlijke begroeting wel uitgesproken. Ditmaal geen vermanende woorden van de voorzitter. Hij wenkte de gast vriendelijk om naast hem plaats te nemen in de kring en knikte hem op bijna onderdanige wijze toe.

Opnieuw nam hij het woord. 'Praemonstrator, het woord is aan u.'

De man die naast hem stond, deed een stap naar voren. 'Dank u, Imperator.'

Hij schraapte zijn keel.

'Tot ons is gekomen het bericht dat een emeritus lid onzer orde het woord van de geheime leer der alchemisten heeft geschonden.'

Er klonk een afkeurend gebrom door de zaal.

'De inwijdingseed is door hem gebroken.'

De spreker hief zijn arm in de lucht ten teken dat de aanwezigen moesten zwijgen.

'Ik geef het woord aan de Hiereus.'

Op dat moment deed een van de aanwezigen een stap naar voren.
'Ten overstaan van u allen zal de inwijdingseed op plechtige toon worden gememoreerd.'
De Hiereus kruiste zijn beide onderarmen over zijn borst.
'Ik beloof de eeuwige en levende God om het geheim dat mij door u is medegedeeld aan geen enkel mens te openbaren; het tijdens mijn leven met het natuurlijke zegel bij mij verzegeld te bewaren; niets te openbaren van zijn uitwerkingen en van wat mij door u, hetzij mondeling, hetzij schriftelijk is geleerd; niets bekend te maken over de huizen van onze broederschap, en over de woonplaats, de naam en voornaam van onze Imperator en niemand de *lapis philosophorum* te wijzen. Over dit alles beloof ik een eeuwig stilzwijgen te bewaren, ook met gevaar voor eigen leven. Zo waarlijk helpe mij God en zijn Woord.'
Toen de Hiereus uitgesproken was, was het stil. Alle aanwezigen leken zich bewust van de reikwijdte van deze tekst.
Wat volgde was een feitelijke uiteenzetting over datgene wat er was gebeurd. De Hiereus eindigde zijn betoog met de volgende conclusie:
'Emeritus Broeder V.O.V., geroepen tot de achtste graad, die der Magister Templi, laatstelijk de functies bekleed hebbende van Cancellarius en Stolistes van het in 1963 benoemde Speciale College van Functiedragers, heeft al doende de eed gebroken.
De bewijzen spreken voor zich. Zijn schuld is daarmee met aan zekerheid grenzende waarschijnlijkheid komen vast te staan.
Het College van Ingewijden heeft geoordeeld. Het woord is aan de Imperator.'
De man met de witte muts deed een stap naar voren.
'Het College van Ingewijden heeft unaniem geoordeeld dat daarmee artikel 44 van het manifest in werking treedt.'
Hij keek kort in de richting van de Hiereus. Die stapte naar voren.
'Als een van onze broeders door ongeluk of onvoorzichtigheid door een potentaat zou worden ontdekt, dan moet deze broeder zich eerder laten doden dan het geheim te openbaren. En wij, met onze Imperator, beloven hem hiermee dat we in zo'n geval ons leven op het spel zullen zetten om hem te verlossen. Mocht deze potentaat echter halsstarrig zijn en wegens het geheim de broeder ter dood veroordelen, dan verklaren wij hem tot martelaar en beloven een van zijn familieleden in zijn plaats op te nemen, zijn vrienden te helpen en voor hem een mausoleum met symbolische inscripties op te richten.'
Daarna nam de Imperator opnieuw het woord.

'De afvallige dient zich te onderwerpen aan artikel 44.
Fiat justitia ne pereat mundus.
Condoleo.'
Er klonk instemmend gemompel.
'Degene die bezwaar heeft tegen deze beslissing, hij verheffe nu zijn stem of hij zwijge voor eeuwig!'
Er restte slechts stilte.
'Dan schors ik deze zitting en geef het woord aan de Hiërofant.'
Terwijl de reikwijdte van de beslissing nog na-ijlde onder de aanwezigen, deed de ceremoniemeester een stap naar voren en sprak de afscheidswoorden hardop uit:
'Frater Aureae vel Rosae Crucis, Deus sit tecum cum perpetuo silentio, Deo promisso et nostrae Sanctae congregationis.'
Daarna vond het informele gedeelte van de bijeenkomst plaats. Eenieder had van tevoren al geweten wat het besluit zou inhouden. Vandaag had slechts de formele bekrachtiging plaatsgevonden van het vonnis waar ze allemaal al op waren voorbereid, en dat, als gevolg van de uitzonderlijkheid van de situatie, inmiddels al was voltrokken. Want een van hun voorgangers had de dunne lijn overschreden. Hij was te ver gegaan en had de doodzonde gepleegd. Een doodzonde waarop slechts één straf stond. Die van de excommunicatie. En zoals eenieder wist, kon die slechts op één manier worden voltrokken.

3

Jenna Campbell nam een slok van haar cafeïnevrije koffie en zette haar computerscherm aan. Daarna deed ze het jasje van haar donkergrijze mantelpakje uit en hing het zorgvuldig op een knaapje aan een van de dossierkasten. Zoals altijd zag ze er weer perfect uit. Met haar opgestoken, blonde haar en haar onberispelijke outfit zou ze gemakkelijk voor een snelle advocate van een van de grote kantoren kunnen doorgaan. Dat was een van de dingen geweest waar ze aan had moeten wennen in deze baan. Haar vrienden uit haar studietijd hadden haar aanvankelijk dan ook uitgelachen. Jenna Campbell, een van de meest uitgesproken progressieve studenten journalistiek op de campus. Die niets liever deed dan te-

gen alle heilige huisjes aan schoppen die er te vinden waren. Voortaan gehuld in mantelpak, witte blouse en panty.
Ze schopte haar te nauwe, nieuwe schoenen uit onder het bureau en wreef met haar tenen over elkaar om ze weer warm te krijgen. Verveeld tuurde ze naar de onvermijdelijk lange lijst e-mails die ze sinds gisteravond weer had binnengekregen. Alle spamfilters ten spijt, slaagden ze er altijd weer in om haar computer vol te spuien met ongevraagde gegevens. Ze begreep dat haar baan als Witte Huiscorrespondent van *The Washington Post* dat nu eenmaal met zich meebracht. Ze bevond zich immers dicht bij de beleidsmakers van dit land en velen probeerden via haar een ballonnetje op te laten over het een of ander. In de hoop haar zo te verleiden er een vraag over te stellen op de persbijeenkomsten op het Witte Huis. Maar soms werd ze er ook wel eens moe van. Bovendien, ze moesten eens weten hoe de correspondenten door de persdienst aan banden werden gelegd. Sommige onderwerpen waren altijd al taboe, sommige nu eens wel en dan weer niet, vragen over gevoelige zaken moesten sowieso al vooraf worden goedgekeurd en ga zo maar door. En als je je daar niet aan hield, werd de toegang tot het Witte Huis je gewoon ontzegd. Tot zover de persvrijheid in het meest democratische land ter wereld. Maar goed, ze moest niet zeuren. Ze had deze baan met bloed, zweet en tranen bemachtigd en hoe je het ook wendde of keerde, je bevond je in het centrum van de macht op een plaats waar beslissingen werden genomen die de hele wereld konden beïnvloeden. Ze had geleerd dat je door de juiste informatie op de juiste tijd te publiceren via de krant redelijk wat invloed kon uitoefenen op de publieke opinie. En daar was het Witte Huis dan weer zeer gevoelig voor. En zo bestond er een continu, op wederzijdse afhankelijkheid berustend bestand tussen de pers en de beleidsmakers op Pennsylvania Avenue.
Plotseling viel haar oog op een bericht met een vreemde afzender: 'Deep Throat', gevolgd door een aantal initialen.
Ze fronste haar wenkbrauwen. Deep Throat was immers de naam van de tipgever die in de jaren zeventig van de vorige eeuw die andere twee verslaggevers van *The Post*, de nu wereldberoemde Bob Woodward en Carl Bernstein, aan de informatie had geholpen die uiteindelijk had geleid tot het aftreden van president Nixon naar aanleiding van de Watergateaffaire. Ze glimlachte. En eigenlijk was ze al van plan om het bericht te wissen. Te belachelijk voor woorden om haar met zo'n titel te proberen te verleiden om het te lezen. Niet bepaald getuigend van bijster veel originaliteit. Maar toch, net voordat ze de opdracht 'verwijderen' wilde aanklikken, bedacht ze zich en opende het bericht toch.

Van: Deep Throat O.˙.B.˙.d.˙.H.˙.
Aan: Jenna Campbell, redactrice voor het Witte Huis, *The Washington Post*;
CC: Thomas Shepard, professor politieke geschiedenis, George Washington-universiteit.
Onderwerp: 22 november 1963
Bijlagen: 100008.jpg; 100009.jpg

Bekijk de fotoframes!

Datum opname: 22 november 1963
Maker film: Babushka Lady

Ik beschik over de originele 8 mm-film waaruit de frames afkomstig zijn. Ik beschik over de bewijzen!

Let op de houten schutting boven aan de grasheuvel!

Kijk op de volgende website: JFKTruthOrDare.com.

Waarom heeft niemand de olieconnectie onderzocht?
Waren de belangen te groot?
Of zijn er zaken boven water gekomen die het daglicht niet konden verdragen en die daarom tot 2039 zijn weggestopt in de archieven?
Moeten we daarop wachten?
Nee, zeg ik u. Het is het zoveelste dwaalspoor.
Het antwoord bevindt zich niet in de archieven.

Op 22 november 1963 was reeds duidelijk dat alles wat het volk later is wijsgemaakt, klinkklare onzin betreft!

De tijd is gekomen om licht te werpen op wat donker is.

Wie was in godsnaam die professor, die Shepard? Ze had nog nooit van hem gehoord. GW, uitstekende universiteit, maar verder kon ze geen enkele connectie met hem bedenken.
De tekst van het bericht was eigenlijk niet echt wereldschokkend, maar om de een of andere reden intrigeerden de frames haar zodanig dat ze ze toch wel eens wilde bekijken.

De eerste foto liet een maar al te bekend beeld zien.
Het was een foto van de open limousine met daarin president Kennedy en zijn vrouw Jacqueline, zoals ze op 22 november 1963 de overbekende rondrit maakten in Dallas. Het beeld was vrij scherp en van veel betere kwaliteit dan de films en foto's die gewoonlijk van de aanslag werden getoond en die iedereen zo langzamerhand wel kende. Voor de president en zijn vrouw zaten twee andere figuren. Jenna wist dat dat gouverneur Connally en zijn vrouw waren; Connally zou even later ook worden getroffen door een kogel. Dat was de zogenaamde 'magische kogel', die eerst door het lijf van president Kennedy zou zijn gegaan en daarna, via een vreemde hoek, gouverneur Connally zou hebben getroffen. Onwillekeurig verschenen de beelden uit de film *JFK* van Oliver Stone op haar netvlies van de scène waarin officier van justitie Garrison aan de jury liet zien hoe de baan van de magische kogel moest zijn geweest op die trieste dag in november. Vier van Garrisons medewerkers hadden plaatsgenomen op stoelen die twee aan twee achter elkaar in de rechtszaal waren geplaatst. Met een aanwijsstokje in zijn hand liet Garrison vervolgens zien hoe de kogel zijn weg moest hebben gevonden. Eerst moest hij in president Kennedy's rug zijn gedrongen, zo'n vijftien centimeter onder zijn nek, daarna zou hij er via zijn keel aan de voorkant uit gekomen zijn, om vervolgens schuin rechts naar beneden af te buigen om door zijn pols te gaan. Vervolgens zou de kogel weer omhoog zijn geschoten, om vervolgens gouverneur Connally in zijn schouder te treffen. Voorwaar, inderdaad een magische kogel! En daar kwam dan nog eens bij dat diezelfde kogel volgens de Warren-commissie, de commissie die door president Johnson was ingesteld om de aanslag op Kennedy te onderzoeken, later vrijwel ongeschonden op een brancard in het ziekenhuis zou worden teruggevonden. Het was nooit geheel duidelijk geworden of dat nu de brancard van Kennedy of gouverneur Connally was geweest, maar dat leek er allemaal niet zoveel toe te doen voor de Warren-commissie.
In elk geval geloofde vrijwel niemand buiten de leden van de Warren-commissie zelf in de magische-kogeltheorie. Integendeel, hierdoor zou het geloof in een doofpottheorie, in een samenzwering die ertoe moest dienen om het ware verhaal van de aanslag op Kennedy te verdoezelen, alleen maar toenemen onder de bevolking. Niemand geloofde nog in de goede bedoelingen van de Warren-commissie en daarmee van de overheid. De vaste overtuiging dat Kennedy was vermoord als gevolg van een complot op het hoogste niveau van de Amerikaanse samenleving, zou nooit meer verdwijnen. Een overtuiging die overigens ook Jenna Campbell altijd had aangehan-

gen. Net zoals velen met haar was ze er ruim veertig jaar later nog steeds van overtuigd dat de waarheid niet boven water was gekomen.

De tweede foto was nog iets scherper en waarschijnlijk vlak na de eerste genomen. De presidentiële limousine was nu ter hoogte van de grasheuvel gekomen. Op de achtergrond was de houten schutting duidelijk zichtbaar.

Let op de houten schutting boven aan de grasheuvel!

Het belang van deze zin werd Jenna nu duidelijk. Er waren immers verschillende theorieën geweest dat Kennedy niet alleen van achteren was beschoten, zoals de Warren-commissie beweerde, maar ook schuin van voren. Opnieuw haalde ze zich de beelden van de film voor de geest. Officier van justitie Garrison toonde daarin aan de hand van een amateurfilm, gemaakt door Abraham Zapruder, aan dat het hoofd van Kennedy op het moment van het fatale hoofdschot naar achteren sloeg en niet naar voren. Dat betekende dat het fatale schot hem van voren of schuin van voren moest hebben geraakt en niet van achteren, vanuit het schoolboekendepot, van waaruit Lee Harvey Oswald zou hebben geschoten. De beelden van de amateurfilm, die door Abraham Zapruder waren gemaakt vanaf een betonnen balustrade naast de grasheuvel, leken inderdaad overtuigend te zijn geweest voor deze visie, maar opnieuw oordeelde de Warrencommissie op haar geheel eigen wijze totaal anders.

Jenna tuurde ingespannen naar het gedeelte van de foto waar de houten schutting op stond. Er stonden bomen achter, waardoor er een donkere schaduw overheen viel. Niettemin kon ze in het lichtere gedeelte tussen de onderkant van de bomen en de bovenkant van de schutting een figuur ontwaren. En niet alleen dat, er was duidelijk een langwerpig voorwerp te zien, dat de betreffende figuur schuin voor zich uit leek te houden.

Jenna maakte de foto groter en opnieuw stelde ze haar ogen scherp op het scherm. En verdomd, het leek nu toch wel erg duidelijk. Het was een menselijke gestalte die daar boven de schutting uitkwam! En hij hield duidelijk een lang voorwerp vast, voor zich uit gestrekt ter hoogte van het hoofd. Zelfs de arm waarmee het voorwerp werd ondersteund, was redelijk goed te onderscheiden.

Ze knipperde een paar keer met haar ogen en probeerde het nog eens.

De conclusie leek duidelijk.

Als dit een echte opname was, dan vormde dit het bewijs van de theorie dat president Kennedy inderdaad schuin van voren vanaf de grasheuvel was beschoten. En niet alleen van achteren, vanuit het boekenmagazijn, zoals nog steeds de officiële lezing was. Dan was er inderdaad sprake geweest van een complot en zou het verhaal van de eenzame gek Lee Oswald,

die helemaal in zijn eentje had besloten om de president te vermoorden, na veertig jaar naar de prullenmand kunnen worden verwezen.
Maar met die overpeinzing belandde ze weer in de harde werkelijkheid. Als die opname echt was...
Een even cruciale als onwaarschijnlijke opmerking. Want hoeveel mensen waren er tot op de dag van vandaag niet hevig geïnteresseerd in de aanslag op Kennedy? Hoeveel complottheorieën en evenzovele publicaties deden er niet de ronde op het internet? Je hoefde de naam Kennedy maar in te toetsen en je werd bedolven onder een niet-aflatende stroom van teksten die allemaal gerelateerd waren aan de moord. Jenna's aanvankelijke opwinding maakte dan ook plaats voor nuchterheid. Ze was journaliste, en een goede. Ze was zich maar al te zeer bewust van de valkuilen die het gebruik van verhalen van tipgevers met zich meebracht, vooral als ze anoniem wensten te blijven.
Als ze hier al in zou duiken, dan zou ze allereerst overtuigd moeten kunnen zijn van de echtheid van de frames. En kwam daar vandaag de dag maar eens om. Door de digitale fotografie- en filmtechnieken bestonden er tegenwoordig immers ongekende mogelijkheden voor de opname en bewerking van films en foto's. Iedere goedwillende amateur kon zijn matige foto's via het een of andere fotobewerkingsprogramma gemakkelijk bewerken tot het droomplaatje dat hij eigenlijk voor ogen had. Of een beeld creëren dat helemaal niets met de werkelijkheid van doen had.
Dus waar zou dit uiteindelijk toe kunnen leiden? Hoe kon je de echtheid van zo'n frame ooit bewijzen?
Maar opeens schoot haar die andere zin te binnen. *Ik beschik over de originele 8 mm-film waaruit de frames afkomstig zijn.*
Natuurlijk. Het kon geen digitale film zijn, want die 8 mm-film was afkomstig uit 1963! En dat betekende dat de echtheid van die frames te verifiëren moest zijn. Ze wist dat het technisch mogelijk was om dit na te gaan. Vroeger, voor het digitale tijdperk, werden foto's die door derden aan de krant werden aangeboden, altijd op echtheid gecontroleerd voordat ze werden gepubliceerd. En van deze mogelijkheid moest de afzender van de e-mail ongetwijfeld op de hoogte zijn. Dus waarom al die moeite als je van tevoren wist dat je in een mum van tijd zou worden ontmaskerd?
Nieuwsgierig geworden, besloot ze een kijkje te nemen op de site.

4

Terwijl Jenna het webadres intoetste, verscheen er een vage glimlach op haar gezicht. Leuk gevonden, Truth or Dare, alsof het een spelletje was, en dat terwijl de aanslag op president Kennedy nog steeds als een van de meest traumatische momenten in de Amerikaanse geschiedenis werd beschouwd. Ze hadden wel lef.
Met haar vinger boven de entertoets staarde ze nog een paar seconden naar de naam van de site, alsof ze twijfelde of ze er wel verstandig aan deed. Ergens was ze toch nog bang dat ze beetgenomen werd.
JFKTruthOrDare.com.
Toen drukte ze de toets in. Het duurde een paar seconden voordat het scherm werd geopend.
De site zag er vreemd uit, ook wel wat simpel eigenlijk. Ze had verwacht de bekende sensationele beelden van de aanslag aan te treffen, van het moment waarop de kogel in zijn hoofd sloeg en van Jacky die achter op de auto naar zijn hersenen graaide. De speelse titel van de site had haar blijkbaar op het verkeerde been gezet. De openingspagina was een zwart-wit geblokt scherm, als een soort schaakbord, met daarin verwijzingen naar andere onderwerpen. Zo waren er doorverwijzingen naar de frames en naar twee andere subsites: Truth en Dare. Het woord Truth stond met zwarte letters in een wit blok afgebeeld, het woord Dare precies andersom.
In de witte vlakken links- en rechtsboven stond een aantal mysterieuze symbolen afgebeeld waarvan ze de betekenis niet zo een, twee, drie kon thuisbrengen.
Ze dubbelklikte op Frames en de twee reeds bekende foto's kwamen tevoorschijn.
Daarnaast was er nog een andere subsite, met een titel die ze eveneens niet kon thuisbrengen: TFARC.
Nieuwsgierig dubbelklikte ze erop.
De tekst die verscheen, was voor haar volstrekt abracadabra. Opnieuw een reeks letters met die vreemde tekens ertussen.

A∴L∴G∴D∴G∴A∴D∴L∴U∴

Daaronder een tekst in het Duits:

*Allgemeine und general Reformation der ganzen weiten Welt.
Beneben der Fama Fraternitatis, dess löblichen Ordens des Rosenkreutzes, an alle Gelehrte und Häupter Europae geschrieben. Auch einer kurze Responsion von dem Hernn Haselmayer gestellet, welcher desswegen von den Jesuitern ist gefänglich eingezogen, und auff eine Galleren geschmiedet. Itzo öffentlich in Druck verfertiget, und allen trewen Herzen comuniciret worden. Gedruckt zu Gassel, durch Wilhelm Wessel, Anno MDCXIV.*

Na deze passage ging de tekst godzijdank weer door in haar moedertaal.

... zij die door God en alle hemelse wezens waren bijeengebracht en uitverkoren uit de wijsten der mensen die sedert verscheidene eeuwen waren opgestaan, leefden tezamen in de hoogste eenheid, onder de grootste geheimhouding en onderling in de meest vriendschappelijke verhouding.

Want hoewel wij thans geen melding maken van onze namen of bijeenkomsten, zo zal toch ieders uitgesproken verklaring ons zeker in handen komen, in welke taal die ook geschreven zij; ook zal iedereen die zijn naam zal opgeven met een van ons in aanraking komen, hetzij mondeling of indien hij daartegen bezwaren mocht hebben, schriftelijk. Dit verklaren wij ten stelligste, dat indien wie dan ook ernstig en uit de grond van zijn hart ons welgezind zal zijn, het hem ten goede zal komen, zowel stoffelijk als naar lichaam en ziel; hij echter die onoprecht is of slechts begerig naar rijkdom, hij zal niet in staat zijn ons op enigerlei wijze te benadelen, en hij zal zichzelf geheel in het verderf storten.

Bij het lezen van die laatste regels dacht ze onwillekeurig aan Kennedy.

De volgende morgen openden wij de deur, en aan ons oog vertoonde zich een gewelf met zeven zijden en zeven hoeken, terwijl elke zijde vijf voet breed en acht voet hoog was. Hoewel de zon nooit dit gewelf bescheen, zo was het toch helder verlicht door een andere zon, die geplaatst was in het midden van de zoldering. Middenin bevond zich in plaats van een grafsteen een rond altaar, bedekt met een koperen plaat waarop gegraveerd stond:
A.C.R.C. HOC UNIVERSI COMPENDIUM UNIUS MIHI SEPULCHRUM FECI.

Daar kon ze dus geen chocola van maken.
Goed, volgende poging.
De Truth dan maar.
Daar had ze meer geluk mee. Die was tenminste in begrijpelijke taal geschreven!
Ze begon te lezen. Het eerste gedeelte leek een herhaling van de aan haar gerichte e-mail te betreffen. Haar ogen schoten snel over de regels.

Deze site is geopend om inzicht te verschaffen in de toedracht en de werkelijke achtergrond van de moord op John F. Kennedy, op 22 november 1963.

De archieven betreffende de moord op JFK worden in 2039 geopend.
De archieven die vanaf 1993 openbaar zijn gemaakt, zijn onbelangrijk en bedoeld om het volk te kalmeren en opnieuw om de tuin te leiden!
Het antwoord bevindt zich niet in de archieven!

Ik beschik over de nog nimmer gepubliceerde 8 mm-film van de aanslag op JFK, gemaakt op 22 november 1963!
Ik beschik over bandopnamen van de complotteurs.

Bandopnamen, dat was nieuw!

Dit is niet het zoveelste verhaal over de zoveelste complottheorie!
Dit is de waarheid, de waarheid en niets dan de waarheid.

De geheime fotoframes.

Die heb ik nu wel gezien.

Datum opname: 22 november 1963
Maker film: Babushka Lady

Let op de houten schutting boven aan de grasheuvel!

Deze fotoframes zijn afkomstig van een 8 mm-film, opgenomen op 22 november 1963 op Dealey Plaza, Dallas. De maker ervan is later bekend geworden als de Babushka Lady, omdat ze haar hoofddoek als een Russisch omaatje om haar hoofd had geknoopt op het tijdstip dat ze de foto's nam, zoals te zien is op vrij beschikbare films die door anderen op hetzelfde tijdstip op Dealey

Plaza gemaakt zijn, te weten door Abraham Zapruder en Marie Muchmore. De camera en de 8 mm-film zijn toentertijd verdwenen en nooit meer boven water gekomen.

De getoonde frames zijn fragmenten uit de film die door de Babushka Lady is gemaakt van de motorescorte van president Kennedy toen die over Elm Street langsreed. De Babushka Lady bevond zich op dat moment aan de oostelijke zijde van Elm Street.

Naar aanleiding van de film JFK van Oliver Stone is een hernieuwde en heftige openbare discussie ontstaan over de vraag wie er achter de aanslag op Kennedy zat. Het gros van de Amerikaanse bevolking gelooft immers nog steeds dat er sprake was van een complot en dat Lee Harvey Oswald inderdaad slechts een zondebok was.

President Clinton wilde aan deze onrust tegemoetkomen en stelde daarom de Assassination Record Review Board in, een adviescommissie die de openbaarmaking van alle documenten opnieuw tegen het licht moest houden.

Vanaf 1993 werden honderdduizenden documenten aangaande het onderzoek naar de moord op JFK door de Review Board vrijgegeven, maar u en ik weten dat de werkelijk ter zake doende informatie daar niet bij zat.

Dus we zijn nog steeds geen steek verder.

Daar had hij een punt, er waren inderdaad verscheidene publicaties verschenen waarin de vrijgave van de bijna een miljoen documenten als een nogal opgeklopte gebeurtenis werd gezien. Werkelijk kritische stukken zaten er nauwelijks bij en je kon met al die documenten nog steeds alle kanten op wat betreft de richting waarin de daders moesten worden gezocht.

Ik wil het dus met u hebben over de aanslag op John F. Kennedy, de vijfendertigste president van de Verenigde Staten.

De complottheorieën die tot nu toe zijn geuit, zijn alle bezijden de waarheid, evenals het standpunt dat ene Lee Harvey Oswald in zijn eentje Kennedy zou hebben vermoord.

Dit tot nu toe officiële standpunt van de Amerikaanse regering is onzin!

Dat is pas nieuws, zeg!

Oswald was een lokeend, maar niet alleen hij.

Clay Shaw, David Ferrie, Guy Banister, ze waren allemaal lokeenden. Het gehele complot, zoals dat door officier van justitie Jim Garrison in de jaren zestig van de vorige eeuw is vormgegeven en uitgebeeld in de film *JFK* van Oliver Stone, behelst slechts een rookgordijn, een nepcomplot om de werkelijke opdrachtgevers te beschermen.

Waarom heeft niemand de olieconnectie onderzocht?
Waren de belangen te groot?
De voorstellen van Kennedy zouden de olie-industrie ruwweg twee miljard dollar per jaar gaan kosten, in 1963!
Er zijn wel eens mensen voor minder vermoord.
Hoeveel is het leven van een president waard?

Daar zat iets in. Maar twee miljard, waar haalde hij dat vandaan? Inderdaad, er hadden altijd verhalen de ronde gedaan dat Kennedy de exorbitante inkomsten van de olie-industrie wilde inperken en dat dit hem niet bepaald in dank werd afgenomen, maar moord? Maar goed, twee miljard was veel geld. Zeker in 1963. Dit was een interessanter verhaal dan ze had verwacht.

Veertig jaar geleden werd John F. Kennedy vermoord.
Het moment is aangebroken om het Amerikaanse volk en de rest van de wereld voor eens en altijd deelgenoot te maken van de werkelijke toedracht van de moord.
Uiteindelijk zult u uw eigen oordeel moeten vellen.
Want regeringen doen nooit wat zij hun volk beloven.

Je haalt me de woorden uit de mond.

Er zijn de afgelopen tientallen jaren ontelbare dingen over de zaak-JFK gezegd en geschreven, maar tegelijkertijd zijn vele zaken onderbelicht gebleven, door tegenwerking van de regering, onderzoekscommissies, politie- en inlichtingendiensten.
De bestaande complottheorieën zijn bezijden de waarheid.

Dat had je geloof ik al gezegd.

Allereerst bent u immers murw gemaakt met de theorie van de Warren-commissie dat er één dader zou zijn en geen complot, gestaafd door de magischekogeltheorie, die later door vele onderzoekers is ontzenuwd en belachelijk gemaakt.

Deze theorie werd aanvankelijk door de overheid naar buiten gebracht als de enige ware toedracht van de aanslag op Kennedy.
Het is een theorie die is gebaseerd op gegevens van een vooringenomen commissie die slechts tot doel had het Amerikaanse volk te sussen en de mensen een voorgestampt verhaal door de strot te duwen.
Laat ik uw geheugen opfrissen.

Is niet echt nodig, maar goed.

De Warren-commissie, voluit The President's Commission on the Assassination of President Kennedy, maar veelal genoemd naar haar voorzitter Earl Warren, opperrechter van het hooggerechtshof van de Verenigde Staten, werd op 29 november 1963 ingesteld op aandringen van president Johnson om uit te zoeken wat de ware toedracht was van de moord op John F. Kennedy.
Ondertussen begon ook de FBI met zijn onderzoek, wat op 9 december van dat jaar leidde tot de uitgave van een lijvig, vijfdelig rapport waaruit bleek dat Lee Harvey Oswald de enige moordenaar was.
Op diezelfde dag stuurde de onderminister van Justitie Nicholas Katzenbach op eigen initiatief een brief naar alle leden van de Warren-commissie waarin hij hun aanraadde om met een verklaring te komen waarin stond dat het FBI-rapport duidelijk aantoonde dat er geen complot was maar dat Oswald de enige dader was van de moord op Kennedy.
Hoewel minister van Justitie Robert Kennedy ervan overtuigd was dat ofwel Castro ofwel de maffia betrokken moest zijn bij het complot, deed hij vrijwel niets om deze theorieën aan een nader onderzoek te onderwerpen. Hij was bang dat de CIA-maffiacomplotten tegen Castro (de zogenaamde AmLash-affaire) en de affaires van zijn broer met de vriendinnen van maffiabazen (zoals Judith Campbell, de vriendin van maffiabaas Sam Giancana, die met president Kennedy geruime tijd een amoureuze affaire zou hebben onderhouden), dezelfde onderwereldfiguren aan wie Robert Kennedy de oorlog had verklaard, aan het licht zouden komen.

Jezus, wat een zin.

Dit zou immers te veel schade aanrichten aan het imago van de Kennedy's en daarmee aan zijn eigen politieke carrière.
Zijn schuldgevoel moet groot zijn geweest.
Misschien zou hij als hij ooit president zou worden, in een positie komen te

verkeren waarin hij in staat zou zijn om de schuldigen voor de moord op zijn broer op te sporen en te straffen.
'Ik realiseer me goed,' verklaarde hij tegenover een groep studenten aan het San Fernando State College op 3 juni 1968, 'dat alleen de macht van het presidentschap de geheimen rond de dood van mijn broer kan ontsluieren.'
Drie dagen later werd ook hij het slachtoffer van een aanslag op zijn leven.

Jenna knipperde met haar ogen. De beelden van Robert, op de vloer van de keuken, zou niemand snel vergeten.

De Warren-commissie ging uiteindelijk uit van de theorie dat één kogel, afgevuurd vanuit het schoolboekendepot aan Elm Street, de president en gouverneur Connally zeven verwondingen kon toebrengen.
Waarom?

Uit de film die amateur-filmer Abraham Zapruder per ongeluk had gemaakt van de aanslag bleek namelijk dat president Kennedy en gouverneur Connally, die voor hem in de limousine zat, binnen één komma acht seconde na elkaar waren geraakt door een kogel.
Vaststond dat de president niet was neergeschoten voor frame nummer 166, en omdat het bladerdek van een grote eikenboom het zicht tussen frame 166 en 207 had weggenomen, concludeerde men dat de president op zijn vroegst had kunnen zijn beschoten op frame nummer 207. Experts stelden met instemming van de commissie vast dat gouverneur Connally zich in zo'n positie bevond dat hij niet had kunnen worden beschoten na frame nummer 240.

Dit is moeilijk in één keer te verhapstukken. Het stuk over de frames nog maar een keer lezen, nu geconcentreerd.

De maximumtijd tussen de tijdstippen dat de beide mannen waren beschoten, was dus drieëndertig frames, oftewel één komma acht seconde.
Echter, vast kwam te staan dat de minimale tijd waarin met het wapen waarmee de aanslag was gepleegd, een Mannlicher-Carcano-geweer kaliber 6,5, twee keer kon worden geschoten, 2,3 seconden bedroeg, oftewel tweeënveertig frames. Hierbij was de tijd die nodig was om te richten nog niet eens in aanmerking genomen.
Afgaande op het bewijs was het dus onmogelijk dat de beide slachtoffers in het genoemde tijdsbestek afzonderlijk door hetzelfde wapen waren geraakt. Of de

twee mannen moesten dus zijn geraakt door dezelfde kogel, of er waren twee moordenaars geweest. Omdat de commissie de mogelijkheid van een samenzwering door meerdere personen wilde uitsluiten – Lee Harvey Oswald was immers reeds tot de enige aanslagpleger gebombardeerd – werd de éénkogeltheorie te berde gebracht.
Deze theorie was in strijd met een groot aantal onderzoeksresultaten tot dan toe.

Dit weet ik allemaal wel.

Kort gezegd hield de theorie in dat president Kennedy en gouverneur Connally door een en dezelfde kogel waren geraakt en wel zodanig dat er zeven inslag- en uitgangswonden door waren veroorzaakt. De kogel ging de rug of nek van de president in (1) en ging omlaag in een hoek van ongeveer zeventien graden. Toen ging hij omhoog en kwam aan de voorkant de hals van Kennedy uit (2). Daarna ging hij verder het lichaam van Connally in, achter zijn rechteroksel (3). Aangezien gouverneur Connally recht voor president Kennedy zat, moest worden aangenomen dat de kogel op de een of andere manier genoeg naar rechts ging om in linkse richting Connally binnen te gaan. Nu ging de kogel omlaag in een hoek van zevenentwintig graden, hij verbrijzelde Connally's vijfde rib en kwam rechts uit zijn borst (4). De kogel ging verder naar beneden en ging Connally's rechterpols in (5), waarbij hij het spaakbeen verbrijzelde. Nadat hij aan de andere kant uit de rechterpols van de gouverneur was gekomen (6), ging hij de rechterdij in (7), waar hij later uit viel. Volgens de officiële lezing werd de kogel later in vrijwel onbeschadigde toestand teruggevonden in een gang van het Parklandziekenhuis; blijkbaar was hij van een brancard gevallen. De kogel was bijna puntgaaf, hij was alleen aan de basis enigszins vervormd. Merkwaardigerwijs werden er in de pols van gouverneur Connally meer fragmenten gevonden dan er aan de magische kogel bleken te ontbreken.

Een hoop informatie, maar toch wel interessant...
Jenna bekeek uitgebreid de tekening die van de baan van de kogel was gemaakt. Als je de stippellijn volgde en alle hoeken die het projectiel moest hebben gemaakt in aanmerking nam, kon ieder weldenkend mens in één oogopslag zien dat de magische-kogeltheorie volkomen belachelijk was. Niettemin werd die volledig ondersteund door een commissie onder voorzitterschap van de opperrechter van het Amerikaanse hooggerechtshof!

Deze theorie behelsde dus niets minder dan fraude, opgezet om ieder gerucht van een samenzwering de kop in te drukken.
Vanaf dat moment is de waarheid nooit meer boven water gekomen. De toon was gezet, een toon van...

Op dat moment begon de telefoon te rinkelen. Jenna schrok en keek geïrriteerd naar het toestel.
Verdomme, telefoon, net nu, ze wachten maar...

... onvolkomen onderzoeken, onverklaarbaar verdwenen getuigenissen en gemanipuleerde bewijsstukken.
Vele pogingen van onderzoekers strandden in onwil en tegenwerking van de officiële instanties.
De auto van Kennedy was inmiddels gestript. De kleding van gouverneur Connally was ondertussen schoongemaakt en verdwenen.
De verschillende autopsiefoto's van het lichaam van Kennedy klopten niet met elkaar en de verklaringen van de pathologen-anatomen ook niet.
Zo bestaat er tot op de dag van vandaag verwarring welke kogels Kennedy waar precies hebben geraakt en van welke zijde.

5

De telefoon bleef overgaan. Ze was nu toch uit haar concentratie gehaald.
Oké, oké, jij je zin!
'Jenna Campbell.' Haar stem klonk geïrriteerd, op het chagrijnige af.
'Eh, stoor ik u?'
Ja, idioot, natuurlijk stoor je me, maar dat wist je toch al toen je belde, of niet?
'Nee, nee, ik was nogal verdiept in een tekst, vandaar. Wat kan ik voor u doen?'
'U spreekt met Shepard, Thomas Shepard...'
Shepard, wie was dat ook al... O ja, natuurlijk...
'U bent hoogleraar aan de GW?'
'Ik begrijp dat u de mail al hebt gelezen.'
'Ergens schijnen wij bij elkaar te komen.'

'Ik was net zo verbaasd als u, geloof me. Wat ik me afvroeg, mevrouw Campbell, bent u er al aan toegekomen om de site te bekijken?'
'Daar was ik net mee bezig.'
'Ah, vandaar...'
'Sorry, ik was er niet helemaal bij, geloof ik.'
'Geen probleem, interessante stof, wat er allemaal staat. Vooral het gedeelte over de olie.'
'U bedoelt die twee miljard?'
'Inderdaad, maar het hele verhaal over de oil depletion, de belastingvoordelen... deze persoon weet waar hij over praat.'
'Ik geloof niet dat ik daar al aan toe ben gekomen.'
'Leest u vooral door, als ik u een tip mag geven. Deze site is om meer dan één reden interessant te noemen, zeer interessant, mag ik wel zeggen.'
'Daarmee doelt u op de foto's, neem ik aan?'
Thomas Shepard had al gehoopt dat ze daarover zou beginnen. Dat betekende dat ze begreep wat voor implicaties het zou hebben als de foto's echt waren.
'Dat kun je wel stellen, ja. Ik weet niet hoeveel u over de Kennedy-aanslag weet, maar ik kan u verzekeren dat deze foto's, als ze tenminste echt zijn, bijzonder veel opzien zullen baren.'
'Ik weet voldoende om te begrijpen wat de impact daarvan is, ja.'
Oeps, weer die toon. Natuurlijk zou ze dat begrijpen. Ze was immers journaliste bij een gerenommeerde krant. Natuurlijk wist ze van de Kennedy-complottheorieën. Het waren nota bene haar voorgangers geweest die de Watergateaffaire aan het licht hadden gebracht, waardoor Nixon uiteindelijk had moeten aftreden.
'Sorry, nu is het mijn beurt om me te excuseren, mevrouw Campbell, uiteraard bent u daarvan op de hoogte. Alleen, die site intrigeert me meer dan ik voor mogelijk had kunnen houden.'
Hier zou hij het voorlopig bij laten. Hij zou nog niets prijsgeven over de tekens die hem verontrustten en die de meest intrigerende reden waren voor zijn belangstelling voor de site. Om nog maar niet te spreken over de Oudduitse tekst.
Er bestonden immers honderden, duizenden sites over de complotten rond de moord op Kennedy. En hij was toch hoogleraar politicologie, iemand van wie mocht worden verwacht dat hij goed in staat zou zijn om kolder en feiten van elkaar te kunnen onderscheiden. Maar dit was anders. De maker van deze site wist waar hij het over had. Ten eerste, hij of zij, maar onwillekeurig ging hij maar uit van een hij, had er tot nu toe blijk van ge-

geven zeer goed op de hoogte te zijn van de precieze feiten rond de aanslag. Hoewel dat op zich niet zo vreemd was; er waren immers zoveel boeken verschenen over de Kennedy-aanslag, dat je daar voldoende uit zou kunnen halen.

Maar er was meer, zelden had hij een grondiger relaas gelezen over de zogenaamde 'olieconnectie' van Kennedy. In alle literatuur tot nu toe was de olieconnectie meestal afgedaan met een halve bladzijde of minder en er was eigenlijk nooit daadwerkelijk verder onderzoek naar verricht. Tot nu toe dan.

En dan waren er uiteraard de foto's! Hij durfde er niet van uit te gaan, maar als die echt waren, dan was dat explosief materiaal. Materiaal waardoor alle tot nu toe bestaande officiële lezingen van de Amerikaanse overheid tot pulp werden vermalen. Als...

De vierde factor die zijn belangstelling had aangewakkerd, waren de tekens geweest. Aanwijzingen die slechts voor ingewijden te herkennen waren. Alleen al dat de maker van de site deze kennis combineerde met de aanslag, was veelzeggend. Hij had zelf geruime tijd onderzoek naar deze connectie gedaan en hij was tot de conclusie gekomen dat ze zeker bestaansrecht had. Omdat hij tot nu toe niet de hand had kunnen leggen op onweerlegbare bewijzen die zijn theorie voldoende konden staven, had hij besloten om de uitkomst van zijn onderzoek voor zich te houden. Zijn wetenschappelijke collega's zouden hem zonder twijfel verguizen en bovendien waren er al genoeg theorieën over de aanslag op Kennedy gepubliceerd die volkomen uit de lucht waren gegrepen.

Dit was echter anders, hier kwamen alle aspecten van zijn onderzoek samen in een verhandeling die vrijwel onmogelijk door een leek kon zijn gefabriceerd. En wat zou er nog volgen? Met wat voor informatie zou de maker nog meer op de proppen komen? Misschien zou hij hiermee eindelijk op het spoor kunnen komen van de ontbrekende stukjes van de puzzel.

Toen de stem van Jenna weer klonk, schrok hij op uit zijn overpeinzing. 'Excuus aanvaard. Mijn nieuwsgierigheid was inderdaad ook al snel gewekt. U bevestigt die alleen maar. Als u me even de kans geeft, dan lees ik de rest ook graag door. Dat praat misschien wat gemakkelijker.'

Ze had gelijk. Shepard voelde zich gegeneerd. Hij had deze vrouw niet bepaald subtiel benaderd. Nou ja, dat was nu eenmaal de wetenschapper in hem. Niet al te fijn besnaard als het zijn vak aanging. Persoonlijk was hij toch best een aimabele jongen, maar als het een professionele kwestie be-

trof, dan ging hij het liefst rechtstreeks op zijn doel af, zonder omwegen.
'Natuurlijk, uiteraard, u hebt gelijk. Leest u gerust door. Maar mag ik u later terugbellen of kunnen we misschien een afspraak maken, om een en ander te bespreken?'
Oeps, nu doe je het al weer, Shepard. Geduld, heb geduld!
Het was even stil aan de andere kant.
'Dat is goed. Wat dacht u van een lunch? Laten we zeggen, om halftwee bij Etoîles, vlak bij de kruising van L- en 20th Street, kent u dat?'
Jenna grijnsde. *Beetje een rare knakker, maar als het dan toch moet, dan maar meteen een stevige lunch. Vissoep en een halve kreeft bij Etoîles, hij mag betalen. Als hij me zo nodig wil spreken, dan moet hij er maar wat voor overhebben.*
Shepard was een ogenblik overdonderd. Na een paar seconden herstelde hij zich. Hij wist bij god niet over welk restaurant ze het had. Etoîles, dat klonk goed en duur, kortom, een tent die aan hem met zijn onderontwikkelde culinaire smaak waarschijnlijk niet besteed was, maar dat deed nu niet ter zake.
'Goed, halftwee, in Etoîles, ik zal er zijn.'
'Tot dan. U moet daar wel reserveren, meneer Shepard.'
'Eh, natuurlijk... alvast bedankt voor uw tijd eh, mevrouw Campbell.'

Toen ze de hoorn neerlegde, schudde ze een paar keer met haar hoofd. Die liet er geen gras over groeien. Haar interesse voor de site werd hierdoor alleen nog maar meer aangewakkerd. Geconcentreerd las ze verder.

Aanvankelijk oordeelden de artsen in het Parklandziekenhuis in Dallas, Texas, dat Kennedy een intredewond in de keel had. Dat zou dus betekenen dat hij van voren of schuin van voren zou zijn beschoten. Omdat de artsen in een poging om Kennedy te redden een tracheotomie toepasten, dat wil zeggen dat ze een incisie maakten in zijn keel om via een buis zuurstof toe te dienen, hadden ze de wond echter vergroot. Nadat het lichaam van Kennedy door de geheime dienst tegen de regels in was vervoerd naar Washington, oordeelden de artsen in het marineziekenhuis Bethesda in Washington vervolgens dat de wond in de keel een uitgangswond was, daarmee impliciet oordelende dat het betreffende schot van achteren was gekomen. Overigens slaagden de artsen van het Bethesda er niet in om die wond dan door de rug of nek terug te herleiden naar een ingangswond. De enige ingangswond die de rug van de president vertoonde, was slechts enkele centimeters diep, wat men vaststelde door er simpelweg een vinger in te duwen.

En later, als klap op de vuurpijl, toen men de hersenen van de president wilde onderzoeken, waren die hersenen verdwenen. Zomaar, pardoes...
En op dit moment, in 2007, zijn ze dat nog steeds...

En u, het volk, hebt dat aanvankelijk allemaal voor zoete koek geslikt! Triest, maar begrijpelijk misschien als je de patriottische geest van een volk accepteert als een in wezen goede eigenschap. Een eigenschap die de overheid soms al te gemakkelijk als vanzelfsprekend accepteert en die misbruik eveneens als bijna vanzelfsprekend in de hand werkt.

Een kogel die van achteren kwam en zevenmaal van richting veranderde en die Kennedy en gouverneur Connally meermalen verwondde: absurd!

Inderdaad, absurd!

Terwijl iedereen die er in de buurt stond, had kunnen waarnemen dat de kogel die Kennedy uiteindelijk dodelijk verwondde en zijn schedel er gedeeltelijk af blies (frame nummer 313 van de Zapruder-film), van voren of schuin van voren kwam. Kennedy's hoofd sloeg immers duidelijk naar achteren en naar links. Naar achteren en naar links!

En dan nu die foto; je bouwt je verhaal mooi op, ik kan niet anders zeggen.

Dus moest er een complot zijn, al moest het nog tot 1976 duren alvorens de House Select Committee on Assassinations (HSCA), de commissie die officieel werd ingesteld om de vele vragen die er over de moord op president Kennedy bestonden uit te zoeken, die conclusie officieel uitsprak. Al wist men ook toen nog steeds niet wie daar dan achter zou moeten zitten.
De HSCA deed de sterke aanbeveling aan het ministerie van Justitie om verder onderzoek te verrichten naar het bestaan van een complot, een aanbeveling die in de la belandde en waar verder niets mee is gedaan.

Dat weet ik nog, ja. Vreemd, als ik erover nadenk is er eigenlijk maar bijster weinig aandacht besteed aan de weigering van Justitie om hierop in te gaan.

Niemand van de vele onderzoekers en schrijvers is er tot nu toe in geslaagd om echt dicht bij de waarheid te komen. Sommigen van hen waren op de goede weg, zoals officier van justitie Garrison van New Orleans, die de hele zaak uitermate consciëntieus heeft onderzocht en wiens gegevens de basis vormden voor de film *JFK*. Maar de cruciale vraag, wie de daadwerkelijke opdrachtgevers waren, is tot nu toe altijd onbeantwoord gebleven.

En dat ga jij nu natuurlijk uit de doeken doen.

In het navolgende zal worden aangetoond dat de opdrachtgevers van de moord op JFK moeten worden gezocht in de kringen van de olie-industrie. Zij hadden er belang bij en zij hadden de middelen en misschien nog belangrijker dan dat, zij haatten de president voldoende om hem uit de weg te willen laten ruimen.
En vanaf het moment dat de daadwerkelijke aanslag plaatsvond, nam de doofpotaffaire in wezen al een aanvang.
Onzin?
Is dat zo?
Feit is dat vele betrokkenen, gewild of ongewild, in meer of mindere mate, een bijdrage hebben geleverd aan de tegenwerking van het onderzoek naar de ware toedracht en achtergrond van de aanslag.
Vicepresident Johnson was een Texas-adept. Hij kende de sores aldaar en wist dat Kennedy te ver wilde gaan.
Hij wilde goede maatjes blijven met de Texaanse olie-industrie, omdat hij wist dat hij ooit van hen afhankelijk zou zijn. De geruchten dat Johnson door Kennedy zou worden gedropt als kandidaat voor het vicepresidentschap in 1964, werden immers steeds sterker. Op zo kort mogelijke termijn stelde Johnson de reeds genoemde Warren-commissie in, waarvan opperrechter Earl Warren met tegenzin voorzitter werd. Maar het moest snel gebeuren, zodat alle andere initiatieven tot het instellen van onderzoekscommissies, waarop de regering uiteraard minder invloed kon uitoefenen dan op die van henzelf, in de kiem konden worden gesmoord.
Een andere naam dan, die van de republikeinse ex-president Bush.

Zo, die ook al?

In zijn tijd als CIA-directeur zorgde hij er persoonlijk voor dat de Senaatscommissie inzake de aanslag op Kennedy geen schadelijke informatie van de CIA loskreeg. Bush vroeg zelf onmiddellijk om alle inlichtingen over alle personen die in staat zouden zijn de eventuele medeplichtigheid van de CIA aan de moord op Kennedy en aan het verbergen van de ware toedracht ervan, aan hem bekend te maken.

Nog een republikeinse ex-president, Ronald Reagan.
In zijn tijd als gouverneur van Californië weigerde Reagan om een belangrijke getuige, Edgar Eugene Bradley, uit te leveren aan officier van justitie Jim Garrison, die de moord op Kennedy onderzocht.
Waarom?

Goede vraag.

De Texaanse gouverneur Connally, die nota bene zelf het tweede slachtoffer was toen hij Kennedy vergezelde in de limousine in Dallas, weigerde om Sergio Archaca Smith, de leider van het Cubaans Revolutionair Front in New Orleans die later naar Dallas, Texas, verhuisde, uit te leveren aan Garrison.
Waarom?

Geen idee.

Dit zijn slechts een paar belangrijke namen die hier alvast worden genoemd.
De werkelijke reden van de aanslag op president Kennedy lag in de wijze waarop in de Verenigde Staten overheids- en financiële belangen sinds jaar en dag met elkaar zijn verstrengeld. In de manier waarop de Amerikaanse politiek en het zakenleven van elkaar afhankelijk zijn en geld en macht de alomtegenwoordige factoren zijn waarop de kurk van de Amerikaanse samenleving drijft.
De Kennedy's verstoorden dat evenwicht en dat konden de kapitalistische vrije oliejongens uit Texas niet over hun kant laten gaan...

En dan rijst de belangrijkste vraag die deze hele kwestie vanaf het prilste begin altijd al heeft beheerst en die vrijwel alle belangrijke kwesties betreffende macht en onmacht, goed en kwaad, triomf of neergang die zich in de Verenigde Staten in het verleden, heden of de toekomst hebben voorgedaan, voordoen of zullen voordoen, overheerst:

WAAR ZIT HET GELD?

Of, meer specifiek in dit geval:

HOEVEEL IS HET LEVEN VAN EEN PRESIDENT WAARD?

En mocht u als scepticus van oordeel zijn dat het allemaal niet zo'n vaart zal lopen en dat de macht en invloed van de olielobby schromelijk wordt over-

dreven, mag ik u dan wijzen op een in dit verband significante gebeurtenis tijdens de onlangs, in 2003 dus (!), gevoerde oorlog in Irak:
Bagdad was overwonnen, de gehele stad werd geplunderd, mensen namen alles mee wat ze konden gebruiken of niet: stoelen, verwarmingsradiatoren, airco-toestellen, kunstvoorwerpen, raketten, alles. Gebouwen werden in brand gestoken, kortom, de gehele stad werd gestript.
En de militairen...
Ze stonden erbij en keken ernaar. Ze hadden geen mandaat om in te grijpen. Niemand die het begreep, de Irakezen niet en de rest van de wereld niet.
Alles werd overhoop gehaald, behalve...
Behalve het ministerie van Olie!
Het enige gebouw in geheel Bagdad dat blijkbaar de moeite waard was om te verdedigen.
En dat terwijl het toch maar een foeilelijk, oninteressant gebouw leek.

Daar heb je weer een punt.

Na de oorlog is de oliewinning in Irak, de realisatie van de nieuwe infrastructuur en de opbouw van kapotgeschoten steden als Bagdad voor het overgrote deel gegund aan conglomeraten van grote Amerikaanse bedrijven en Amerikaanse oliemaatschappijen! Veruit de grootste opdrachtnemer is Halliburton, het grootste Amerikaanse bouwconcern, waarvan vicepresident Dick Cheney tot voor enige jaren president-directeur was en van welk bedrijf hij nog steeds een jaarlijkse bonus ontvangt.
De tijden lijken niet veranderd.
De verstrengeling tussen overheids- en financiële belangen is hechter dan ooit.

Ik begin te begrijpen wat je bedoelt, Shepard, dit klinkt allemaal plausibel, geen werk van de zoveelste internetoproerkraaier. Ben benieuwd naar dat olieverhaal.
In gedachten verzonken pakte ze de telefoon en draaide bijna automatisch het nummer van het archief van *The Washington Post*. Daar werd een onvoorstelbare berg informatie bewaard over zo'n beetje alles wat de afgelopen pakweg halve eeuw een impact had gehad op de Amerikaanse samenleving. Een ware goudmijn voor iedere onderzoeksjournalist. Als je even snel behoefte had aan wat achtergrondinformatie over het een of ander, dan was een telefoontje naar het archief meestal voldoende om binnen een uur of wat de beschikking te hebben over hetgeen je zocht.

Nou ja, meestal dan. Ze glimlachte toen ze dacht aan die andere Deep Throat, de tipgever van Woodward en Bernstein in de Watergateaffaire. Het archief over Watergate was immers sinds kort niet meer ondergebracht bij *The Post*. Alle informatie betreffende Watergate was door Woodward en Bernstein onlangs voor miljoenen dollars verkocht aan een universiteit. Een aardige bijverdienste voor een paar onderbetaalde journalisten. Kwestie van op de juiste tijd op de juiste plaats zijn en zo.

Maar goed, dat was toen. Zo hoopte iedere journalist om ooit eens zo'n droomreportage te kunnen maken.

'Archief, met Dorothy.'

'Hoi, Dorothy, met Jenna Campbell. Hoor eens, kan ik beneden het fotomateriaal inzien over de aanslag op Kennedy?'

'Natuurlijk kun je dat, maar alles staat op cd-rom's, in verband met de houdbaarheid en zo. Zal ik ze naar boven sturen? Heb je ze meteen nodig?'

'Ja, als dat kan, graag.'

'Ik doe mijn best.'

'Bedankt.'

'Joe, doei!'

De frames van Deep Throat bleken niet uniek. Althans, er waren meerdere foto's die vanaf dezelfde kant van de motorescorte waren gemaakt, met de grasheuvel op de achtergrond. Maar alle afbeeldingen waren onscherp en misten die ene, duidelijk zichtbare scène achter de houten schutting. Steeds opnieuw draaide Jenna de film van Zapruder af, die juist vanaf de andere kant, vanaf de grasheuvel, was gemaakt. Toen ze het moment van de inslag van de kogel in Kennedy's hoofd voor zich zag, ging er een rilling over haar rug. Het was gruwelijk om te zien. Het ene moment zwaaide de president nog welwillend naar het publiek en het volgende moment spatte zijn hoofd als een pompoen uit elkaar en vloog er een deel van zijn hersenen over de achterbak van de auto.

Van voren naar achteren.

De scène uit *JFK* kwam weer op haar netvlies. De indringende scène in de rechtbank waarin Kevin Costner, die officier van justitie Garrison speelde, steeds maar opnieuw het gedeelte van de inslag in Kennedy's hoofd afdraaide en steeds opnieuw dezelfde zin herhaalde: 'Van voren naar achteren, van voren naar achteren, van voren naar achteren...' Ze slikte.

Jenna draaide de film van Zapruder nu in slow motion af.

De cd-rom's waren inderdaad gemakkelijk. Op een ervan, een commerciële cd-rom, stonden alle amateurfilms en ook een grote hoeveelheid foto's. Er waren zelfs animatiefilmpjes gemaakt van de baan die de kogels die Kennedy troffen, konden hebben gehad. Zo was er een versie te zien van de magische-kogeltheorie, maar ook een van een mogelijk schot vanaf de grasheuvel. Fascinerend om te zien.

Ook de Babushka Lady stond vanuit verschillende standpunten afgebeeld. Op de Zapruder-film stond ze in vooraanzicht op het grasveld naast Elm Street, vlak achter een zekere Charles Brehm en zijn zoontje. Op het stilstaande frame was vrij duidelijk te zien dat ze inderdaad een soort camera in haar handen had. Een van de andere amateurfilmpjes, de zogenaamde Muchmore-film, was vanaf de andere zijde gemaakt, vanaf Elm Street. Daarop was dezelfde scène vastgelegd, maar dan van achteren. Ook daarop was te zien dat de Babushka Lady een camera in haar handen hield. Wat de Muchmore-film interessant maakte, was het perspectief van waaruit de Babushka Lady zicht had gehad op de aanslag. Vanuit haar positie had ze op het moment van de aanslag een perfect zicht gehad op de grasheuvel en de houten schutting daarachter. Ze stond immers aan de rand van de weg waar de motorescorte overheen reed en dus veel dichter bij de grasheuvel dan Muchmore, op wiens film ze op redelijk grote afstand stond afgebeeld.

Jenna realiseerde zich dat de Babushka Lady de dichtstbijzijnde persoon met een camera was geweest die de aanslag had kunnen filmen! Maar waar was die film dan in godsnaam gebleven?

Misschien dat Shepard haar dat kon vertellen. Ze keek op haar horloge. Verdorie, het was al halféén. Om halftwee zouden ze lunchen in Etoîles. En ze had beloofd om het stuk over de oil depletion nog door te lezen. Dat ging ze niet meer halen.

6

Professor Thomas Shepard zat in opperste concentratie aan zijn overvolle bureau in zijn werkkamer op de George Washington-universiteit. Hij had het geluk gehad dat zijn kamer zich bevond in de oudere gebouwen van de GW, zoals de universiteit bij velen bekendstond. Weliswaar waren de nieuwe gebouwen vanzelfsprekend luxer en voorzien van airconditioning, maar Shepard hield van de sfeer die de houten lambriseringen en de hoge, met ornamenten versierde plafonds uitstraalden. De GW was gesticht in 1821 en werd algemeen beschouwd als een van de meest vooraanstaande universiteiten in de Verenigde Staten. Het was sowieso al een hele eer om te kunnen doceren aan dit instituut en voor Shepard gold dat helemaal. Hij was immers niet een van die rijkeluiszoontjes, voor wie de studie geheel door pa en ma werd bekostigd en die in sommige gevallen eerder waren toegelaten door de connecties van pa dan vanwege uitmuntende studieresultaten. Nee, hij had zijn toelating verdiend door keihard werken, met bloed, zweet en tranen, waardoor hij uiteindelijk ook een beurs voor een jaar Oxford had gekregen, een zogenaamde Rhodesbeurs. Alleen de besten kregen zo'n kans. En daarbij bevond hij zich in goed gezelschap, ook Bill Clinton had immers ooit gestudeerd op de GW en ook hij had een Rhodesbeurs ontvangen. Daarom had hij zich altijd met de man verbonden gevoeld. Niet alleen stemden hun politieke voorkeuren met elkaar overeen, net als Clinton had ook Shepard zijn opleiding en carrière niet cadeau gekregen. En dat was toch heel wat anders dan wat je van de huidige bewoner van het Witte Huis kon zeggen.

Het blad van zijn oude, eikenhouten bureau lag bezaaid met opengeslagen boeken, losse vellen papier en andere documenten. Af en toe tuurde hij naar de tekst op de computer voor hem. Dan weer keek hij op zijn horloge, met als resultaat dat hij nog driftiger op het toetsenbord begon te tikken.

Verdomd, ik moet weg, anders haal ik het niet. Nog even, ik moet... Waar heb ik dat nou opgeslagen?

Nog een aantal verwoede tiksessies en hij vond wat hij zocht.

Yes. Naar dit essay was hij op zoek.

'De Rozenkruisers, verbanden tussen de Rozenkruisers en de vrijmetselarij.'

Zijn ogen vlogen over de tekst. Hij kende de inhoud grotendeels nog, hij had die immers zelf ooit geschreven. Daar was het. Hij wist dat het ergens stond, maar niet meer precies waar. En de tijd drong.

'Symbolenleer, de maçonnieke riten.'

7

Gehaast stapte Jenna uit de taxi. Ze stak L-Street over en liep met grote passen in de richting van het restaurant waar ze hadden afgesproken. Bij elke pas die ze zette, leken haar schoenen haar tenen verder af te knellen. Haar gezicht vertrok van de pijn en ze verwenste die rotdingen. Het liefst had ze ze ter plekke uitgeschopt.
Eenmaal binnen in restaurant Etoîles, werd ze meteen benaderd door een ober.
'Hebt u gereserveerd, mevrouw?'
Zo werkte dat hier. Je zat hier nu eenmaal midden in de regeringszetel van het machtigste land ter wereld en degenen die zich als de crème de la crème daarvan beschouwden, van politiek analisten en lobbyisten tot senatoren en grote ondernemers, hadden graag en veelvuldig overleg met elkaar. En dat deden ze bij voorkeur in een prettige ambiance, voorzien van gepaste wijnen en spijzen. En Etoîles was zo'n gelegenheid die volledig aan die eisen voldeed. Het restaurant was opgedeeld in een soort afgeschermde eilandjes, die bestonden uit een eettafel met stoelen met daaromheen een afscheiding van zo'n anderhalve meter hoog. Deze eilandjes bevonden zich op een afstand van ongeveer vier meter van elkaar, zodat de privacy van de bezoekers altijd gewaarborgd was en je elkaars gesprekken nooit zou kunnen volgen. Het leek eigenlijk wel een soort kantoortuin, maar dan wel een heel luxe, met hoogpolig donkerrood tapijt, mahoniehouten tafels en gecapitonneerde pluchen stoelen. Dat, gecombineerd met de kristallen kroonluchters erboven, maakte dat je eigenlijk verwachtte dat madame zo dadelijk langs zou komen om te informeren welke dame in de smaak was gevallen. Jenna grinnikte.
'Mevrouw?'
'Als het goed is wel, ja, de reservering van Shepard.'
Ze vroeg zich af of het hem eigenlijk nog wel gelukt was om op zo'n korte termijn nog een tafel te krijgen. Meestal waren restaurants als Etoîles dagen van tevoren volgeboekt en een professor van de George Washingtonuniversiteit was nu niet bepaald van de statuur die hier benodigd was om iemand anders van zijn reservering te kunnen beroven.

De ober tuurde op zijn lijst, die op een soort mahoniehouten lessenaartje lag.
'Ah, juist, Shepard, volgt u mij alstublieft, mevrouw.'

Thomas Shepard had de afgelopen vijf minuten ingespannen zitten turen naar het menu.
Jezus, wat een prijzen.
Hij voelde zich al niet helemaal gemakkelijk in een etablissement als dit, met al die stropdassen om hem heen, en de aanblik van de prijslijst had daar geen goed aan gedaan. Wat dacht je van een half dozijn oesters, vierentwintig dollar, of een 'vernissage' van gerookte zalm met kwarteleitjes à raison van tweeënveertig dollar vijftig? Afgezien van het feit dat hij er helemaal niet van hield om ontluikende kwarteltjes op te eten – waarom lieten ze die beestjes niet gewoon de wijde wereld in fladderen – schatte hij dat hij voor dat bedrag bij de visboer bij hem om de hoek een hele zalm kon aanschaffen. Maar goed, Jenna Campbell was de baas en blijkbaar had ze het prettig gevonden om hem op de proef te stellen.
'Kijkt u eens, mevrouw,' zei de ober op gepaste toon toen hij de stoel naar achteren trok.
'Dank u.'
Geschrokken keek Shepard op.
Jenna stak glimlachend haar hand naar hem uit.
'Jenna Campbell, ik zie dat u het er druk mee hebt.' Shepard produceerde een geforceerde glimlach en drukte haar stevig de hand.
'Aangenaam, meneer Shepard, prettig u te ontmoeten.'
'Wederzijds.'
Toen ze ging zitten, rook hij een vleug van haar parfum. *Mmm, lekker, zou dat ook tweeënveertig vijftig kosten?*
Shepard was enigszins verrast. Hij dacht dat ze zo begin dertig moest zijn, hoe zou ze het anders al tot Witte Huiscorrespondent hebben kunnen brengen? Maar ze zag er veel jonger uit. Ze had een perfect gesneden mantelpakje aan met daaronder een kraagloze, witte blouse.
Je lijkt meer op zo'n advocate uit die tv-series dan op een journaliste. Nou ja, dat kon best te maken hebben met haar baan; je kon immers niet in je spijkerbroek op het Witte Huis verschijnen.
Ze was zonder meer knap te noemen. Ze had hoge jukbeenderen en een kleine, spitse neus. Haar lichtblauwe ogen pasten perfect bij haar blonde haar. De blik in haar ogen was vriendelijk, maar alert. Haar gebit was vanzelfsprekend perfect. *Jezus, jij kunt zo de tandpastareclame in.*

Shepard zag eruit zoals Jenna had verwacht van een GW-professor. Beetje jarenzeventiglook. Iets te lang, ongekamd, donkerbruin haar. Een wollen colbertje, goede kwaliteit maar ouderwets, met eronder een onbestemd shirt. En natuurlijk het onvermijdelijke brilletje, weliswaar net geen ziekenfondsmodel, maar het leek er veel op. Kortom, het intellectuele, wat onbeholpen type. Wat haar echter wel aantrok was zijn open, vriendelijke uitstraling. Hij was niet knap in de doorsneebetekenis van het woord, maar zijn ogen keken met een blije, onderzoekende blik de wereld in. Beetje stompe neus, die zijn intellectuele status weer wat temperde, maar goed, niemand was volmaakt. En misschien was hij een paar kilootjes te zwaar, maar dat kon ze niet helemaal goed inschatten. Kortom, best een prettig type, had erger gekund.
'Wilt u iets drinken?'
De schrik sloeg hem om het hart bij de herinnering aan de prijzen op de wijnlijst.
Ze aarzelde.
'Kunnen we elkaar misschien tutoyeren?'
Hij glimlachte. *Je stem klinkt lager dan ik verwacht had. Laag en direct.*
'Graag. Wat wil je drinken, Jenna?'
'Mineraalwater, graag.'
Daar kom ik goed mee weg.
Shepard wenkte een van de obers, die in groten getale constant rondom de eeteilanden patrouilleerden.
'Een bronwater en eh... doet u mij nog maar een biertje.'
'Een Perrier, meneer, of misschien liever een...?'
Shepard keek vragend in de richting van Jenna.
'Doet u maar een Perrier.'
'Voor u nog een Budweiser, meneer?'
Shepard knikte.
'Zo, Jenna, waar zullen we beginnen?'
Ze trok haar wenkbrauwen op. 'Waarom juist wij? Dat is toch de grote vraag, nietwaar?'
Shepard knikte. 'Nou ja, eerlijk gezegd heb ik daar wel een idee over.'
Haar ogen werden groter. 'Vertel.'
'Heb je het verhaal over de oil depletion al gelezen? En het stuk over het staalincident?'
Ze schudde van nee. 'Sorry, geen tijd voor gehad, ik heb de films van de aanslag bekeken. Om mijn geheugen op te frissen. Om een beter inzicht te krijgen in het belang van de frames.'

'En?' reageerde hij op nieuwsgierige toon.
'De frames lijken interessant. Als ze echt zijn, tenminste.'
Shepard knikte heftig. 'Exact. De frames zijn interessant, explosief materiaal als ze authentiek zijn. En de kans daarop is naar mijn smaak groot. Het verhaal klopt namelijk. Er is op die dag vanaf die plaats een 8 mm-film gemaakt door een vrouw die later de Babushka Lady is genoemd. Die film is in beslag genomen. In elk geval heeft niemand er ooit nog iets van gehoord.'
Jenna knikte.
Shepards stem werd nu krachtiger. Op de een of andere manier voelde ze zich op haar gemak bij deze man. Hij leek haar iemand die je kon vertrouwen, die je nooit in de rug zou aanvallen. Ze had er inmiddels spijt van dat ze hem had opgezadeld met deze belachelijk dure lunch.
'De Babushka Lady is later geïdentificeerd als Beverly Oliver, althans zij beweerde zelf dat zij de bewuste vrouw was met het doekje om haar hoofd die de opnamen maakte van Kennedy. Beverly Oliver getuigde dat ze een dag na de aanslag werd opgezocht door agenten, waarschijnlijk van de FBI, die de film in beslag namen met de mededeling dat ze hem zouden ontwikkelen en na onderzoek terug zouden geven. Maar dat laatste is nooit gebeurd. De film zou kwijtgeraakt zijn. Weer later zag mevrouw Oliver bij toeval FBI-agent Regis Kennedy op een foto en ze was ervan overtuigd dat hij degene was die de film had meegenomen. Kennedy ontkende dat.
Het vreemde van de zaak is dat Beverly Oliver nooit als getuige is gehoord door de Warren-commissie, daarvan is tenminste nooit iets gebleken in de rapporten van de commissie. Ook Charles Brehm, de man die voor Oliver stond en die het schot toch eveneens van heel dichtbij moet hebben gezien, is nooit gehoord door de Warren-commissie. Toch erg vreemd, vooral in combinatie met de verdwijning van de film.'
'Je zou bijna denken dat er wat te verbergen was op die film,' onderbrak Jenna hem op licht spottende toon.
Shepard knikte. 'Bijna wel, ja.'
'Ik heb die films vanochtend bekeken, de Zapruder- en de Muchmore-film. Oliver en Brehm stonden erbovenop! Waarom zijn ze dan in hemelsnaam nooit gehoord door de Warren-commissie?'
'Wat zal ik zeggen? Een van de vele eigenaardigheden van het onderzoek.' Shepard wilde aan een nieuwe zin beginnen, toen de ober opeens weer naast hem stond.
'Hebt u uw keuze al gemaakt?'

Shepard rommelde wat met de menukaart en kreeg een bedenkelijke uitdrukking op zijn gezicht.
Dit keer was Jenna hem voor. 'Alleen een waldorfsalade met wat stokbrood, graag.'
Ze keek Shepard quasi verontschuldigend aan. 'Sorry, ik heb niet zo'n trek.'
Shepard glimlachte flauwtjes.
'Voor mij hetzelfde, graag.'
Enigszins hautain noteerde de ober de bestelling.
'Dank u.'
'Je hebt me zojuist gered met mijn ambtenarensalarisje.'
'Weet ik, sorry, ik wilde je uittesten. Slecht begin. Het spijt me.'
Shepard spreidde zijn beide handen voor zich uit. 'Excuses aanvaard, eigen schuld, had ik maar niet zo hoog van de toren moeten blazen.'
Hij nam een slok bier. 'Goed, waar waren we?'
'Bij Beverly Oliver.'
'Ik ben ervan overtuigd dat het iemand anders was die de film heeft gemaakt.'
'Je bedoelt dat Oliver...?'
'Dat ze heeft gelogen, ja. Zij was niet de Babushka Lady. Later bleek dat Beverly Oliver een bekende was van Jack Ruby. Ze werkte nota bene in zijn nachtclub. Ze hebben haar gewoon een verhaal laten ophangen. Niet echt doordacht, want in wezen schoof ze de zwartepiet door naar de FBI, waardoor de achterdocht over de film alleen maar werd aangewakkerd. Maar ze moesten wat en het moest snel.'
'Want ze hadden niet kunnen voorzien dat de Babushka Lady de scène van dichtbij zou filmen en dat ze vervolgens zelf eveneens op film zou worden vastgelegd?'
'Precies, dus ze moesten een uitvlucht bedenken. De Babushka Lady vormde een te groot risico. Maar Oliver was een slechte keuze. Brehm moet de Babushka Lady bijna zeker van dichtbij hebben gezien.'
'En daarom is hij nooit gehoord. Hij wist dat Oliver het niet was.'
'En misschien heeft hij wel eieren voor zijn geld gekozen en zich van de domme gehouden. Oswald was immers binnen vierentwintig uur door Ruby doodgeschoten. Misschien had Brehm wel degelijk gezien wat er achter de schutting gebeurde en misschien had hij de Babushka Lady zonder problemen kunnen identificeren. Maar hij begreep dat hij dan heel goed de volgende zou kunnen zijn.'
'En de Warren-commissie had geen behoefte aan de verklaring van een di-

recte getuige. De dader was immers al gepakt, Oswald had in zijn eentje de president vermoord. De zaak was al opgelost voordat hij goed en wel op gang kwam. Brehm zou alleen maar roet in het eten kunnen gooien.'
Shepard knikte. 'Twee vliegen in één klap.'
'En de Babushka Lady zelf?'
Shepard keek haar strak aan.
'Er moet grote paniek zijn geweest. Misschien heeft ze zich tot de verkeerde gewend. Misschien was ze zo trouw aan haar vaderland dat ze weigerde om haar mond te houden. In elk geval is het haar fataal geworden. Diep vanbinnen ben ik ervan overtuigd dat het zo is gegaan.'
Het was even stil.
'Maar waarom is Brehm de dans dan wel ontsprongen?'
'Geen idee, misschien heeft hij zich meteen als getuige gemeld en heeft dat hem gered. Een derde moord binnen twee dagen, op een directe getuige die inmiddels bekend was bij het grote publiek. Dat zou de argwaan misschien wat al te veel aanwakkeren. En bovendien, zoals ik al zei, Brehm wist waarschijnlijk wat hem te doen stond.'
Shepard drukte zijn handen plat tegen elkaar en hield ze voor zijn gezicht.
'Maar eigenlijk wil ik het over heel iets anders met je hebben.'
Hij keek haar vragend, bijna verontschuldigend, aan.
'Alles is een flauwe grap en je hebt die e-mail zelf gestuurd om met me te kunnen afspreken.'
Op Shepards gezicht verscheen een brede grijns.
'Precies.'

8

Ergens in Maryland, op een bureau in het hoofdkwartier van de National Security Agency, ging een telefoon over.
'Baldwin.' De stem klonk nors, kortaf.
'Met Mackenzie, meneer, hebt u die foto's in uw e-mail al gezien?'
'Welke foto's?'
'Nou ja, het zijn eigenlijk geen foto's, maar frames uit een film, uit een 8 mm-film om precies te zijn.'
'Welke foto's, Mackenzie?' klonk het nu op geïrriteerde toon.

'Van de aanslag op Kennedy, meneer. Het betreft een onderschepte e-mail met informatie over Kennedy.'
George Baldwin, onderdirecteur Surveillance van de NSA – een baan die overigens minder leek in te houden dan de titel deed vermoeden, er waren immers vele onderdirecteuren bij de NSA – vond het niet amusant om hiervoor te worden gestoord.
'Mackenzie, alsjeblieft, hebben we het dan over John F.? Zeg me dat dit een grap is.'
'Ik ben bang van niet, meneer. Kijkt u alstublieft naar de frames. De mail is vannacht binnengekomen, vanuit een internetcafé in New York. Het heeft even geduurd voordat hij boven kwam drijven. De afzender noemt zich...'
John Mackenzie aarzelde om zijn zin af te maken. Hij was ervan overtuigd dat de hoorn er dan meteen op zou worden gesmeten. Dat was ook de reden geweest dat hij het eerst telefonisch wilde melden. Zodat hij het kantoor van zijn baas pas hoefde te betreden nadat hij enigszins bedaard was. De frames zouden hun verwoestende werk dan al hebben gedaan.
'Eh... Deep Throat.'
Aan de andere kant van de lijn werd het gezicht van Baldwin rood van kwaadheid.
'Wat? Sodemieter op, man. Denk je dat...'
'Bekijk de frames, baas, ik heb ze vanochtend laten checken door de technische staf. Op het eerste gezicht is er niet aan gesleuteld. Ze lijken echt. Geloof me, als u dit hebt gezien, begrijpt u mijn bezorgdheid.'
Op datzelfde moment werd de hoorn er aan de andere kant op gesmeten. George Baldwin liet zijn hoge, leren bureaustoel naar achteren hellen. Hij wreef met zijn vingers over zijn voorhoofd en daarna over zijn vermoeide ogen. Als die idioot hem belazerde, dan was hij nog niet jarig. Hij zou er zijn persoonlijke kruistocht van maken om hem het leven zuur te maken. Jezus, hij had al genoeg aan zijn hoofd; 11 september dreunde hier bijna zes jaar later nog steeds na. De NSA was een van de diensten geweest die verantwoordelijk waren gesteld voor het niet op tijd detecteren van de voorbereidingen van de aanslag. De NSA had immers onder andere tot taak om vierentwintig uur per dag rond de wereld berichten te onderscheppen die verband zouden kunnen houden met de aantasting van de nationale veiligheid. En daarin hadden ze gefaald. De afgelopen jaren was de werkdruk dan ook zodanig opgevoerd, dat het af en toe bijna niet meer houdbaar was. Meer dan eens had Baldwin al het bijltje erbij neer willen gooien, maar steeds opnieuw had hij die stap voor zich uit geschoven. Zo lang, dat zijn huwelijk inmiddels zo'n beetje op instorten stond.

Toen hij wat bedaard was, liet hij zijn stoel weer vooroverzakken. Hij wist best dat Mackenzie hem zoiets niet zou flikken als het niet van belang was of in elk geval kon zijn. Daarvoor was de hiërarchiecultuur binnen de dienst nu eenmaal te sterk. Hier haalde je eenvoudigweg geen streken uit met je baas, want dan was je gewoonlijk de klos. Dat wist hij zelf maar al te goed. De NSA hield niet van grappen, en zeker niet van ondergeschikten. Terwijl hij zijn armen voor zich uitstrekte om zijn spieren wat te ontspannen, zette hij de computer aan.

Even later ging Mackenzies telefoon over.

Hij glimlachte. Hij nam op en hield de telefoon instinctmatig een paar centimeter van zijn oor af.

'Naar het lab, nu! Ik wil ze nog een keer gecheckt hebben, en ditmaal wil ik erbij zijn!'

9

'Ik geloof dat ik toch een idee heb waarom juist wij, of in elk geval waarom juist ik, die e-mail hebben gekregen.'

'Ah, daar heb je het weer, je denkt dat je belangrijker bent dan ik.'

Deze keer ging Shepard niet op het grapje in.

'Degene die dit doet is bang, hij durft in elk geval niet rechtstreeks met zijn informatie naar buiten te komen. Als hij naar de krant gaat, zal hij niet serieus worden genomen. Als hij alles zomaar op internet publiceert, zal hij als de zoveelste internetgek worden versleten en zal er eveneens geen aandacht aan worden besteed. En daarom heeft hij gekozen voor een combinatie. Wie dit ook is, hij moet bekend zijn met datgene waar ik al enige tijd mee bezig ben.'

'Of hij speelt een spelletje,' reageerde Jenna achteloos.

'Wat, hoe bedoel je?'

'Nou, gewoon, het is een Kennedy-fanaat die een spelletje met ons speelt en hoopt dat we erop ingaan.'

'Geloof je dat werkelijk?'

'Ik geloof niks, ik gooi alleen maar een balletje op. Wil je me soms vertellen dat jij chocola kunt maken van die initialen die overal terugkomen? Met die vreemde tekens ertussen, steeds drie puntjes in de vorm van een driehoek? En dan die onleesbare Duitse tekst. Om nog maar niet te spreken over de symbolen die op het openingsscherm staan afgebeeld. Is het zo vreemd om uit te gaan van een spelletje?'

Het was duidelijk dat Jenna hem uitdaagde om het achterste van zijn tong te laten zien.

'Had gekund en misschien had je gelijk kunnen hebben, ware het niet dat degene die dit doet, een theorie aanhangt waar ik ook sinds enkele jaren achter sta.'

Shepard keek haar nu indringend aan.

'Dat een op de vrijmetselarij gebaseerd genootschap bij de moord op Kennedy was betrokken.'

Hij liet de zin even op haar inwerken.

Jenna keek hem met opengesperde ogen aan.

'Wat? Kom op, laat me niet lachen. Die heb ik nog nooit gehoord. Jezus, Shepard, van een professor had ik meer verwacht. Sluit je aan bij het legioen internetidioten, zou ik zeggen.'

Plotseling realiseerde ze zich dat haar harde stemgeluid de aandacht trok. Enkele gasten die langsliepen keken hun kant op, evenals een paar van de obers die constant rondcirkelden.

Shepard bleef haar echter rustig en vriendelijk glimlachend aankijken. De situatie was bijzonder toepasselijk. Hier zaten ze dan, midden in Washington, in een van die opgedofte etablissementen waar het soort personen dat hij nu juist verdacht van de meest ingrijpende misdaden die je voor mogelijk kon houden, waarschijnlijk graag een vorkje meeprikten. En wie weet, misschien zaten er nu wel een paar achter een van die belachelijke omheininkjes. Het was bijna amusant om te constateren dat zelfs het restaurantwezen in deze stad zich had aangepast aan de achterkamertjesmentaliteit die in deze contreien heerst.

Hoe brachten ze dat ook alweer, als ze iets niet wilden toegeven: 'Van deze gegevens heb ik geen herinnering, ik kan ze bevestigen noch ontkennen.' Kortom, ik weet het wel, maar je zult het nooit uit me krijgen.'

Maar gezien het toenemende stemgeluid van zijn tafelgenote was deze afgeschermde omgeving misschien wel zo prettig.

Hij grinnikte. 'Precies.'

'Hoezo, precies?' reageerde Jenna geïrriteerd.

'Precies wat je zegt, waarom zou een professor als ik zo'n verhaal afsteken? Misschien om mijn reputatie in één keer naar de knoppen te helpen? Of misschien wel voor die ene minuut van wereldroem, wie weet. Of misschien ben ik wel volledig doorgedraaid, kan ook nog.'

Het was een paar seconden stil. Jenna voelde zich in verwarring gebracht. Het was nu 1-1, ze stonden gelijk. Waarom zou een hoogleraar zoiets zomaar voetstoots aannemen en daarmee zijn hele reputatie in één klap naar de maan helpen? Maar dit ging toch veel te ver? De vrijmetselarij, kom op, waar haalde hij het in godsnaam vandaan?
De ober zette de waldorfsalades voor hen op tafel.
'Eet smakelijk, mevrouw, meneer.'
Niemand reageerde.
Shepard prikte zijn vork in een stukje appel en kauwde er met smaak op. Jenna keek hem nog steeds aan en zei niets.
'Hoor eens, voordat je denkt dat ik nu allerlei complottheorieën op je los ga laten, laat me gewoon even proberen om het uit te leggen. Wat je ervan vindt moet jij weten, maar gun me even de tijd.'
Jenna draaide haar hoofd met gesloten ogen weg.
Dat beschouwde Shepard maar als een instemming met zijn voorstel.
'Goed, zonder nu meteen in details te treden, het volgende. Je hebt toch wel een idee hoeveel personen en instanties op de een of andere manier betrokken zijn geweest bij de aanslag op Kennedy, nietwaar?'
Hij wachtte haar antwoord niet af.
'Hoe je het ook wendt of keert, er zijn ongelooflijk veel personen die ergens in het proces een bepaalde rol hebben gespeeld. En dan bedoel ik nog niet eens bij de aanslag zelf, maar bij de voorbereiding van het bezoek aan Dallas, bij het onderzoek naar de aanslag, bij de veroordeling van de dader, ga zo maar door. Dan hebben we het over het Witte Huis, over de gehele politiek, trouwens, over het Congres, de adviseurs, de politieke werkelijkheid in Texas, zoals de verregaande vervlechting van de olie-elite met de republikeinse partij enzovoort. Dan hebben we nog de CIA, de FBI, de politie van Dallas, de Warren-commissie, de medische staf die de autopsie op president Kennedy verrichtte en de geheime dienst, die bij het bezoek van Kennedy aan Dallas de vereiste veiligheidsmaatregelen achterwege liet. Zo reed hij in een limousine met open dak. De auto maakte zo'n scherpe bocht op de afslag van Houston Street naar Elm Street, dat hij bijna tot stilstand kwam. Een ideaal moment voor een aanslag. Maar ik ga nu al weer te ver. Het gaat om de grote lijn. Zoals je ook op de site hebt kunnen zien. Getuigen werden niet gehoord en bewijsmateriaal verdween; Bush en Reagan, en gouverneur Connally, wezen bepaalde verzoeken af, verzoeken die in het kader van het zoeken naar de waarheid werden gedaan! Jezus, Jenna, Connally was zelf nota bene slachtoffer van dezelfde aanslag! Wat zou jij dan doen? Een verzoek om een getuige te horen afwijzen!'

Jenna staarde hem alleen maar aan.

'O ja, en dan nog iets.'

Shepard liet zich nu zo meeslepen dat ook hij zijn stem verhief.

Jenna maande hem met haar handen dat hij zachter moest praten.

'De limousine van Kennedy werd dezelfde dag nog gestript, zodat veel bewijsmateriaal verloren ging of in elk geval niet meer onafhankelijk kon worden bekeken. Stond dat ook niet op de site? Ik weet het niet meer. O ja, en Connally's kostuum werd meteen gestoomd. Eh, jezus, wat moet ik nog meer... Zijn hersenen, ja, werkelijk waar, zijn hersenen zijn verdwenen, tenminste, wat er nog van over was. Zijn hersenen zijn verdwenen uit de Nationale Archieven, Jenna!'

Hij keek haar nu met een wilde blik aan.

'Toen ze nader onderzoek wilden doen naar zijn hersenen om nog eens grondig na te gaan vanuit welke hoek de kogel moest zijn binnengedrongen, waren zijn hersenen verdwenen, zomaar, oeps.'

Shepards hoofd was rood van opwinding. Hij straalde nu oprechte kwaadheid uit. Dit kon niet meer worden gespeeld. Jenna's ongeloof verdween langzaamaan. Deze man was oprecht van zijn stuk. Hoe meer hij erop inging, hoe meer hij naar boven haalde over de aanslag, des te duidelijker de verontwaardiging was die zich van hem meester maakte.

Plotseling schoot hij in de lach.

'Weet je nog die satire van *Spitting Image*? Over Reagan en zijn aap, hoe heette dat beest? Eh... doet er ook niet toe. In elk geval, de aap nam de beslissingen, geloof ik. Wat zeiden ze dan ook alweer over Reagan? *"The president has lost his brains"* of iets van dien aard. Daar moet ik altijd aan denken als ik het hierover heb, en dan zie ik dat beeld van Reagans belachelijke namaakhoofd weer zo voor me.'

Shepard zette zijn ellebogen op tafel en liet zijn kin op zijn handen rusten, alsof hij aan het bidden was. Hij keek zwijgend voor zich uit. Opeens had hij een trieste blik in zijn ogen.

Na een paar seconden herstelde hij zich, knipperde een paar maal met zijn ogen en nam een slok bier. Jenna wachtte ongeduldig tot hij weer tot zichzelf was komen.

Waar past de vrijmetselarij in het verhaal? Waar wil je naartoe?

'Goed, terug naar mijn verhaal. Zoals ik al zei, het aantal personen dat betrokken moet zijn geweest bij het onderzoek naar de aanslag was groot. Maar diezelfde personen, en de instanties die ze vertegenwoordigden, hadden vaak tegengestelde agenda's en ze werkten elkaar eerder tegen dan dat ze elkaar van dienst wilden zijn.'

'En?' reageerde Jenna op ongeduldige toon. 'Hoe kom je dan bij jouw theorie terecht?'

'Snap je het dan niet? Ze moeten een gemeenschappelijke deler hebben gehad. Er moet een podium zijn geweest waarop ze met elkaar op het hoogste niveau communiceerden. Om bepaalde zaken te regelen die anders te lang zouden duren of die via de officiële weg tot te veel tegenstand zouden leiden. Of die gewoonweg het daglicht niet konden verdragen. Zulke podia zijn er in de loop van de geschiedenis altijd geweest, Jenna. De belangen van de elite dienen nu eenmaal te worden behartigd. Is dat zo ongeloofwaardig?'

Hij wachtte haar antwoord niet af.

'Nee, kijk maar naar wat er gebeurt in Irak. De oorlog is er gekomen, punt. Waarom? Omdat de neoconservatieven dat wilden. Bewijzen voor massavernietigingswapens? Geen probleem, dat is bekend. Kwestie van onjuiste informatieverschaffing. Kijk naar de contracten voor de wederopbouw in Irak. Wie profiteert het meest? Halliburton. Wie was daar de baas? Cheney. Wat doet Cheney?'

De stem van Shepard klonk nu triomfantelijk.

'Tot zover ga ik met je mee, maar waarom dan de vrijmetselarij?'

'Omdat dat altijd zo is geweest. Maar weinig mensen beseffen dat de vrijmetselarij altijd een grote vinger in de pap heeft gehad bij de besluitvorming in de Verenigde Staten en daarbuiten. Wist je bijvoorbeeld dat Franklin Delano Roosevelt vrijmetselaar was, en Truman? En Winston Churchill, en generaal Douglas MacArthur, en Yitzhak Rabin?'

'Ik weet dat diverse presidenten lid van de vrijmetselarij zijn geweest, ja.'

Shepard veegde met de rug van zijn hand langs zijn mond. Hij keek Jenna bijna triomfantelijk aan.

'Montesquieu, opsteller van de trias politica, was vrijmetselaar. Volgens dat patroon maakte Benjamin Franklin in de achttiende eeuw het eerste ontwerp voor de federale constitutie van de Verenigde Staten van Amerika. Franklins tijdgenoot George Washington, de eerste president van de Verenigde Staten. Hij legde de eerste steen van het Capitool, gekleed in een schootsvel.'

'In wát?' vroeg Jenna op ongelovige toon.

'Een schootsvel, een van de symbolen van de vrijmetselaar. Dat is een soort werkschort, met daarop een afbeelding van een in elkaar geschoven passer en haak, de eeuwenoude werktuigen van de vrijmetselarij.'

'Je houdt me nu niet voor de gek, hoop ik. Dat van die passer en haak, dat komt me bekend voor, maar een schootsvel?'

Shepard schudde gelaten zijn hoofd.
'Het wordt nog gekker, vrees ik. De vrijmetselarij is voor een deel ontstaan uit en beïnvloed door de orde der Rozenkruisers. Ook die eeuwenoude orde had in de achttiende eeuw aanhangers in de Verenigde Staten. In 1774 bestond er een zogenaamde Opperste Raad van Drie, bestaande uit Benjamin Franklin, George Clymer en Thomas Paine. De laatste werd opgevolgd door La Fayette, die ken je toch wel, hoop ik? Niet de Al Fayed van prinses Diana, maar de La Fayette uit Frankrijk, lid van de loge Humanidad te Parijs. Er zijn verdomme warenhuizen naar die man genoemd, Galeries Lafayette, de crème de la crème van winkelend Parijs.'
Shepard grijnsde, hij voelde zich in zijn element.
'Na een herziening van de riten in 1842 werd de raad gevormd door drie anderen, onder wie president Abraham Lincoln, een van de grootmeesters van de Opper Grootloge van de Rozenkruisers in Amerika.'
Jenna blies met getuite lippen een stoot samengeperste lucht naar buiten.
'Jezus, het lijkt wel zo'n boek van Dan Brown.'
'Je hebt zeker *De Da Vinci Code* gelezen? Prachtig boek, maar het is fictie, Jenna, fantasie. Knap gevonden, hoor, maar het is allemaal kul. Dit niet, geloof me. Je kunt het allemaal nalezen in de vrijmetselarijliteratuur, voor mijn part in de geschiedenisboeken, wat je maar wilt. Dit zijn feiten, het is geen fictie!'
Jenna stak haar handen in de lucht, het internationale gebaar van overgave.
'Heb je wel eens van de Trilaterale Commissie gehoord?'
Geen reactie.
'Opgericht door Rockefeller. Nee?'
Ze schudde van nee.
'De P2-loge, Propaganda Due, Italië, jaren tachtig van de vorige eeuw?'
Nu begin je me weer te irriteren, professor, ik ben geen scholier.
Hij merkte haar verontwaardigde blik op.
'Sorry, natuurlijk, maar ik heb de ledenlijst van P2 ingezien, Jenna, en geloof me, als die hun kans hadden gekregen, dan was Italië nu onherkenbaar geweest. Een onderdeel van de nieuwe wereldorde, zoals de vrijmetselaars het noemen. En waarom zouden de P2-loges van deze wereld zich alleen in Italië bevinden, en niet hier, in onze eigen Verenigde Staten van Amerika? In elk geval is dat hele begrip van een nieuwe wereldorde niets nieuws. Onder aanvoering van de neoconservatieven maken de Verenigde Staten zich immers eveneens sterk voor de vorming van zo'n nieuwe orde. Waarom is Irak anders aangevallen? Voor die Hussein? Kom op! Alsof de

Amerikaanse regering zich ooit druk heeft gemaakt over dat soort zaken als het hun niet uitkwam. Je kent toch de beelden van Rumsfeld, nietwaar? Handen schuddend met Saddam? Kwestie van prioriteiten stellen in de wereldpolitiek.'

Jenna nam nog een hapje van haar salade.

Gelukkig dat we een koude schotel hebben genomen.

'Goed, je hebt je punt gemaakt. Wat de neoconservatieven betreft, ben ik het met je eens. Maar waar maak ik dan ergens de verbinding met Kennedy?'

Shepard had een droge mond en wilde een slok bier nemen, maar het glas was leeg. Even overwoog hij om zijn hand omhoog te steken om een ober te roepen, maar hij bedacht zich. Eerst zijn verhaal afmaken.

'John F. Kennedy was de eerste rooms-katholieke president van de Verenigde Staten. De eerste rooms-katholieke en financieel onafhankelijke president van de Verenigde Staten.'

Het kwartje viel niet. Maar hoe kon dat ook? Hoe kon hij van haar verwachten dat ze op de hoogte was van het belang van deze feiten als geen van de zogenaamde experts op dit gebied er ooit in was geslaagd deze boodschap over te brengen naar het volk. Simpelweg omdat er altijd voldoende tegenkrachten waren geweest die ervoor zorgden dat dit soort zaken niet naar buiten kwamen.

'Kennedy was geen vrijmetselaar en hij werd geen vrijmetselaar. Ten eerste had hij de invloed van de orde niet nodig. Althans dat dacht hij. De Kennedy's hadden geld genoeg om hun eigen campagnes te voeren en ze waren eigenlijk niet om te kopen. Bovendien was Kennedy zoals gezegd katholiek. Ierse wortels, nietwaar? Allemaal bekend. Minder bekend is dat de katholieke Kerk en de vrijmetselarij onverenigbaar met elkaar zijn. In 1738 bracht paus Clemens XII de bul "In eminenti apostolatus specula" uit, waarin de vrijmetselarij op straffe van excommunicatie werd verboden.'

Jenna deed haar best om het verhaal te volgen.

'De directe aanleiding van deze bul was het Florentijnse schandaal, de vrijmetselaarsloge in Florence bleek een spionagecel te zijn voor de Hannover-dynastie. Een politieke aanleiding dus. In 1751 werd een soortgelijke bul uitgevaardigd door paus Benedictus XIV. Daarna volgde nog een reeks veroordelingen door volgende pausen. De oorzaak daarvan lag opnieuw in politieke gebeurtenissen. Met name die in Italië, waar men er onder invloed van de vrijmetselarij in slaagde om de rol van de Kerk als staatkundige macht terug te dringen en de kerkelijke staat te reduceren tot het gebied van het Vaticaan.'

'Shepard, alsjeblieft, de hoofdlijnen, anders vrees ik dat ik het niet meer helemaal kan volgen. Hoe onthou je dat eigenlijk allemaal?'
Shepard grinnikte. 'Fotografisch geheugen, kan er ook niks aan doen. Weet je wat, laten we nog wat te drinken bestellen. Wat wil jij?'
'Iets sterks, graag.'
Hij keek haar vragend aan.
'Graag een port, rood.'
Shepard stak zijn hand op en binnen een milliseconde stond de ober aan zijn zijde.
'Meneer?'
'Een Budweiser en een port graag, rood.'
'Vintage, meneer?'
Shepard streek met zijn hand over de stoppels op zijn kin. *Ach, waarom ook niet.*
'Een vintage, ja.'
'Had u nog een dessert gewenst, meneer, mevrouw?'
Nu was Jenna hem voor.
'Een kaasplankje, graag. Hebt u morbière?'
'Uiteraard, mevrouw. Morbière vergezeld door roquefort en voor de milde kant wellicht een zachte camembert?'
Jenna schoot in de lach. *Paus Roquefort de eerste, klinkt goed.*
Zowel Shepard als de ober staarde haar verbaasd aan.
'Ja, ja, uitstekend, klinkt heerlijk, dank u.'
Toen de ober was vertrokken, keek Shepard haar nog steeds verbaasd aan.
'Wat was er nou zo grappig?'
'Een binnenpretje, niet van belang, ga verder.'
'Weet je het zeker, begin ik je niet te vervelen?'
'Dat niet, maar waar kom jij nu in het verhaal tevoorschijn?'
'Geduld, heb geduld en alles zal u ten deel vallen.' Shepard was nu van zijn à propos. 'Waar was ik?'
'Bij de excommunicatie.'
'Juist ja, de onverzoenlijke houding tussen Kerk en vrijmetselarij bleef bestaan tot na de Tweede Wereldoorlog. Het Tweede Vaticaans Concilie leek echter een kentering te hebben gebracht in het denken van de rooms-katholieke Kerk. De Kerk wilde nu met anderen een dialoog aangaan. Het is een heel verhaal, maar in het kort komt het erop neer dat canon 2335 van het kerkelijk wetboek rechtens gehandhaafd bleef, maar feitelijk niet meer behoefde te worden nageleefd.'

'En wat hield die canon dan in?'

'Canon 2335 hield zoiets in dat als men zich aansloot bij de vrijmetselarij of soortgelijke verenigingen die de Kerk bestrijden, men ipso facto door de Heilige Stoel geëxcommuniceerd werd.'

Jenna fronste haar wenkbrauwen. *Deze man is werkelijk een wandelende encyclopedie.*

'Hoe dan ook, het leek de goede kant op te gaan. Paus Johannes Paulus II gaf op 25 januari 1983 zijn zegel en handtekening aan het nieuwe kerkelijk wetboek. Van de tweeënveertig redenen voor excommunicatie bleven er nog maar zes over. Het lidmaatschap van de vrijmetselaarsorde behoorde daar niet meer toe. Ogenschijnlijk betekende dit een grotere tolerantie van de rooms-katholieke Kerk tegenover de vrijmetselarij.'

Shepard stopte met praten toen de ober hun bestelling kwam brengen. De sterke lucht van de Franse kaas drong diep in zijn neusgaten. Hij had altijd al gevonden dat die wel wat weg had van de lucht van zweetsokken, maar inmiddels had hij geleerd om deze opvatting niet hardop onder het diner naar voren te brengen. Snel nam hij een slok bier; zijn mond was zo'n beetje uitgedroogd. Terwijl Jenna de port door haar mond liet walsen, wilde hij zijn verhaal hervatten.

'Bijna klaar, nog even en je bent van me verlost.'

Jenna prikte vergenoegd een stuk morbière aan haar vork. 'Die aslaag in het midden, die doet het hem, heerlijk.'

Hij knikte, maar wist niet precies waarom. 'Doe mij maar een hamburger in het midden.'

Ze schoot in de lach en verslikte zich. Hoestend en proestend greep ze een servet en drukte dat tegen haar mond. Terwijl ze rood aanliep, dook er uit het niets een ober naast haar op, die druk gesticulerend vroeg of hij iets kon doen, of het aan de kaas lag en of ze misschien een glas water wilde. Met haar hoofd naar beneden knikte Jenna bevestigend. Shepard bood haar echter zijn glas bier aan en zo goed en zo kwaad als het ging nam ze een paar flinke slokken. Dat hielp. Terwijl ze de tranen uit haar ogen wreef, keek ze hem nog steeds lachend aan.

'Wil je dat nooit meer doen?'

Shepard grijnsde. 'Ik beloof het. Mag ik dan nu verdergaan?'

Jenna keek hem spottend aan en knikte een paar keer langzaam.

'Meteen kwam er een koude douche. Eind 1983 heeft de prefect van de Vaticaanse Congregatie voor de geloofsleer, de Duitse kardinaal Ratzinger, in naam van de paus meegedeeld dat de vrijmetselarij onverenigbaar blijft met de leer van de Kerk. Het lidmaatschap van de vrijmetselarij bleef voor katholieken, ook na de inwerkingtreding van het nieuwe kerkelijk wetboek, verboden.'

Jenna wilde iets zeggen, maar had haar mond opnieuw vol kaas. Ze deed verwoede pogingen om die met een slok port weg te spoelen.

'Ratzinger zei dat uitsluitend op redactionele gronden het verbod in het nieuwe wetboek niet met zoveel woorden was opgenomen. Katholieken die vrijmetselaar waren, maakten zich nog steeds schuldig aan zware zonde en mochten niet worden toegelaten tot de communie. De Kennedy's hebben zich altijd verre van de vrijmetselarij gehouden en de reden hiervoor lijkt dus duidelijk. Hoe losbandig hun levenswijze ook mag zijn geweest, hun geloof speelde wel degelijk een belangrijke rol. En ze hadden de vrijmetselarij, zoals ik al zei, helemaal niet nodig.'

De kaas en het stokbrood waren bijna verorberd.

'Ratzinger, dat is toch...?'

'Dat is de nieuwe paus, ja. Paus Benedictus XVI. Klinkt bekend, nietwaar? Een navolger van de Benedictus uit 1751.'

'Hoe bedoel je?'

'Dat lijkt me duidelijk. Ratzinger is een conservatief, iemand die geen nieuwe, opzienbarende veranderingen zal doorvoeren. Hij zal de lijn van Johannes Paulus II wel voortzetten, zo verwacht iedereen.'

'Bedoel je daar iets specifieks mee dan?'

'Nee, nee, zo bedoel ik het niet. Het is alleen een voortzetting van de aloude, bekende lijn, vrees ik. Maar daar heeft Jack Kennedy in elk geval geen last meer van.'

Jenna werkte het laatste stukje roquefort naar binnen. Ze keek Shepard meewarig aan.

'Dat jij dat wegspoelt met bier, eeuwig zonde.'

'Laten we het maar niet over eeuwige zonden hebben.'

Nu grijnsden ze beiden.

Jenna pakte haar glas en hield het in de lucht.

'Op Jack.'

'Op Jack.'

De glimlach was plotseling van Shepards gezicht verdwenen.

'En jij denkt dus dat onze man, dat Deep Throat jou heeft uitgezocht om de kennis die je hebt over al deze zaken?'

Shepard keek haar indringend aan.

'Daar ben ik van overtuigd, ja. Het ligt er gewoon te dik bovenop. Deep Throat moet weten van mijn onderzoek, van de gemene deler die samenkomt bij Kennedy. Alleen op die manier zijn alle betrokkenen tot elkaar

te herleiden. Dat is de gemene deler, zeg ik je. Kennedy ging zijn eigen weg, in de richting van zijn eigen nieuwe wereldorde.'
Shepard wenkte de ober en maakte het gebaar dat hij wilde afrekenen.
'Heb je vanmiddag tijd?'
'Hoezo, hoe bedoel je?'
'Ik wil je wat laten zien.'

Toen ze even later in de taxi stapten, wist Jenna nog steeds niet wat het was dat Shepard haar wilde laten zien.
'Arlington, de begraafplaats.'
Ze keek hem met een verbaasde blik aan. 'Arlington, wat moeten we daar?'
Shepard draaide met zijn ogen in de richting van de chauffeur. 'Geloof me, het is van belang.'

10

Toen Baldwin het technisch laboratorium in kwam, zat Mackenzie al op hem te wachten. Hij wenkte zijn baas enthousiast zijn kant op.
'Zo, nu wil ik wel eens zien wat er allemaal waar is van die indianenverhalen,' bromde Baldwin.
Hij probeerde zich een norse houding aan te meten, maar Mackenzie had meteen door dat zijn baas niet helemaal op zijn gemak was. De frames hadden hem blijkbaar toch wel enigszins van zijn stuk gebracht, al wilde hij hem doen geloven van niet. Ze wisten allebei dat als deze foto's echt waren, ze een behoorlijk groot probleem hadden, om het nog maar zacht uit te drukken. Een probleem dat niemand echt op zijn bordje zou willen krijgen. Want hoe moest je uiteindelijk aan je hoogste baas, de president van de Verenigde Staten, duidelijk maken dat je bewijsmateriaal in handen had dat het hele overheidsstandpunt inzake de moord op een van zijn voorgangers, gefabriceerd was? Dat de overheid het Amerikaanse volk al ruim veertig jaar belazerde en dat men dus zijn uiterste best had gedaan om datzelfde volk, de kiesgerechtigde burgers dus, te behandelen als onbeduidend voetvolk. Welke Amerikaanse president wilde in godsnaam de boodschapper zijn van zulk schokkend nieuws, nieuws dat de hele natie op zijn grondvesten zou doen schudden?

Baldwin pakte de hem aangeboden stoel en ging vlak naast de man achter het scherm zitten. Toen de frames tevoorschijn kwamen, drukte hij de man met zijn schouder nog wat meer naar links zodat hij een beter zicht kreeg op het scherm. Baldwin slikte toen hij het sterk uitvergrote frame zag verschijnen. Het beeld van het uiteenspattende hoofd was, alhoewel hij het al ontelbare malen had gezien, elke keer weer walgelijk om naar te kijken. Iedereen zweeg. De gestalte achter de houten schutting op de grasheuvel was ook op het vergrote beeld duidelijk waar te nemen. Ook al waren de contouren nu minder scherp, het geweer dat de man vasthield, tekende zich duidelijk af. Het beeld begon nu langzaam te verkleuren en het beeldscherm werd gevuld door de primaire kleuren rood, geel, blauw en groen. Wat resteerde was een soort ingekleurde versie van het oorspronkelijke frame, waarin alle objecten, afhankelijk van hun lichtsterkte en diepte, anders waren ingekleurd. De technicus wees op het scherm naar de limousine van Kennedy en vervolgens naar de gestalte achter het hek.
'Kijk, de kleurenpatronen kloppen exact met de diepte van het beeld. Als er gesjoemeld was met het beeld, dan zouden de patronen niet meer overeenstemmen. De schutter is groen-blauw, ziet u?'
Baldwin mompelde wat. Hij was niet blind.
'De figuren in de limousine zijn meer gelig van kleur. Die op de voorgrond, langs de weg, worden langzaam meer roodachtig, ziet u?'
'Ik ben geen kleuter. Probeer je me te zeggen dat deze kleurplaat het waterdichte bewijs levert dat er niet is gesjoemeld met die foto?'
'Frame.'
De technicus keek even achterom naar Mackenzie. Die had hem van tevoren al gewaarschuwd voor de strapatsen van Baldwin.
'Wat, frame?' reageerde Baldwin geïrriteerd.
'Het is geen foto, meneer, maar een frame, een stukje beeld uit...'
'Ik vroeg je wat.'
De technicus spreidde zijn handen ten teken dat hij vond dat Baldwin hem wel wat rustiger kon bejegenen.
'In principe is dit al voldoende, ja, als er later een beeld zou zijn ingemonteerd, dan zouden de patronen niet meer kloppen.'
'In principe?'
'Inderdaad. Maar we hebben nog een andere test gedaan. Die kan ik u niet visueel tonen, die wordt simpelweg nagerekend door de computer.'
Hij pakte een uitdraai.
'Kijk, uit deze berekeningen blijkt dat alle beelden op het frame gelijktij-

dig moeten zijn gemaakt. We hebben alle objecten die van belang zijn uitgelijnd en afzonderlijk laten checken. De korrelgrootte, de beeldkwaliteit, de afstand, schaduwwerking, contrast, scherpte, noem maar op. Ook uit deze berekening blijkt dat de beide frames geheid authentiek zijn.'
Baldwin wreef met zijn rechterhand over zijn voorhoofd.
De technicus wilde hem voor zijn.
'Nu zie ik u denken: wat deze computer kan, kan een andere natuurlijk ook.'
De man klonk opgewekt. Het was duidelijk dat die hoge pief onder de indruk was. Erop gebrand om te laten zien wat er op zijn vakgebied allemaal mogelijk was, stond hij er eenvoudigweg niet meer bij stil welke trieste implicaties deze walgelijke beelden eigenlijk hadden.
'De frames die u ziet zijn immers een door de computer gefabriceerde digitale versie van het oorspronkelijke frame uit de 8 mm-film. Dus dan zou je denken dat het mogelijk moet zijn om alles wat de computer tot nu toe heeft gecontroleerd, omgekeerd te laten berekenen en in te voegen in het oorspronkelijke beeld. Maar ik kan u zeggen dat dat vrijwel onmogelijk is. Slechts enkele gespecialiseerde instellingen zijn hiertoe in staat, en dan doel ik zeker niet op particulieren. Maar toch, het zou theoretisch mogelijk zijn, zou je zeggen.'
Baldwin werd ongeduldig.
'En?'
'Dan zit er altijd een foutmarge in. Het is onmogelijk om zonder foutmarge een beeld digitaal in te voegen in een digitale kopie van oorspronkelijk 8 mm-materiaal. Er zal altijd een minimale foutmarge bestaan. En als onze apparatuur die niet kan detecteren, dan is die er niet.'
De man pauzeerde even om zijn woorden te laten bezinken.
'De uitkomst is 99,99 procent zeker.'
Baldwin fronste zijn wenkbrauwen.
'De theoretische foutmarge, meneer, een honderdste procent. Zo zijn we altijd ingedekt. Beleid van de dienst, nietwaar?'
Met een vertrokken gezicht stond Baldwin op en verliet het technisch laboratorium. Mackenzie volgde hem op de voet.
'Dit is een ramp, Mackenzie. Een godsgruwelijke ramp.'
Toen hij zijn kamer binnenliep, stapte hij meteen op een van de telefoons af die in slagorde op zijn bureau stonden. Met de hoorn in zijn hand maakte hij een handgebaar in de richting van Mackenzie, ten teken dat hij de kamer moest verlaten.
'Zorg ervoor dat die nerd wordt afgeschermd. En dan bedoel ik voor 100

procent, niet voor 99,99! Die computer is vanaf nu slechts beschikbaar met autorisatiecode 4.'
Mackenzie knikte. Terwijl hij het kantoor verliet, drukte Baldwin het nummer van de directeur al in.

11

Tijdens de rit naar Arlington Cemetery werd er weinig gezegd. Beiden hadden zo hun eigen gedachten over het hoe en het waarom van alles wat hun overkwam. Nog geen dag geleden deden ze allebei nog hun normale, dagelijkse werk en hadden ze in hun stoutste dromen niet kunnen vermoeden dat ze hierin verzeild zouden raken. Van het ene op het andere moment werd hun leven beheerst door de moord op een president. Hun president. Jenna had nog heel wat vragen aan Shepard, maar ze begreep dat deze plek, met de taxichauffeur vlak voor hen, daar niet geschikt voor was.
Nadat ze waren uitgestapt op de begraafplaats, liepen ze met stevige tred in de richting van de eeuwige vlam ter nagedachtenis aan president Kennedy. Even later stonden ze in gedachten verzonken bij het graf. Het motregende. De beelden van de aanslag speelden zich keer op keer in hun hoofd af, als een repeterend stuk celluloid, vastgeslagen in de filmprojector. Eigenlijk was het een vrij sober gedenkteken. Slechts een grijze steen met inscriptie en de vlam erboven. Maar dat was ook juist de bedoeling geweest.
'Wist je dat Kennedy hier helemaal niet begraven is?'
Shepard zei het zonder haar aan te kijken.
'Hoezo, dit is toch zijn graf!' reageerde Jenna verbaasd.
'Dat denken de meesten, ja, maar een paar jaar later is Kennedy's lichaam opgegraven en weer herbegraven aan de kust van Massachusetts, onder een groot granieten rotsblok.'
'Dat wist ik niet.'
'Er wordt wel beweerd dat toen op aandringen van Robert Kennedy ook de hersenen van JFK bij het stoffelijk overschot zijn gevoegd, maar als je het mij vraagt, is dat weer een van de vele pogingen geweest om zaken recht te breien die niet recht te breien zijn. Als het inderdaad zo was gegaan, dan had men daarvan in de Nationale Archieven op de hoogte moe-

ten zijn. En zoals zo vaak is er geen enkel aanknopingspunt dat in deze richting zou kunnen wijzen.'
Shepard zweeg en wees naar de vlam.
'Weet je wat het grappige is?'
Jenna kon zich niet voorstellen wat er zo grappig kon zijn aan het gedenkteken.
'Niet helemaal, als je het niet erg vindt,' antwoordde ze op licht spottende toon.
'Die vlam is de brutaalste zet van allemaal. Ongelooflijk, het is werkelijk ongelooflijk wat een lef ze hebben gehad om die op deze plek te laten plaatsen. Schandalig, als je het mij vraagt. Het toppunt van respectloos gedrag. Dat je iemands nagedachtenis zo voor het oog van de hele wereld kunt vertrappen!'
Jenna was nu even helemaal de weg kwijt.
Respectloos, vertrappen, wat raaskalde hij nu weer? Ze voelde het bloed naar haar hoofd stijgen. Even kreeg ze het onbehaaglijke gevoel dat ze hier met een fantast van doen had. Een op hol geslagen fantast met grootheidswaanzin, die van plan was om haar positie te misbruiken om zijn waanzin aan de rest van het land te kunnen opdringen.
'Ik kan je nu echt niet meer volgen, Shepard. Sorry, maar zo is het genoeg, dit gaat me werkelijk te ver. Waar zie je me eigenlijk voor aan? Ik ben je pr-medewerkster niet. Zoek maar iemand anders om je verhaal tegen op te hangen, ja! Ik ben in elk geval weg.'
Na die woorden draaide ze zich om en wilde weglopen. Maar Shepard greep haar bij de arm. Woest draaide ze zich om, klaar om een aantal verwensingen in zijn richting te spuien.
Onmiddellijk liet hij haar arm los.
'Alsjeblieft, laat het me uitleggen, Jenna. Alsjeblieft! Je begrijpt het niet.'
Ze rukte haar arm los en liep met grote stappen weg. Het begon harder te regenen. Shepard haalde haar in en ging voor haar staan.
'Alsjeblieft, Jenna, het is waar, wat ik zeg. Geloof me. Ze hebben hem vermoord en daarna voor eeuwig vernederd. Geloof me nou toch. Het is een teken van de Rozenkruisers, de vlam, snap het dan toch, het is een teken van de clan!'
Zijn ontzette reactie bracht haar aan het twijfelen. Het was net als daarstraks in Etoîles, de ontzetting in zijn ogen kwam oprecht over, die was niet te spelen. Ze twijfelde. Zijn natte haren plakten tegen zijn voorhoofd. Hij zag er kwetsbaar en droevig uit. Op de een of andere manier werd ze door een deel van haar verstand gedwongen om hem te geloven op zijn

woord, terwijl de andere helft twijfelde en weg wilde, weg van dit droevige oord, van zoveel verwoeste levens die in de knop waren gebroken.
'Het is een teken uit de Rozenkruiserslegende: het teken van de Ridder met de Onuitblusbare Lamp. Het is een verwijzing naar de altijd brandende lamp in het graf van Rosencreutz. De vlam komt ook voor in de achtentwintigste graad van de Aloude en Aangenomen Schotse Ritus, die van de Ridder van de Zon. De Schotse Ritus is een systeem van drieëndertig graden, zeg maar een soort van zedelijke gedragscode van de vrijmetselarij. Aan de hand van deze gedragscode probeert de vrijmetselaar zich te ontwikkelen, om uiteindelijk steeds een hogere graad te kunnen bereiken. Het is een soort geestelijke ontwikkeling vanaf de onderste graad, van gezel of leerling, tot de hoogst bereikbare, de drieëndertigste.'
Jenna staarde hem met grote ogen aan.
'Wie is in godsnaam Rosencreutz?'
Shepard slikte.
'Rosencreutz wordt beschouwd als de stichter van de orde der Rozenkruisers. Zijn naam komt voor in de Duitse manifesten, drie geheimzinnige geschriften die in 1614, 1615 en 1616 verschenen: de *Fama Fraternitatis*, de *Confessio Fraternitatis* en de *Chymische Hochzeit* van Christian Rosencreutz. Het waren een soort sociale hervormingsplannen, zogenaamde hekelschriften. De eerste zin van de *Fama* luidt als volgt: "Algemene Hervorming van de ganse wijde wereld, gevolgd door de Fama Fraternitatis van de zeer loffelijke orde van het Rozenkruis, gericht aan alle geleerden en leiders in Europa."'
Hij keek haar met een wilde blik aan.
Jenna liet haar hoofd wat zakken en keek hem vanonder haar wenkbrauwen aan.
Shepard knikte bevestigend.
'De tekst van de site. Het zijn de beginfrasen van de *Fama*. De andere tekstgedeelten komen eveneens uit de *Fama*. Ze verwijzen naar het ontstaan van de broederschap van de Rozenkruisers, die ook verbindingen aanging met de vrijmetselarij. De letters "CR" op de site, dat zijn de initialen van Christian Rosencreutz.'
Hij gaf Jenna even de tijd om alles tot haar te laten doordringen.
'En die symbolen? Kun je daar ook iets mee?'
Shepard knikte.
'Later, laat me eerst mijn verhaal afmaken. De beginstrofen van de *Fama* geven aan wat hun pretenties waren. Zowel de *Fama* als de *Chymische Hochzeit* was voor een groot deel gewijd aan de biografie van de stichter

van de broederschap die zijn naam draagt. Het waren zogenaamde verdichte biografieën, die in die tijd heel gewoon waren. Rosencreutz was een mythische figuur en heeft dus waarschijnlijk nooit echt bestaan, maar de naar hem genoemde beweging, de Rozenkruisers, wel. Vanuit deze beweging ontstond weer een maçonniek georiënteerde Rozenkruisersbeweging, waaruit uiteindelijk de specifieke vrijmetselaarsbewegingen ontstonden. Het is een lang verhaal, maar geloof me. Deze vlam is, in tegenstelling tot wat iedereen altijd heeft gedacht, namelijk dat het een eerbetoon was aan Kennedy, eerder een grove beschimping. Het geeft aan wat voor een invloed een aantal personen moet hebben gehad om zoiets te bewerkstelligen. Daarom wilde ik je dit laten zien, zodat je begrijpt met wie we van doen hebben. Ik ben hier al langer van overtuigd, Jenna, van dit verband, maar ik heb tot nu toe niet het lef gehad om het naar buiten te brengen. Ik heb er alleen in een paar artikelen op durven zinspelen, niet meer dan dat. Maar op de site komt alles bij elkaar. De broederschap, de moord, de symbolen, de strofen uit de *Fama*. "Hij echter die onoprecht is of slechts begerig naar rijkdom, hij zal niet in staat zijn ons op enigerlei wijze te benadelen, en hij zal zichzelf geheel in het verderf storten". Jezus, Jenna, dat is een rechtstreekse verwijzing naar Kennedy!'
Jenna voelde een steek in haar onderbuik.
Shepard staarde een aantal seconden gebiologeerd naar de vlam en draaide toen zijn hoofd om. Hij keek haar indringend aan.
'Weet waar je aan begint, Jenna. Wie het ook moge zijn, de maker van de site daagt ons uit om het op te nemen tegen een van de machtigste groeperingen die in dit land te vinden zijn. Ze konden en kunnen waarschijnlijk ook nu nog regeringen maken en breken. Dus wie zijn wij, twee willekeurige, machteloze burgers, om deze beweging aan te pakken? Ik wil gewoon dat je je realiseert wat de gevolgen kunnen zijn. Ze hebben verdomme een president vermoord!'
Jenna probeerde te slikken, maar haar keel was gortdroog. Ze staarde naar de eeuwige vlam en vroeg zich af waar ze in terecht was gekomen. Een mysterieuze beweging, eeuwenoude Schotse riten, manifesten uit de zeventiende eeuw. En dat alles had drieënhalve eeuw later geleid tot de dood van een president?!
'Wat moeten we dan?' vroeg ze met overslaande stem. 'Alles negeren? Net doen of die site niet bestaat, of die e-mails niet zijn verzonden?'
Ze keek Shepard hulpeloos aan. Hij moest het maar zeggen, hij moest de beslissing maar nemen. Zijzelf kon eenvoudigweg niet bevatten wat de reikwijdte van dit alles zou kunnen zijn.

'Ik negeer helemaal niets. Voor mij staat het als een paal boven water. Ik zal alles doen wat in mijn vermogen ligt om de onderste steen boven te halen. Met of zonder de hulp van Deep Throat of wie het ook is, het kan me niet verdommen. Ik zeg alleen dat je hierover na moet denken. Als je eenmaal de stap hebt gezet, is er geen weg meer terug.'
Jenna probeerde zich te vermannen.
'Kom op, er is altijd een weg terug. Als het te heet onder onze voeten wordt, dan stoppen we er gewoon mee. Punt.'
Shepard fronste zijn wenkbrauwen. 'Ik vrees dat dat in dit geval niet zo zal werken.'
'Hoezo, wat bedoel je dan? Je loopt nu wel erg hard van stapel, vind je niet?'
'Ik vind van niet, nee.' Zijn stem klonk vastberaden.
'Kom, laten we naar de universiteit gaan, misschien zijn er nieuwe berichten binnengekomen.'

12

Nadat Shepard de deur van zijn kantoor had geopend, tastte hij eerst om de hoek naar de lichtschakelaar en knipte het licht aan. Daarna liet hij Jenna voorgaan. Ze schoot in de lach. Dit was wel de ultieme bevestiging van het cliché van de rommelige werkkamer van de verstrooide professor.
'Jezus, wat een puinhoop! Is dit jouw manier om de indruk te wekken dat je altijd druk bezig bent of zo? Goeie god.'
Shepard werd lijkbleek. Hij stoof naar zijn bureau en greep de kabel waar zijn computer aan vast behoorde te zitten.
'Ze hebben 'm meegenomen.'
Hij smeet de kabel op het bureaublad en keek vertwijfeld in het rond. Hij wreef met zijn hand over zijn voorhoofd. Zijn ogen waren gesloten.
'Geloof je me nu?'
Jenna knikte slechts een paar keer.
Opeens draaide Shepard zich om en rende de kamer uit.
Verbaasd keek ze hem na. Voordat ze goed en wel doorhad wat er gebeurde, was hij al verdwenen. Vermoeid liet ze zich in een stoel zakken en ze liet haar blik door de kamer dwalen. Eigenlijk viel het wel mee. Er ston-

den een paar laden open en her en der lagen wat papieren op de grond. Voor de rest zag alles er redelijk normaal uit, ze hadden zijn kamer niet bepaald intensief doorzocht. Een paar minuten later kwam Shepard weer hijgend binnen. Hij hield een laptop onder zijn arm geklemd.
Jenna sprong op uit haar stoel.
Zijn stem sloeg over van emotie. 'Hier zit alles in! Alles waar ik de afgelopen jaren mee bezig ben geweest. Alle gegevens, artikelen, contacten, alles!' Hij hapte bijna letterlijk naar adem.
'Godzijdank lag hij in mijn kluisje. Eis van de verzekering. Er werden er te veel gestolen. Godzijdank. Ik dacht dat ik hem op mijn bureau had laten staan, om hem op te laden. Als ze die laptop te pakken hadden gekregen, dan was ik alles kwijt geweest!'
Ze keek hem met een verontruste blik aan.
'Jezus, Jenna, je weet nog niet half waar ik mee bezig ben geweest! Ik ben er zeker van dat de loge betrokken is geweest bij de aanslag op Kennedy. Ik heb alleen geen bewijzen. Deep Throat heeft die wel. Daar ben ik van overtuigd. Ik heb er wel eens op gezinspeeld, in een artikel of in een lezing. En daarom heeft hij mij erbij betrokken, dat kan niet anders. Maar hij is niet gek. Ik zei het je al. Hij is bang en hij weet nooit voor honderd procent zeker wat hij aan ons heeft. Net zoals hij weet dat ik hem niet zomaar kan vertrouwen. Niemand die hiermee te maken heeft, is te vertrouwen, Jenna, niemand! En daarom heeft hij de publiciteit gezocht via de site. En contact gezocht met ons. Zodat we ervan kunnen pakken wat we willen, zonder dat we elkaar hoeven te zien. Zonder dat hij er ons in zou betrekken tegen onze eigen wil. Tenminste, dat dacht ie. Alleen was hij vergeten dat ze onze e-mail konden traceren.'
Ze knikte. Tegenwoordig werd immers al het computerverkeer in de gaten gehouden. Waarschijnlijk hadden ze de tekst kort na publicatie al op het internet getraceerd. Daar hadden ze speciale programma's voor, die vierentwintig uur per etmaal het hele net afzochten op zoek naar bepaalde termen of combinaties ervan. Op het moment dat het belang van de frames was doorgedrongen, hadden ze de site onder handen genomen. Waarschijnlijk was de maker daarvan niet te traceren, maar iets anders wel. Het was gewoon een kwestie van een bepaalde woordencombinatie in het zoekprogramma van de NSA gooien en bingo. Dan wisten ze binnen een paar minuten in welke e-mails de afgelopen, zeg vierentwintig uur, deze term was voorgekomen. Echt veel zouden dat er niet zijn, dus ze moesten hen in een mum van tijd hebben gevonden.
'Maar dat betekent ook...' Hij maakte zijn zin niet af.

'Als ze de e-mail in onze richting hebben kunnen traceren, dan moet dat ook in de omgekeerde richting kunnen.'
Er klonk een zekere berusting in zijn stem. Alsof hij zich realiseerde dat de zoektocht al was afgelopen voordat die goed en wel was begonnen.
'Niet als je de e-mails vanuit een internetcafé verzendt.'
Jenna keek hem triomfantelijk aan. Nu was ze hém te snel af.
'Laten we hopen dat je gelijk hebt.'
Shepard zette de laptop voorzichtig neer. Zijn ogen dwaalden door de kamer. Toevallig viel zijn blik op een foto aan de muur, gemaakt op de dag dat zijn mentor, professor Fassar, een eredoctoraat kreeg uitgereikt van de universiteit van Oxford. Fassar had hem bij uitstek de liefde voor het vak bijgebracht en daarom was hij ook bij Fassar afgestudeerd. Met een select groepje waren ze destijds vanuit Washington naar Engeland afgereisd om de ceremonie bij te wonen.
'Zie je die foto daar?'
Hij wees naar de muur.
'Mijn leermeester, professor Fassar, ontvangt daarop een eredoctoraat van de universiteit van Oxford.'
Jenna gebaarde dat ze niet wist wat ze met deze informatie aan moest.
'En?'
'Eigenlijk zou Kennedy op 22 november 1963 een eredoctoraat ontvangen van de Texas Christian University in Fort Worth. Daar was hij als katholiek zeer verguld mee, omdat de Christian University een strikt protestantse reputatie had.

Aangezien er nog steeds reserves bestonden tegen Kennedy's godsdienstige overtuiging, hoopte hij dat hij hiermee zijn voordeel kon doen en dat het eredoctoraat de weg zou openen naar de meest onverzoenlijke protestanten. Uiteindelijk besloot de universiteit het doctoraat toch niet toe te kennen. Zijn rooms-katholieke overtuiging bleek opeens toch een te groot bezwaar. Hierdoor werd het programma voor 22 november opeens in de war gegooid. Doordat de ceremonie aan de universiteit in Fort Worth wegviel, bleef er plotseling tijd over in het schema van die dag. Daarom werd toch maar besloten om de presidentiële rondrit door Dallas te laten doorgaan. Aanvankelijk was die wegens tijdgebrek afgelast.'
Shepard keek haar veelbetekenend aan.
'En uiteindelijk kon alles dus gewoon doorgaan zoals gepland.'
Jenna zuchtte diep. 'Kunnen we niet naar *The Post* gaan? Ik voel me hier niet op mijn gemak.'

Shepard knikte. Hij begreep wat ze bedoelde. Voor hetzelfde geld liep degene die zojuist in zijn kantoor had ingebroken, hier nog ergens rond. En al leek die gedachte niet voor de hand te liggen, loslaten kon hij die ook niet. In elk geval had hij nu zijn laptop.
'Je hebt gelijk.'
Hij trok de computerkabel uit het stopcontact en frommelde hem in zijn zak. In een poging om Jenna gerust te stellen gebaarde hij glimlachend met zijn hand naar de deur.
'Na u.'
Het had niet het gewenste effect.

13

In de redactieruimte van *The Post* was het verhoudingsgewijs rustig. De meeste journalisten hadden hun artikelen voor de ochtendeditie al ingeleverd en waren inmiddels vertrokken. Jenna groette de achtergebleven reporters die de late dienst draaiden en liep naar de rand van de kantoortuin, waar zich een aantal met glas afgescheiden kantoortjes bevond.
'Zo, je bent nogal belangrijk, geloof ik, dat je hier zomaar een eigen kamer hebt gekregen?'
Shepard probeerde monter over te komen, maar het kostte hem erg veel moeite om zijn gespannenheid te onderdrukken.
'Je bent Witte Huisjournalist of je bent het niet. Dat brengt nu eenmaal de nodige privileges met zich mee.'
Jenna hield de deur voor hem open en sloot die zorgvuldig achter hen. Ze liep meteen naar haar bureau en zette haar computer aan. Ze trok een stoel bij zodat Shepard naast haar kon zitten achter de monitor. Na een kleine minuut verscheen de website op het scherm: JFKTruthOrDare.com.
Shepard wees op het zwart-wit geblokte beeld. 'Heb je enig idee wat de bedoeling van die blokken is?'
Jenna maakte een ontkennend gebaar.
'Een afwisselend zwart-wit geblokt veld, daarmee worden symbolisch de complementaire begrippen licht en duisternis aangeduid. Of goed en kwaad. Een gebruik dat eeuwen teruggaat. Het betekent dat de vrijmetselaar steeds met beide voeten in twee werelden staat. Via die twee werelden

ontwikkelt zijn geest zich tot het hogere. De vloeren van de vrijmetselaarsloges, de tempels waarin ze bij elkaar komen, zijn bijna altijd uitgevoerd in zo'n zwart-witpatroon.'
Jenna knikte.
'En die tekens, kun jij daar iets van maken?' Ze wees met haar vingers naar de linkerbovenhoek van het scherm.
'Dat daar linksboven is een van de herkenningstekens van de vrijmetselarij: een in elkaar geschoven passer en winkelhaak. Het verwijst naar het ontstaan van de vrijmetselaarsgilden in de middeleeuwen. De passer en de winkelhaak zijn werktuigen van de bouwmeesters uit het verleden. Men is er altijd van uitgegaan dat de vrijmetselarij is ontstaan uit de bouwgilden. Die hielden zich voornamelijk bezig met de bouw van kathedralen.'
Jenna legde haar vingertoppen tegen haar mond. 'Nu je het zegt, ja, het komt me bekend voor. Interessant, dat maakt jouw verhaal weer wat plausibeler.'
Shepard keek haar glimlachend aan. 'Dus je gelooft me nog steeds niet?'
'Achterdocht is mijn tweede natuur, Thomas, dat krijg je met mijn beroep.'
Dit was de eerste keer dat ze hem bij zijn voornaam noemde. Dat betekende in elk geval dat ze weer een drempel had genomen.
'Dat is je goed recht, maar ik vrees dat ik op het juiste spoor zit.'
Hij wees naar de andere tekens. 'Deze hier baart me meer zorgen.'
Het was een kruis met in het midden een roos, maar het hart van de roos werd gevormd door een doodshoofd. Het kruis rees op vanachter een soort vogel die met zijn snavel naar beneden wees, waar een aantal jonge vogels tegen hem aan zat gedrukt. Eromheen stond een soort ster afgebeeld met de initialen CR erin.
'Ik heb veel van dit soort tekens gezien, maar deze nog nooit. Het kruis met de roos in het midden verwijst zonder enige twijfel naar de Rozenkruisers, maar de combinatie met de schedel is nieuw voor mij. De pelikaan met de jongen verwijst naar de achttiende graad van de A.A.S.R., de Aloude en Aangenomen Schotse Ritus.'
Shepard wees naar de ster.
'Dat is een pentagram, eveneens een bekend symbool van de vrijmetselaars en de Rozenkruisers. Het is een regelmatige vijfhoek, die symbool staat voor de schoonste verhouding die in de schepping is waar te nemen. De *sectio divina*, de zogenaamde gulden snede. Een verhouding die al eeuwen een grote rol speelt binnen de vrijmetselarij. Vergeet niet dat de vroegere vrijmetselaars bij hun bouwarbeid uiteraard een uitgebreide ken-

nis moesten hebben van de geometrie. En dan de initialen. Je weet inmiddels waar die voor staan. Ik heb dit embleem in deze combinatie in elk geval nog nooit eerder gezien.'
'En dat betekent?' Jenna keek hem met een vragende blik aan.
'Dat ik geen idee heb met wie of wat we hier te maken hebben. Het zal vast en zeker het embleem van een bepaalde orde zijn, maar ik heb geen idee welke. Althans nog niet. Ik ben vanochtend een paar uur bezig geweest, maar zonder resultaat.'
'Fijn om te horen. Als ik alles wat je me tot nu toe hebt verteld, moet geloven, dan moet je toch wel de onbetwiste expert zijn op dit gebied.'
Ze pakte de muis en dubbelklikte op de tekst van de subsite TFARC.
Na een paar seconden verscheen de pagina.
Ze wees naar de Duitse tekst. 'Dat is de tekst die je uit je hoofd opdreunde bij het graf van Kennedy, toch?'
Shepard knikte.
'Maar dat dan, wat betekent dat dan in hemelsnaam?'
Shepard las de letters hardop voor. 'A.L.G.D.G.A.D.L.U. Dat heb ik wel gevonden.'
Hij pakte een notitieboekje uit zijn zak. Ondertussen keek hij Jenna verontschuldigend aan.
'Je ziet het, ouderwetse pen en papier, onmisbaar.'
Ze glimlachte.
Shepard bladerde in het boekje tot hij had gevonden wat hij zocht.
'Ah, hier heb ik het, "A.L.G.D.G.A.D.L.U." staat voor *"A la gloire du grand architect de l'univers"*. Dat past weer wonderwel in het hele verhaal. Het is een verwijzing naar de Opperste Bouwmeester des Heelals. Die afkorting stond in de e-mail, weet je nog wel? O.B.d.H., ook met van die puntjes ertussen.'
'Die puntjes, ja, die driehoekjes, zeg maar, waar betekenen die eigenlijk? Of vraag ik je nu weer te veel, professor?'
Opnieuw een steekje onder water, maar daar kon hij wel tegen.
'Is niet helemaal zeker, sommige verwijzen naar de Egyptische hiëroglicfen, waar in dezelfde vorm drie lotusbloemen, drie graankorrels of drie gegolfde pijlen voorkomen. Maar daarover bestaat wel twijfel, omdat dit in het hiërogliefenschrift wijst op de meervoudsvorm. Ook wordt wel een relatie gezien met een van de kabbalistische tekens van het tetragrammaton, de drie jods. Ook zou het gewoon een verwijzing kunnen zijn naar het getal drie of naar de drie hoogste graden van de Schotse Ritus.'
Jenna fronste haar wenkbrauwen.

'Het tetragram...'
'Tetragrammaton, dat is de uit vier letters bestaande godsnaam JHWH, die in joodse kringen uit eerbied voor het goddelijke nooit werd en wordt uitgesproken. In het Hebreeuws vormt de jod een onderdeel van die naam. Het is een specifiek teken en zodoende niet een-twee-drie uit te leggen zonder enige basiskennis van het Hebreeuws. Het komt erop neer dat...'
'Laat maar,' onderbrak Jenna hem, 'vertel me eens, beste professor, en wees eens eerlijk, ben je zelf eigenlijk nooit toegetreden tot de orde der vrijmetselaars? Of misschien de Rozenkruisers?'
'Nee, nee, echt niet,' antwoordde Shepard lachend. 'En ik zal het nooit doen ook, geloof me.'
'Hoezo dan, wat is er mis mee?'
'Op zich niets, maar het is allemaal te diffuus. Een groot deel van de vrijmetselarij bestaat uit fatsoenlijke instellingen, groeperingen met fatsoenlijke leden met respectabele beroepen uit alle geledingen van de samenleving. Veelal steunen ze goede doelen en ze hopen door hun geestelijke arbeid zelf een beter mens te worden. Zo kun je het wel kort samenvatten. Op het eerste gezicht niets mis mee, dus.'
'Op het eerste gezicht?'
'Inderdaad. Er zijn altijd uitwassen geweest en waarschijnlijk zijn die er nog steeds. De vrijmetselarij en met name de Rozenkruisers, twee groeperingen die soms trouwens moeilijk uit elkaar te houden zijn omdat ze een stuk gemeenschappelijke geschiedenis hebben, hebben ook onderdak verschaft aan op macht beluste lieden. Typen die elkaar opzochten en onder de dekking van een geheim genootschap invloed probeerden uit te oefenen op staatsinstellingen en het bedrijfsleven. Kijk maar naar de P2-loge, waar we het al eerder over hadden.'
'Propaganda Due, de Italiaanse loge.'
'Die, ja.'
'De P2-loge was in wezen niets meer dan een verzameling op macht beluste individuen die een staatsgreep aan het voorbereiden waren.'
'Precies, theoretisch gezien geheel in lijn met het hoofddoel dat de vrijmetselarij zich heeft gesteld, namelijk het scheppen van een nieuwe wereldorde. Maar ik vrees toch dat de bedoeling van de Constituties van Anderson niet helemaal in die richting wezen.'
Voordat ze hem kon onderbreken, vervolgde hij zijn verhaal.
'De Constituties van Anderson stammen uit 1723 en vormen een soort wetboek van de vrijmetselarij, gebaseerd op de oude handschriften van de toen allang bestaande ambachtelijke loges. De oudste manuscripten waar-

in de rechten en plichten van de leden van de gilden zijn vastgelegd, dateren uit de veertiende en vijftiende eeuw. De bekendste daarvan...'
'Kom ter zake, Thomas,' reageerde Jenna. Ze kreeg nu zo langzamerhand genoeg van deze uitweidingen. En ze begon zich ook af te vragen wat nu precies háár rol was in het geheel. Waarom Shepard erbij was gehaald leek duidelijk, maar waarom had de opsteller van de site zich specifiek tot haar gericht? Wat kon zij eigenlijk bijdragen aan deze zaak? Tot nu toe vrij weinig.
Thomas begreep haar reactie maar al te goed. Het was immers geen pretje om aan de zijlijn te moeten staan als anderen op intellectueel niveau het voortouw namen. Dat had hij tijdens zijn studie wel vaker moeten ondervinden. Maar zijn rol in deze zaak leek toch duidelijk. Die van Jenna zou zeer waarschijnlijk liggen op het publicitaire vlak. Hij was ervan overtuigd dat Jenna daarom was uitgekozen, als de uitgelezen persoon om op de juiste plaats aan de juiste bel te trekken. En daarbij zouden haar Witte Huisconnecties blijkbaar eveneens goed van pas kunnen komen. Die factor moest in haar uitverkiezing ook een rol hebben gespeeld. Het moest een serieuze journalist zijn met voldoende contacten in politieke kring, blijkbaar konden die nog wel eens nodig zijn. En dat die opvatting niet uit de lucht was gegrepen, had het verleden reeds bewezen.
'Goed, goed, ik doe mijn best. In de Constituties van Anderson staan de Old Charges, de Oude Plichten, vermeld. Een van de basisbeginselen staat in artikel 2, lid 3. Vrij vertaald: de vrijmetselarij streeft naar een geestelijke en zedelijke wereldorde, waardoor de mensheid de goede kant op wordt gestuurd. Dat is de grondgedachte van het eeuwigheidsprincipe, dat in de ritus wordt vertegenwoordigd door het symbool van de Opperste Bouwmeester des Heelals. Het is nu juist dit eeuwigheidsprincipe dat voor de nodige problemen heeft gezorgd. Het was oorspronkelijk bedoeld als een soort geestelijk kompas, maar verschillende groeperingen hebben het letterlijk genomen en gebruikt om een daadwerkelijke wereldorde of in elk geval een landelijke orde te stichten. Kortom, ze wilden de heerschappij over een land. Op deze weg was de P2-loge al een aardig eindje gevorderd, zullen we maar zeggen. Zo was bijvoorbeeld de heer Berlusconi ooit een achtenswaardig lid van die loge, en kijk wat er van hem terecht is gekomen.'
Shepard draaide zich om naar het computerscherm en tuurde naar de rechterbovenhoek. Hij wees met zijn vinger naar het pentagram met de schedel.
'Over invloed en macht gesproken. Die schedel intrigeert me. Diezelfde schedel speelt namelijk een belangrijke rol bij een ander geheim genootschap, de Skull and Bones.'

'De Skull and Bones van Yale?' reageerde Jenna op verbaasde toon.
Shepard knikte. 'De Skull and Bones van Yale, ja. Het kan natuurlijk toeval zijn, maar de schedel met de twee gekruiste botten is ook hun herkenningsteken. Nu betekent dat natuurlijk niet meteen van alles en nog wat. Zoals gezegd, waarschijnlijk is het toeval, maar aan de andere kant...'
'Aan de andere kant wat?'
'Ik durf het bijna niet te zeggen, maar aan de andere kant past het wonderwel in de theorie van de gemeenschappelijke deler waarop ik eerder doelde.'
'Dat er op zoveel verschillende niveaus mensen moeten hebben gezeten die allemaal dezelfde zaak moesten zijn toegedaan?'
'Precies.'
'En toen dacht jij aan de vrijmetselarij. En aan dezelfde voorwaarden als waaraan de vrijmetselarij voldoet...'
'... voldoet een genootschap als Skull and Bones ook, ja,' vulde Shepard haar aan.
Jenna keek hem vol ongeloof aan.
'Maar dat zou betekenen dat... De hele familie Bush is zo'n beetje lid geweest van Skull and Bones. Dat gaat me te ver, veel te ver. En trouwens, dat beperkt de kring van eventuele betrokkenen tot Yale University, dat lijkt toch niet voor de hand te liggen. Vind je wel?'
Shepard maakte een afwerend gebaar.
'Ho, ho, ik zeg ook niet dat ik gelijk heb, het is maar een gedachtesprongetje.'
Hij kneep zijn ogen half dicht.
'Maar het zou wel kloppen, de Kennedy's zijn nooit lid geweest van Skull and Bones, JFK studeerde aan Harvard. Daar heb je ook wel van die eliteclubjes, bijvoorbeeld de Porticians, de Porks and Pigs, maar dat is toch heel andere koek. Wist je dat de halve regering van George Bush bestaat uit oud-Skull and Bonesleden?'
Jenna keek hem indringend aan.
'Kom op, Thomas.'
'En wist je trouwens dat zelfs Kerry ooit lid was van de Skulls?'
'Sinds de afgelopen verkiezingscampagne weet ik dat ook, ja. Wat dat betreft was de strijd om het presidentschap een onderonsje tussen Bonesleden. Een unieke gebeurtenis, nog nooit eerder vertoond. Ik heb er Kerry wel eens naar gevraagd, in een interview, maar hij wilde er niet veel over kwijt. Hij antwoordde slechts met dat bekende, minzame glimlachje. Het

schijnt dat ze een levenslange geheimhoudingsplicht hebben, als ze die doorbreken worden ze geëxcommuniceerd.
Shepard wreef met zijn wijsvinger over het bureau. Hij keek Jenna indringend aan.
'Vind jij dat niet beangstigend? Dat dit land, de machtigste natie ter wereld, wordt geregeerd door lieden die de gebruiken en de eed van een of ander geheim genootschap boven welk ander belang dan ook stellen?'
'Nou ja, welk ander belang dan ook. Dat klinkt wel heel erg bombastisch, niet?'
'Het is maar hoe je het bekijkt. In elk geval zullen ze alles doen wat in hun vermogen ligt om de rest van hun groep te ondersteunen en verder te helpen. Een beperkte groep ingewijden, die zichzelf als zodanig bestempelt en handelt volgens bepaalde afspraken. Is het verschil met zoiets als de vrijmetselarij of de Rozenkruisers dan zo groot?'
'Ik begrijp waar je heen wilt. En inderdaad, daar zit wat in.'
'En daar houden de overeenkomsten niet op. Onlangs stond er een foto van Bush in de krant waarop hij op een reünie van Yale zijn hand symbolisch in de lucht stak. Het herkenningsteken van de clan. Over riten gesproken. We hebben het hier wel over de president, de leider van de vrije wereld, die in het openbaar koketteert met de riten van zijn orde.'
Shepard stak zijn hand op, de pink en wijsvinger omhoog en de ring en middelvinger gebogen en vastgeklemd door de duim.
'Ik moet toegeven dat je je afvraagt of ze het padvindersniveau ooit zullen ontstijgen.'
'Alleen maken ze geen kampvuurtjes, maar wereldvuurtjes.'
Jenna grinnikte. 'Weet je wat grappig is?'
Shepard trok met zijn mond als teken dat hij haar niet begreep.
'Dat ik weet wat dat gebaar betekent en jij volgens mij niet, want dan had je het al wel verteld.'
'Oké, ik capituleer.' Hij stak zijn armen in de lucht.
'Het is een op Yale aanvaard teken van wijsheid en kracht. De pink staat voor wijsheid en de wijsvinger voor kracht. Het is afkomstig uit het boeddhisme, het is het symbool van de leeuwenkop.'
'Ik ben onder de indruk.'
'Dank u, professor. Zo schiet me nu nog een leuke te binnen. Je zei eerder dat Winston Churchill eveneens vrijmetselaar was, toch?'
Shepard knikte.
'Je kent het alom bekende V-teken, hè?' Jenna stak haar wijs- en middelvinger op de bekende wijze in de lucht.

Thomas knikte. 'Natuurlijk.'
'Fout, de handpalm naar binnen betekent: de ander kan barsten, de handpalm naar buiten betekent: overwinning. Een fout die Churchill regelmatig maakte in het begin van de oorlog.'
Jenna's ogen glinsterden van plezier.
'Weer iets geleerd. En dat van een journalist.'
'Ik bedoel maar, al gebiedt de eerlijkheid me om te zeggen dat mijn kennis van gebarentaal afkomstig is van mijn zus, die al vanaf haar geboorte doof is.'
Shepards verbaasde blik sprak boekdelen.
'Goed, maar nu even iets anders. Gezien de gang van zaken vraag ik me af of het niet tijd wordt dat ik mijn aandeel eens ga leveren.' Terwijl ze dat zei, realiseerde Jenna zich dat ze ongemerkt de touwtjes in handen nam. Van het ene op het andere moment werd ze zich bewust van de rol die haar was toebedeeld in het geheel. Ze voelde het kippenvel op haar onderarmen. Ze bevonden zich nu op haar terrein.
Shepard keek haar geamuseerd aan.
'Het lijkt me verstandig om zo snel mogelijk iets te publiceren over hetgeen op de site staat. En dan bedoel ik de connectie tussen de foto's en de rest van de informatie. Niets wereldschokkends of zo, ik ga echt niet schrijven dat we de Rozenkruisers verdenken van de moord op Kennedy. Maar we hebben er belang bij om dit snel te doen, geloof me.'
'Hoezo, waarom dan?'
'Omdat de kans niet gering is dat de zaak dichtslaat. We hebben hier te maken met wederzijdse belangen, Thomas. Het kan zijn dat het Witte Huis zelf of via de inlichtingendiensten verzoekt om terughoudendheid, misschien gooien ze het wel op het belang van de staatsveiligheid.'
'"Van deze gegevens heb ik geen herinnering, ik kan ze bevestigen noch ontkennen",' mompelde Shepard spottend. 'Maar jullie zijn toch journalisten, niet?' ging hij op felle toon verder. 'Je gaat me toch niet vertellen dat *The Washington Post* zich onder druk laat zetten door de regering?'
Jenna hield haar rechterhand met gespreide vingers voor zich uit.
'Nee, nee, je begrijpt me niet. Ik weet niet hoe het verder loopt. Misschien houden ze de kaken op elkaar om aan ons en iedereen te laten weten dat ze die hele website onbenullig vinden. Misschien reageren ze, misschien niet, maar feit is wel dat ze al redelijk fanatiek bezig zijn, nietwaar?'
Dat kon Shepard slechts beamen.
'En met 11 september in het achterhoofd weten we dat ze tegenwoordig keihard zijn. Als ze gaan tegenwerken, schiet niemand daar iets mee op.

Vergeet niet dat mijn bronnen dan ook ogenblikkelijk droogvallen. En een krant als de onze is daar sterk van afhankelijk.'
'Ik begrijp het.'
'Jij hebt duidelijk gemaakt dat je de site serieus neemt. Voordat er gedonder van komt, wil ik een opening maken. Een kort artikel over het belang van de foto's, met in de marge wat informatie over die vreemde verwijzingen op de site. Gewoon, zodat ze minder snel geneigd zullen zijn om het deksel op het nieuwsvat te gooien. Want dan neemt het wantrouwen van het publiek alleen maar toe.'
'Maar dan moet je er ook iets over de oil depletion in verwerken. Wat hij schrijft over de olieconnectie is zeker de moeite waard, zoals ik je al zei. Daarmee kun je aantonen dat deze bron grondig en goed gedocumenteerd is.'
'Goed, ik doe mijn best, maar dan zal ik dat gedeelte eerst nog moeten doorlezen.'
Ze keek op haar horloge.
'En dat wordt krap. Ik heb nog maar een paar uur voor de deadline voor morgen.'
Ze zuchtte diep.
'En ik moet eerst nog even de hoofdredacteur zien te overtuigen.'
Shepard dacht even na. In wezen zat hij hier zijn tijd te verdoen. Om haar gerust te stellen had hij ermee ingestemd om naar de krant te gaan, maar het had weinig zin om als een chaperon te gaan zitten wachten tot ze haar stuk af had.
'Laten we het zo afspreken. Ik kom zo niet verder. Ik heb meer informatie nodig. En dat kan maar op één plek: de GW. Geef me een paar uur, misschien kan ik wat meer te weten komen over TFARC of over de symbolen. Met een beetje geluk kun je dat dan nog verwerken in je artikel. Ik bel je als ik iets heb.'
Hij wilde al opstaan, maar Jenna hield hem tegen.
'Wacht even.'
Opeens realiseerde ze zich dat het best mogelijk was dat ze al vanaf vanochtend vroeg werden afgeluisterd. Ze hadden na de verzending van de e-mail immers ook voldoende tijd gehad om Shepards werkplek te achterhalen en zijn kamer te doorzoeken.
'Voor hetzelfde geld wordt mijn telefoon afgetapt en wie weet mijn mobiel ook.'
Hij keek haar hulpeloos aan.
'We zullen het spel moeten meespelen, Thomas, er zit weinig anders op.'

Hij knikte zonder precies te weten waarom.
'Weet je wat, ik pak even een mobiel van de krant, er zijn er altijd wel een paar beschikbaar. Die zullen ze toch niet allemaal kunnen traceren!'
Toen ze een paar minuten later weer binnenkwam, stond Shepard voor het raam in gedachten verzonken naar buiten te kijken.
'Hier, het nummer staat achterop.'
Ze haalde er nog een tevoorschijn.
'Ik heb er ook een. Ik heb onze nummers al ingeprogrammeerd, dan kunnen we in elk geval contact met elkaar onderhouden. Over een paar minuten word je door een taxi afgehaald, in de parkeergarage. Dan kun je het gebouw ongezien verlaten. Voor het geval ze ons al op de hielen zitten.'
Shepard kon de bewonderende blik in zijn ogen niet verbergen.
'Zo, jij hebt dit al vaker bij de hand gehad, geloof ik. Zeker geleerd van je illustere voorgangers, van het Watergateschandaal?'
Ze grijnsde.
'Ik ben blij dat je er de humor nog van kunt inzien.'
Terwijl ze haar blonde haar met een rukje van haar hoofd naar achteren gooide, betrapte Shepard zich erop dat hij anders naar haar keek dan daarstraks. Ze was een aantrekkelijke vrouw en hij begon langzamerhand te beseffen dat het een type was op wie hij zeker verliefd zou kunnen worden. Op hetzelfde moment dwong hij zichzelf om de andere kant op te kijken. Wat haalde hij zich in godsnaam in zijn hoofd! Maar het was al te laat. Zijn blik was Jenna niet ontgaan.

14

Gewapend met een kop sterke koffie zette Jenna zich aan het lezen. Ze dubbelklikte op Truth en scrollde snel over de pagina's, tot ze zag wat ze zocht:

Het staalincident

Want hoewel wij thans geen melding maken van onze namen of bijeenkomsten, zo zal toch ieders uitgesproken verklaring ons zeker in handen komen, in welke taal die ook geschreven zij.

Opnieuw die tekst.

Al binnen het eerste jaar van zijn ambtstermijn werden de bange vermoedens van het establishment bewaarheid. De ster van Kennedy was snel dalende bij het ondernemingsgezinde deel van de natie. In 1961 had hij reeds zijn eerste belastingvoorstellen ingediend en die beloofden niet veel goeds voor de heersende klasse.
Met het zogenaamde staalincident dat plaatsvond in 1962 verklaarde Kennedy hun echter de oorlog.
(...)
De strijd leek dus gewonnen. Kennedy had het Amerikaanse bedrijfsleven voor eens en altijd duidelijk gemaakt dat ze niet met hem konden sollen.
Door deze strijd tussen Kennedy en de staalindustrie werden beide partijen echter eveneens gesterkt in hun achterdocht jegens elkaar. In tegenstelling tot Eisenhower hield Kennedy afstand tot het bedrijfsleven. Hij maakte in wezen duidelijk dat hij niet afhankelijk was van hen. En waarom zou hij ook, anders dan zijn voorgangers had hij het geld van het bedrijfsleven niet nodig om campagne te kunnen voeren. Hij was steenrijk en het fortuin van vader Joe had hem gebracht tot waar hij was, niet de steun van de grote bedrijven. En dat begrepen ze nu maar al te goed. Hij had hen niet bepaald zachtzinnig met de neus op de feiten gedrukt. En voor het bedrijfsleven was er in elk geval weer eens een democratische regering die als zwart schaap kon dienen. Er zat weer een kerel in het Witte Huis die ze konden haten. Het bedrijfsleven had daarmee zijn oude rituelen en boosdoeners weer terug.
Met deze overwinning diende Kennedy het bedrijfsleven dan ook onduleʼn bzinnig van antwoord op de vraag wie er eigenlijk de baas was in de Verenigde Staten.

Velen zijn ervan overtuigd dat hij met deze politiek het begin van zijn einde heeft ingeluid. Hij was simpelweg op de verkeerde tenen gaan staan.
En ergens diep vanbinnen wist Kennedy dat misschien ook, of begon hij in elk geval te beseffen wat hij had aangericht.
In april 1962 zei hij het zo tegen zijn naaste adviseurs, Sorensen en Schlesinger: 'Ik begrijp elke dag beter hoe Roosevelt, die aanvankelijk zo mild was in zijn oordelen, eindigde als een fervente vijand van de zakenwereld. Het is verdomd moeilijk om vriendelijk te zijn tegen mensen die blijven proberen je kapot te maken. (...) Er zijn zo'n tienduizend mensen in ons land die daarop uit zijn: banken, industriëlen, advocaten, uitgevers en politici...'
Dat zijn woorden later zo'n profetische waarde zouden hebben, kon hij toen nog niet bevroeden, maar dit was de start van de steeds diepere haat die men

tegen hem zou ontwikkelen. Misschien was het slechts het allereerste begin, maar het zette een trein in beweging die niet meer te stoppen was.

Jenna knipperde een paar keer met haar ogen. Tot nu toe klonk het haar allemaal redelijk bekend in de oren. Het staalincident was immers een stukje geschiedenis dat al vaak beschreven was. Ze nam een slok koffie en scrollde naar de volgende pagina.

Oil depletion

Hij echter die onoprecht is of slechts begerig naar rijkdom, hij zal niet in staat zijn ons op enigerlei wijze te benadelen, en hij zal zichzelf geheel in het verderf storten.

De tekst die volgens Thomas verwees naar Kennedy!

Wij zeggen met onze geliefde vader C.R.C.:
Phy! Aurum nisi quantum aurum.

Wat betekent dat nu weer?
Geïrriteerd las ze verder.

Het begon Kennedy duidelijk te worden dat ook zijn belastinghervormingsplannen er niet zonder slag of stoot door zouden komen. En dat was nog zacht uitgedrukt. Het zou oorlog worden, zo hadden ze hem duidelijk gemaakt. En als ze dat wilden, dan konden ze die krijgen.
Hij was in de bijzondere positie dat hij de financiële steun van het bedrijfsleven niet nodig had gehad om zijn presidentiële campagne te voeren en waarom zou hij zich dan nu door hen laten koeioneren? Het belastingregime moest worden hervormd, zodat er een eerlijker verdeling van belastingheffing zou komen, met name zodat de gewone burger minder zou hoeven te betalen. Tevens was het hem al lange tijd duidelijk dat de voordelen die de grote bedrijven zich toe-eigenen in verband met de belastingheffing, astronomisch waren en maar al te vaak volkomen misplaatst en gebaseerd op oude, gedateerde belastingwetgeving. Die discrepantie moest worden rechtgetrokken en hij was precies degene die die klus kon klaren. (...)
Het was hem sinds jaar en dag een doorn in het oog dat met name de olie-industrie een aantal belastingvoordelen genoot die absoluut niet pasten bij een fatsoenlijke belastingmoraal. Sommige van die regelingen stamden uit vervlogen

tijden waarin de oliewinning nog in de kinderschoenen stond en de risico's die de oliebedrijven liepen, buitensporig groot waren.
Die hele goudomrande regeling was zeer dringend aan vernieuwing toe. Maar dat zoiets niet zonder slag of stoot zou gaan, had de geschiedenis al meermalen bewezen. Zoals altijd zouden de machtige oliebedrijven tot het uiterste gaan om hun belangen te beschermen.

In de Amerikaanse belastingwetgeving bestond namelijk zoiets als de zogenaamde oil depletion, een speciale regeling voor oliebedrijven die inhield dat ze een fiscaal voordeel ontvingen wanneer ze boorden naar olie.
En dat voordeel was niet gering. In de jaren zestig kostten de voordelen op de oliewinsten de Amerikaanse overheid twee miljard dollar per jaar. Twee miljard! Puur belastingvoordeel voor de oliebazen dus. En dat was in 1963. Om het in de juiste proporties te zien: dat zou vertaald naar vandaag zo'n twintig miljard dollar hebben betekend.

Van belang is om te weten hoe die truc nu precies werkte.
Samengevat genoten investeerders in olie en gas drie aparte, unieke belastingvoordelen.
(...)
Kennedy wilde al deze regelingen aanpakken, zodat de onterechte voordelen voor de olie-investeerders en de oliebedrijven werden ingetrokken of in elk geval ingrijpend beperkt.
Toen duidelijk werd dat JFK van zins was om de strijd aan te gaan en die tot het bittere einde uit te vechten, werden de oliebazen zenuwachtig. Deze president was immers zelf financieel onafhankelijk en had geen specifieke campagnehulp nodig. Als het moest, kon hij zijn verkiezingscampagne zelf financieren, zonder hulp van welk bedrijf dan ook. En als JFK zou worden herkozen, dan waren de rapen helemaal gaar. Dan zou Kennedy's positie immers onaantastbaar zijn en zou hij geobsedeerd zijn democratische gelijkberechtigingsidealen erdoor drammen.

De belangen waren simpelweg te groot!

Hoeveel is het leven van een president waard, vraag ik u?

Jenna wreef in haar ogen.
De tekst over de oil depletion was taai, terwijl ze toch wel wat gewend was. Ze moest immers zo vaak centimeters dikke overheidsdossiers doorspit-

ten in de zoektocht naar die paar bladzijden die een belangrijke beleidswijziging van de regering inluidden. Meestal probeerden de heren op Capitol Hill kritische beoordelingen te omzeilen door zo veel mogelijk wollig taalgebruik met zo weinig mogelijk inhoud te produceren.
Maar dit was anders. Dat Deep Throat wist waar hij het over had, was meer dan duidelijk. Wat dat betreft had Shepard gelijk. Ze vroeg zich echter af of het technische belastingverhaal over de oil depletion voor het grote publiek te verteren was. Bovendien was het de vraag of het in dit stadium van belang was voor haar verhaal. In tegenstelling tot Shepard was zij overtuigd van het tegendeel. Ach, ieder zijn vak. Ze keek op haar horloge. Shepard was nu al ruim een uur weg. Terwijl ze naar de mobiele telefoon keek die op haar bureau lag, overwoog ze om hem te bellen. In plaats daarvan besloot ze om alvast een begin te maken met haar artikel. De grote lijnen ervan zaten inmiddels in haar hoofd. Het moest een compacte tekst worden met als hoofdmoot een uitleg van de impact die de frames op de site konden hebben op de bestaande complottheorieën over de aanslag op Kennedy. Daarnaast moest ze er zijdelings iets in zien te verwerken over de betekenis van de symbolen en de teksten. En dat allemaal overgoten met een zodanig sausje dat de hoofdredacteur haar tekst niet op het laatste moment zou schrappen.
Voorwaar, geen sinecure, maar ze wist dat ze zoiets kon.

15

Terwijl de taxi zijn weg zocht door het drukke verkeer op K-Street, klapte Shepard zijn laptop open en zette hem aan. Hij drukte een paar toetsen in en onmiddellijk maakte het apparaat verbinding met het internet. Hij schudde een paar maal met zijn hoofd. Elke keer vond hij het weer ongelooflijk dat hij zomaar, waarvandaan dan ook, zelfs vanuit een rijdende taxi, op elk moment dat hij verkoos verbinding kon krijgen met miljarden sites met informatie van over de hele wereld. Als je daar te diep over nadacht, werd het eigenlijk des te onbegrijpelijker. Hij vergeleek het wel eens met nadenken over het heelal, over het ontstaan ervan en de oneindige, nog steeds uitdijende grootte ervan. Zaken die niet bedoeld waren om te worden begrepen door het menselijke brein.

Zodra het openingsscherm verscheen, zocht hij verbinding met de site. Na wat gezoem en geratel van de machine verscheen de zwart-wit geblokte openingspagina op het scherm: JFKTruthOrDare.com.
Er verscheen een vage glimlach op zijn gezicht toen hij de naam weer zag: TFARC. Wat kon dat in godsnaam betekenen? Bijna achteloos dubbelklikte hij erop. Opnieuw las hij de strofen uit de *Fama* geconcentreerd door, in de hoop de een of andere nadere aanwijzing te vinden. Terwijl hij door het beslagen raam van de taxi peinzend in de verte tuurde, speelde de top van zijn wijsvinger onwillekeurig met de scroller. Toen hij weer op het scherm keek, kneep hij zijn ogen plotseling samen. Zonder dat hij het in de gaten had, had hij de cursor bewogen naar de volgende pagina. De tekst die daar stond vermeld, was nieuw voor hem. Ongelooflijk, wat stom! De tekst stond door een indelingsfout pas op het midden van de pagina en daarom hadden ze die waarschijnlijk eerder over het hoofd gezien. Of Deep Throat had de tekst pas later toegevoegd. Dat was ook een mogelijkheid.
Zijn ogen vlogen over de regels.

In this temple the memory is enshrined forever.

Vanuit deze tempel kan ik mijn opvolger gadeslaan, maar alleen dan wanneer mijn blik zal reflecteren in de oneindigheid.
Ook zal ons gebouw, al hebben honderdduizend mensen het van nabij aanschouwd, in alle eeuwigheid onaangeroerd, onbeschadigd, ongezien en verborgen blijven voor de goddeloze wereld. *Sub umbra alarum tuarum, Jehova.*

Shepard pijnigde zijn hersenen over de betekenis van deze woorden. Hij wist zeker dat hij de eerste zin kende.
In this temple the memory is enshrined forever.
Verdomme, verdomme, wat was dat ook alweer? Hij tikte onophoudelijk met zijn rechterhand op zijn dijbeen. Vertwijfeld tuurde hij uit het raam van de taxi, de blik op oneindig. Hij kon er maar niet op komen, maar hij wist dat hij de tekst ooit eerder had gezien.
In this temple the memory is enshrined forever.
Keer op keer liet hij de tekst door zijn gedachten gaan. Hij knipte een paar keer met zijn vingers. De chauffeur keek hem in zijn achteruitkijkspiegel onderzoekend aan.
'Is er iets aan de hand, meneer?'
Maar Shepard reageerde niet, hij was met zijn gedachten ergens anders. Opeens wist hij het. De tekst verwees naar het Lincoln Memorial, het mo-

nument voor Abraham Lincoln! Hij sloeg hard met zijn vuist in zijn hand.
Dat was het. Natuurlijk! Opeens vielen alle stukjes in elkaar. Abraham Lincoln was immers een van de grootmeesters van de Opper Grootloge van de Rozenkruisers in Amerika geweest. Hij was een van de Eulis-hiërarchen!
De chauffeur draaide zich om. Hij vroeg zich af waar dat vreemde gedrag allemaal op sloeg. Hij had al te veel agressieve typen in zijn wagen gehad om er nog ongerust van te worden, maar ze moesten zich wel normaal gedragen daar achter.
'Is er een probleem?'
Zijn stem klonk scherp, bijna streng. Zo moest je die lui aanpakken, niet met je laten sollen.
Shepard schrok op uit zijn overpeinzingen en keek de man verstrooid aan.
'Probleem? Nee, nee, absoluut niet. Geen probleem. Kunt u mij naar het Lincoln Memorial brengen? De plannen zijn gewijzigd.' Zijn stem klonk nu opgewekt.
De chauffeur mompelde binnensmonds een verwensing en sorteerde alvast links voor om te kunnen draaien. Het Lincoln Memorial lag immers in de tegenovergestelde richting.
Stomme toeristen.

Ondertussen koos Shepard met de herhaaltoets Jenna's nummer op zijn mobiele telefoon.
Meteen werd er opgenomen.
'Ja?'
'Hoor eens...'
'Alles goed?'
Ze klonk ongerust.
'De plannen zijn veranderd. Je moet zo snel mogelijk naar het Lincoln Memorial komen.'
'Wat... wat moeten we daar?'
'Kom nu maar gewoon, wil je?'
'Nu meteen?'
'Nu meteen, ik zie je daar.'
Nog voordat ze de kans had om verder te vragen, was de verbinding al verbroken.
Op het moment dat hij zijn mobieltje uitschakelde, realiseerde Shepard zich dat hij in plaats van Jenna's toestel zijn eigen telefoon had gebruikt. Hij kneep zijn ogen samen en duwde zijn vuist tegen zijn voorhoofd.
Dom, dom, dom.

16

Hijgend stond Shepard voor het metershoge, marmeren beeld van Abraham Lincoln. Het was zonder meer imponerend. Het was ooit bedoeld om de grootsheid van de man weer te geven en dat was zeer zeker gelukt. De enorme handen die losjes op de leuningen van de stoel rustten, straalden op de een of andere manier een ongelooflijke rust uit. Maar het was vooral Lincolns blik waardoor je je kleiner voelde. Een mengeling van standvastigheid en grootsheid, een blik die de belofte inhield van een immanente waarheid, waarop het volk altijd zou kunnen vertrouwen. Als toeschouwer die met het hoofd in de nek moest opkijken naar deze indrukwekkende figuur, voelde je indringender dan ooit wat voor onbeduidende rol je als individu in deze wereld vervulde. Shepard sprak de woorden van de inscriptie die achter het beeld in het marmer was aangebracht, op fluisterende toon uit:

IN THIS TEMPLE
AS IN THE HEARTS OF THE PEOPLE
FOR WHOM HE SAVED THE UNION
THE MEMORY OF ABRAHAM LINCOLN
IS ENSHRINED FOREVER

In this temple (...) the memory (...) is enshrined forever.

Hij klapte zijn laptop weer open en maakte verbinding met de site. Binnen enkele seconden zag hij de boodschap voor zich:

Vanuit deze tempel kan ik mijn opvolger gadeslaan, maar alleen dan wanneer mijn blik zal reflecteren in de oneindigheid.

Hij was er zeker van dat hij op de juiste plaats was.
De gedenkplaats voor Lincoln was gebouwd naar het voorbeeld van een Dorische tempel uit de Griekse oudheid, geïnspireerd door het Parthenon in Athene, en ondersteund door zesendertig enorme witte zuilen. Anders

dan de klassieke tempels in de oudheid, had de ontwerper van het gebouw, Henry Bacon, de hoofdingang gesitueerd aan de lange zijde van het gebouw, met uitzicht over de Mall en op het Washington Monument.
Shepard draaide zich om en tuurde over de Reflecting Pool naar de enorme obelisk in de verte.
Alleen dan wanneer mijn blik zal reflecteren in de oneindigheid.
Het werkwoord reflecteren leek hier meer dan toepasselijk te zijn. Maar waar doelde Deep Throat dan op? Shepard liet zijn blik over het wateroppervlak dwalen, helemaal tot aan het einde, waar de Reflecting Pool overging in de groene weide die de gigantische zuil van het Washington Monument omzoomde.
Vanuit deze tempel kan ik mijn opvolger gadeslaan.
Doelde Deep Throat op de huidige president, op Bush? Shepard schudde ontkennend zijn hoofd. Natuurlijk niet. Het Witte Huis lag ten noorden van hier en was vanaf dit punt niet te zien. Het Capitool dan? Zou kunnen, maar daar zat toch niet de opvolger van Lincoln? Althans, daar zou wie het ook was zich op dit tijdstip in elk geval nog niet van bewust zijn. Shepard glimlachte om zijn eigen gedachte. Waar doelde hij dan op? Op wat, in vredesnaam?
Opeens voelde hij een tikje op zijn schouder. Hij schrok heftig en zette automatisch een paar passen naar voren voordat hij zich omdraaide.
'Nou, nou, rustig maar. Ik bijt niet.'
Jenna keek hem breed lachend aan. Hij blies een stoot lucht uit en er verscheen een frons op zijn gezicht.
'Jezus, moest dat echt?'
'Heb je een slecht geweten of zo?'
Inmiddels had hij zich hersteld. 'Slechter dan jij ooit zult weten.'
'Vertel me dan eerst maar eens wat we hier eigenlijk moeten, als je het niet erg vindt. Het lijkt wel of we de toeristische route doen.'
Shepard keek nu weer ernstig. Hij pakte zijn laptop op en toonde haar het scherm.
'Er is nieuwe tekst toegevoegd. Of misschien hebben we die eerder gemist.' Hij wees op het scherm. 'Misschien kun jij er iets van maken. In elk geval zijn we in de juiste tempel.'
Jenna las de regels aandachtig door. Haar blik ging naar de inscriptie in de muur.
'Ik begrijp wat je bedoelt.'
Ze las de tekst nog een keer hardop en tuurde in de verte, net als Shepard voor haar had gedaan.

'Het Witte Huis? De opvolger van Lincoln?'
Shepard schudde van nee. 'Dacht ik ook, maar dat klopt niet.'
Jenna herhaalde de tekst nog een keer: 'Alleen dan wanneer mijn blik zal reflecteren in de oneindigheid.'
Even was het stil, bijna volmaakt stil.
'Wacht eens even, reflecteren, dat betekent dat er iets terugkaatst, dat er een signaal terugkomt.'
Shepard keek haar indringend aan. 'En dan?'
'Dan kijken we de verkeerde kant uit. Lincolns blik reflecteert in de oneindigheid, dat betekent dat hij achterom kijkt, toch?'
Maar Shepard was nog niet overtuigd. 'Als jij het zegt.'
Ze negeerde zijn sarcastische opmerking. 'We moeten naar de achterkant van het gebouw, Thomas.'
Ze had de woorden nog niet uitgesproken, of ze beende de trappen al op in de richting van de zijkant van het gebouw.
Verbouwereerd liep Shepard haar achterna. Hij moest flink de pas erin zetten om haar bij te houden. Via de groenstrook bereikten ze de achterkant van het monument. Jenna liep zo'n twintig meter verder, tot ze de rand van de begroeiing bereikte. Ze tuurde gespannen in de verte. Als vanzelf volgde haar blik de contouren van de Arlington Memorial Bridge, de brug die dit gedeelte van Washington verbond met de andere zijde van de Potomac. In de verte lag de Arlington Cemetery, waar ze kort daarvoor nog bij Kennedy's graf hadden gestaan. Opeens, in een fractie van een seconde, drong het tot haar door.
Hij kan zijn opvolger gadeslaan, maar alleen dan wanneer zijn blik zal reflecteren in de oneindigheid.
'Hij kijkt achterom, Thomas, Lincoln kijkt achterom. Het is Kennedy, hij doelt op Kennedy. Kennedy is een van zijn opvolgers.' Haar stem klonk nu opgewonden. Ze wees in de verte. 'Kijk dan, de vlam, vanaf hier kun je de eeuwige vlam zien. Lincolns blik zal reflecteren in de oneindigheid!'
Shepard kon het nog niet helemaal volgen. 'Ja, en dan, wat dan? Je hebt de code gekraakt, maar wat dan?'
Jenna draaide zich met een verbeten blik naar hem om. 'Dat betekent dat we op de juiste plaats zijn. Hij wilde dat we hiernaartoe kwamen.'
Het drong nog steeds niet helemaal tot hem door.
'Hier moet iets te vinden zijn wat ons verder kan helpen, Thomas. Vraag me niet wat, maar het moet. Ergens aan deze kant van het Memorial.'
Zonder verder nog iets te zeggen liepen ze terug naar de achtergevel van

het gebouw. Langs de muur was in beide richtingen niets speciaals te zien. Er was niets te vinden. Jenna liep weer het struikgewas in, duwde de natte takken opzij en liet haar blik over de met vergane bladeren bedekte grond gaan. Shepard volgde met tegenzin haar voorbeeld. Hij had het idee dat ze nu wat al te hard van stapel liep. Ze had de boodschap goed begrepen, maar wat moesten ze hier dan in godsnaam vinden? Opeens zwiepte er een natte tak terug in zijn gezicht. Hij vloekte. De tas met de laptop gleed van zijn schouder.
'Heb je wat?' De stem van Jenna werd gedempt door het gebladerte, zodat het leek of ze veel verder van hem vandaan was dan in werkelijkheid het geval was.
'Niets, helaas.'
Hij kon niet voorkomen dat er een zweem van sarcasme in zijn stem doorklonk. Opnieuw probeerde hij zich een weg te banen door de dichte begroeiing. *Een zaklamp was wel handig geweest, mevrouw Campbell.*
Plotseling hoorde hij een schreeuw van ontzetting.
Er schoot een pijnscheut door zijn buik.
'Jenna! Jenna, waar ben je?'
Geen antwoord.
Hij voelde het bloed in zijn slapen kloppen. Jezus, wat was er gebeurd? Wat was er in godsnaam gebeurd? Allerlei gruwelijkheden flitsten door zijn hoofd. Het bebloede gezicht van Jenna. Het kruis met het doodshoofd. Alle macabere beelden van de afgelopen vierentwintig uur kwamen uit de spelonken van zijn brein tevoorschijn.
Er ontsnapte een schreeuw aan zijn keel.
'Jenna!'
Blindelings baande hij zich een weg door het struikgewas. De takken striemden in zijn gezicht, de scherpe randen van de hulstbladeren kerfden tot bloedens toe in zijn huid.
'Jenna!'
'Thomas!'
Hij stopte. Waar was ze? Waar kwam het geluid vandaan?
'Jenna!'
Hij sloot zijn ogen en luisterde. Zo ver kon ze toch niet zijn? Het kon toch niet meer dan tien, vijftien meter zijn.
'Hier, Thomas, hier.'
Hij baande zich een weg in haar richting.
Daar was ze, eindelijk. Ze zat ineengedoken op de grond, verward, tussen de verdorde bladeren, haar handen voor haar gezicht. Hij liet zich naast

haar op zijn knieën vallen en legde zijn handen behoedzaam om haar schouders. Er ging een rilling door haar lichaam.

'Wat is er aan de hand? Wat is er gebeurd?'

Met trillende vingers wees ze naar de oorzaak van haar gemoedstoestand. Shepard volgde haar wijsvinger. Zijn adem stokte in zijn keel. Door wat hij zag werd zijn ergste nachtmerrie bewaarheid.

Het slachtoffer zat rechtop tegen een boom, zijn hoofd kaarsrecht, de verstarde ogen turend in de verte, in de richting van Arlington. Ze had gelijk gehad: de eeuwige vlam. Het lichaam was gehuld in een witlinnen gewaad, een soort schort die de armen bloot liet, met om het middel een rode band die kruislings over de schouders was gebonden. Op het hoofd stond een vreemde, witte pet waarin vier rode rozen waren gestoken.

De aanblik van het lijk deed Shepard bijna kokhalzen.

De eeuwige strijd was hervat. Vanaf nu was het menens. Erop of eronder. Hij sloot zijn ogen. Wilde hij dit? Was hij bereid om tot het einde te gaan? Hij probeerde te slikken, maar zijn keel was te droog. Toen keek hij weer naar Jenna en op datzelfde moment nam hij een besluit. Hij had haar hierin meegesleept, dus moest hij haar er weer uit krijgen ook, koste wat het kost. Dat was hij aan haar verplicht. Hij alleen had geweten wat de consequenties zouden kunnen zijn van hun tussenkomst, dus hij alleen moest dit rampscenario tot een goed einde zien te brengen. Uiteindelijk raapte hij al zijn moed bij elkaar en liep langzaam naar de gestalte die voor hem zat. Terwijl hij het lichaam naderde, sloot hij zijn ogen en probeerde opnieuw te slikken, tevergeefs.

Half onder de pet, hoog op het voorhoofd, zat een gapende wond. De schedel was met bruut geweld gekraakt. Wie dit ook op zijn geweten had, moest vervuld zijn geweest van een diepe, allesverterende haat, want de slag moest met een ongelooflijke kracht zijn toegebracht. Het bloed was langs het gezicht over het gewaad naar beneden gestroomd. Als een donkerrode, meanderende rivier over de witte, gekreukte stof. Ter hoogte van de hartstreek was met grote precisie een dun, metalen voorwerp in het lichaam geplaatst. Geen mes, maar een elegant, verfijnd werktuig. Een passer. Het slachtoffer was met een schitterende, koperen passer midden in het hart gestoken. Shepard sloot zijn ogen.

Amru de Feniciër.

Hij opende zijn ogen weer en tergend langzaam en met grote tegenzin ging zijn blik centimeter voor centimeter naar beneden. Er ging een gevoel van walging door hem heen. Nog even en hij zou gaan overgeven. De linkerzijde van het lijk was doorboord met een grof, breed soort steekwapen.

Het lemmet was zeker anderhalve centimeter breed. Door de kracht van de stoot was de witte stof van het gewaad naar binnen in de wond gedrukt, als een knoop in de gecapitonneerde rugleuning van een chesterfield.
Het was de beitel van Phanor, de metselaar.
Shepard voelde zijn maaginhoud omhoogkomen. Hij wilde wegkijken van het lijk, maar hij wist dat hem nog iets te doen stond. Uiterst voorzichtig bracht hij zijn hand naar de linkerarm van het slachtoffer, die onnatuurlijk naar achteren was gebogen. Toen hij de huid aanraakte, ging er een siddering door hem heen. De grauwe aanblik van het bebloede gezicht deed hem ineenkrimpen van angst. Het was walgelijk. Niettemin hield hij vol. Hij pakte de rode sjerp voorzichtig vast en schoof die opzij. Nog een klein stukje... Toen hij vooroverboog en het teken zag, sloot hij zijn ogen. Krachtig blies hij een stoot lucht vanuit zijn longen naar buiten. Hij dwong zich er opnieuw naar te kijken. De tatoeage zat aan de binnenkant van de bovenarm, vlak boven de oksel. Het was hetzelfde teken als op de site. Een kruis met in het midden de roos en de doodskop. Daaronder de vogel die met zijn snavel naar beneden wees, waar een aantal jonge vogels tegen hem aan zat gedrukt. Eromheen het pentagram met de initialen.
Hij wist genoeg. Moeizaam stond hij op. De spieren in zijn onderbenen waren stram van de vochtige, koude grond en de ongemakkelijke houding waarin hij op zijn knieën op de grond had gezeten. Behoedzaam hielp hij Jenna, die gehurkt, met haar hoofd voorover op de grond zat, omhoog.
'Kom, we moeten weg hier,' zei hij zacht.

Een paar minuten later zaten ze verdwaasd op de trappen voor het monument. Jenna staarde met een lege blik in de verte.
'De man had een tatoeage onder zijn oksel, Jenna,' vervolgde hij op berustende toon. 'Hetzelfde teken als op de site. Onder de linkeroksel, de plaats voor het merkteken van de orde. Een eeuwenoud gebruik.'
'O, god.' Ze draaide zich om en keek hem met grote, van afgrijzen vervulde ogen aan. Uit haar linkerooghoek liep een traan naar beneden.
Shepard legde een hand op haar schouder. 'De voorwerpen spreken voor zich, Jenna. De passer en de beitel, het klopt allemaal. Voor de oorspronkelijke vrijmetselaars gold de koninklijke kunst van de tempel van Salomo als bekroning van elk streven naar perfectie. Het is een verwijzing naar de legende van de bouw van de tempel onder leiding van Hiram, de bouwmeester.'
Jenna keek hem met holle ogen aan.
'Alsjeblieft, Thomas, niet nu.'

Maar Shepard moest wel. Het was zijn manier om de vreselijke beelden te verwerken die hij zojuist had gezien. Erover nadenken, alles logisch beredeneren, dat was de enige manier voor hem om enigszins overeind te kunnen blijven in deze nachtmerrie. Hij kon gewoon niet anders.

Het verhaal stond bekend als 'De legende van de moord op de bouwmeester van de tempel van Salomo'. Het was afkomstig uit de geheime leer van de tempeliers, de ridders van de tempel, die op zijn beurt een voortzetting was van de esoterische, geheime leer uit het Oosten en via de oude Egyptenaren, de joodse kabbalisten en de hermetici werd overgeleverd aan de broederschap van de bouwmeesters. Deze geheime kennis, symbolen en inwijdingsriten gingen terug tot de oprichting van de tempel van Salomo. Deze Hiram-legende, waarin de bouwkunst allegorisch werd gebruikt, was de voornaamste legende in de vrijmetselarij.

Opeens hoorden ze een elektronisch geluid. Geschrokken keken ze beiden om zich heen. Aanvankelijk kon Shepard het geluid niet thuisbrengen, tot hij zich realiseerde dat het zijn eigen laptop was. Die stond nog steeds op stand-by en was ingelogd op het internet. Er was zojuist een e-mail binnengekomen!

Hij griste de laptop van de grond en zette hem op zijn schoot.
'Ik heb een mail.'
Binnen enkele seconden verscheen het bericht op het scherm:

Van: de oude van de berg
Aan: professor T. Shepard
CC:
Onderwerp:

Shepard schudde een paar seconden lang alleen maar met zijn hoofd.
'Wat gebeurt hier allemaal, Jenna? Wie zijn dit? Dit is toch verdomme godgeklaagd. Eerst slachten ze iemand af en dan spelen ze doodleuk een spelletje met ons. Jezus christus!' Shepards stem sloeg over van ontzetting.
'Dit is de legende waar ik het over had. De legende van Hiram!'
Jenna was al begonnen met lezen.

Adon Hiram stond in de grote zuilengang van de tempel.
De ondoordringbare schaduwen rond zijn lamp veranderden in roodachtige spiralen die de delicate structuur deden uitkomen van de gewelven en de wanden van de gang, waarvan drie poorten naar buiten leidden: in het noorden, in het westen en in het oosten. De eerste deur was bestemd voor het volk, de

tweede voor de koning en zijn soldaten, de derde voor de priesters. Twee onbuigzame zuilen, Joachin en Boas, tekenden zich voor hem af. Adon Hiram stond op het punt naar buiten te gaan. Plots kwam een menselijke gestalte vanachter een pijler tevoorschijn en snauwde hem bars toe: 'Geef mij het wachtwoord van de meesters, anders kom je hier niet uit!' Adon Hiram was niet gewapend. Hij werd door iedereen gerespecteerd en was gewoon op zijn wenken gehoorzaamd te worden. Daarom dacht hij er niet aan zijn heilige persoon te verdedigen. 'Ongelukkige,' antwoordde hij toen hij de steenhouwersgezel Methusael herkende. 'Maak dat je wegkomt! Je zult door de meesters ontvangen worden als Pasen op vrijdag valt. Vlucht met je medeplichtigen voor de gerechtigheid van Salomo op jullie hoofd terechtkomt!'
Methusael aanhoorde hem en hief met een krachtige arm zijn hamer. Die kwam zo hard op de schedel van Adon Hiram terecht, dat hij kraakte. De kunstenaar wankelde verdoofd. Hij probeerde instinctief door de tweede poort, die naar het noorden, te ontkomen. Daar stond de Syriër Phanor, die hem zei: 'Geef mij het wachtwoord van de meesters, als je hieruit wilt.'
'Je bent nog niet eens zeven jaar gezel,' antwoordde Adon Hiram met zwakke stem.
'Het wachtwoord!'
'Nooit!'
Phanor, de metselaar, stak zijn beitel in de zijde van Adon Hiram, maar voor hij een tweede keer kon toestoten, vloog de bouwmeester van de tempel, die van de pijn weer helder geworden was, als een pijl uit een boog naar de oostelijke poort om te ontsnappen aan zijn moordenaars.
Daar wachtte de Feniciër Amru, die gezel was bij de timmerlieden, hem op. Hij riep: 'Geef mij het wachtwoord van de meesters, als je hieruit wilt.'
'Ik heb het niet op die manier verkregen,' rochelde de uitgeputte Adon Hiram. 'Vraag het aan degene die jou gestuurd heeft.'
Toen hij probeerde weg te glippen, stak Amru hem met de punt van zijn passer in het hart.
Op dat ogenblik brak het onweer los met een helse donderslag.

Jenna draaide haar hoofd weg en bleef roerloos voor zich uit staren.
Shepard was ondertussen opgestaan en liep zenuwachtig heen en weer op de trappen. Hij pakte de laptop op en stopte hem in de draagtas.
'Kom,' zei hij op gespannen toon. 'Kom, schiet op Jenna.'
Hij keek schichtig om zich heen. 'Die kant op.'
Hij wees in noordelijke richting, in de richting van de struiken. In de richting van de Syriër.

17

Het artikel van Jenna stond de volgende morgen op de voorpagina van *The Washington Post*: MOORD LINCOLN MEMORIAL VOORSPELD OP SITE JFK.
Om het stuk, dat ze 's nachts als een bezetene had geschreven, nog te kunnen plaatsen, was de drukploeg tot het uiterste gegaan. Op zulke zeldzame momenten dat nieuws werd vrijgegeven dat heel Washington en ver daarbuiten op zijn grondvesten deed trillen, bestonden er simpelweg geen deadlines meer. Dan werd het proces van nieuwsgaring gereduceerd tot de economische basisbeginselen van vraag en aanbod. Van zulke momenten moest immers ook een kwaliteitskrant als *The Washington Post* het hebben. De losse verkoop en, nog belangrijker, het abonnementenbestand zouden hierdoor een enorme boost kunnen krijgen.
De moord was journalistiek gezien als een geschenk uit de hemel gekomen. Alle publicitaire problemen die Jenna vlak daarvoor nog had voorzien in verband met de veronderstelde connectie tussen Kennedy, olie en de broederschap, waren als sneeuw voor de zon verdwenen.
Die ochtend was de site JFKTruthOrDare.com korte tijd onbereikbaar door het onafzienbare aantal hits dat de site te verwerken kreeg.
Ze hadden hun doel bereikt. Door de enorme exposure die het nieuws genereerde, kon de overheid, de NSA of welke instantie dan ook er nooit meer mee wegkomen als ze de site zouden afsluiten of anderszins de nieuwsvoorziening hierover zouden blokkeren. En dat was toch waar ze bang voor waren geweest. Voorlopig was de strijd in hun voordeel beslist.

18

Het donkere, eikenhouten tafelblad lag vol met stukjes bladerdeeg, afkomstig van de croissants met honing. Eigenlijk was het niet toegestaan om in de bibliotheek van de George Washington-universiteit etenswaren te nuttigen, maar voor een suffe, verstrooide professor maakten ze meestal wel een uitzondering. Wat er nog over was geweest van de nacht hadden Thomas en Jenna zo goed en zo kwaad als het ging doorgebracht op Shepards werkkamer op de GW. Aanvankelijk had Jenna het geen goed idee gevonden om terug te gaan, maar Shepard had haar overtuigd. Over een paar uur zou haar artikel verschijnen en dan kon hun toch onmogelijk nog de mond worden gesnoerd. Maar het was vooral noodzakelijk dat hij toegang had tot de wetenschappelijke literatuur, zodat hij de kans kreeg om de informatie op de site in het juiste perspectief te plaatsen. Bovendien kon er een nieuwe e-mail met informatie binnenkomen, en dit keer wilde hij voorbereid zijn.

Dit was nu eenmaal de beste plek voor hem, midden in het intellectuele zenuwcentrum van de universiteit, omringd door de hoge rekken die volgestouwd waren met ontelbare wetenschappelijke boeken, zijn geliefde boeken. 'Noem het maar mijn commandocentrum,' had hij gekscherend opgemerkt. En met één ding moest ze het eens zijn, als er een plaats was waar ze onmogelijk konden worden belaagd, dan was het wel in deze zoemende bijenkorf, die binnen een halfuur na opening al was volgelopen met een groot aantal op kennis beluste studenten.

Zijn laptop stond voor hem op de lange leestafel.

De afzender van de e-mail baarde Shepard zorgen. Hij had zijn bange vermoedens niet met Jenna willen delen, omdat hij haar niet onnodig wilde verontrusten. Maar dat er meer achter zat dan een leek had kunnen vermoeden, was duidelijk.

De term 'de oude van de berg' was afkomstig uit de geschiedenis van de Assassijnen. Shepard had deze informatie nog niet zo lang geleden gevonden toen hij onderzoek deed naar de vermeende, maar niet op waarheid berustende connectie tussen de Assassijnen en de tempeliers. De hoofdbeschuldiging van de Inquisitie tegen de tempeliers bij de verhoren en het proces dat daarop volgde, was immers dat ze de geheime leer van de Assassijnen overgenomen zouden hebben. Een beschuldiging die niet kon worden gestaafd. De Assassijnen vormden een goddeloos volk dat leefde zonder wet en dat zonder onderscheid seksueel verkeer had met alle vrouwen, inclusief de eigen moeder en zussen. Ze leefden in burchten in de bergen en waren zodoende onoverwinnelijk. Ze waren slechts verantwoording schuldig aan hun leider, die niet op grond van geërfde rechten, maar slechts op grond van de eigen verdienste werd gekozen. Hij werd 'de oude' genoemd, omdat ze alle andere titels verafschuwden. De band van trouw en gehoorzaamheid die dit volk met zijn leider had was zo sterk, dat er geen enkele taak was, hoe moeilijk en gevaarlijk ook, die niet ieder van hen met de grootste ijver op zich zou nemen als de aanvoerder het zou bevelen. Een Assassijn die een bevel kreeg, dacht niet na over de gevolgen van zijn daad, en evenmin over een mogelijkheid eraan te ontkomen. Volgens Willem van Tyrus, de aartsbisschop van Tyrus (Fenicië), verleidde 'de oude' zijn mensen op een eigenaardige manier met verwachtingen en beloften van eeuwige vreugden, zodat ze liever stierven dan leefden. De 'oude' verzekerde hun dat ze de grootste zaligheid zouden verwerven als ze mensenbloed vergoten en als vergelding voor zulke daden zelf zouden sterven. Al snel deden er geruchten de ronde die in politieke moorden of moordpogingen de hand van 'de oude' zagen. Vanaf het begin van de veertiende eeuw gebruikte men het woord Assassijn alleen nog in de betekenis van moordenaar.

Het stond Shepard allemaal nog helder voor de geest. Want ook al had dat niets met de intentie van zijn onderzoek van doen gehad, het verband met sommige van de huidige groeperingen in het Midden-Oosten had zich onvermijdelijk aan hem opgedrongen. Zoals zo vaak leek de geschiedenis zich te herhalen.

Onwillekeurig ging er een rilling over zijn rug. Jenna merkte de samentrekkende beweging van zijn schouder- en nekspieren op.

'Is er wat?'

Hij reageerde niet.

'Kom op, Thomas, als er iets is wat ik moet weten, wil ik niet dat je me erbuiten houdt! Ik zit hier net zo diep in als jij.'

Daar had ze gelijk in. Wie was hij om te bepalen wat goed voor haar was of niet. Daar was het nu te laat voor.

'Het is een rechtstreekse bedreiging aan ons adres, vrees ik. Het is alleen... Ik heb er nog eens over nagedacht, maar het een strookt niet met het ander. Datgene waar de afzender van de e-mail voor staat, strookt niet met de manier waarop het slachtoffer eruitzag, het witte gewaad en de rode sjerp.'

Ze keek hem met gefronste wenkbrauwen aan.

'De afzender van de e-mail, "de oude van de berg", dat is een verwijzing naar de leider van de Assassijnen.'

'De wát?'

Hij vertelde haar in het kort wat hij wist.

Jenna slaakte een zucht.

'En jij denkt dat ze het nu op ons hebben gemunt? Maar waarom dan die waarschuwing? Ik bedoel, jezus, als je je die arme stakker bij het Lincoln

Monument voor de geest haalt, acht ik ze zeer wel in staat om ook ons iets vreselijks aan te doen.'
'Precies, juist daarom.' Hij keek haar veelbetekenend aan.
'Juist daarom. Blijkbaar hebben ze meer aan ons als we in leven blijven.'
Shepard sloeg met zijn vuist op het tafelblad. 'Verdomme, ik begrijp het niet. Ze moeten toch weten dat ik in staat ben om de boodschappen uiteindelijk te ontrafelen. Met wat geluk en wijsheid lukt het misschien wel om eindelijk de connectie tussen de moord op Kennedy en de vrijmetselarij of welke afsplitsing daarvan dan ook aan te tonen. De maker van de site probeert de ontbrekende stukjes van de puzzel aan te reiken. Maar dan, vanuit het niets, die e-mail. We waren ter plekke, Jenna. Jezus, wij hadden het kunnen zijn daar, gehuld in een gewaad met een rode sjerp, met een passer in het hart.'
Jenna leek ontzet door die opmerking.
'Sorry, zo bedoel ik het niet, het is alleen...'
Shepard pakte haar hand en keek haar met een trieste blik aan. 'Ik begrijp het gewoon niet.'
'Misschien dat het stuk in de krant ze op andere gedachten brengt.'
Shepard schudde zijn hoofd. 'Ik weet het niet. Maar ze wisten dat we bij het Lincoln Memorial waren toen ik die e-mail ontving. Misschien zijn we gevolgd, misschien hebben ze mijn mobiele telefoon getraceerd. Ik heb je vanuit de taxi per ongeluk met mijn eigen telefoon gebeld.' Hij keek haar met een verontschuldigende blik aan.
'Maar of dat zo snel kan. In elk geval, de timing was perfect, toevallig of niet. Dus ze weten dat we bezig zijn met de site, dat we de code proberen te kraken. Ze hebben hun kans al gehad.'
Jenna keek hem scherp aan. '"Ze", maar wie zijn "ze"? Degenen die je kamer hebben doorzocht?'
'Nee, ik ga ervan uit dat dat de NSA is geweest of, waarschijnlijker, de FBI of de inlichtingendienst of welke lui ze daarvoor ook hebben. Ze hebben de e-mail met de frames ontdekt en zijn meteen in actie gekomen.'
'Maar dan is er nog een partij actief.'
'Precies.'
'Daarnet zei je iets over het gewaad en de sjerp. Dat het niet klopte.'
'Inderdaad, het witte gewaad en de rode sjerp hebben niks te maken met de Assassijnen, maar des te meer met de oorsprong van de vrijmetselarij.'
Jenna keek hem met een vragende blik aan.
Op Shepards gezicht verscheen een verlegen glimlach. 'Dan zal ik je helaas nog wat geschiedenisles moeten geven, vrees ik.'

'Vooruit dan maar,' antwoordde Jenna quasi sip.
'Ik had het eerder over de geheime leer van de tempeliers, die een voortzetting is van de leer van de broederschap van de bouwmeesters in het oosten. Deze broederschap staat tegenwoordig bekend als de Arabische vrijmetselarij. Hun leer gaat terug...'
De betekenis van de woordenstroom drong niet helemaal tot haar door.
'... De therapeuten droegen witte gewaden met rode sjerpen.'
Shepard pauzeerde even om de informatie te laten bezinken.
Toen hij bijna was uitgesproken, leunde Jenna achterover en legde haar handen gekruist achter haar hoofd. Shepard maakte een ontwijkend gebaar om zich stilzwijgend te verontschuldigen.
'Pas later ontstond er een broederschap van bouwmeesters die niet religieus was en openstond voor iedereen. Zij beoefende de geheime kennis in haar oorspronkelijke vorm van de tweeënveertig tractaten van Thot of Hermes Trismegistus, naar de latere Griekse vertaling. Uiteindelijk leidde dit via een aantal omwegen tot het ontstaan van de orde van de tempeliers als wereldlijke orde. En wat droegen de tempeliers op hun kruistochten?'
Shepard knikte een paar keer bevestigend.
'Witte gewaden met rode sjerpen. Of rode kruizen, zo je wilt. In elk geval heeft dat in de verste verte niets te maken met de Assassijnen.'
'Bedoel je soms te zeggen dat er een groepering uit het Midden-Oosten achter zou kunnen zitten? Of dat ze die indruk willen wekken?'
'Zo ver zou ik niet willen gaan.'
'Maar dat zou wonderwel passen in de omstandigheden van de moord op Robert Kennedy.'
Shepard keek ingespannen naar het tafelblad in een poging om Jenna's opmerking te plaatsen en zijn gedachten te ordenen.
'De dader van de moord op Robert Kennedy was een Palestijnse vluchteling, Sirhan Sirhan. Die heeft altijd volgehouden dat hij Robert heeft vermoord als wraak voor zijn steun aan Israël. Misschien vergezocht, maar de connectie ligt voor het oprapen.'
Shepard knikte een paar maal, maar ging er verder niet op in.
'Ik zie het als een waarschuwing, Jenna, een waarschuwing aan het adres van degenen die de beerput willen openen. Met de publicatie van de frames is het deksel een stukje opengeschoven. Maar dat zegt nog niks over degenen die daadwerkelijk achter de moord zaten. En dat moet zo blijven. De gelederen sluiten zich. Met het lijk bij het Lincoln Memorial maken ze aan iedereen duidelijk: tot hier en niet verder! Zo niet, dan eindig je op dezelfde manier.'

Jenna leunde achterover in haar stoel en zuchtte diep.
'Denk je dat het slachtoffer Deep Throat was?'
Thomas keek voor zich uit.
'Ik hoop het niet, maar we kunnen het niet uitsluiten. Zo'n beetje alle inlichtingendiensten zullen naar hem op zoek zijn. Misschien heeft de NSA hem inmiddels wel getraceerd. En misschien heeft de broederschap hem wel te pakken gekregen. Wie zal het zeggen? Wie is tot zo'n gruwelijke daad in staat?'
'TFARC!' Jenna kwam met een ruk overeind uit haar stoel. 'Misschien kunnen we daar iets mee. Dat moet toch íets betekenen, nietwaar? Laten we de tekst nog eens doornemen. Misschien hebben we iets over het hoofd gezien.'
Ze keek Shepard verwachtingsvol aan.
Hij knikte.
Ze had gelijk, daar hadden ze niet meer aan gedacht. Misschien leverde het niets op en was het slechts de zoveelste verwijzing naar de een of andere Rozenkruisersterm, maar het was de moeite van het proberen waard. Bovendien hadden ze zich al eerder afgevraagd waarom er op de site zo geheimzinnig werd gedaan over de informatie die de vrijmetselarij aanging. De informatie over Kennedy was toch duidelijk en ondubbelzinnig, terwijl de andere gegevens zo veel mogelijk werden verhuld, alsof die informatie alleen bedoeld was voor ingewijden. Het was een paradox waarvoor hij nog geen verklaring had gevonden. Tenzij... Maar voordat hij zijn gedachten verder kon vormen, kreeg hij een por in zijn zij.
'Nou, waar wacht je op?'
Hij keek haar quasi gekwetst aan. 'Al goed, al goed.'
Met enkele klikken kwam de openingspagina van de site tevoorschijn. Daarna dubbelklikte Shepard op de subsite TFARC:

A∴L∴G∴D∴G∴A∴D∴L∴U∴

Allgemeine und general Reformation der ganzen weiten Welt.
Beneben der Fama Fraternitatis, dess löblichen Ordens des Rosenkreutzes, an alle Gelehrte und Häupter Europae geschrieben. Auch einer kurze Responsion von dem Hernn Haselmayer gestellet, welcher desswegen von den Jesuitern ist gefänglich eingezogen, und auff eine Galleren geschmiedet. Itzo öffentlich in Druck verfertiget, und allen trewen Herzen comuniciret worden. Gedruckt zu Gassel, durch Wilhelm Wessel, Anno MDCXIV.

... zij die door God en alle hemelse wezens waren bijeengebracht en uitverkoren uit de wijsten der mensen, die sedert verscheidene eeuwen waren opgestaan, leefden tezamen in de hoogste eenheid, onder de grootste geheimhouding en onderling in de meest vriendschappelijke verhouding.

Want hoewel wij thans geen melding maken van onze namen of bijeenkomsten, zo zal toch ieders uitgesproken verklaring ons zeker in handen komen, in welke taal die ook geschreven zij; ook zal iedereen die zijn naam zal opgeven met een van ons in aanraking komen, hetzij mondeling of indien hij daartegen bezwaren mocht hebben, schriftelijk. Dit verklaren wij ten stelligste, dat indien wie ook ernstig en uit de grond van zijn hart ons welgezind zal zijn, het hem ten goede zal komen, zowel stoffelijk als naar lichaam en ziel; hij echter die onoprecht is of slechts begerig naar rijkdom, hij zal niet in staat zijn ons op enigerlei wijze te benadelen, en hij zal zichzelf geheel in het verderf storten.

De volgende morgen openden wij de deur, en aan ons oog vertoonde zich een gewelf met zeven zijden en zeven hoeken, terwijl elke zijde vijf voet breed en acht voet hoog was. Hoewel de zon nooit dit gewelf bescheen, zo was het toch helder verlicht door een andere zon, die geplaatst was in het midden van de zoldering. Middenin bevond zich in plaats van een grafsteen een rond altaar, bedekt met een koperen plaat waarop gegraveerd stond:
A.C.R.C. HOC UNIVERSI COMPENDIUM UNIUS MIHI SEPULCHRUM FECI.

Nog voordat Jenna de kans kreeg om de tekst te kunnen bekijken, werd de verbinding met de site alweer verbroken.
'Waarom doe je dat nou weer?' Jenna keek hem geïrriteerd aan.
'Ik heb een ander idee.'
Hij klikte nog een keer en ging toen rechtop zitten, terwijl hij met zijn vingers op het tafelblad trommelde. 'Ik geef TFARC op als zoekopdracht op Google. Al zullen we dan wel tienduizend hits krijgen of zo.'
Na een paar seconden verscheen het resultaat.
'908 hits, valt niet tegen.'
Jenna's ogen flitsten over de tekst.
'Allemaal onzin, ik geloof dat de meeste sites in het Grieks zijn of welke onleesbare taal het ook mag zijn. Wij hebben er in elk geval niets aan.'
Google zelf gaf nog een tweede zoektip: FARC.
'Hebben we daar nog iets aan?'
Jenna haalde haar schouders op. 'De FARC is die revolutionaire beweging uit Columbia, ik zou niet weten wat die hiermee te maken moet hebben.'

Ondertussen had Shepard al gedubbelklikt op de naam.
'Ach, je weet het nooit.'
Toen de zoekresultaten verschenen, slaakte hij een diepe zucht.
'Ach, maar een miljoen hits over de Revolutionary Armed Forces of Columbia, fijn.'
Bijna automatisch klikte hij terug naar de vorige pagina.
'TFARC, kom op, denk na, wat zie je over het hoofd?'
Jenna keek hem mismoedig aan. 'Praat jij altijd tegen jezelf?'
Ze kreeg geen antwoord. In gedachten verzonken scrollde hij naar het einde van de pagina. De laatste site waar de zoekpagina naar verwees, ging over de NASA: 'NASA *launches "Deep Impact" Craft for Comet Smash.*' Het was een site over de spectaculaire inslag van een ruimtesonde op een komeet. Plotseling verstarde Shepard. Zijn opengesperde ogen bleven strak op het scherm gericht. Hij sloeg zijn rechterhand van verbazing voor zijn mond.
'Jezus, het is een anagram!'
'Wat?'
'Het is een anagram. Kijk dan!'
Hij wees op een woord in de titel van de NASA-site.
'TFARC staat voor CRAFT, verdomme, het is een verwijzing naar de CRAFTsmen!'
'De CRAFTsmen?'
'Ja.'
Ergens kuchte er iemand en keek hun kant op. Weliswaar zaten ze op een rustige plek aan de enige tafel in een van de gangen met boekenrekken, maar nu begonnen ze toch op te vallen.
Jenna boog haar hoofd enigszins tussen haar schouders en sprak nu op zachte toon.
'Is dat niet een soort...?'
'Een soort ultrageheim genootschap, ja, met belangen en leden verspreid over de hele wereld. Althans, volgens de verhalen. Niemand weet er eigenlijk het fijne van. Er zijn wel pogingen gedaan om er een vinger achter te krijgen, maar het grootse deel van wat men over hen denkt te weten, bestaat uit vermoedens en niet meer dan dat. Wel doen er veel geruchten over hen de ronde.'
'Zoals?'
'Dat ze slechts vijftig leden hebben, wereldwijd, vijftig lieden uit de allerhoogste regionen.'
'Vijftig, over de hele wereld?'
Shepard knikte.

'Leiders van regeringen, toplieden uit het bedrijfsleven, zelfs vertegenwoordigers van de georganiseerde misdaad. Maar zoals ik zeg, het zijn geruchten.'
Het was een paar seconden stil. Ze werden slechts omringd door het geroezemoes van studenten en het knisperende geluid van pagina's die werden omgeslagen. Shepard draaide zijn hoofd weg en wreef met beide handen over zijn wangen. Hij leek uit het veld geslagen.
'Ik moet zeggen dat ik er behoorlijk de pest in heb. Ik heb de afgelopen periode toch nogal wat tijd besteed aan de vrijmetselarij en de Rozenkruisers, vooral in het kader van de betekenis die ze in de politieke besluitvorming hadden en hebben. Maar het bestaan van de CRAFTsmen als georganiseerde entiteit is naar mijn weten nooit eerder aangetoond. Toch zou het kunnen. TFARC zou kunnen verwijzen naar de CRAFTsmen.'
Jenna gaf hem een bemoedigend klopje op de schouder.
'Hé, je kunt niet alles doorzien, professor. In elk geval heeft Deep Throat jou uitgekozen, Thomas. Je zei het zelf, hij moet ervan op de hoogte zijn geweest dat jij je in deze materie hebt verdiept.'
'Dat zal dan wel, ja. Niet diep genoeg, in elk geval.'
'Kom op, professor, na hoogmoed komt altijd de val, weet je nog?'
Ze grijnsde.
Shepard keek haar schaapachtig aan.
'In elk geval past de puzzel wel steeds beter in elkaar. Het hele olieverhaal, de oil-depletionregeling, dat zou toch kunnen wijzen op de betrokkenheid van de oliebaronnen. Ze vormden de top van het bedrijfsleven en ze waren machtig.'
Shepard knikte.
'En Kennedy stond op het punt om hun twee miljard dollar afhandig te maken. Ik begin te geloven dat je het al die tijd bij het rechte eind had, professor.'
'Ik moet je wat laten zien.'
Shepard gaf een paar commando's en wees naar het scherm.
Er verscheen een soort schema met allerlei namen.
'Kijk, dit is een van de redenen dat ik liever niet had dat ze mijn laptop meenamen. Zie je die namen? Een groot aantal ervan vind je ook terug op de site. Lee Harvey Oswald, Ruby, Ferrie, Banister, geen van allen behoorden ze tot de inner circle. Ze zijn gebruikt, maar het zijn allemaal patsies, om met Oswald te spreken. Het zijn allemaal slachtoffers geweest, die als lokeenden de aandacht hebben afgeleid van de ware opdrachtgevers.'
Hij wees een andere lijst met namen aan.

'Van deze ben ik niet zeker, maar het zijn figuren die wellicht meer wisten. De Mohrenschildt, een aristocratische oliegeoloog, heeft Oswald zo'n beetje ingepalmd. Shaw, de directeur van de Trade Mart in New Orleans, was zelf misschien geen grote vis, maar hij was wel op allerlei manieren verstrengeld met zowel de oliebusiness als de CIA. Maar deze namen vormen naar mijn mening de binnenste cirkel, zij zijn degenen die de beslissingen namen.'
Jenna's mond viel bijna letterlijk open van verbazing. 'Je wilt me toch niet gaan vertellen dat...'
'Ik vrees van wel, de oliebaronnen hadden vicepresident Johnson in hun zak, Jenna. Net als zoveel andere politici die financieel afhankelijk waren van de grootindustriëlen. Vergeet niet, Johnsons thuisstaat was Texas.'
Er prijkte nog een aantal andere min of meer bekende namen op de lijst.
'En jij bent ervan overtuigd dat die allemaal in het complot zaten?'
Shepard knikte. 'Sommige misschien meer dan andere, maar er moeten én voldoende financiële middelen beschikbaar zijn geweest, én voldoende contacten om de aanslag tot in de puntjes voor te bereiden, én voldoende middelen en contacten om de zaak in de doofpot te stoppen. Hoover was de baas van de FBI, de FBI heeft vreemde steken laten vallen. Zijn betrokkenheid zou echter een plausibele verklaring kunnen zijn voor het waarom van het plotseling opduiken van de Babushka-film. De camera en de film waren immers in beslag genomen door FBI-agenten. Als Hoover betrokken was in het complot, dan zou er een link kunnen bestaan met het opduiken van de film, jaren later, via tussenkomst van een organisatie als de CRAFTsmen. Toch?'
Hij keek haar aan alsof hij een bevestiging verwachtte.
'De CIA dan, hetzelfde verhaal, maar waarschijnlijk zijn er een paar CIA-werknemers op persoonlijke titel aan het werk geweest. Vergeet niet, de oliebaronnen zagen de CIA op een bepaald moment zo'n beetje als hun privélegertje. Lees er de site maar op na, Jenna, Deep Throat geeft alle informatie tot in detail. Maar zoals ik al zei, ik kon nooit een vinger achter de gemene deler krijgen. De oliemagnaten waren allemaal invloedrijk, ze hadden macht en geld of ze stonden ermee in contact, maar er moest een gemeenschappelijke factor zijn. Je weet dat ik er al die tijd van overtuigd ben geweest dat er een groepering gelieerd aan de vrijmetselarij achter de moord moet hebben gezeten. De vrijmetselarij is de enige invloedrijke beweging waarin zoveel macht uit de overheid en het bedrijfsleven samenkomt. Tot ze tegen een katholieke, onafhankelijke, steenrijke president aan liepen die zich niet voor hun karretje liet spannen.'
Een ogenblik keek Shepard peinzend voor zich uit.

'Het enge is dat ik de site zelf geschreven zou kunnen hebben. Deep Throat pikt exact de personen eruit die daadwerkelijk een rol hebben gespeeld. Je hebt *JFK* toch gezien, hè?'

Jenna knikte. 'Laten we wel wezen, Thomas, dat was een speelfilm, geen documentaire. Veel dingen waren uit de duim gezogen, er is nogal wat kritiek gegeven op de versie van Stone.'

'Weet ik, weet ik, maar bepaalde stukken berusten wel degelijk op de waarheid. Zoals het proces tegen Clay Shaw. Garrison was misschien een wat al te fanatieke officier van justitie en gaandeweg heiligde zijn doel misschien de middelen, maar hij zat wel op het goede spoor. Shaw was een grote vis. Shaw was de connectie met de opdrachtgevers, de enige connectie. De rest was afleiding. Zoals ik al zei, Banister, Ferrie, Ruby en natuurlijk Oswald. Maar Shaw was een grote vis.'

'Tot de jury hem vrijsprak?'

'Dat was misschien dom, maar ze konden niet anders. Garrison was er niet in geslaagd om aan te tonen dat Shaw connecties had met de CIA en de aan hen gelieerde organisaties.'

'Had dat veel uitgemaakt dan?'

Shepard maakte een afwerend gebaar.

'Als Garrison had kunnen aantonen dat Shaw voor de CIA werkte, dan was de jury misschien overstag gegaan. Vergeet niet, ze wilden een zondebok hebben. Niet voor niets had een Grand Jury er vooraf mee ingestemd dat er voldoende bewijs was om een proces tegen Shaw te kunnen voeren. Ze wilden maar al te graag. Aan de andere kant was dat meteen het einde van Clay Shaw geweest, want dan zou hij een te grote risicofactor zijn geworden. Als Shaw na een veroordeling eveneens zou zijn vermoord, dan zou het Warren-rapport vrijwel zeker naar het rijk der fabelen zijn verwezen en had dat de aanzet gegeven tot een hernieuwd onderzoek naar de moord. Maar dan op basis van de feiten en niet op basis van wat ze wilden dat we te horen kregen.'

'Ik kan het even niet meer volgen, professor. Hoezo, de CIA?'

Shepard keek haar veelbetekenend aan.

'Omdat via de CIA de link had kunnen worden gelegd met de opdrachtgevers van de moord op Kennedy.'

'Ho, ho, wacht even, Thomas.' Jenna spreidde haar handen en keek omhoog.

'Omdat Shaw via de CIA een link had met een van de aan de inlichtingendienst gelieerde organisaties, je weet wel, lege mantelorganisaties via welke de CIA zijn zaken behartigt zonder dat wij het weten.'

'Ik begrijp het, Thomas, maar mag ik dan nu ook weten welke?'
'Permindex.'
Jenna fronste haar wenkbrauwen. 'Wacht even, Permindex, die naam is toch ter sprake gekomen tijdens de onderzoeken naar de aanslag?'
Shepard knikte bevestigend. 'Klopt.'
'Eh, geef me even de tijd, Shaw was directeur van de International Trade Mart, het handelscentrum in New Orleans. Maar daar was toch niks mis mee? Ik had begrepen dat dat een reguliere, zakelijke organisatie was.'
'Maar via de Trade Mart zat hij ook in Permindex. En via Permindex in Centro Mondiale Commerciale, een wereldwijde samenwerkingsorganisatie van handelsbeurzen.'
'En dan?'
'Via Centro Commerciale gaat de link weer terug naar de Verenigde Staten, naar de namen in mijn schema. Zo had onder anderen H.L. Hunt, de eigenaar van Hunt Oil, goede contacten met de internationale bestuursleden van Centro Commerciale.'
'Maar wacht even, wacht eens even, Thomas. Als dit allemaal klopt, en die hele connectie van Permindex enzovoort met Kennedy is hard te maken, hoe kom je dan in godsnaam weer uit bij de CRAFTsmen? En bij de Rozenkruisers?'
Hij keek haar vriendelijk doch vastberaden aan.
'Hoe ík daarbij kom?'
Ze sloeg haar ogen neer. Daar had hij een punt.
'Stel dat Deep Throat beschikt over de film van de aanslag, Jenna, over wat dan nog meer? Denk je dat hij zijn nek uitsteekt zonder dat hij verdere bewijzen heeft? Denk je dat hij zo'n controversiële uitdaging aangaat zonder dat hij kans van slagen heeft? Kom op, denk na! Er moet meer zijn, dat moet. Als je over glasharde bewijzen beschikt dat Kennedy is vermoord als gevolg van een complot en niet door de actie van een gestoorde einzelgänger als Oswald. Als je verdomme de foto's op het internet verspreidt, als je aan de hele wereld laat blijken dat je weet hoe de vork in de steel zit, zou je dan vervolgens je totale geloofwaardigheid onderuithalen met een hoop geraaskal over Rozenkruisers of welke idiote orde dan ook? Zou je dat dan doen?'
Even was het stil.
'Let wel, Jenna, dat hele gedoe over de Rozenkruisers klinkt misschien allemaal heel exotisch, maar vergeet niet dat er vandaag de dag wel meer organisaties bestaan die enigszins maf overkomen, om het maar eens plastisch uit te drukken. Heb je enig idee wat voor rituelen de Skull and

Bones erop na houden? Waar de Bushes lid van zijn, en Kerry? Tijdens de initiatierite moeten ze naakt in een doodskist gaan liggen, Jenna. Met het deksel erop! Als ze eruit komen, worden er eeuwenoude spreuken gedeclameerd. De hele rambam zou niet misstaan in een goedkope horrorfilm. We hebben het hier echter wel over het studentencorps van een van de meest vooraanstaande universiteiten van de Verenigde Staten, waarvan alleen de meest prestigieuze studenten deel uit kunnen maken. Ik bedoel maar.'

'Goed, ik begrijp je punt, Thomas. En daar kan ik ver in meegaan. Er is echter een maar. Als dat allemaal zo is, waarom doet wie het ook is dan opeens zo vaag over dat hele broederschapgebeuren? Waarom al die verwijzingen, waarom noemt hij het beestje dan niet gewoon bij naam en toenaam, met adres, postcode, weet ik veel? Gewoon, de CRAFTsmen, Pennsylvania Avenue 3600, met...'

Shepard sloeg hard met zijn gestrekte hand op de tafel.

'Dat weet ik niet, dat weet ik verdomme niet.'

Verscheidene studenten die in de buurt stonden, keken in hun richting.

Shepard liet zich achterover in zijn stoel vallen. 'Iets klopt er gewoon niet, maar wat, wat verdomme?'

'Kunt u misschien wat stiller zijn, meneer?'

Shepard keek verbaasd op.

'Huh?'

De bibliothecaresse keek hem streng aan. 'Zou u er rekening mee willen houden dat we ons in een bibliotheek bevinden, professor?' Ze sprak het laatste woord met grote nadruk uit. Professor of niet, iedereen had zich te gedragen in haar bibliotheek.

Shepard voelde dat hij een kleur kreeg.

19

Het was druk in de autopsieruimte van het marineziekenhuis Bethesda in Washington.

Naast de pathologen-anatomen van de marine en hun hoogste baas waren er vertegenwoordigers aanwezig van zowel de FBI als het ministerie van Justitie. Het Witte Huis was vertegenwoordigd door de plaatsvervangend chef-staf van de president, Dale Murphy. In zeer korte tijd was er een explosieve situatie ontstaan. Het nieuws van de connectie tussen de site en het lijk achter het Lincoln Memorial had inmiddels het halve land in rep en roer gebracht. De grote tv-zenders hadden er ruimschoots aandacht aan besteed en uiteraard was het doorlopend breaking news bij CNN. Het was duidelijk geworden dat dit niet iets was wat zomaar zou overwaaien. En toen de identiteit van het lichaam eenmaal was komen vast te staan, wist iedereen dat er geen houden meer aan zou zijn.

Sommige aanwezigen ervaarden een vervelend déjà-vugevoel. De hele scène had wel iets weg van de consternatie die er heerste tijdens de autopsie van John F. Kennedy, in hetzelfde ziekenhuis, zo'n veertig jaar geleden. Iedereen kende immers de chaotische beelden uit de film *JFK*, waarin een op elkaar gepakte groep medici en militairen in gestreste toestand een poging deed om het lichaam van hun vermoorde president op een gewetensvolle wijze te onderzoeken.

Dale Murphy kon zijn ogen niet van het lijk afhouden. Hoe hij het ook probeerde, steeds werd zijn blik bijna automatisch naar het lichaam toe getrokken. De man van de FBI keek hem grijnzend aan. Het was de eerste keer dat Murphy een autopsie meemaakte. Zijn grauwe gelaatskleur sprak boekdelen.

Op een gegeven moment was hij het zat. Hij wilde weg hier.

'En?'

De patholoog-anatoom ging echter onverstoorbaar door met zijn morbide werkzaamheden. Murphy wreef zijn handen nog eens over elkaar. In deze zaal heerste nu eenmaal een andere rangorde. Het kostte hem zichtbaar moeite, maar hij had zich erbij neer te leggen. De patholoog bekeek de oksel van het lichaam nog eens zeer precies van dichtbij en gaf de fotograaf opdracht er foto's van te nemen.

'En?' herhaalde Murphy nog eens.

'De president verwacht een volledig rapport, dokter Hopkins, vanavond nog, als het zou kunnen!'

Hij deed geen moeite om zijn sarcasme te onderdrukken. Arts of niet, dat groene schort was in dienst van de marine en als zodanig verantwoording verschuldigd aan zijn opperbevelhebber, en die zat nog steeds in het Witte Huis.

De patholoog kwam langzaam omhoog. Zonder iemand aan te kijken sprak hij zijn gevolgtrekkingen in op een dictafoon.

'Schedelfractuur door klap met bot voorwerp op voorhoofd. Bloedingen wijzen op letsel toegebracht nadat dood was ingetreden. Hartstreek door-

boord met scherp, metalen voorwerp, eveneens na intreden dood. Rechterhartkamer geperforeerd. Linkerzijde lichaam ter hoogte van de lies doorboord met breed lemmet, tot zo'n vijf centimeter diepte. Geen vitale organen geraakt. In de longen van...'
Murphy onderbrak hem.
'Wacht even, wat zei u daar? Was de dood al ingetreden?'
De patholoog knikte bevestigend. Weliswaar enigszins geïrriteerd door het optreden van deze zogenaamde hotemetoot, maar zich tegelijkertijd bewust van de gezagspositie waarin hij verkeerde.
'Inderdaad, de eerste conclusie is dat de verwondingen zijn toegebracht nadat de dood was ingetreden. Als u mij had laten uitspreken, dan had ik u kunnen mededelen dat deze man is verdronken.'
Murphy knikte een paar maal.
'Wat echter interessant is, is dit...' De patholoog wees met zijn wijsvinger naar de tatoeage onder de oksel.
'Tot nader order dient u daarover geen mededelingen te doen.' Murphy's stem klonk nu weer autoritair.
De patholoog keek hem scherp aan. Hij wilde net een opmerking gaan maken, maar Murphy was hem voor.
'Orders van de bevelhebber van het marineziekenhuis Bethesda. Hetzelfde geldt overigens voor de andere aanwezigen. U dient rechtstreeks te rapporteren aan het Witte Huis. Alles loopt via ons.'
Daarna beende hij de zaal uit. Eenmaal op de gang, moest hij een paar maal slikken om de beelden van het verminkte lijk te kunnen verwerken. Toen hij een paar minuten later in zijn dienstauto zat, stond het beeld van de tatoeage nog steeds op zijn netvlies gebrand. Voorlopig zou hij het niet meer kwijtraken.

20

Jenna voelde de telefoon trillen in haar zak. Ze keek naar het inkomende nummer en daarna naar Thomas.
'Mijn hoofdredacteur.' Ze maakte verbinding.
'Hallo, Norman.'
'Heb je CNN al gezien?'

'Nee, tenminste niet het afgelopen uur. Ik ben druk bezig, je begrijpt...'
Hij onderbrak haar.
'Het lichaam achter het Lincoln Memorial is van een lid van de Warrencommissie, Jen.'
Het was een paar seconden stil.
'Jen?'
Ze had even de tijd nodig om dit nieuws te kunnen verwerken. De Warren-commissie? Dit kon toch niet waar zijn. Gespannen keek ze naar Thomas, die verwoed in een boek zat te bladeren.
'Jen?' klonk het nu op indringender toon.
'Wie is het, Norm?'
'Sorry, ik heb nog geen naam. Er doen allerlei geruchten de ronde, maar ik weet nog niks. Wat denk je, kun je daar iets mee?'
Ze probeerde haar gedachten te ordenen. Kon ze daar iets mee? Kon ze iets met de dood van een persoon? Zodat die op professionele wijze in dienst kon worden gesteld van de oplage van de krant van de volgende morgen? Opeens walgde ze van haar beroep. Van de ranzige, op sensatie gerichte berichtgeving waaraan ze geacht werd deel te nemen, alles ten dienste van de oplage, de heilige oplage. Bah! Dat ze daarmee in één adem de reputatie van de krant waarvoor ze werkte, verloochende, deed haar op dit moment even helemaal niets. Terwijl ze diep vanbinnen beter wist. *The Washington Post* was immers een kwaliteitskrant, wars van goedkoop winstbejag, wars van roddels en van de waan van de dag. Gericht op fatsoenlijke nieuwsgaring. Juist daarom was ze hier terechtgekomen. Maar al die argumenten speelden nu even geen rol. Als ze zich het beeld van het lijk achter het Lincoln Memorial voor de geest haalde, voelde ze zich misselijk worden. Het beeld van de passer deed haar bijna kokhalzen. En er was geen krant, geen headline, geen nieuwsregel die haar op dit moment het belang kon doen inzien van de waarde van vrije nieuwsgaring. Van de zin die onafhankelijke, journalistieke berichtgeving kon hebben in de wereld van vandaag.
'Jen?'
'Nu niet, Norman. Laat me even met rust, wil je? Ik bel je zo terug.'
Zonder commentaar af te wachten zette ze de mobiele telefoon uit. Ondertussen had Shepard in de gaten gekregen dat er wat aan de hand was.
'Wat is er?'
Ze staarde voor zich uit en zei niets.
'Jenna?'

'Het is een lid van de Warren-commissie.'
'Wat, hoe bedoel je?' Shepard kon haar niet volgen.
'Het lijk achter het momument. Het is een voormalig lid van de Warren-commissie.'
Shepard wreef met zijn hand over zijn voorhoofd. Hij zei niets. Toen ze elkaar aankeken, hadden ze allebei een sombere blik in hun ogen. Ze werden er zich op hetzelfde, ondeelbare moment van bewust dat het eindspel was begonnen. Hier en nu, op dit tijdstip, zou de geschiedenis haar beloop krijgen. Wat ruim veertig jaar geleden begonnen was, zou nu tot zijn einde komen. Goedschiks of kwaadschiks.
Op datzelfde moment bracht de laptop het overbekende geluid voort. Shepard gaf haastig de commando's om de e-mail te openen.

Van: Deep Throat
Aan: Thomas Shepard
CC:
Onderwerp: rendez-vous

Stel voor elkaar te ontmoeten.
Weet dat dit bericht wordt getraceerd.
Zo snel mogelijk, bij de obelisk.

Hij zuchtte diep.
'Het is een mail van Deep Throat. Hij wil een ontmoeting.'
Jenna zag er vermoeid uit. Ze reageerde amper.
'Maar het is de vraag of hij het wel is. Misschien is het een valstrik.'
Opnieuw geen noemenswaardige reactie. Shepard begon zich zorgen te maken.
'Wil je je terugtrekken? Geen enkel probleem. Geloof me, Jenna. Niemand zal het je kwalijk nemen, ik zal de laatste zijn die...'
Ze keek hem met een vernietigende blik aan. Hij deed er het zwijgen toe.
'Professor Shepard?'
Hij draaide zich om.
'Ah, heb je iets gevonden?'
De jonge vrouw knikte bevestigend. Jenna reageerde verbaasd. Shepard haastte zich om een verklaring te geven.
'Catherine is een student-assistent van mij, en ik heb haar daarstraks gevraagd of ze wilde nagaan of de naam TFARC ergens in de maçonnieke literatuur voorkomt.'

Hij draaide zich weer om.
'En?'
'Ik heb iets gevonden. Ik heb de door u aanbevolen boeken doorgewerkt en daar stond de groepering inderdaad in. Kijk.'
Ze liet hem de opengeslagen pagina zien.
'De Frères Aînés de la Rose-Croix, afgekort F.A.R.C. Deze zogenaamde Oudere Broeders van het Rozenkruis zouden afstammen van de tempeliers en in 1316 zijn ontstaan. Er is echter nog maar één lid van deze orde bekend: Roger Caro, die zich ook patriarch noemt van de Église Universelle de la Nouvelle Alliance. Roger Caro liet het boek *Légende des F.A.R.C.* verschijnen, en zeven ongepubliceerde documenten over het magnum opus van de Meesters van Ajunta, onder de titel *Pléiade Alchemique*. Kijk, dit is een afbeelding van een aantal emblemen uit de symboliek van de F.A.R.C.'
De studente glom bijna van trots. Shepard knikte vriendelijk en bekeek de afbeelding aandachtig. Hij wist genoeg.
'En de T, heb je die ook gevonden? TFARC?'
Ze schudde ontkennend het hoofd.
'Nee, dat niet. Kunt u hier iets mee?'
'Hartelijk bedankt, Catherine, je hebt ons zeker geholpen.'
Terwijl de studente wegliep, keek Jenna hem verwachtingsvol aan. Shepard schudde zijn hoofd.
'Helaas, het was het proberen waard. Maar de Église Universelle de la Nouvelle Alliance is net zoveel waard als hun naam doet vermoeden. Niets dus. Een hoop blabla, maar geen enkele invloed. Slechts een van de vele slappe aftreksels van de Rozenkruisers. Goedkoop plagiaat. Niet van belang voor ons onderzoek.'
'En dat weet je zeker?'
'Absoluut.'
'Waar wil hij ons ontmoeten?'
Jenna leek zich te hebben hersteld, haar stem klonk krachtiger dan daarnet.
'Bij de obelisk.'
Ze keek Shepard met gefronste wenkbrauwen aan. 'De obelisk?'
Hij knikte.
'Ik ken hier maar één obelisk, het Washington Monument. Erg origineel.'
De spottende toon van die laatste opmerking kon hem niet ontgaan.
'Terug naar de plaats delict, zoals ze dat zo mooi zeggen. Wat je ook van die Deep Throat of wie het ook voorstelt, kunt zeggen, hij heeft in elk ge-

val fantasie. Ongelooflijk, zou hij er werkelijk van uitgaan dat we teruggaan daarnaartoe? Dan krijgen we de halve stad achter ons aan. Hij weet toch verdomme dat onze e-mails worden nagegaan, dus waar slaat dit eigenlijk op?'
Ze keek hem fel aan.
Shepard knikte bevestigend.
'Ik kan me inderdaad niet voorstellen dat hij doelt op het Washington Monument. Maar waarop dan? Kom op, denk na, Jenna. Er moet een verklaring voor te vinden zijn waarom hij dit doet.'
Terwijl Shepard de woorden uitsprak, sloeg de twijfel ook bij hem toe. Hij hoopte op een verklaring, maar misschien wel tegen beter weten in. De kans dat dit een daadwerkelijke poging van Deep Throat was om contact te maken, was immers gering. Veel waarschijnlijker was het dat ze hem inmiddels te pakken hadden of, erger nog, dat hij het was die was afgeslacht bij het Lincoln Memorial.
'Ik kan maar één monument bedenken in DC dat in de verte doet denken aan een obelisk. Het First Division Monument, de zuil die voor het Old Executive Office Building staat. Een paar straten hiervandaan, schuin tegenover het Witte Huis. En dat is misschien wel weer erg toepasselijk. En ook lekker dicht in de buurt.'
De sarcastische toon verontrustte hem. De gebeurtenissen van de afgelopen vierentwintig uur leken hun tol te hebben geëist. Welk normaal fatsoenlijk mens zou er trouwens niet van doordraaien? Jenna had het zo'n beetje gehad. De enige manier die hij kon bedenken om haar weer bij de les te krijgen, was het spuien van feiten, van droge, vaststaande feiten. Dat was immers zijn metier. Door het overbrengen van kennis proberen om de mensen om hem heen, zijn studenten, te overtuigen van het belang van dingen. Het was misschien een schamele aanpak, daar was hij zich als geen ander van bewust, maar het was de enige aanpak die hij beheerste.
'Het First Division Monument, zou goed kunnen. Net wat je zegt, toepasselijk, vlak tegenover het centrum van de macht. Past precies in het straatje van onze vrienden, zou je zeggen.'
Hij schraapte zijn keel.
'Je kent toch het beeld van Andrew Jackson, de zevende president? Op Lafayette Square, tegenover het Witte Huis, hè?' Hij keek haar met een verwachtingsvolle, bijna kinderlijke blik aan.
'Ik woon en werk in deze stad, Shepard. Ik speel verdomme de journalist hier, dus alsjeblieft, bespaar me je weetjes.'
Hij liet zich echter niet van de wijs brengen.

'Je weet, Lafayette was een vrijmetselaar, en Andrew Jackson ook. Als je vanaf de plaats van het standbeeld naar de voorgevel van het Witte Huis kijkt, wat valt je dan op?'
Jenna had geen enkele behoefte om aan deze quiz deel te nemen. Ze keek nog steeds mismoedig voor zich uit.
'Midden tussen de pilaren hangt een enorme lamp, die ken je toch wel, hè? Een grote, gietijzeren lamp aan een lange ijzeren ketting.'
Fijn voor je, Shepard.
'Onder ingewijden staat de lamp beter bekend als "het schietlood", een van de basisgereedschappen van de vrijmetselaar. Opnieuw een van de vele verwijzingen naar de vrijmetselarij die in Washington te vinden zijn. Niemand die er nog op let, maar als je je ogen de kost geeft, zijn er nog veel meer te ontdekken. Het First Division Monument...'
Opeens schoot hem iets te binnen. Van het ene op het andere moment leken zijn gedachten totaal ergens anders. Hij klikte op 'beantwoorden'. Zonder zijn zin af te maken schoten zijn vingers over het toetsenbord:

Van: Thomas Shepard
Aan: Deep Throat
CC:
Onderwerp: rendez-vous

Waarom zo ver van huis?
Ik ben al eens in Egypte geweest.

Gespannen klikte hij op 'verzenden' en vouwde zijn beide handen voor zijn gezicht, de wijsvingers tegen de punt van zijn neus, de duimen onder zijn kin. Zo bleef hij minutenlang zitten, starend naar het scherm, met zijn vingertoppen constant tegen elkaar tikkend. Jenna keek geïrriteerd de andere kant op. Op het moment dat het antwoord verscheen, dubbelklikte Shepard er razendsnel op.

Van: Deep Throat
Aan: Thomas Shepard
CC:
Onderwerp: rendez-vous

Je hoeft er niet heen, Egypte is immers naar je toe gekomen.

'Yes,' siste Shepard op gedempte toon. Hij sloeg met zijn vuist in zijn hand.
'We moeten naar New York. Ik wist het!'
Jenna keek hem verbaasd aan. 'Hoezo, New York?'
Maar Shepard was te opgewonden om te antwoorden. Hij stond op, klapte zijn laptop dicht en wilde haar meetrekken.
'Hé, rustig aan, wil je?'
Ze keek hem nijdig aan. Shepard struikelde bijna over zijn woorden.
'De obelisk, Jenna... we moeten naar New York... Het was me opeens duidelijk, Deep Throat wil ons ontmoeten in New York.'
Shepard probeerde zich te beheersen. Hij keek zenuwachtig om zich heen. Ze begonnen weer de aandacht te trekken.
'New York, Jenna, geloof me, Central Park.'
De absurditeit van de situatie kwam haar voor als een scène uit een slechte B-film. Ze bleef stokstijf zitten.
'Central Park, waar slaat dit op? Laat me met rust, wil je!'
Hij greep haar bij haar schouders. Zijn gezicht was nu rood aangelopen, er parelden zweetdruppeltjes op zijn voorhoofd.
'De obelisk in Central Park, Jenna. Geloof me!'
Hij liet haar weer los, sloot zijn ogen en drukte zijn handen voor zijn gezicht tegen elkaar.
'Hoor eens, je moet me geloven.'
Opeens ging hij weer zitten en klapte zijn laptop open. 'Wacht even, wacht even, ik zal het je laten zien.'
Zijn vingers gingen vliegensvlug over het toetsenbord. De onvermijdelijke Googlepagina kwam weer tevoorschijn. Ze kon niet precies zien wat hij intoetste, maar binnen enkele seconden verschenen de zoekresultaten op het scherm. Hij schudde zijn hoofd. Volgende pagina. Hij dubbelklikte op een site. Zijn ogen vlogen over de pagina's. Opeens stak hij zijn wijsvinger in de lucht. 'Kijk, hier, hier staat het.'
Hij tikte tegen het computerscherm en begon de tekst op gedempte toon op te lezen.

De obelisk is in 1879 naar Amerika gehaald, op kosten van W.H. Vanderbilt. Het was een geschenk van Ishmail, de kedive van Egypte, aan Amerika. Toen hij werd neergehaald, werden er symbolen van de bouwers in de grondvesten gevonden. De Grand Lodge van New York heeft die onderzocht en stelde vast dat het maçonnieke symbolen waren. De ruwe steen en de gepolijste kubus waren uit zuiver witte kalksteen gesneden, de winkelhaak in syeniet. Er werd een ijzeren troffel aangetroffen, een schietlood en een cirkelboog. Ook was er een steen waarin het meesterteken was gegraveerd en enkele hiëroglyfen die het woord 'tempel' vormden.

Hij keek haar veelbetekenend aan.

Het is niet zeker of deze symbolen al in de oorspronkelijke obelisk waren aangebracht. Oorspronkelijk vormde hij in de vijftiende eeuw voor Christus namelijk een van de obelisken voor de grote tempel van de zonnegod te Heliopolis, het bekende centrum van Egyptische kennis. In 22 voor Christus werd hij door de Romeinse bouwheer Pontius verplaatst naar Alexandrië. Het zou kunnen zijn dat de symbolen pas op dat latere tijdstip zijn aangebracht...

Shepard draaide zijn hoofd in haar richting.
'De obelisk staat in Central Park, daar wil hij ons ontmoeten, Jenna. Daar ben ik van overtuigd. Hij weet dat ze onze e-mail nagaan, daarom moest hij een dwaalspoor opzetten.'
'En als het een valstrik is?' Ze keek hem met wijd opengesperde ogen aan.
'Het moet, Jenna, we moeten het risico nemen.'
Toen hij nog maar amper was uitgesproken, stond de bibliothecaresse opnieuw voor hun neus. Shepard wilde zich al uitgebreid gaan verontschuldigen, maar ze hief haar hand op.
'Er zijn enkele personen die u willen spreken, professor.' Er klonk verbazing door in haar stem. Ze wees in de richting van de balie. 'Ze hebben zich gelegitimeerd, het zijn agenten van de FBI.' Ze sperde haar ogen open en trok haar mondhoeken naar beneden, alsof ze hem duidelijk wilde maken dat ze er ook niks van begreep.
Shepard keek geschrokken in de richting die ze aanwees. 'Wat, de FBI?'
Hij wierp een schuine blik naar Jenna en gebaarde haar met een korte knik om zich uit de voeten te maken.
Plotseling was Shepard een en al voorkomendheid.
'Heel fijn, als u aan hen zou willen doorgegeven dat ik hen zo dadelijk graag te woord zal staan, ben ik u zeer erkentelijk. Ik zou er prijs op stellen als ik een kort moment de tijd zou krijgen om het een en ander af te ronden.'
'Maar natuurlijk, professor, tot uw dienst.'
Na die woorden liep de vrouw met korte dribbelpasjes terug naar de balie. Shepard wierp snel een blik op de agenten. Ze hielden hem scherp in de gaten. Hij knikte vriendelijk in hun richting en boog zich weer snel voorover, alsof hij verderging met zijn werk.

Ondertussen stond Jenna een paar meter verder tegen een van de boekenrekken geleund en hield de situatie nauwlettend in de gaten. Ze wist dat Shepard iets van plan was, maar ze wist niet wat. Het was duidelijk dat deze situatie risico's met zich meebracht. Als de agenten Shepard zouden willen meenemen om hem te ondervragen, dan zou hun afspraak met Deep Throat waarschijnlijk in gevaar komen. En wie weet, misschien arresteerden ze hem wel op grond van de een of andere vorm van medeplichtigheid, aan wat dan ook. Vrijwel tegelijkertijd realiseerde ze zich dat dit ook voor haar opging. En als ze beiden zouden worden meegenomen, kon dat desastreuze gevolgen hebben.

Shepard slenterde met een stapel boeken in haar richting. De agenten maakten nog geen aanstalten om in actie te komen, maar waarschijnlijk zou dat niet lang meer duren. Blijkbaar hadden ze geen behoefte aan een scène. Even schoot het door zijn hoofd dat het misschien geen FBI-agenten waren. En dat ze juist daarom zo afwachtend te werk gingen. Ergens klopte het toch niet. Shepard stond nu aan de andere kant van het boekenrek, ter hoogte van Jenna. Tussen de rijen met boeken door probeerde hij oogcontact met haar te maken.

'Zie je die deur daar schuin achter je, naast de koffiemachines?'

Jenna draaide zich half om en keek in de richting die hij aangaf. Ze knikte.

'Dat is een nooduitgang. Als je die ijzeren staaf naar beneden drukt, klikt de deur vanzelf open. Tenminste, dat hoop ik. Je weet het nooit met nooduitgangen.'

Hij grijnsde.

'Leuk, ik lach me dood.'

'Nu nog even niet als het kan.'

Daarvoor kreeg hij een glimlachje.

'Hoor eens, ik loop daar nu naartoe. Als het me lukt om die lui af te schudden, dan zie ik je op Reagan Airport, bij de incheckbalie voor de eerste vlucht naar New York, JFK. Ondertussen moet jij hier in elk geval weg zien te komen. Hoe dan ook, een van ons moet naar New York. Eventueel zien we elkaar daar, in Central Park, bij de obelisk. Haal ik het niet, dan ga je alleen. Afgesproken?'

Jenna knikte.

'Goed, op hoop van zegen dan maar.'

'En vergeet de laptop niet.'

Shepard knipoogde en verdween achter het boekenrek. Hij liep langzaam in de richting van de nooduitgang.

Jenna hield de balie scherp in de gaten. Een van de twee mannen strekte

zijn nek en keek met opgeheven hoofd waar Shepard was gebleven. Het was duidelijk dat hij zenuwachtig begon te worden. Nog even en ze zouden in actie komen. Ze probeerde de situatie in te schatten. Als het Thomas zou lukken, dan zou hij zo'n vijftig meter voorsprong hebben. Hij had het voordeel dat hij de universiteitscampus kende, dus misschien zou het net genoeg zijn. Ze had geen idee hoe hij daarna weg wilde komen, maar ze moest erop vertrouwen dat hij wist wat hij deed. Het kon nog maar een paar seconden duren. En elke seconde nam de spanning toe.
Plotseling hoorde ze een harde klik. Vrijwel op hetzelfde moment stormden de agenten in haar richting. Ze moest zich tot het uiterste beheersen om niet om de boekenrekken heen te rennen om te kijken of het Thomas was gelukt. De paar seconden die het de mannen kostte om de uitgang te bereiken, leken wel minuten te duren. Ze smeten de glazen deur open en zetten de achtervolging in. Toen ze buiten waren, liep ze met grote passen weg. Gelukkig, hij had het gered, tot zover, tenminste. Ze zag Shepard over het plein rennen, in de richting van de faculteitsgebouwen. De agenten sprintten er als idioten achteraan. Het zweet brak haar uit. Ze wist dat Thomas gelijk had gehad, dat het niet anders kon, maar tegelijkertijd zette hij zijn integriteit volledig op het spel. Als ze hem te pakken zouden krijgen, zou hij de klos zijn. Zijn betrokkenheid zou voor de autoriteiten al bij voorbaat vaststaan en het zou een hele klus worden om de zaak nog recht te kunnen breien. Toen hij verdween in een gebouw aan de overkant van het plein, beende ze naar de uitgang en verliet de bibliotheek.

Shepard sprintte als een bezetene door de gang. Het geluid van zijn leren zolen op de marmeren vloer werd aan alle kanten weerkaatst door de hoge muren en had veel weg van een klappende zweep. Zo'n tien meter voor zich zag hij een groepje studenten opduiken. Ze keken met een verbaasde blik in zijn richting. Wie was die idioot? Toen ze doorhadden dat hij niet zou inhouden, leken ze niet te kunnen besluiten naar welke kant van de gang ze zouden uitwijken. Een paar van hen schoven wat naar links, enkele anderen bleven zo'n beetje in het midden staan. Het was een typisch voorbeeld van ontwijkend kuddegedrag. In tijden van aankomend onheil afwachten wat de ander doet en vervolgens niets doen. Shepard probeerde hen te ontwijken. Met wijd opengesperde ogen zwenkte hij scherp naar rechts en schampte daarbij met zijn linkerschouder een van de studenten. Het arme kind werd door de kracht van de botsing tegen de grond gesmeten. Shepard gleed uit. Hij deed alle moeite om overeind te blijven en probeerde door snelle, korte stapjes te maken zijn evenwicht weer te herstellen. Het hele schouwspel had eigenlijk wel iets komisch. Het deed denken aan een hond die op volle snelheid op een gladde parketvloer een hoek van de kamer wilde nemen en vervolgens trappelend met zijn vier poten onderuitging. Shepards rechterarm schaafde hard langs de houten lambrisering. Zijn colbert scheurde en hij voelde een pijnscheut vanaf zijn schouder door zijn arm naar beneden schieten.

Onwillekeurig schoten de beelden van Hiram door zijn hoofd. Een man in een wit gewaad met rode sjerp, zijn hoofd bedekt met een witte muts, die als een bezetene van de ene kant van het tempelgebouw naar de andere rende, op zoek naar een uitgang. Maar overal werd hij opgewacht. In het westen door Methusael, de steenhouwersgezel, die zijn hamer dreigend ophief. In het noorden door de Syriër, Phanor, die zijn beitel in zijn zij probeerde te stoten. In het oosten door Amru, de Feniciër, die de punt van de passer in zijn hart probeerde te drijven.

Half verdwaasd keek hij achterom. Vanuit zijn ooghoeken zag hij dat zijn belagers op hem waren ingelopen. Hij schatte het verschil op nog zo'n dertig, veertig meter. Met een verbeten gezicht rende hij verder. Hij moest het halen... Het was nog zo'n vijftig meter naar het trappenhuis. Daar was de toegang tot de ondergrondse parkeergarage waar een gedeelte van de wetenschappelijke staf een plaats had. Het was elk jaar weer een ware loterij wie de eer zou worden toebedeeld om een van de weinige parkeerplaatsen te krijgen. Deze keer was hij de gelukkige geweest en juist door dit toeval zou hij zijn vege lijf misschien kunnen redden. Daar was zijn vluchtplan op gebaseerd. Hij wist dat als hij het zou halen, hij voorlopig veilig was. Hij vroeg zich af hoeveel seconden hij nodig zou hebben om zijn toegangspas in de gleuf te steken en zijn code in te toetsen. En hoeveel seconden zijn achtervolgers nodig zouden hebben om de afstand van pakweg dertig meter te overbruggen.

Hij knalde tegen de deur van het trappenhuis, herstelde zich en zwaaide hem met een enorme zwaai open. Door de kracht ervan vloog de deur tegen de deurstop en kwam met dezelfde snelheid terug, keihard tegen zijn linkerschouder. Zonder er acht op te slaan graaide Shepard als een bezetene in de zakken van zijn colbert. Waar zat dat ding, verdomme, waar zat dat ding! Met trillende handen klauwde hij in zijn binnenzak tot hij het plastic plaatje te pakken had. Zwetend van opwinding duwde hij het pasje in de gleuf onder de klink van de deur. Daarna toetste hij als een bezetene de vier nummers van zijn toegangscode in. Hij sloot zijn ogen. Hij hoorde de klakkende voetstappen dichterbij komen.

Jezus christus, ga open, ga dan toch verdomme open!

Op hetzelfde moment dat de pieptoon weerklonk en de deur ontgrendelde, klapte een van zijn belagers tegen de deur van het trapportaal achter hem. Toen hij zich omdraaide, keek Shepard de man recht in zijn ogen. Het was een vrij jonge man, zo'n jaar of dertig, met een rood aangelopen gezicht. De grimmige blik in zijn ogen sprak boekdelen.
De Syriër!
Terwijl Shepard zich omdraaide, opende zijn belager de deur van het trapportaal. Het verschil was maar een paar meter. De tweede agent arriveerde. Hij was nog niet veilig. Zo hard als hij kon, probeerde hij de deur dicht te drukken. Maar er was een klem met een vertragend mechanisme op gemonteerd, zodat hij niet meteen dicht kon vallen. Met alle kracht die hij in zich had, probeerde hij om de deur door het mechanisme heen te drukken.
De Syriër stormde op hem af...
Exact op het moment dat zijn vingertoppen de deur raakten, klikte die in het slot. Shepard sloot zijn ogen en drukte zijn voorhoofd tegen de koude muur. Voorlopig was hij veilig. Hij wiegde zachtjes met zijn hoofd heen en weer. Wanneer zou deze nachtmerrie in godsnaam voorbij zijn?
Terwijl zijn belagers verwoede pogingen deden om de deur open te rammen, liep hij vliegensvlug de trap af. Zo groot zou zijn voorsprong niet zijn. Misschien een paar minuten, misschien minder. Hij moest de campus af zien te komen. Dat was de laatste hindernis. Een groot plein, met een grasveld, houten banken en her en der wat struiken en bomen. Normaal een plek van rust en bezinning, waar gelezen werd en gediscussieerd, geschaakt en geluierd in de zon.
Nu niets anders dan een brede strook niemandsland, waar hij volledig vogelvrij was verklaard.

Deel II

Elias Artista

21

Gespannen liep Jenna op en neer in de vertrekhal van Ronald Reagan Washington National Airport, dat zo'n acht kilometer buiten het centrum van Washington lag, in Arlington County, Virginia. Van hieruit vertrokken de meeste regionale vluchten, inclusief die naar New York. Over een kwartier vertrok de eerstvolgende vlucht naar JFK. Ze beet op haar lip toen ze voor de zoveelste keer op haar horloge keek.
Waar blijf je nou? Je had er toch allang moeten zijn!
Het was nu zo'n drie kwartier geleden dat ze Shepard over het plein van de GW had zien rennen, met de agenten op zijn hielen. Zelf had ze de bibliotheek verlaten via de hoofdingang en was ze zo snel mogelijk naar de taxistandplaats op de campus gerend. Dat had misschien een kleine vijf minuten geduurd, de rit naar het vliegveld had inclusief wachttijd zo'n twintig minuten gekost. Zeg alles bij elkaar een halfuur. Thomas had dus al een speling van een kwartier.
Ze begon zich nu echt zorgen te maken. Had hij het gered of hadden ze hem toch te pakken gekregen? Onder het lopen tikte ze met haar rechterhand zenuwachtig tegen haar bovenbeen, ondertussen de aankomende taxi's scherp in de gaten houdend. Was hij dat niet, die daar uitstapte? Ze liep snel in de richting van de glazen pui om de man die uitstapte van dichtbij te kunnen bekijken. Was hij dat? Was dat Thomas? Ja, het leek... Verdomme, weer niet, waar bleef hij nou toch? Door de luidsprekers klonk de eerste oproep: 'Passagiers voor vlucht NK316 naar New York, JFK, wilt u alstublieft inchecken bij balie 24.' Ze tuurde naar de informatieborden. Nog tien minuten. Voor de zoveelste keer duwde ze een haarlok die voor haar gezicht hing, achter haar oor. Hij zou het niet halen. Ze zou alleen moeten gaan. Ze sloot haar ogen en dwong zichzelf om rustig te blijven.
Hé, kom op, je bent journaliste, en een capabele ook. Niet de eerste de beste huisvrouw. Je hebt wel eens voor hetere vuren gestaan.
Maar ze wist dat ze zichzelf voor de gek hield. Als alles op waarheid berustte, dan waren ze op het spoor gezet van een samenzwering die zijn weerga niet kende. Er was een president vermoord. En zij wer-

den steeds verder in de richting van de ontmaskering van de daders geduwd.

Die laatste twee zinnen herhaalden zich steeds opnieuw in haar hoofd. Jezus christus, ze waren op zoek naar de moordenaars van John F. Kennedy!

De tweede oproep voor de vlucht naar New York schalde door de luidsprekers: 'Laatste oproep, passagiers voor vlucht NK316 naar New York, JFK, wilt u alstublieft inchecken bij balie 24.'

Voor de laatste keer tuurde ze naar de taxistandplaatsen. Geen spoor van Thomas. Niets. Ze zuchtte diep. Opeens werden de emoties haar bijna te veel. Ze voelde haar ogen vochtig worden.

Waar blijf je nou, professor? Kom op, we zijn hier samen aan begonnen en we moeten dit samen afmaken. Waar blijf je nou?

Bijna in trance liep ze naar de incheckbalie.

'Kan ik u helpen, mevrouw?'

Achteloos gaf ze haar ticket af.

'Vlucht NK316 naar JFK, u kunt nu aan boord, mevrouw, de vlucht vertrekt over vijftien minuten.'

Jenna keek slechts wezenloos voor zich uit.

'Mevrouw, is alles goed met u? Uw vlucht vertrekt zo dadelijk.'

Jenna knipperde een paar keer met haar ogen en nam haar ticket aan. Ze gaf een kort knikje. Nog een laatste keer ging haar blik naar de ingang van de vertrekhal, maar tevergeefs.

'Hebt u alleen handbagage, mevrouw?'

Geen reactie.

'Mevrouw?'

'Eh, ja.'

Even later zat ze in gedachten verzonken in haar stoel, de handen gevouwen over de laptop op haar knieën.

'Goedemiddag, dames en heren, welkom aan boord van vlucht NK316 naar New York. Het weer is goed, we hebben een heldere lucht, weinig wind. Over dertig minuten zullen we landen op JFK International Airport in New York. Ik wens u een prettige vlucht.'

Genoeg van dit gejammer. Ze kon haar tijd beter besteden. Even later verscheen de website op het scherm: JFKTruthOrDare.com. Het zwart-wit geblokte beeld was inmiddels een vertrouwd gezicht.

Ze twijfelde even. Bijna als vanzelf dubbelklikte ze op de andere subsite: Dare. Ze had even genoeg van de waarheid.

Zondebokken/Castro

Ze fronste haar voorhoofd. *Je gaat me nu toch niet vertellen dat Castro een vrijmetselaar is, hè? Dat lijkt me wel erg sterk.*

De waarheid zal nimmer worden onthuld, als het aan de overheidsinstanties in de Verenigde Staten ligt.
Het hele fragmentarische verhaal over de belastingvoordelen op de oliewinning mag dan misschien saai zijn, maar daarin ligt wel de aanleiding voor de moord op Kennedy. Ik kan dat bewijzen, althans, ik beschik over gegevens die deze bewering onderbouwen. Ik beschik over namen, namen van opdrachtgevers.
Daar draait het toch bij om het even welke grote misdaad om? Om de grote vissen? Toch? Die wil men te pakken nemen, want die vormen de basis van het kwaad dat met wortel en tak moet worden uitgeroeid.
Waarom ging men dan zo te werk bij de aanslag op JFK?
Waarom werd steeds de aandacht afgeleid van de hoofdzaak, namelijk wie de opdracht gaf tot de moord?

In dat kader zijn er in de loop van de tijd veel valse opdrachtgevers aangewezen. Personen of organisaties die achteraf de schuld in de schoenen kregen geschoven, waardoor de aandacht van de uiteindelijke daders werd afgeleid.
De belangrijkste valse opdrachtgever was ongetwijfeld Fidel Castro. Maar zat die erachter? Zeer onwaarschijnlijk.
Allereerst was daar het Varkensbaai-incident.
(...)
De mislukte invasie in de Varkensbaai zou echter op een heel ander vlak dan het Cubaanse nog een bijzonder invloedrijke rol gaan spelen. Die invasie zou namelijk een interessante voedingsbodem opleveren voor het plannen van het al genoemde nepcomplot met betrekking tot de latere aanslag op Kennedy. Enkele zondebokken die het latere dwaalspoor zouden moeten vormgeven, kwamen na het Varkensbaaidebacle bijna als vanzelf bovendrijven, zou je kunnen zeggen. Ze moesten alleen nog worden opgevist door degenen die aan de touwtjes trokken.
Maar daarover later meer.

Jenna wreef in haar ogen. Ze was moe, haar ogen prikten. In gedachten verzonken scrollde ze door naar de laatste pagina.

Wie of wat was dus de drijvende kracht achter het complot om Kennedy te vermoorden?
Olie, dat is hier het sleutelwoord. Maar oliebaronnen alleen plannen geen aanslagen, daar hebben ze een netwerk voor nodig, een netwerk van invloedrijke lieden die gezamenlijk overtuigd moeten worden van dezelfde noodzaak.
En waar komt zoveel macht en invloed bij elkaar dat voldoende draagvlak ontstaat om zich te kunnen ontdoen van een president?
Om de financiële middelen te kunnen leveren?
Om de voorwaarden te kunnen scheppen waaronder de klus kan worden geklaard?
Om, met gebruikmaking van politie en Justitie, het deksel op de beerput te kunnen laten schuiven?
Kortom, om het ultieme complot en de ultieme doofpotaffaire te kunnen laten opzetten en uitvoeren?
Waar?

Wij zeggen met onze geliefde vader C.R.C.: *Phy! Aurum nisi quantum aurum.*

De verdachtmakingen aan het adres van Castro waren dus bezijden de waarheid.
Maar niettemin was het de opdrachtgevers al van het begin af aan duidelijk dat er naast de daadwerkelijke planning van de aanslag een nepcomplot zou moeten worden bedacht, een gericht dwaalspoor dat de aandacht zou moeten afleiden van de daadwerkelijke complotteurs. Een nepcomplot dat al vanaf 1961 stap voor stap vorm zou krijgen. En er zou niet één zondebok, maar er zouden er vele nodig zijn om dit gedeelte van het plan te vervolmaken.
De bekendste onder hen, Lee Harvey Oswald, die later als enige dader de moord in de schoenen geschoven zou krijgen, stapte in februari 1961, een maand na de inauguratie van Kennedy, het verhaal binnen.

De tekst eindigde met een link naar Truth.
Jenna staarde nog steeds naar het scherm. De verwijzing naar Rosencreutz had haar weer met de neus op de feiten gedrukt. En dat was ook duidelijk de bedoeling ervan geweest. Want ergens diep onder het oppervlak moest de eeuwenoude orde van de Rozenkruisers met deze intrige verbonden zijn. Maar hoe? Wie waren het?
Ze keek op haar horloge. De site had haar even afgeleid, maar nu kwam de bezorgdheid over het lot van Thomas weer in alle hevigheid naar boven. Ze vroeg zich af wat ze het beste zou kunnen doen als ze op JFK aan-

kwam. Zou ze toch op hem wachten of zou ze meteen doorgaan naar Central Park? Diep vanbinnen koos ze liever voor de eerste optie. De gedachte aan een eenzame zoektocht in het park, waar het inmiddels schemerig zou zijn, leek geen al te prettig idee. Bovendien, wat dan? Ze zuchtte diep. Even later nam ze een besluit.

Wachten op Thomas had geen enkele zin. Zodra hij de kans had, zou hij haar ongetwijfeld bellen. Zelf bellen durfde ze niet, omdat ze bang was dat ze hem in een lastig parket zou brengen. Ze dwong zichzelf om alle doemscenario's uit haar hoofd te zetten. Ze zou geduld moeten hebben. Uiteindelijk zou hij zich vanzelf melden.

De stem van de gezagvoerder klonk door de luidsprekers.

'Dames en heren, over tien minuten landen we op JFK. Geniet u nog even van de skyline.'

Zonder na te denken dubbelklikte ze op de link naar Truth. Die tijd kon ze nog mooi gebruiken om de rest van de site door te nemen.

In februari 1961 diende Lee Harvey Oswald, een Amerikaanse ex-marinier, bij de Amerikaanse ambassade in Moskou een verzoek in om terug te kunnen keren naar de Verenigde Staten.

(...)

En zo kwam Lee Harvey Oswald dus haast als vanzelf in contact met een persoon die vrij nauwe banden had met de CIA, George De Mohrenschildt.

Toeval? Weinig kans.

De Mohrenschildt was uitverkoren op grond van drie karakteristieken. Hij was ingebed in de olie-industrie, hij had contacten met de inlichtingendiensten en hij had contacten binnen de regering.

Wellicht dat De Mohrenschildt aanvankelijk als zogenaamde 'babysitter' via de CIA contact onderhield met Oswald om hem in de gaten te houden in verband met zijn terugkeer uit Rusland. Volgens de Warren-commissie was De Mohrenschildt bevriend met J. Walter Moore, een lid van de CIA Domestic Contact Service ter plaatse. Bij Moore informeerde hij ook of Oswald te vertrouwen was, en Moore beschreef Oswald bij die gelegenheid als een 'ongevaarlijke idioot'. Dit is bijzonder interessant, omdat de CIA meldde in die periode geen interesse te hebben gehad in Oswald en ook niets over hem te weten.

Naast deze connectie met de CIA bestaat er ook interessante informatie waaruit blijkt dat Oswald sinds september 1962 als informant werd betaald door die andere overbekende overheidsinstantie: de FBI.

(...)

J. Edgar Hoover, directeur van de FBI, verklaarde tegenover de commissie echter dat iedere FBI-informant met naam en nummer bekend was op het FBI-hoofdkantoor, maar dat Oswald daar onbekend was en dus nooit informant van de FBI kon zijn geweest.
De Warren-commissie besloot op grond hiervan om deze gegevens niet openbaar te maken. Ze waren zich er terdege van bewust dat openbaarmaking ervan de integriteit van de regering en haar diensten zou kunnen schaden en daarmee de onafhankelijkheid van het onderzoek naar de moord op Kennedy. Een connectie tussen Oswald en de FBI zou immers alleen maar lucht kunnen geven aan eventuele complottheorieën.
Opnieuw werd cruciale informatie achtergehouden om een samenzwering uit te sluiten. Dezelfde manipulatieve wijze van werken als in het geval van de magische-kogeltheorie.
De commissie ging dus volledig af op de beweringen van Hoover en deed zelf geen daadwerkelijk onderzoek naar de kwestie.
(...)
Dus welke informatie is er nog meer achtergehouden?
En moeten we dan wachten tot 2039, totdat de informatie die er werkelijk toe doet en die zich op dit moment in de Nationale Archieven bevindt, eindelijk openbaar wordt gemaakt? Als die informatie inmiddels niet is vernietigd.
We wachten al veertig jaar, dat moet toch voldoende zijn.

Hoe dan ook, Oswald was dus ingelijfd.
Vanaf dat moment kreeg de verdere invulling van het complot stap voor stap vorm.
Lee Harvey Oswald zou als een van de zondebokken gaan dienen die nodig waren om het nepcomplot vorm te geven.

Daar heb je het weer: een van de zondebokken. Oswald heeft altijd verkondigd dat hij als zondebok werd gebruikt. Wie zijn dan de anderen?
Terwijl ze nog in gedachten was verzonken, voelde ze plotseling een paar lichte rukjes aan haar schouder.
'Mevrouw, wilt u uw veiligheidsriem omdoen? We gaan zo dadelijk landen.'
Jenna glimlachte en gaf een vriendelijk knikje. Door het raampje zag ze de altijd weer imposante skyline van New York. Het hoofdstuk over Oswald was interessant, maar niet echt opzienbarend; over Oswald was in de loop der tijd al heel wat geschreven. Toch moest gezegd worden dat Deep Throat weer grondig te werk ging. Het was duidelijk dat hij zijn

zaak goed wilde opbouwen, zodat de lezers van de site een goed inzicht zouden krijgen in de achtergronden van de aanslag. De uitgebreide aandacht voor De Mohrenschildt bevreemdde haar echter. Ze wist dat die naam toentertijd wel eens gevallen was tijdens het onderzoek, maar voor zover zij wist was De Mohrenschildt nooit beschouwd als een grote vis, als iemand die nauw betrokken was bij de moord. Iets waar Thomas trouwens anders over dacht, want de naam van De Mohrenschildt stond ook op zijn lijstje van betrokkenen vermeld. Dat wist ze zeker. Hoe dan ook, het zou moeten wachten tot later.

Gespannen verliet ze het vliegtuig en ze liep met snelle passen door de slurf in de richting van de aankomsthal. Voor de zoveelste keer haalde ze haar mobieltje tevoorschijn. Er stond een bericht op de voicemail! Zenuwachtig drukte ze de toetsen in. Het duurde en duurde...
'Jenna, met Norman. Waar ben je? Waar ben je mee bezig? Bel me zo snel mogelijk!'
Half verdoofd drukte ze het bericht weg.
'Verdomme.'
Vertwijfeld keek ze om zich heen in de hoop ergens een glimp van Thomas op te vangen. Tevergeefs.
Ze klemde de laptop onder haar arm en rende naar de eerste de beste taxi.
'Central Park.'
De chauffeur keek haar via zijn spiegel met opgetrokken wenkbrauwen aan.
'Noord, Zuid, West?'
Hij klonk geïrriteerd. Altijd weer hetzelfde met die lui van buiten de stad. Het park was zo'n driehonderd hectare groot. Dus wat wilde ze, van noord naar zuid wandelen?'
Jenna realiseerde zich dat ze zich gedroeg als de eerste de beste toerist.
'Eh, sorry, de obelisk, ik moet bij de obelisk zijn.'
'79th Street Transverse Road dus, okido. Daar is niet veel te doen, dame, zeker niet op dit uur van de dag. Over een halfuur is het donker.'
Ze knikte, maar zei niets.
De chauffeur schudde zijn hoofd.
'Wat u wilt.'
Even later reden ze over Fifth Avenue langs het park. Dat contrast was altijd weer frappant. Het ene moment reed je in een van de chicste straten van New York, volgestouwd met luxe flatgebouwen en enorme musea, en een paar passen verder bevond je je opeens midden in een totaal andere,

groene wereld. De taxi sloeg even na het Metropolitan Museum of Art rechts af naar 79th Street, een weg die dwars door Central Park naar de overkant liep, naar Central Park West. Nadat ze een viaduct waren gepasseerd, stopte de taxi langs de kant van de weg. Het was inmiddels schemerig en door de vele bomen leek het hier donkerder dan het werkelijk was.

'U moet het zelf weten, dame, maar als u het mij vraagt, is dit geen goede halte. Als u hier rechts omhoog het pad volgt, komt u vanzelf bij de obelisk.'

Jenna betaalde en stapte uit.

De muffige herfstlucht van de bossen drong diep in haar neusgaten. Het deed haar denken aan vroeger, aan de geur van vochtig mos, waarmee ze op de lagere school herfststukjes maakte voor thuis. Een tijd waarin haar wereld nog veilig en ongecompliceerd was.

In de verte rezen de wolkenkrabbers van Manhattan op en ze tuurde naar de ontelbare lichtjes van de appartementen en de kantoren waar ontelbare mensen hun dagelijkse werk verrichtten of hun huishouden deden. Argeloze mensen, die hun leven leidden op de beste manier die ze konden. Die om de vier jaar een president mochten kiezen die de natie zou moeten leiden naar nog meer voorspoed. Ze moesten eens weten.

Onwillekeurig schoten de woorden uit de film *JFK* door haar hoofd. De woorden die de acteur Kevin Costner in zijn rol van officier van justitie Jim Garrison met overslaande stem in de rechtszaal uitsprak: *'Remember your dying king.'* Er ging een rilling over haar rug.

Ze controleerde nog eens of haar mobiel nog aanstond. Een overbodige handeling, ingegeven door bezorgdheid. Natuurlijk stond die nog aan, Thomas belde gewoon niet, punt uit. Nadat ze via het talud omhoog was gelopen, kwam ze uit op het voetpad, een deel van de vijfennegentig kilometer voetpad die Central Park rijk was. Er was niemand te bekennen. Maar wat wilde je? Het motregende en het was bijna donker, niet bepaald de ideale omstandigheden voor een wandeling in het park. Als je hier niets te zoeken had, dan zorgde je dat je nu ergens anders was. Aan de rechterkant van het pad rees het gigantische gebouw van het Metropolitan hoog boven de bomen uit. Nog niet zo lang geleden was ze daar nog geweest, onder betere omstandigheden dan nu. Vanaf het dak van de Sculpture Garden, het dak van de twintigste-eeuwse vleugel van het museum, hadden ze een prachtig uitzicht gehad op het park. Eerlijk gezegd was de obelisk haar toen niet opgevallen. Ze zette er stevig de pas in. Hij moest hier ergens in de buurt te vinden zijn. Het zicht aan de linkerkant van het pad werd echter belemmerd door struikgewas en bomen. Plotseling schoot er iets vanuit de struiken tevoorschijn. Jenna schrok en verzwikte haar voet. Struikelend trachtte ze haar evenwicht op het gladde pad te hervinden, maar tevergeefs.

De laptop!

Als een soort automatisme klemde ze de laptop, die in een tas over haar linkerschouder hing, met haar linkerarm vast. Terwijl ze hard op het asfalt neerviel, hoorde ze boven haar hoofd het gefladder van vleugels.

'Au, verdomme, rotvogels.'

Met een van pijn vertrokken gezicht greep ze naar haar rechterelleboog, die haar val had gebroken. Die bloedde. Haar jas was gescheurd en er zat een flinke schaafwond op de punt van haar elleboog, waar het bot slechts wordt afgeschermd door een dunne laag huid. Ze beet op haar lip van de pijn.

Ook dat nog.

Toen ze probeerde op te staan, schoot er een pijnscheut door haar rechterenkel, waardoor ze bijna weer vooroverviel.

'Shit.'

Ze zuchtte diep en bleef een paar seconden stilstaan terwijl ze haar gewicht op haar andere voet liet rusten.

Waar blijf je dan ook, Shepard, met je verdomde obelisk!

Zo goed en zo kwaad als het ging, hinkte ze verder in de richting van waar de obelisk ergens moest staan. Na zo'n honderd meter werd de begroeiing minder en kwam ze bij een groot, ovaalvormig grasveld. Een soort inham in het bos die voor de rest omgeven was door bomen. Een flink stuk van het voetpad verwijderd stond een gigantische, donkere zuil. Jenna zuchtte en blies haar adem door haar neus naar buiten. *Daar is hij dan.*

Ze liep voorzichtig verder en liet zich neerzakken op de stenen ombouw waarop de zuil was geplaatst. Met haar hoofd in de nek keek ze langs het gevaarte omhoog. Ze haalde de laptop uit de tas en legde hem op haar schoot. Toen ze hem aanzette, was het even spannend. Voor hetzelfde geld was de harde schijf door de schok van de val gecrasht. Onwillekeurig greep ze naar haar elleboog. Na een paar seconden verscheen de openingspagina van Windows op het scherm. Gelukkig. Allereerst controleerde ze of er e-mail was. Misschien dat Thomas...?

Maar nee, niks.

Via het overzicht van de opgeslagen internetpagina's ging ze naar de site over de obelisk. Ze zocht naar de maçonnieke symbolen die de bouwers hadden aangebracht. De ruwe steen en de gepolijste kubus, gesneden uit zuiver witte kalksteen, de winkelhaak in syeniet. De ijzeren troffel, het schietlood en de cirkelboog. De steen waarin het meesterteken was gegraveerd en de hiëroglyfen die het woord 'tempel' vormden. Symbolen die volgens de Grand Lodge van New York ergens op de obelisk moesten zijn aangebracht. Maar waar? Was het de bedoeling dat die een aanwijzing vormden? Werd van haar verwacht dat ze die hier en nu even zou ontcijferen? Ze sloot haar ogen en wreef met haar hand over haar voorhoofd. De pijnscheut die daarop volgde, deed haar ineenkrimpen. Voorzichtig legde ze haar arm weer langs haar lichaam. Ze stond op en liep langzaam om de obelisk heen. Er was nergens een spoor van de symbolen te bekennen. Wat werd er dan in hemelsnaam van haar verwacht? Er was hier niemand, dus wat moest ze nu?

Op hetzelfde moment hoorde ze wat. Het leek uit de richting van het voetpad te komen, maar door de bomen kon ze het niet helemaal bepalen. Ze sloot haar ogen en probeerde zich te concentreren. Het geluid kwam dichterbij. Inderdaad uit de richting van het voetpad. Jenna strompelde naar de achterkant van het monument en verschool zich achter de zuil. Trillend van de zenuwen tuurde ze naar het pad. Het waren voetstappen, iemand liep hard over het pad in haar richting. Toen de voetstappen ter hoogte van de obelisk waren, verstomde het geluid. Jenna verstijfde. Wat kon ze doen? Ze kon amper normaal lopen, laat staan wegvluchten. Wie het ook was, hij zou haar binnen een paar seconden hebben ingehaald. Ze probeerde haar gedachten, die als een razende door haar hoofd joegen, te ordenen. De e-mail, was het dan toch een valstrik geweest? Of hadden ze hem onderschept en wisten ze waar Deep Throat hen wilde ontmoeten? Voorzichtig gluurde ze om de pilaar heen naar het pad. Daar stond iemand, maar... Hè? Stond hij daar nu oefeningen te doen? Strekoefeningen? Maar dat betekende... Er verscheen een grijns om haar mond. Ze schudde haar hoofd.

Jenna, Jenna, de onversaagde reporter, belaagd door een jogger. En dat nog wel in een donker park. Leuk verhaal voor op de redactie.

Zuchtend steunde ze tegen de stenen pilaar. Na een halve minuut vervolgde de jogger zijn weg en hoorde ze het geluid van de voetstappen langzaam wegebben in de verte. Opnieuw probeerde ze de symbolen te lokaliseren. Er moest toch iets te vinden zijn. Ze keek op haar horloge. Als Deep Throat hen daadwerkelijk had willen ontmoeten, dan zou hij er nu toch geweest moeten zijn. Maar wat dan? Wat was hier de bedoeling van? Er was hier niets, helemaal niets!

Opnieuw een geluid. Achter haar, toch? Of had ze het zich ingebeeld? Ze moest toegeven, echt op haar gemak voelde ze zich hier niet. Ergens klonk de roep van een uil. Op het moment dat ze zich omdraaide, werd ze omvergetrokken. In een glimp zag ze het gelaat van haar belager. Hij had een breed, hoekig hoofd en een gebroken neus. Zijn haar was kort afgeschoren. Maar wat haar in die milliseconde vooral opviel, waren zijn ogen. Ze waren volstrekt emotieloos. Er bleek geen enkele vorm van agressie of van fanatisme uit. De blik in die ogen was volmaakt rustig, maar koud, ijskoud. Haar schreeuw echode door het donkere bos.
Vliegensvlug plakte de beul een stuk plakband over haar mond en drukte dat zo stevig aan dat ze dacht dat haar tanden zouden breken. Vertwijfeld schoten haar ogen in het rond. Ze voelde dat hij een soort zak over haar hoofd trok en raakte in paniek. Wilde hij haar laten stikken? Maar in de zak zat een opening waar haar hoofd doorheen gleed. Het leek wel een soort gewaad. Daaromheen snoerde hij een rode band, eerst om haar middel en onderarmen en daarna over haar schouders. Haar bewegingsvrijheid was bijna nihil. En toen, opeens, realiseerde ze het zich. Haar ogen sperden zich wijd open van ontzetting.
Het witte gewaad met de rode sjerp!
Op dat moment leken haar hersenen haar in de steek te laten. Het werd zwart voor haar ogen en ze voelde dat haar maaginhoud door haar slokdarm omhoogkwam. De stroom braaksel uit haar mond spoot over het hoofd van haar belager, die over haar heen gebogen zat om de laatste knoop aan te leggen. Het maakte hem razend. Zijn ogen spuugden vuur en zijn kaken spanden zich. Hij greep haar ruw vast en gooide haar hardhandig op haar buik. Haar hoofd werd hard in het natte gras gedrukt. Met één beweging trok hij het gewaad en haar rok omhoog. Hij was dit niet van plan geweest, maar als de bitch dat wilde, kon ze het krijgen. Hij wist dat dit niet was toegestaan en dat het hem duur zou komen te staan, maar op dit moment kon hem dat niets schelen. Ze had hem vernederd en dat kreeg ze nu terug. Hij trok haar bij haar lendenen omhoog en begon zijn broek los te maken. Toen Jenna zich realiseerde wat er ging gebeuren, begon haar lichaam van afschuw te schokken.
Juist op het moment dat de beul zijn walgelijke daad wilde gaan verrichten, raakte een kei met een enorme kracht de bovenkant van zijn schedel. En toen nog een keer en nog een keer. Shepard was volledig buiten zinnen en hij stond als een razende op het hoofd in te hakken. Pas toen zijn slachtoffer bewusteloos opzij viel, hield hij op. Transpirerend van de opwinding en met een wilde blik in zijn ogen stond hij daar, met de kei in

zijn opgeheven hand, klaar om opnieuw toe te slaan. Het duurde even voordat hij doorhad dat het gevaar geweken was. Hij knipperde een paar keer met zijn ogen en veegde met zijn mouw de bloedspatten van zijn gezicht. Toen liet hij zich naast Jenna op de knieën vallen. Voorzichtig legde hij zijn hand op haar achterhoofd. Ze verstijfde.
'Het is goed, Jenna, ik ben het, Thomas, het is afgelopen.'
Hij pakte haar bij haar schouders en wilde haar omdraaien, maar ze begon als een razende om zich heen te trappen. Haar lichaam schokte hevig. Uit pure vertwijfeling pakte hij haar bij haar schouders en schudde haar door elkaar.
'Jenna, ik ben het, Thomas. Jenna!'
Haar wijd opengesperde ogen keken hem met pure ontzetting aan. Langzaam scheen het tot haar door te dringen. Haar lichaam schokte nog een paar keer en toen hield het op. Voorzichtig verwijderde hij het stuk tape en hij maakte de rode band los. Hij trok het witte gewaad behoedzaam over haar hoofd en legde het over het lijk heen. Daarna drukte hij haar tegen zich aan. De tranen liepen over zijn wangen.

22

Secondelang staarde hij naar zijn spiegelbeeld. Door het felle licht van de halogeenspots, dat nog eens werd gereflecteerd in de witte tegels van de badkamer, tekenden de sporen die de tijd in zijn gelaat had achtergelaten zich scherp af. De donkere wallen onder zijn ogen waren de afgelopen dagen alleen maar dieper geworden.
Allerlei gedachten schoten door zijn hoofd en streden om voorrang.
Alles wat hij deed, deed hij toch ten dienste van het land, van het vaderland. Ze konden hem toch niet ontzeggen dat hij zijn stinkende best deed, toch? Oké, misschien had hij wel eens wat steken laten vallen, maar alles bij elkaar zou de geschiedenis uiteindelijk positief over hem oordelen.
Hij knipperde een paar maal met zijn ogen.
Toch?
Bijna als vanzelf hief hij zijn arm omhoog. De tatoeage stak scherp af tegen de bleke huid van zijn oksel.
Had hij er goed aan gedaan? Was het de juiste beslissing geweest om zich

met hen in te laten? Ze belichaamden de grondvesten van deze grote natie, ze stonden voor alles waar hij voor stond, of waar hij in elk geval geacht werd voor te staan. Dus had de keuze dan niet voor de hand gelegen? Desondanks had hij de laatste tijd steeds meer twijfels. Dit alles, zijn leven, was niet helemaal hoe hij het in gedachten had gehad. Hij was er tegen wil en dank in terechtgekomen en in de maalstroom meegegaan, gewend als hij was om nu eenmaal te doen wat er van hem verwacht werd. Ook al beantwoordde dat niet altijd aan datgene wat zijn hart hem ingaf. Maar macht corrumpeerde nu eenmaal, nietwaar? Wie kon zich daartegen verzetten? En zo had hij zich laten meeslepen. Voor wat, hoort wat, dat was het adagium waaraan hij zich had te houden. Net zoals dat veertig jaar geleden al gold. Dat had die idioot destijds toch ook moeten weten! Ook Kennedy was immers zo opgevoed, ook hij was immers in die traditie grootgebracht. Maar die dromer moest de wereld zo nodig laten weten dat hij zijn eigen weg moest gaan. Waarom in godsnaam? Als hij zich aan de code had gehouden, was alles uiteindelijk goed gekomen. Zonder bloedvergieten, zonder aanslag. Als hij gewoon was meegedeind op de golven van de geschiedenis, had alles gewoon zijn beloop gehad. En dan waren er geen doden gevallen, dan was er geen vliegveld naar hem vernoemd en dan was die hele rambam gewoon niet nodig geweest.
Als, als, als...
Opeens begon hij de tatoeage als een razende in te wrijven met zeep. Met een ruwe spons probeerde hij het teken er hardhandig af te schrobben. Hij plensde er water overheen en keek in de spiegel. Hij zat er nog steeds. Opnieuw zeep, opnieuw geschrob. Zonder resultaat. Opnieuw, maar nu nog harder...
Het mocht niet baten. Zijn huid was rood en opgezwollen, maar het teken kliefde er gewoon doorheen en staarde hem brutaal aan. Het zat er en het zou nooit meer weggaan. Zijn lot zou er voor altijd mee verbonden blijven. Eraan ontsnappen was geen optie.
Hij sloot zijn ogen en dacht aan de doden, aan de offers die waren gevallen. Zulke gedachten vielen hem de laatste tijd steeds zwaarder. Hij kon ze steeds moeilijker verdragen. Meer dan ooit realiseerde hij zich wat hij allemaal op zijn geweten had. Maar dit was anders. Het was altijd nog van een geheel andere orde om je te moeten verantwoorden voor de levens van honderden onbekenden in een ver land dan dat je het lot bepaalde van een of twee personen die je bij naam en toenaam kende, wier gezicht je je voor de geest kon halen, van wier levensloop je op de hoogte was. Voor dat soort gruweldaden was hij nu eenmaal niet toegerust.

Daarvoor had hij van Onze-Lieve-Heer onvoldoende pantser meegekregen. Wat dat betreft voelde hij diep vanbinnen zelfs een zekere sympathie voor zijn verre voorganger. Ook Kennedy had zich immers moeten onderwerpen aan de marsroute van zijn familie, aan de verwachtingen die reeds bij zijn geboorte aan hem waren opgelegd. Misschien had de man wel iets heel anders gewild met zijn leven. Misschien had hij wel les willen geven of een ranch willen runnen. Maar voor die keuze was geen plaats geweest. Net als daarvoor bij hem geen plaats was geweest.
Opnieuw keek hij naar het vervloekte kenteken onder zijn oksel. Toen wendde hij zijn blik af en boog het hoofd.
Op hetzelfde moment werd er op de deur van de badkamer geklopt.
'Meneer de president, er is een dringend bericht voor u.'

23

'Goedenavond, dames en heren. Dit is CNN *Breaking News*, mijn naam is Barbara Walker.
We hebben schokkend nieuws over de rituele moord bij het Lincoln Memorial. Volgens betrouwbare bronnen is het slachtoffer geïdentificeerd als Gerald Farraday, voormalig senator en kandidaat voor het vicepresidentschap. Farraday was in 1963 lid van de Warren-commissie, die de moord op president Kennedy onderzocht. Zoals bekend kwam de Warren-commissie tot het unanieme oordeel dat Lee Harvey Oswald de enige dader was van de aanslag. Deze zogenaamde eenzame-gektheorie is tot op de dag van vandaag bijzonder controversieel en nimmer geaccepteerd door het Amerikaanse volk.
Uit een vandaag gehouden enquête, uitgevoerd in opdracht van CNN, blijkt dat vandaag de dag nog steeds tachtig procent van het Amerikaanse volk gelooft dat president Kennedy is vermoord als gevolg van een samenzwering. De herkomst van de foto's op het internet die deze visie lijken te onderbouwen, wordt nog steeds onderzocht. Noch het Witte Huis noch de FBI wenst hierover enig commentaar te geven. De berichten dat een bepaalde beweging uit de kringen van de vrijmetselarij hiermee in verband kan worden gebracht, worden bevestigd noch ontkend. Inmiddels is op het lijk van Farraday autopsie verricht in het marineziekenhuis Bethesda.

Luguber als het mag zijn, is dat hetzelfde hospitaal als dat waarnaar het lichaam van president Kennedy in 1963 is overgebracht.
Wij schakelen nu over naar onze correspondent in Washington, Walter Lonsdale. Walter, ga je gang.'
'Dank je, Barbara. Inderdaad, de superlatieven in de berichten over de moord bij het Lincoln Memorial lijken over elkaar heen te buitelen. Sommigen zien hierin de uiteindelijke wraak van de Kennedy-dynastie, anderen het begin van de omverwerping van onze rechtsstaat. Hoe het ook zij, de moord heeft een gigantische impact op het hele land. De website JFKTruthOrDare.com, waarop de moord lijkt te zijn voorspeld, heeft sinds het tijdstip van de moord miljoenen hits te verwerken gekregen. Er was zelfs enige tijd sprake van dat de website plat zou gaan, maar er is met man en macht door de internetprovider gewerkt aan een grotere beschikbaarheid van de site. Boze tongen beweerden dat het Witte Huis achter de crash van de site zou zitten, maar het is overduidelijk geworden dat het uit de lucht halen van de site door het Amerikaanse volk zou worden beschouwd als een nieuwe poging om de zaak-JFK in de doofpot te stoppen. De regering heeft zich hier inmiddels ondubbelzinnig van gedistantieerd en heeft verklaard dat iedere Amerikaanse burger recht heeft op vrije nieuwsgaring.
Wat dat betreft is de site onder te verdelen in twee onderdelen. Enerzijds de feitelijke informatie over de aanslag op Kennedy. Op de site worden de achtergronden van de aanslag uitgebreid belicht, waarbij vooral de oliesector wordt genoemd als belangrijke instigator. Maar het meest in het oog springende gedeelte van de site wordt toch wel gevormd door de bijna rituele verwijzingen naar enkele semireligieuze bewegingen die eveneens betrokken zouden zijn geweest bij het complot om president Kennedy te vermoorden: de vrijmetselarij en een tweede beweging, de Rozenkruisers genaamd.
Inmiddels zijn er verschillende commentaren over deze materie verschenen. Zo blijkt dat er sinds jaar en dag connecties bestaan tussen deze twee groeperingen. Vooral de Rozenkruisersbeweging lijkt zich echter in mystieke nevelen te hullen. Er is moeilijk een vinger achter te krijgen. Hoe dan ook, de identificatie van Gerald Farraday zal het onderzoek zeker op een hoger plan tillen. Wat dat betreft overvalt veel mensen dezer dagen een soort van déjà-vugevoel. De gedachten gaan onvermijdelijk terug naar november 1963, naar die afschuwelijke dag in onze vaderlandse geschiedenis.
Tot zover de bijdrage uit Washington, Barbara. Zodra er nieuwe informatie beschikbaar komt, komen we direct bij je terug.'

24

Eindelijk was Jenna wat gekalmeerd. Ze inhaleerde diep en blies haar adem langzaam uit. Shepard hield haar nog steeds in zijn armen. Hij durfde niet naar het lichaam van de beul te kijken, dat slechts een paar meter van hen vandaan met opengereten schedel op de stenen lag. Hij sloot zijn ogen en probeerde de beelden uit zijn hoofd te krijgen. Maar steeds opnieuw zag hij de steen neerdalen, keer op keer zag hij hem op het uit elkaar spattende hoofd inbeuken. Opnieuw voelde hij een golf vanuit zijn maag omhoogkomen. Hij slikte een paar keer snel achter elkaar en deed zijn uiterste best om weer controle over zijn lichaam te krijgen.

Hij had zojuist iemand van het leven beroofd! Zonder nadenken, in een tijdsbestek van luttele seconden, had hij iemand om het leven gebracht. Hij knipperde met zijn ogen en probeerde die vreselijke gedachte uit zijn bewustzijn te verdrijven. Het moest, hij had geen andere keus! Maar wat hij ook probeerde, het hielp niet. Hij was een moordenaar, een koelbloedige moordenaar, geen haar beter dan zij.

Voorzichtig aaide hij Jenna's haar.

Ze kreunde.

'Denk je dat je kunt opstaan?'

Ze knikte bijna onmerkbaar. Shepard pakte haar voorzichtig onder haar oksels en probeerde haar omhoog te trekken. Op dat moment klonk er een geluid. Ze verkrampten van schrik. Shepard realiseerde zich als eerste dat het de laptop was, die nog aanstond en een eindje verder op de stenen rand lag. Hij liet Jenna op de grond glijden en liep ernaartoe. Toen hij hem had opengeklapt, probeerde hij met trillende vingers de opdrachten te geven die hij wilde, maar door de stress drukte hij veel te snel op de toetsen, waardoor het apparaat steeds opnieuw dezelfde opdracht wilde verwerken. In hoog tempo volgden de verschillende schermen elkaar op.

'Klereding!'

'Niet doen, Thomas, alsjeblieft.'

Hij keek haar aan.

Haar stem klonk zwak, bijna fluisterend.

Eigenlijk had ze gelijk. Opnieuw leken ze precies te weten wat er ging gebeuren, net als bij het Lincoln Memorial. De moord was gepleegd en de boodschapper diende zich aan. Tegelijkertijd realiseerde hij zich dat die volgorde deze keer niet opging. Ze waren er misschien van op de hoogte waar hij zich bevond, maar ze hadden nooit kunnen voorspellen dat hij de beul zou vermoorden. Hij keek een ogenblik naar Jenna en draaide zijn hoofd toen weer om naar het scherm. Even later verscheen de boodschap van Deep Throat op het scherm:

Rendez-vous bij het Rockefeller Center.
Wisdom and knowledge shall be the stability of thy times.

Thomas staarde er met een verbeten blik naar.
Opnieuw een verwijzing, opnieuw speelde hij een spelletje met hen.
'Wat staat erin?'
Jenna was naar hem toe gestrompeld. Hij keek haar met een verwilderde blik aan.
'Niets, onzin.'
'Wat staat er, Thomas?' vroeg ze op indringende toon.
'Hij wil ons ontmoeten, wie het ook is. Opnieuw zo'n vervloekte verwijzing.'
Hij stond op en pakte haar onder haar arm om haar te ondersteunen.
'Kom, we gaan.'
Zo goed en zo kwaad als het ging, bereikten ze tien minuten later de rand van Central Park. Op Fifth Avenue hield Shepard een taxi aan.
'Hoe ver is het naar het Rockefeller Center?'
De chauffeur fronste zijn wenkbrauwen. Hij leek geïrriteerd.
'Twee minuten als ik het op mijn gemak doe. Je kunt net zo goed lopen.'
Shepard keek Jenna aan.
'JFK, alstublieft.'
Het gezicht van de chauffeur klaarde op. Dat was tenminste een rit waar wat aan te verdienen viel.

Een uur later stapten ze uit bij de vertrekhal van het vliegveld. Shepard liep zwijgend naar een bankje, ging zitten en legde zijn laptop op zijn schoot. Hij haalde de laatste e-mail van Deep Throat op en klikte op 'beantwoorden'. Hij had het zich zojuist pas gerealiseerd. Als ze wisten van de afspraak in Central Park, dan zou Deep Throat ook gevaar lopen. Als ze hem inmiddels al niet te pakken hadden. Maar wie het bericht ook zou ontvangen, het kon nooit kwaad. Misschien kon hij hem nog op tijd waarschuwen. Dat was toch het minste wat hij kon doen.

Ze wisten van afspraak in park.
Doe wat je moet doen.
Doe het nu!!!

Het duurde enkele seconden voordat het bericht verzonden was.
Toen klapte hij zijn laptop dicht en stond op.
Jenna verlangde een uitleg. 'Wat...?'
Shepard weerde haar vraag met een handgebaar af. 'Ik heb onze vriend gewaarschuwd, dat is alles.'
Een klein halfuur later zaten ze in het vliegtuig. Jenna staarde wezenloos naar de contouren van de stad, die langzaam vervaagden in de verte. Van het ene op het andere moment begon Shepard te snikken. Zo zat hij daar, met zijn handen voor zijn ogen, terwijl de tranen over zijn wangen liepen. Jenna kreeg het eveneens te kwaad. Ze legde haar hand op zijn schouder. Zo bleven ze vrijwel de hele vlucht zitten. Steun zoekend bij elkaar, zich er meer dan ooit van bewust dat niemand hen nog zou kunnen helpen.

25

Op Rockefeller Plaza, zo'n kilometer verwijderd van Central Park, stond een man te wachten in de regen. Hij had positie genomen schuin tegenover het General Electric Building, dat deel uitmaakt van het Rockefeller Center, het gigantische complex van negentien gebouwen dat ligt ingesloten tussen Fifth Avenue en de Avenue of the Americas. In gedachten verzonken tuurde hij naar de ijsbaan op de Plaza, waar binnenkort de eerste verliefde stelletjes weer de schaatsen zouden onderbinden om elkaar in die kunstmatige, romantische sfeer het hof te maken.
Een eind verderop torende het art-decokunstwerk van Lee Lawrie, *Wisdom*, op de ingang van het GE-Building ver boven de voorbijgangers uit. Het was een enorm stenen reliëf van een man met een baard, die geknield zat en met zijn rechterarm naar beneden gestrekt een enorme passer uit-

spreidde. Eronder was met zwarte letters, onderbroken door sterren, een tekst aangebracht:

WISDOM AND * KNOWLEDGE
*** SHALL BE THE ***
STABILITY OF THY TIMES

Het had hem een toepasselijke ontmoetingsplaats geleken. Een soortgelijke afbeelding had zo lang hij zich kon herinneren op de werkkamer van zijn vader gehangen. Als kind al was hij gefascineerd geweest door de tekening van de oude man met de passer, die in werkelijkheid Newton moest voorstellen en was vervaardigd door de dichter William Blake. Na een partijtje schaatsen op Rockefeller Plaza had zijn vader hem de vergelijkbare beeltenis op het GE-gebouw ooit eens laten zien. En zo was hij na een bezoek aan het Metropolitan Museum, tijdens een wandeling door het park, ook achter het bestaan van de obelisk gekomen. Die combinatie had hem op het idee gebracht, het was in elk geval een plek die ver verwijderd was van Washington. Het bleef echter een risico, dat hadden de gebeurtenissen bij het Lincoln Memorial wel bewezen. Tot dan toe had hij de precieze bedoeling die zijn vader met de betreffende verwijzing had gehad, amper kunnen plaatsen. Voor hem vormden de spreuken op de site, net als voor de rest van de bevolking, immers voor het grootste deel abracadabra. Maar goed, het liep allemaal uit de hand, hij moest een ontmoeting zien te ensceneren. En toen Shepard de e-mail had teruggestuurd, had hij goede hoop gehad dat de boodschap was overgekomen. Hij kon alleen maar hopen dat dat niet gold voor de anderen. De tweede cryptische aanwijzing was dan ook bedoeld om dat risico te verkleinen. Dat hij zichzelf daarmee alleen maar meer in gevaar bracht, kon hij op dat moment nog niet bevroeden. Het was een denkfout, een amateuristische denkfout, goed bedoeld maar met verstrekkende gevolgen.
Na een halfuur op en neer te hebben gelopen, ging hij op een bank zitten en haalde zijn blackberry tevoorschijn. Hij toetste een paar commando's in en tuurde ingespannen naar het scherm: niets. Hij stond op en liep voor de zoveelste keer in de richting van de ijsbaan en weer terug. Gespannen hield hij constant de ingang van het GE-gebouw in de gaten. Even later speelde hetzelfde tafereel zich opnieuw af. Maar deze keer was er wel een e-mail. Toen hij het bericht had gelezen, aarzelde hij geen moment; hij beende met grote passen naar West 50th Street, hield een taxi aan en verdween in de nacht.

Meteen trok een van de op verschillende plaatsen gereedstaande volgauto's op en reed er op gepaste afstand achteraan. Ze waren al urenlang op de hoogte van de geplande ontmoeting in Central Park. De NSA had het bericht onderschept en alles en iedereen was ingezet om het te ontcijferen. Aanvankelijk was het zo klaar als een klontje geweest. De obelisk, dat kon er maar een zijn: het Washington Monument. Ogenblikkelijk was er een team naar de Mall gestuurd, ondanks dat dat misschien wel erg voor de hand had gelegen. Waarom zouden de daders immers teruggaan naar de plaats delict? Maar goed, voordat ze met een andere oplossing op de proppen hadden kunnen komen, waren de volgende berichten alweer binnengekomen. En daardoor waren ze alleen nog maar verder van huis geraakt:

Waarom zo ver van huis?
Ik ben al eens in Egypte geweest.

Je hoeft er niet heen, Egypte is immers naar je toe gekomen.

Onder hevige druk hadden ze alle registers opengetrokken om de aanwijzingen te ontrafelen, maar tevergeefs. Totdat uren later normale mensentaal op de schermen van de NSA was verschenen. Binnen enkele minuten waren de agenten van de FBI-vestiging in New York ter plekke. En hoewel het General Electric Building erg groot was, waren ze er via de manager van de gebouwendienst vrij snel achter waar de ontmoeting zou plaatsvinden. En zodoende konden ze dan eindelijk een succesje melden. Nu maar hopen dat degene die ze achtervolgden, geen toevallige liefhebber van art-decoarchitectuur was. En dat hij niet zomaar voor de lol in de regen had staan turen naar het GE-gebouw.

Even later ging er ergens in Washington DC een telefoon over.
'Ja.'
'De operatie is waarschijnlijk mislukt, we hebben nog steeds geen contact gehad met onze man. En ze hebben iemand in het vizier, in New York. Er was een tweede aanwijzing, deze keer heeft de FBI die wel begrepen.'
'Hoezo, wie dan?'
'Waarschijnlijk ons doelwit. Degene die zich voordoet als Deep Throat.'
'En Shepard?'
'Geen idee.'
'Verdomme. Hebben wij daar ook iemand?'
'Nee, we dachten dat het zou worden opgelost, nietwaar? De vorige keer

heeft hij zijn werk ook naar behoren gedaan. Er was geen back-up. Achteraf een fout.'
'Goed, niks aan te doen. Kunnen we de zaak nog redden?'
'Misschien, als ze Deep Throat hebben aangehouden. Misschien krijgen we een kans om hem onschadelijk te maken voordat... sorry, ik moet ophangen.'
'Oké, houd me op de hoogte.'
Meteen werd er een nieuw telefoongesprek doorverbonden.
'Chef-staf Drummond, meneer.'
'Geef maar.'
Hij duwde zijn kin naar voren en trok zijn stropdas wat losser. Het was nu zaak om de vermoorde onschuld te spelen.
'Leo?'
'Ze zijn iemand op het spoor, meneer, in New York. Misschien degene die zich voordoet als Deep Throat. Blijkbaar was er een afspraak geregeld, weer via e-mails.'
'Wie zijn "ze"?'
'De FBI.'
'Waarom hoor ik dat via jou?'
'De NSA en de FBI hebben de zaak zo lang mogelijk binnenshuis gehouden. Er speelt het een en ander. Door Farraday ligt alles gevoelig. Iedereen is bang buitenspel te worden gezet. Blijkbaar zijn de e-mails aanvankelijk enige tijd achtergehouden.'
'Laat dat "blijkbaar" er maar af. Laten we hopen dat New York uitkomst biedt. Zorg dat je erbovenop zit!'
'Geen probleem.'
Hij zuchtte diep en probeerde te slikken, maar zijn keel was kurkdroog.

26

De hond snuffelde wat aan het bebloede hoofd. Daarna likte hij met zijn tong zijn snuit af en trippelde om het lijk heen. Maar de meeste aandacht ging toch uit naar het hoofd. Na nog wat te hebben gesnuffeld aan het natte haar, begon hij opnieuw te likken.
'Scooter. Scooter!'

De jogger vloekte. Hij bleef op het pad op en neer huppen in een poging zijn spieren warm te houden. Waar bleef dat verdomde beest nou weer? Net nu hij lekker in zijn ritme zat, moest die hond het verpesten. Waarschijnlijk zat hij weer achter een eekhoorn aan of zo en had hij de achtervolging ingezet, in de ijdele hoop dat hij het diertje te pakken kon krijgen voordat het in een boom verdween.
'Scooter, hier! Hier komen!'
Maar helaas, geen hond.
Binnensmonds vloekend liep de man het natte grasveld op in de richting van de obelisk. Hij rilde. Nu hij zich niet meer inspande, kreeg de kou vat op hem. Verwoed sloeg hij met zijn armen om zich warm te houden.
'Scooter, waar ben je verdomme! Hier komen, zeg ik je.'
Opeens hoorde hij geblaf. Tweemaal, daarna was het weer stil. Hij moest eerlijk toegeven dat hij zich niet helemaal op zijn gemak voelde. Zolang je over de paden rende, viel het wel mee, maar als je zo in het donker in de richting van het bos liep, voelde het toch wel wat naargeestig. Onwillekeurig ging er een rilling over zijn rug. Zag hij daar wat? Hij probeerde zijn ogen erop scherp te stellen.
'Scooter?' Deze keer klonk zijn stem minder gebiedend.
Opnieuw keek hij met toegeknepen ogen naar de plek waar hij iets dacht te zien, zo'n vijftien, twintig meter verderop. Bij elke pas die hij dichterbij kwam, werd het hem duidelijker dat het geen eekhoorn was waar Scooter zich mee bezighield. Toen hij nog zo'n kleine tien meter van de hond verwijderd was, fronste hij zijn wenkbrauwen en begon hij een onheilspellend gevoel te krijgen.
Verdomd, wat was hij...? Lag daar nou wat...?
Toen hij nog maar een paar meter van het tafereel verwijderd was, verstarde zijn blik en deinsde hij terug. Hij zat ergens aan te likken, aan een dier, iets groots...
'Scooter, hier, kom hier,' siste hij.
De hond keek even op en richtte daarna zijn aandacht weer op dat waarmee hij bezig was. De man slikte en overwoog wat hij kon doen.
'Scooter, hier!'
Geen reactie. Met lood in de schoenen legde hij de laatste meters af. Toen begon hij te kokhalzen. Wat hij zag was onbeschrijflijk. Het hoofd, dat met het gezicht naar beneden in het gras lag, was bijna in tweeën gespleten. Tussen het haar, dat rood en kleverig was van het half geronnen bloed, zat een rozeachtige substantie. Dezelfde substantie als waaraan Scooter zich te goed deed. Toen het tot hem doordrong wat het was, voel-

de hij een golf maagzuur omhoogkomen. Jezus christus, het waren zijn hersenen, de hond deed zich te goed aan zijn hersenen!
De man wilde zich omdraaien en zo hard mogelijk weglopen, maar hij wankelde, zijn benen hielden hem niet meer. Hij struikelde en viel voorover op het gras. Naar adem happend lukte het hem om op te staan en half struikelend terug naar het pad te komen. Trillend zochten zijn handen naar zijn mobiele telefoon. Die droeg hij altijd bij zich als hij in het park ging lopen. Je wist immers nooit wat er zou kunnen gebeuren. Met zijn verkleumde handen probeerde hij het apparaatje open te klappen, maar het lukte niet. Opeens glipte het ding uit zijn vingers. Als een razende greep hij ernaar en hij griste het net op tijd uit de lucht. Hij deed een nieuwe poging. Ditmaal had hij meer succes. Met grote moeite lukte het hem om de drie minuscule toetsen in te drukken.
'911, waarmee kan ik u van dienst zijn?'

27

Een klein uur later ging de telefoon opnieuw.
Vermoeid pakte hij de hoorn van het toestel. Geslapen had hij nog niet, de gebeurtenissen maalden constant door zijn hoofd. Het liep allemaal uit de hand, verdomme. Sinds die vervloekte site was geopend, was alles als een lawine over hem heen gekomen. Het leek niet meer te stoppen. Wat hij ook deed om zijn gedachten te verzetten, hoe hij ook zijn best deed om zijn vertrouwen in een goede afloop te behouden, ergens diep vanbinnen wist hij dat het einde onafwendbaar naderbij kwam.
'Excuses, meneer, maar ik heb een zeer dringend telefoongesprek voor u.'
'Oké.'
'Ja?'
'Met mij.'
Ogenblikkelijk zat hij rechtop in zijn bed.
'Er is een lijk gevonden in Central Park, het is onze man.'
'Hoe is dat in godsnaam...?'
'Geen idee, blijkbaar hebben we het doelwit onderschat.'
Er klonk een diepe zucht.
'En nu?'

'Shepard was op de plaats delict, dat blijkt uit zijn e-mail. Hij is nu dus de hoofdverdachte. De jacht zal worden geopend, met alle toeters en bellen. We kunnen het niet meer binnenskamers houden. De tijd dringt.'
'En Deep Throat?'
'Nog geen nieuws, maar ik hou je op de hoogte.'

28

Het was bijna middernacht toen het vliegtuig landde op Reagan Airport in Washington.
Terwijl Jenna en Shepard de aankomsthal binnenliepen, klonk het bekende sein dat er een e-mail binnenkwam. Shepard klapte de laptop meteen open en maakte contact met internet. Zenuwachtig tikte hij op de rand van het apparaat.
'Verdomme, hij is bijna leeg. Kom op, niet nu! Kom op nou!'
Gespannen gaf hij er een harde tik tegen. Het controlelampje van de oplaadbare accu leek onverbiddelijk. Het e-mailprogramma verscheen maar niet op het scherm. Bij de derde poging lukte het. Toen Shepard de afzender van het bericht zag, kreeg hij het warm.
'Een bericht van Deep Throat!'
Hij dubbelklikte erop en wachtte. 'Kom op, kom op!'
Er gebeurde niets. Langzaam vervaagde het scherm, totdat er niets meer te zien was. Shepard kreunde. Verdomme, waarom had hij dat ding dan ook niet opgeladen! Hoe kon hij zo stom zijn geweest?
Op hetzelfde moment ging de ringtone van Jenna's mobiele telefoon.
'Ja?'
'Met Norman, waar ben je?'
'Reagan Airport.'
'Heb je CNN al gezien?'
'Wat? Nee, we zijn net aangekomen.'
'We?'
Geen reactie.
'Wie is er bij je, Jenna, Shepard?'
Haar hersenen werkten nu op volle toeren. Hoe kon hij dat weten?
'Hoezo?'

'Alsjeblieft, Jenna, ik sta achter je, begrijp je dat? Ik ben het, Norman! Als Shepard nu bij je is, zitten jullie diep in de problemen.'
Bates begreep dat hij haar toch niet kon overtuigen. 'Zoek een tv en kijk naar CNN. Bel me dan terug.'
In verwarring gebracht keek Jenna naar Shepard. 'Kom, we moeten een tv-scherm zien te vinden.'
Hij keek haar aan alsof ze gek was geworden. 'Wat?'
'Kom nou maar mee!'
Ze trok hem mee in de richting van een koffiecorner. Rechts boven de bar hing in de hoek een tv. Zoals te verwachten was op een vliegveld, stond CNN op. Jenna keek verbaasd naar het scherm. Een verslaggever van CNN vertelde over een of andere politieke top. Niets opzienbarends. Shepard keek haar geïrriteerd aan.
'Waar slaat dit op?'
Totdat ze de tekst op de doorlopende nieuwsbalk onder in beeld voorbij zagen komen.
'Doorbraak in onderzoek naar rituele moorden in Kennedy-zaak.'
Een paar seconden stond de wereld stil. Het geroezemoes van de mensen om hen heen leek van het ene op het andere moment niet meer tot hem door te dringen. Op het moment dat zijn beeltenis op het scherm verscheen, viel Shepards mond letterlijk open van verbazing. Hij merkte de verslaggeefster die ernaast zat eenvoudigweg niet op, laat staan dat hij haar commentaar kon verwerken.

'Er is een doorbraak gemeld in het onderzoek naar de moorden in wat in de volksmond nu de Lincoln-zaak wordt genoemd. De FBI heeft openbaar gemaakt dat er inmiddels een verdachte is. Het zou gaan om een vijfenveertigjarige professor aan de George Washington-universiteit. Enkele uren geleden is een tweede rituele moord gepleegd, ditmaal in Central Park, New York. Het lijk is onder dezelfde omstandigheden aangetroffen als bij het Lincoln Memorial. De FBI heeft aan de hand van e-mailverkeer van de verdachte kunnen aantonen dat hij op beide tijdstippen aanwezig zou zijn geweest op de plaats delict. De FBI doet een dringend beroep op het publiek om ingeval men de verdachte signaleert, dit onmiddellijk door te geven aan de autoriteiten. Rechts onder in beeld vindt u de telefoonnummers die u kunt bellen. De doorbraak in het onderzoek naar...'

Het werd zwart voor zijn ogen. Hij moest zich vastgrijpen aan de rand van de bar. Jenna sloot haar ogen in een poging om deze absurde verdachtmakingen buiten te sluiten. Toen ze ze weer opende, was er echter niets veranderd. In een instinctieve reactie trok ze Thomas mee in de richting van de uitgang van de aankomsthal. Ze hadden het gevoel dat ze door alles en iedereen werden aangestaard. Jenna's ogen schoten wild van de ene passant naar de andere. Waarom stond die vrouw stil? Waarom staarde ze in hun richting? Jezus, ze waren herkend, ze wist het zeker, ze zag het aan de manier waarop ze naar hen keek, ze waren herkend!

Nogal overstuur bereikten ze de uitgang. Eenmaal buiten, dwong Jenna zichzelf om diep adem te halen. Ze kon niet helder meer denken. Wat moesten ze nu? Shepard stond alleen maar half verdwaasd voor zich uit te staren.

'De e-mail,' stamelde hij. Op dat moment nam Jenna een besluit. Shepard was van de kaart. Ze wist niet wat ze met de situatie aan moest. Ze hadden een rustpunt nodig. En er was op dat moment maar één mogelijkheid die ze kon bedenken. Ze hield een taxi aan en duwde Shepard erin. De taxichauffeur keek vragend in zijn achteruitkijkspiegel.

'Kantoor van *The Washington Post*.'

29

De e-mail van Shepard had hem wakker geschud.

Doe wat je moet doen!
Doe het nu!!!

Blijkbaar zaten ze hem op de hielen. Misschien was hij te naïef geweest om af te willen spreken in het park. De hele machinerie van inlichtingen- en opsporingsdiensten draaide blijkbaar op volle toeren en ze hadden hem eerder ingehaald dan hij voor mogelijk had kunnen houden. Wat dat betreft had de enorme impact van de website hem volledig overvallen. Vanzelfsprekend had hij wel verwacht dat er enige ophef zou ontstaan, maar dit sloeg werkelijk alles! Van de FBI tot CNN, het hele land zat er zo'n beetje bovenop. Maar wat konden ze van hem verwachten? Hij was immers slechts de boodschapper van het verhaal, god was zijn getuige dat hij de consequenties nooit had kunnen inschatten. Na de moord bij het

Lincoln Memorial was hij volledig van de kaart geweest. Het liefst had hij zijn boeltje gepakt en was hij voorgoed vertrokken, maar zijn geweten had hem tegengehouden. Hij was het aan zijn vader verschuldigd om de opdracht die hij hem had toevertrouwd, te volbrengen. Het beeld van zijn vaders laatste uren stond in zijn geheugen gegrift. Van de eens zo krachtige persoonlijkheid was weinig meer over geweest dan een hoopje ellende. Meer dan veertig jaar had hij het verschrikkelijke geheim met zich meegedragen. Meer dan eens had hij op het punt gestaan om het stilzwijgen te doorbreken, maar steeds weer had de angst voor de krachten die hij zou ontketenen, het overwonnen. Hij was een lafaard gebleken, een krachteloze verrader. Maar nu het einde nabij was, wist hij dat het niet meer anders kon. Het tijdstip van de afrekening was aangebroken. Hoe hij zich er ook tegen had verzet, hij had het eenvoudigweg niet meer kunnen tegenhouden. Op het laatste moment had zijn zelfbeheersing het verloren van zijn geweten.

De hele natie had er recht op om het te weten, had de oude man hem op zijn sterfbed ingefluisterd. Met trillende handen had hij gewezen naar de sleutel die sinds jaar en dag aan een dunne ketting om zijn nek hing. Ontelbare keren hadden ze hem proberen te ontfutselen waar die van was, maar tevergeefs. Voorzichtig had hij de ketting over zijn vaders hoofd getrokken. Die had zijn hand dichtgedrukt en er zijn eigen hand omheen geklemd.

'Penn Station,' had hij gefluisterd.
'Penn Station, god sta je bij.'

Toen ze zijn appartement binnendrongen, draaide hij zich achter zijn bureau om en keek met een bedaarde blik in hun richting. Daarna keek hij weer naar het computerscherm en tuurde naar de balk die aangaf hoe ver de opdracht was gevorderd. Terwijl zijn belagers de kamer in stormden, verscheen er een tevreden glimlach op zijn gezicht. Zijn opdracht was volbracht.

'Trek de stekker eruit!'

Nog voordat twee paar handen hem bij zijn schouders vastgrepen en hem ruw naar achteren over zijn stoel heen trokken, rukte een van de anderen de stekker van de computer uit het stopcontact. Maar de oplaadbare laptop bleef gewoon aanstaan.

'De batterij, idioot, het ding is opgeladen!'

In een vlaag van paniek griste iemand het apparaat weg en smeet het met een enorme zwaai tegen de muur. De laptop brak in stukken en het toet-

senbord, het scherm en de batterij vlogen afzonderlijk van elkaar door de lucht en vielen her en der verspreid op de grond.
Hij keek ernaar, de glimlach nog steeds om zijn mond.
Het kon hem niet meer deren.

30

Een klein halfuur later stapten ze binnen bij de hoofdredacteur van *The Washington Post*. Norman Bates sprong op vanachter zijn bureau.
'Jenna!'
Ze liep naar hem toe en kuste hem op de wangen.
'Jezus, ik ben blij dat je er bent. We begonnen ons serieus zorgen te maken.'
Ze gaf een kort knikje en draaide zich om. 'Dit is Thomas Shepard. Thomas, dit is mijn baas, Norman Bates.'
Bates stapte op Shepard af en gaf hem een hand. 'Aangenaam kennis te maken.'
'Insgelijks,' antwoordde Shepard vlak.
Bates keek Shepard indringend aan.
'Thomas is onschuldig, Norman.'
Shepard verstijfde.
'Het was een daad van zelfverdediging, ik werd aangevallen, in Central Park, hij wilde me...' Haar stem stokte in haar keel.
'Hij wilde haar vermoorden. Ik heb hem uitgeschakeld, anders had ze hier niet gestaan. Er was geen andere optie. Het was hij of zij.' Shepards stem klonk verbazingwekkend kalm.
Jenna schudde heftig met haar hoofd. 'Je moet ons geloven, Norman, we hadden een afspraak met de maker van de site, met Deep Throat. We zouden hem ontmoeten in Central Park. Juist voordat...'
Bates onderbrak haar.
'Met wíé?'
Hij keek haar aan met een mengeling van ongeloof en verbazing.
'Wat ze zegt is waar. De maker van de site noemt zich Deep Throat. We hebben via e-mail contact met hem. Ik weet dat het vreemd overkomt, maar de man noemt zich nu eenmaal zo, het is niet anders.'
Bates ging zitten en draaide een paar maal heen en weer in zijn bureau-

stoel. In een paar minuten bracht Jenna hem op de hoogte van wat er tot nu toe was gebeurd. Toen ze was uitgesproken, blies Bates een stoot lucht uit zijn longen. Hij wreef met zijn duim en wijsvinger over zijn voorhoofd.
'Maar waarom hebben jullie mij niet eerder in vertrouwen genomen?'
Ze zwegen. Bates liet het daarbij.
Jenna zette de laptop op het bureau en sloot de oplader aan. Vragend hield ze de stekker in de lucht.
'Daar.' Bates wees naar een stopcontact.
Shepard klikte een paar maal op het toetsenbord en binnen een paar seconden verscheen de e-mail van Deep Throat op het scherm. Jenna en Bates keken over zijn schouders mee.

Van: Deep Throat
Aan: Thomas Shepard
CC:
Onderwerp: inaugurele rede Kennedy

Even waren ze van hun stuk gebracht. Shepard fronste zijn wenkbrauwen en keek Jenna over zijn schouder aan.
De inaugurele rede was de toespraak waarmee Kennedy zijn ambt als president had aanvaard. Zoals altijd was die onder het toeziend oog van honderden genodigden uitgesproken op het bordes van het Capitool. Wat kon dat in vredesnaam met de aanslag te maken hebben?

Hieronder volgt een transcriptie van de bandopname die is gemaakt van een bijeenkomst op 21 januari 1961, de dag nádat John. F. Kennedy zijn ambt als vijfendertigste president van de Verenigde Staten van Amerika aanvaardde door de woorden van de ambtseed, die opperrechter Earl Warren hem voorzei, te herhalen.
De reden dat deze bijeenkomst op deze dag werd gehouden, was symbolisch. Er was een ander tijdvak aangebroken. De overtuiging dat president Kennedy ergens in de toekomst een probleem zou gaan vormen, vatte op deze 21e januari voorgoed post bij de aanwezigen. De bandopname werd in het geheim gemaakt om ervoor te zorgen dat niemand van de aanwezigen elkaar later zou kunnen belasteren.
De stemmen zijn duidelijk herkenbaar. Stemanalyse zou de identiteit van een aantal sprekers zonder problemen kunnen aanwijzen.
Deze bandopname is nimmer openbaar gemaakt.

Hun verbazing werd alleen nog maar groter. Waar ging dit in godsnaam over?
Shepard dubbelklikte op het bijgevoegde bestand. Na enkele seconden werd de audiofile geopend. Het was muisstil. Alle drie keken ze gebiologeerd naar het scherm. Jenna klikte op het platte driehoekje onder de afspeelbalk, waardoor de opname werd gestart. Aanvankelijk hoorden ze slechts wat geruis. Een paar seconden later gevolgd door het uitspreken van de openingswoorden, in koor:

'*Ave Frateres.*
Rosae et Aureae.
Crucis.
Benedictus Dominus Deus noster, qui dedit nobis signum.'

Thomas en Jenna keken elkaar veelbetekenend aan. Bates merkte het meteen op.
'Kunnen jullie daar iets mee?'
'Ssst,' siste Shepard.
Bates maakte een verontschuldigend gebaar en deed er het zwijgen toe.

'Het woord is aan Nephthys, onze achtenswaardige Imperator.'
'Dank u, Praemonstrator.'
'Ik open deze arbeidstafel op den eenentwintigste dag van de elfde maand van het Jaar van het Ware Licht 5963. Broeders van deze achtbare loge in uw graden en hoedanigheden: heil, zegen en voorspoed.
Wij zijn hier tezamen onder de hoede van de grote Lichten, het Boek van de Heilige Wet, de passer en de winkelhaak, teneinde onder het Alziend Oog van de Opperste Bouwmeester des Heelals het bouwstuk van de betrokken profaan, afgeleverd op den twintigste dag van de elfde maand van het Jaar van het Ware Licht, te beoordelen.
De proeve van de profaan behelst de aflevering van een bouwstuk waarin hij volgens de idealen van Wijsheid, Kracht en Schoonheid de weg zou dienen aan te tonen die wordt verlicht door de Vlammende Ster en die ons moet leiden in onze opdracht om van de ruwe steen een volmaakt kubieke steen te maken.
Het woord is aan de Cancellarius, de achtbare Thot.'
(...)
'Dank u, achtbare meester. Ik stel voor dat we nu gezamenlijk naar het bouwstuk zullen luisteren. Daarbij zij gezegd dat de profaan er vooraf van

in kennis is gesteld aan welke voorwaarden de proeve zou dienen te beantwoorden, teneinde de genoemde toetsing te kunnen doorstaan. Ik vraag nu uw aandacht voor het bouwstuk.'

Er volgde een soort klik.
Op de achtergrond hoorden ze het stemgeluid van opperrechter Earl Warren, die president Kennedy de eed afnam. Het karakteristieke stemgeluid van Kennedy bezorgde Shepard kippenvel. Na de eed volgde de overbekende inaugurele rede:

'Wij vieren vandaag geen partijzege maar een ceremonie van de vrijheid, het symbool van een eind en een begin, een teken van voortgang, en van verandering.
Want ten overstaan van u en de Almachtige God heb ik dezelfde plechtige eed gezworen welke onze voorvaderen bijna een driekwart eeuw geleden hebben ingesteld.
(...)
Wij mogen vandaag niet vergeten dat wij de erfgenamen zijn van die eerste revolutie. Laat de boodschap uitgaan van dit uur en van deze plaats, naar vriend en vijand beiden, dat de fakkel is overgedragen aan een nieuwe generatie van Amerikanen. (...)'

Shepard klikte op het blokje op de afspeelbalk en schoof dat een stukje naar rechts, waardoor een gedeelte van de opname werd doorgespoeld. Het leek toch weinig zin te hebben om de gehele rede te beluisteren.

'Dit alles zal ons niet gelukken in de eerste honderd dagen. Het zal ons niet gelukken in de eerste duizend dagen, zelfs niet in deze regeringstermijn en misschien niet eens gedurende ons leven op aarde. Maar laten we een begin maken. (...)'

Hij herhaalde dezelfde handeling nog eens.
Even later eindigde de rede met de overbekende woorden.

'Daarom, medeburgers van Amerika, vraag niet wat uw land voor u kan doen; vraag wat u kunt doen voor uw land.
Medeburgers van de wereld, vraag niet wat Amerika voor u zal doen, maar wat wij samen kunnen doen voor de vrijheid van de mens.
En tenslotte, of u burgers bent van Amerika of van de wereld, vraag van

ons op deze plaats dezelfde hoge normen van kracht en opoffering die wij vragen van u. Een goed geweten zal onze enige zekere beloning zijn, de geschiedenis zal uiteindelijk oordelen over onze daden. Laat ons dan nu de leiding op ons nemen van ons beminde land, vragend om Zijn zegen en Zijn hulp, maar wetend dat Gods werk hier op aarde in waarheid ons eigen werk moet zijn.'

Bates spreidde zijn handen ten teken dat hij het niet meer begreep.
'Wat moeten we hiermee?'
Shepard maande hem opnieuw tot stilte.
Opnieuw een klik, waarschijnlijk de bandrecorder die werd uitgezet.

'Het woord is aan de Hiereus, de achtbare Horus.'
'Dank u, achtbare Nephthys.
Na het aanhoren van het bouwstuk van de profaan kan niet anders dan worden geoordeeld dat de profaan heeft gefaald in zijn poging een bouwstuk af te leveren waarin volgens de idealen van Wijsheid, Kracht en Schoonheid de weg wordt aangetoond, verlicht door de Vlammende Ster en die ons moet leiden in onze opdracht om van de ruwe steen een volmaakt kubieke steen te maken. De kentekenen van zulk een bouwstuk zijn ten enenmale afwezig. In geen der alinea's worden de vereiste en vooraf kenbaar gemaakte verwijzingen naar de grote Lichten aangetroffen. Geconcludeerd kan dan ook worden dat de profaan niet heeft voldaan aan de vereisten. Daarmede is de excommunicatie van de profaan een voldongen feit.
Dit is het finale oordeel. Degene die hieraan twijfelt, laat hem op dit tijdstip, op deze plaats van zich horen.'

Er klonk gerommel op de band.

'Dank u, achtbare Horus. Wij hebben van uw oordeel kennis genomen. Wij scharen ons achter uw conclusie en sluiten de profaan vanaf heden en voor eeuwig uit van onze achtbare loge, in welke graad of hoedanigheid dan ook, zoals besloten onder het Alziend Oog van de Opperste Bouwmeester des Heelals.
Ik sluit deze arbeidstafel.
Frater Aureae vel Rosae Crucis, Deus sit tecum cum perpetuo silentio, Deo promisso et nostrae Sanctae congregationis.'

Daarna restte niets anders dan ruis.
Het was stil. Ze staarden alle drie voor zich uit, in gedachten verzonken. Pas na enkele seconden verbrak Bates het stilzwijgen.
'En, kunnen jullie hier iets mee?'
Shepard reageerde niet en bleef voor zich uit staren.
Jenna fronste haar wenkbrauwen. 'Kun je de opname terugzetten tot aan het begin van het commentaar van, eh, Horus.'
'Natuurlijk.'
Shepard klikte op 'play' en schoof het blokje bijna naar het einde van de afspeelbalk.
Opnieuw klonk het stemgeluid van Kennedy door het kantoor. Daarna kwam het gedeelte waar Jenna op doelde. Ze luisterde er gespannen naar.
'Die stem, die ken ik, ik weet zeker dat ik die ken.'
'Texaans, dat is ontegenzeggelijk een Texaans accent.'
Jenna schrok op en staarde hem veelbetekenend aan.
'Het is Johnson!'
Shepard draaide zijn hoofd in haar richting en frunnikte wat aan zijn oor.
'Pardon?'
'Dat is Johnson, dat is de stem van vicepresident Johnson!'
Bates kwam tussenbeide. 'Kom nou, Jenna. Wil je me vertellen dat je op die krakende bandopname het stemgeluid van Lyndon Johnson kunt herkennen?'
Ze knikte heftig. 'Inderdaad. Ik heb zijn stem vaker gehoord dan me lief is. Je weet toch dat ik een paar jaar geleden een aantal artikelen over hem heb geschreven?'
'Hmmm.'
'Toen heb ik urenlang bandopnamen van hem beluisterd, van redevoeringen, vergaderingen, van god weet wat. En ik zeg je, ik herken die stem uit duizenden. Dat is Johnson, ik zweer het je.'
Bates bleef haar ongelovig aankijken.
'Ik zweer het je, denk je dat ik je voor de gek hou? Geloof je nou echt dat ik jullie onder deze omstandigheden voor de gek zou houden?'
Shepard schudde zijn hoofd.
'Hoor eens, als je me niet gelooft, dit moet gemakkelijk te checken zijn. Er bestaan ontelbare opnamen van Johnson, voor een geluidstechnicus moet het een peulenschil zijn om deze opname te vergelijken met een andere.'
Bates keek haar nog steeds ongelovig aan.
'Je meent het echt, hè?'
'Ik vrees van wel.'

'Oké, dat kan worden geregeld.'
Op dat moment mengde Shepard zich in het gesprek.
'Ze hebben hem willen testen. Het bouwstuk verwijst naar de inaugurele rede van Kennedy. Blijkbaar verlangden ze van hem dat hij ergens een toespeling zou maken dat hij hun tegemoet zou komen.'
'Hoezo, wie dan?' reageerde Bates.
'De orde verlangde dat Kennedy ergens in zijn rede zou aangeven dat hij zich aan hen zou confirmeren, dat hij de orde niet zou dwarsbomen. Kennedy was immers rooms-katholiek en financieel onafhankelijk, ze wisten dat hij de vrijmetselarij nooit uit zichzelf zou steunen.'
Bates keek hem verbouwereerd aan.
'Kennedy was de eerste rooms-katholieke president, de rooms-katholieke Kerk zag het lidmaatschap van de vrijmetselarij als grond voor excommunicatie. Welke orde het ook is waarover we het hier hebben, ze eisten dat Kennedy op de een of andere manier symbolisch zou overbrengen dat hij bepaalde grenzen zou respecteren.'
'Je weet wie Ratzinger is?' vulde Jenna Shepard op triomfantelijke toon aan.
'Ratzinger. De nieuwe paus, bedoel je?'
'Ratzinger was als kardinaal al tegen de vrijmetselarij. Hij heeft voordat hij paus werd al een aanklacht tegen de vrijmetselarij ingediend.'
Shepard keek Jenna geamuseerd aan.
'Inderdaad. De Duitse kardinaal Ratzinger, de huidige paus Benedictus XVI, heeft in zijn functie als prefect van de Vaticaanse Congregatie voor de geloofsleer, eind 1983 in naam van de paus meegedeeld dat de vrijmetselarij onverenigbaar bleef met de leer van de Kerk. Het lidmaatschap van de vrijmetselarij bleef voor katholieken, ook na de inwerkingtreding van het nieuwe kerkelijk wetboek, verboden. Katholieken die vrijmetselaar waren, maakten en maken zich schuldig aan een zware zonde. De Kennedy's hebben zich dan ook altijd verre van de vrijmetselarij gehouden.'
Bates liet zich achterovervallen in zijn stoel.
'Zo gek is dat trouwens niet,' vervolgde Shepard, 'dat ze zijn inaugurele rede hebben aangegrepen om een soort van zoenoffer te eisen. Voor de gemiddelde leek lijkt dit misschien een hoop poppenkast, maar voor dit soort bewegingen spelen riten en symboliek een allesoverheersende en historisch bepaalde rol. Zo heeft de oude Bush in zijn inaugurele rede volgens sommigen duidelijk zijn affiniteit met de vrijmetselarij, of de Rozenkruisers zo je wilt, voor het voetlicht gebracht. Hij sprak bijvoorbeeld in een bepaalde passage over de "duizend sterren aan het firmament", een

typische vrijmetselarijzinspeling. En zo waren er nog wel meer verwijzingen te vinden.
Heb je wel eens gehoord van Rosslyn Chapel, in Schotland?'
Bates kwam weer naar voren in zijn stoel.
'Eh, ja, die uit het boek van Dan Brown?'
Shepard glimlachte. De opzet om zijn bedoeling aanschouwelijk te maken lukte, zoals gewoonlijk.
'Precies. Op de gewelven van die eeuwenoude kapel is een groot aantal sterren gebeeldhouwd, een duidelijke verwijzing naar een eeuwenoude overlevering uit de vrijmetselarijcultuur. Ook de pilaar van de leerling, de prachtig gebeeldhouwde, gedraaide pilaar, is daaruit afkomstig. En dat is nu precies waar Bush senior volgens velen op doelde met zijn "duizend sterren aan de hemel", hij conformeerde zich daarmee symbolisch aan de ritus van de vrijmetselarij.'
'Als jij het zegt.'
'Inderdaad.'
'Goed, ik moet je op je woord geloven. Ik bedoel, jezus, ik ben geen godsdienstexpert of godsdiensthistoricus of hoe ze je ook noemden op CNN.'
'Hoogleraar politicologie in historisch perspectief.'
Bates spreidde zijn beide handen met een verontschuldigend gebaar in de lucht.
'Stel dat je gelijk hebt. Maar waar slaan in godsnaam die archaïsche volzinnen op? Ik bedoel, *"praemonstrator, frater Rosae Crucis, Horus"*, die hele Latijnse business. Waar hébben we het hier over? Past dat werkelijk bij die hele rimram op de site?'
'Ik vrees van wel.'
Shepard wreef in zijn handen.
'Het zijn benamingen uit de vrijmetselarijcultuur, of van de Rozenkruisers, daar ben ik niet helemaal zeker van. Het klinkt allemaal banaal, maar het is gewoon een soort rituele tekst. Vergelijk het maar met een kerkdienst, met het breken van het brood en met de gebeden die hardop worden uitgesproken. Als je dat aan een niet-ingewijde laat horen, weet hij ook niet wat hij ermee aan moet. Heb je er wel eens bij stilgestaan hoe het overkomt als iemand een witte, ronde plak karton breekt en die vervolgens aanprijst met de woorden "Eet hiervan, want dit is mijn lichaam"? En vervolgens rode wijn inschenkt, gevolgd door de opdracht "Drinkt hiervan, want dit is mijn bloed"?'
Er kwam geen reactie.
'Dat bedoel ik dus. Maar er staat nog iets anders van belang op deze band.'

Hij wendde zich nu tot Jenna. 'Herinner je je nog dat ik het had over Thot, ook bekend onder de welluidende naam Hermes Trismegistus?'
Ze fronste haar wenkbrauwen. 'Zo ongeveer.'
'Thot wordt genoemd als de Cancellarius, dat is een belangrijk aanknopingspunt. Daarmee kunnen we een heel eind komen. Althans...'
Plotseling stond Shepard op.
Bates deed hetzelfde.
'Ho, ho even, kunnen jullie me misschien duidelijk maken waar dít nu weer over gaat? Ik heb een krant te runnen, begrijp je? Wordt dit nog ergens omgezet in gewone mensentaal, in gedrukte mensentaal, welteverstaan?'
Shepard liep naar Jenna toe en fluisterde haar iets in het oor. Ze stond op en griste de laptop van het bureau.
'Hoor eens, Norman, gun ons nog wat tijd. Je moet me vertrouwen.'
Bates knikte slechts een paar keer bevestigend met zijn hoofd.
Wat kon hij anders?

31

'Idioot!' De schrille stem schalde door het appartement. 'Wat doe je nou, man!'
'Ik moest hem toch onschadelijk maken!'
'De stroom, de stroom moest eraf. De batterij, die had je er verdomme uit moeten trekken! Nu is dat hele ding waardeloos, de harde schijf is volledig naar de knoppen!'
De man die stond te schelden had de helft van wat er over was van de laptop in zijn handen en schudde zijn hoofd.
'Wat heb je gedaan? Jezus christus, we moesten de informatie veiligstellen. Is dit jouw idee daarvan?'
De man greep met zijn hand naar zijn voorhoofd.
'Ongelooflijk, werkelijk ongelooflijk.'
Hij liet de ene helft van de laptop, het gedeelte met de harde schijf, voorzichtig in een plastic zak glijden.
'Het is te hopen dat er nog iets van over is, anders kun je alvast wel gaan solliciteren.'

In de daaropvolgende uren werd het appartement binnenstebuiten gekeerd. Werkelijk alles werd tot in de kleinste details onderzocht. Laden werden uitgeplozen, matrassen opengesneden en zelfs de schilderijen werden van hun lijst ontdaan. Toen dat alles niets opleverde, begon het team aan het zwaardere werk. De laminaatdelen van de houten vloer werden een voor een verwijderd, totdat niets anders resteerde dan de kale, grijze betonvloer. De airconditioning werd in zijn geheel ontmanteld en zelfs de afzuigkap boven het gasfornuis ontkwam niet aan diezelfde behandeling.
Maar nog steeds vonden ze niet wat ze zochten.
Het team deed zwijgend zijn werk. Alleen de leider gaf af en toe een aanwijzing of stelde een vraag.
'Zit er een losse spoelbak in het toilet? Heb je die bekeken? Het ontluchtingsrooster in de badkamer? Is die wandlamp al aan de beurt geweest? Is er een vaatwasser? Check het afvoerrooster!'
Toen de klus was geklaard, was het appartement totaal gestript. Buiten het behang en de deuren zat er werkelijk niets meer op zijn plaats. Het leek wel of er een plaatselijke tornado door de kamers was geraasd. Maar ondanks al het machtsvertoon was de opbrengst nihil. Het enige wat ze hadden kunnen vinden wat misschien van belang zou kunnen zijn, waren een stuk of wat boeken over esoterische onderwerpen met daarin een paar foto's waarop de verdachte was afgebeeld met een aantal andere personen, onder wie een oude, grijze man en een jongere vrouw. In feite was er vrijwel niets in het hele appartement te vinden wat enig licht had kunnen werpen op het leven van de bewoner of zijn levensgeschiedenis. Er stonden geen jaarboeken van scholen, er lagen geen agenda's of aantekeningen van wat dan ook, helemaal niets. Bijna alsof de bewoner het appartement volledig gemeubileerd had gehuurd en al zijn persoonlijke bezittingen op een andere plaats had opgeslagen. Geen paspoort, geen huurovereenkomst, geen bankafschriften, geen creditcard, helemaal niets. Degene die de leiding van de operatie leek te hebben, stond in de deuropening en krabde zich achter de oren.
'Dit heb ik nog maar zelden meegemaakt, jongens. Je zou bijna denken dat iemand ons voor is geweest.'
'Dan zijn ze wel erg voorzichtig te werk gegaan, chef.'
Inderdaad, daar had hij gelijk in. Het was onmogelijk om een appartement als dit van alle belangwekkende informatie te ontdoen zonder ook maar een schroefje los te draaien. Of het moest door de bewoner zelf zijn gebeurd. Wie het ook was die hier had gezeten, hij had zijn uiterste best

gedaan om geen enkel spoor achter te laten. En het moest gezegd worden, dat was hem bijna nog gelukt ook.
'Misschien dat de vingerafdrukken nog iets bruikbaars opleveren. Laten we dat hopen.'

32

Shepard tuurde geconcentreerd naar het computerscherm. Vanaf het moment dat ze zich hadden teruggetrokken op Jenna's kamer op de redactie, was hij als een bezetene bezig geweest om de informatie bij elkaar te sprokkelen die hij nodig had. Vanzelfsprekend had hij liever de beschikking gehad over zijn eigen, gespecialiseerde verzameling literatuur, maar het was nu eenmaal uitgesloten dat hij terug kon naar de universiteit. Niet nu hij met naam en toenaam op de landelijke televisie was beland. Hij zou het moeten doen met de middelen die hij had. Internet dus, en zijn oude, vertrouwde vriend Google.
'Je weet dat Thot een belangrijke figuur was in de Egyptische mythologie?'
Jenna knikte, maar ze wist niet meer helemaal precies waarom.
'De band die Deep Throat ons heeft gemaild, is een opname van een zogenaamde arbeidstafel. Eigenlijk gewoon een vergadering van een bepaalde loge. Er werd gesproken over de Cancellarius, dat is zeg maar de secretaris van het betreffende genootschap. De Cancellarius werd op de band ook aangeduid met de naam Thot.'
Shepard keek Jenna aan alsof hij een bevestiging verwachtte.
'Eh, ja.'
'Dan zijn we het daarover eens.'
Ze keek hem verbaasd aan. Had hij nu werkelijk haar goedkeuring nodig? Ze wist hier net zoveel van als van de motor in haar auto. Maar goed, blijkbaar had hij hier behoefte aan.
'Goed, dan ben ik er vrij zeker van dat we hier te maken hebben met een afsplitsing van de Golden Dawn.'
Jenna wachtte af. *Moet ik nu weer iets zeggen?*
Maar dat bleek niet nodig.
'De Golden Dawn komt voort uit de S.R.I.A., de Societas Rosicruciana

in Anglia, in 1865 opgericht in Engeland. Deze groepering, die de beginselen van het Gouden Rozenkruis aanhing, was uitsluitend bedoeld voor vrijmetselaars met een meestergraad. Er ontstond een tak van de vereniging in Canada en een in de Verenigde Staten, de zogenaamde Societas Rosicruciana in United States, de S.R.I.U.S. Later kwam binnen de S.R.I.U.S. de hermetische orde van de Golden Dawn in the Outer tot stand.'

Toen was het stil.

'En, is het de bedoeling dat ik hier iets uit moet afleiden?'

Shepard was in gedachten verzonken en hoorde haar amper.

'Sorry, wat zei je?'

'Doet er niet toe.'

'Waar het om gaat is dat ik er vrijwel zeker van ben dat het verslag op de band een weergave is van een arbeidstafel van een hermetische orde die is afgeleid van de Golden Dawn. Zij zijn uniek in hun gebruik om de verschillende functies aan te duiden met namen uit de Egyptische mythologie. De Cancellarius wordt bijvoorbeeld aangeduid als Thot en de Imperator als Nephthys. Kijk maar.'

Shepard wees op het scherm.

Jenna las het lijstje snel door.

Imperator (achtbare meester): Nephthys
Cancellarius (secretaris): Thot
Hiërofant (ceremoniemeester): Osiris
Hiereus (redenaar): Horus
Stolistes (diaken): Auramooth
Schildwacht (bewaker): Anubis
Praemonstrator (inleider): Isis.

Daarna las Shepard hardop verder.

In de loop van de tijd zijn er uit de S.R.I.A. weer verschillende andere groeperingen voortgekomen, zoals bijvoorbeeld de Ordo Templis Orientis, de Hermetic Brotherhood of Luxor en de Builders of the Adytum, afgekort B.O.T.A.

'Passen de CRAFTsmen misschien ook in dat rijtje?'

Shepard keek haar even aan en richtte zijn aandacht toen weer op het scherm. Hij ging met zijn wijsvinger langs de regels.

De structuur van de B.O.T.A. is dezelfde als die van de Golden Dawn wat het esoterische aspect betreft. Ze kent inderdaad ook de rituele groepsarbeid in een tempel volgens hetzelfde bekende model van opstijgen in de boom des levens langs de tweeëntwintig paden en de Sefiroth, en de hiërarchie van de drie orden.

Toen hij de laatste regel oplas, kreeg hij een wee gevoel in zijn maagstreek. Tweeëntwintig. 22 november 1963. Opnieuw dat getal! Onwillekeurig kwam alles weer boven. Nog niet zo lang geleden had hij in een college nog gewezen op de betekenis die de datum van de moord kon hebben gehad. Het was immers op 22 november 1307 dat de toenmalige paus met de bul 'Pastoralis Praeeminentiae' de arrestatie van alle tempeliers en de overdracht van al hun bezittingen aan de kerk had verordend. En daarmee het begin van de ondergang van de tempeliers, die als voorlopers werden beschouwd van de vrijmetselaars en de Rozenkruisers, had veroorzaakt.
'De Golden Dawn is een hermetische orde, zei je. Heeft dat iets te maken met die, eh, Hermistus?'
Shepard knipperde een paar keer met zijn ogen. Hij had even tijd nodig om weer om te schakelen.
'Hermes Trismegistus. In principe wel, ja. Het woord "hermetisch" verwijst naar de hermetische kunst. Daarmee wordt gedoeld op een geheime wetenschap die via een geheime taal wordt doorgegeven. De beginselen van de vrijmetselarij en de Rozenkruisers zijn voor een groot deel gebaseerd op die geheime leer. Maar dat heb ik je al eerder verteld. Volgens de overlevering is die leer opgeschreven in vijftig tractaten, die de gearabiseerde boeken van de hermetici, gebaseerd op de tweeënveertig traktaten van de Egyptische god Thot, bevatten. Thot werd volgens de Griekse vertaling weergegeven als Hermes Trismegistus, de driemaal grote.'
'Sorry, professor, een mens vergeet wel eens wat.'
Hij keek haar verbaasd aan.
'Je hebt gelijk, sorry, het is ook niet bepaald dagelijkse kost. Maar in elk geval lijken we nu ergens te komen.'
Jenna keek wat bedenkelijk voor zich uit.
'Maar hoe dan verder? Ik bedoel, hoe komen we vervolgens uit bij de CRAFTsmen?'
'Als dat de beweging is die we zoeken. De verwijzingen op de site lijken dat te bevestigen, maar zolang er geen bewijzen zijn, blijft dat voorlopig slechts een hypothese.'
Ze ergerde zich aan deze wel erg academische formulering.

'Nu klink je opeens wel erg voorzichtig, Thomas. Ik begrijp dat een wetenschapper bewijzen nodig heeft, maar eerder leek je er toch zeker van dat het de CRAFTsmen moesten zijn. Je krabbelt nu wel heel gemakkelijk terug.'
Hij zuchtte. 'Stel dat ik gelijk heb, wat dan? De site en de band geven belangrijke aanwijzingen, maar zoals ik je al eerder zei, is er vrijwel niets bekend over de CRAFTsmen.'
Hij wreef met zijn hand over zijn kin. 'Ik weet werkelijk niet waar ik moet beginnen.'
Jenna probeerde hem op te peppen.
'Kom op, Thomas, denk na, voor mijn part hardop. Je gaat me nu toch niet vertellen dat je het spoor bijster bent. Kom op!'
Hij keek haar vertwijfeld aan.
'Laten we ons concentreren op Thot, op het begin. De Egyptische god Thot heeft de tweeënveertig boekdelen geschreven die heel de wijsheid van de wereld bevatten. Hij zou de tekenkunst, de hiërogliefen en alle takken van wetenschap hebben uitgevonden. De bouwkunst, de rekenkunst, de geneeskunst, de hele rataplan. Thot was de auteur van het Dodenboek, volgens de overlevering bezat hij het monopolie op alle esoterische en magische kennis.'
Jenna keek hem meewarig aan. Als jij het zegt.
Shepard merkte haar blik op.
'Hé, ik zuig dit niet uit mijn duim of zo! Newton en Copernicus baseerden zich voor hun theorieën al deels op de geheime geschriften van de oude Egyptenaren, waaronder die van Thot. Newton wijdde nota bene een belangrijk deel van zijn wetenschappelijke leven aan de bestudering van de geheime, alchemistische literatuur. Hij was ervan overtuigd dat de Bijbel geheime kennis bevatte. Op basis van die informatie had hij zelfs een precieze plattegrond van de tempel van Salomo getekend. Hij was er zeker van dat de tempel, waarin de ark des verbonds zou worden geplaatst, een cryptische verbeelding van het heelal was geweest. Diezelfde tempel van Salomo speelt een zeer belangrijke rol in de geschiedenis van de vrijmetselarij. Het was Salomo die Hiram de bouwmeester ontbood om mee te helpen aan de bouw van de tempel. De latere moord op Hiram wordt in sommige loges nog steeds gebruikt voor de inwijdingsceremonie voor de meester-vrijmetselaars, zo diep is die vrijmetselaarstraditie geworteld.'
'Dat klinkt allemaal heel indrukwekkend, Thomas, ik kan niet anders zeggen, maar schieten we er iets mee op? Je neemt dat hardop denken wel heel erg serieus, geloof ik.'
'Dank je. Wil je nog iets aardigs horen?'

Jenna gebaarde hem met gespreide handen dat hij vooral zijn gang moest gaan als het zo nodig moest. En Shepard, ach, die wilde gewoon even wat stoom afblazen.
'Je hebt wel eens gehoord van de steen der wijzen?'
Jenna grijnsde. Ook zij was wel in voor wat afleiding.
'Gaan we nu Harry Potter erbij halen? Dat ontbreekt er nog maar aan.'
'Ha, dat denk je misschien, maar zo dom zijn ze nog niet, daar op Zweinstein. Het voornaamste symbool van de hermetici was namelijk het zegel van Salomo, de zespuntige ster. Die wordt gevormd door twee elkaar kruisende driehoeken, een witte en een zwarte. De witte driehoek met de punt naar boven symboliseert het vuur, de zwarte met de punt naar beneden symboliseert het water. De twee driehoeken wijzen dan wel in tegengestelde richtingen, maar ze zijn door de kracht die ze bijeengebracht heeft, onlosmakelijk met elkaar verbonden. Deze "sterkste van alle krachten" vormt de wetenschap van de ingewijde. Hij heeft de macht tegenstellingen te verbinden, de elementen te bevelen en het onzichtbare zichtbaar te maken. De twee vervlochten driehoeken stellen de verbinding voor tussen het vaste en het vluchtige: de zogenaamde rode filosofensteen. Ofwel de *lapis philosophorum*, de steen der wijzen.'
Jenna grijnsde. 'Je lijkt ook wel wat op die Perkamentus, allebei professor en zo...'
Opeens kreeg ze de slappe lach. Ze gierde het uit en kon niet meer stoppen. De verbaasde blik van Shepard gooide alleen nog maar meer olie op het vuur. De tranen liepen over haar wangen. Hikkend boog ze zich met gevouwen armen voorover om de lachaanval onder controle te krijgen.
'Pas op of ik verander je in een pad,' sneerde Shepard.
Het leek of Jenna er nu in bleef. Haar buikspieren deden er pijn van. Ze probeerde te slikken om zo op adem te komen, maar het lukte niet. Shepard keek haar geamuseerd aan. Toch niet gek voor een saaie hoogleraar, dacht hij bij zichzelf. Hij zou altijd nog stand-upcomedian kunnen worden als ze hem eruit zouden gooien.
Na een paar minuten was Jenna enigszins tot bedaren gekomen. Ze wreef de tranen van haar wangen en keek strak voor zich uit naar het plafond, bang als ze was om opnieuw in een kramp te komen. Ondertussen scrollde Shepard alweer over de pagina's. Toen hij had gevonden wat hij zocht, wees hij triomfantelijk naar het scherm.
'Lees maar.'
Hij hield zijn wijsvinger op het midden van de tekst en begon de zinnen enthousiast op te lezen:

In 1714 verscheen in Breslau een uitgave van het boek *Die Wahrhaffte und vollkommene Bereitung des Philosophischen Steins, der Brüderschafft aus dem Orden des Gülden- und Rosen-Creutzes*, geschreven door Sincerus Renatus, in werkelijkheid Samuel Richter geheten.

Hij keek haar triomfantelijk aan. 'De filosofensteen. En hier, kijk.' Hij wees naar een volgende passage.

Als men de artikelen die Sincerus Renatus liet verschijnen vergelijkt met de manifesten van 1614 tot 1620, dan komt men aanzienlijke verschillen tegen.

En een stukje verder:

De tweeënvijftig artikelen, gepubliceerd door Sincerus Renatus, gaven het Gouden Rozenkruis een structuur die weinig weg had van een college van onderling gelijke Onzichtbaren. Het was veeleer een geheim genootschap met een duidelijke hiërarchie.

Shepard leunde achterover in zijn stoel.
'Met het zegel van Salomo, de *lapis philosophorum*, als een van hun voornaamste symbolen. Overtuigd?'
Jenna knikte langzaam met haar hoofd. 'Helemaal. Professor, we moeten dus op zoek naar de steen der wijzen.'
'Zoiets, ja.'
'Nu alleen nog een bezem.'
Ze dreigde opnieuw in de lach te schieten, maar deze keer kon ze zich beheersen. Shepard leek van het ene op het andere moment weer totaal van stemming veranderd. De humor was verdwenen en had plaatsgemaakt voor die mengeling van fanatisme en bevlogenheid die hem kenmerkte als het over zijn vakgebied ging.
'Goed, we hadden het over Thot. Wat moeten we met hem? En wat wil Deep Throat ons eigenlijk precies duidelijk maken? Waar is de connectie met de tape?'
Op datzelfde moment veerde Jenna op.
'Throat en Thot!'
Shepard keek haar niet-begrijpend aan.
'Haal de "r" en de "a" weg en er staat hetzelfde: Thot.'
Shepard reageerde niet.
'Dat kan geen toeval zijn, Thomas.'

Hij haalde zijn schouders op. 'Het lijkt me vrij duidelijk waar de benaming Deep Throat vandaan komt.'
Hij klonk sarcastisch, maar Jenna liet zich niet van de wijs brengen.
'Dat is te gemakkelijk. Die "r" en die "a", waar kunnen die voor staan?'
Shepard dacht even na.
'Eh, *Rosae Aureae*. Dat lijkt me het meest waarschijnlijk. Gouden en rozen, het Gouden Rozenkruis, dat zou op zich goed kunnen.'
Jenna was nu weer helemaal bij de les. Op de een of andere manier voelde ze intuïtief aan dat ze op het goede spoor zat.
'Oké, *Rosae Aureae*, RA, waar komt die lettercombinatie nog meer in voor?'
Haar hersenen werkten nu op volle toeren. Dit móest een aanwijzing zijn! Het moest gewoon. Opeens stond ze op.
'CRAFT, RA, dat moet het zijn!'
Shepard haalde zijn schouders nog eens op en fronste zijn wenkbrauwen.
'En dan?'
Jenna probeerde zich te concentreren.
'Kunnen we daar niets mee?'
'Ik zou zo direct niet weten wat. Het zou best kunnen dat de letters "RA" in "CRAFT" verwijzen naar *Rosae Aureae*, maar dat brengt ons niet veel verder dan wat we al weten.'
Opeens kreeg Jenna een ingeving. Ze greep naar de laptop. Shepard sloeg haar met verbazing gade. Even later verscheen het openingsscherm van JFKTruthOrDare.com op het scherm. Ze klikte een paar maal met de muis en tuurde ingespannen naar de tekst.

A∴L∴G∴D∴G∴A∴D∴L∴U∴

Daaronder de tekst in het Duits:

Allgemeine und general Reformation der ganzen weiten Welt.
Beneben der Fama Fraternitatis, dess löblichen Ordens des Rosenkreutzes, an alle Gelehrte und Häupter Europae geschrieben. Auch einer kurze Responsion von dem Hernn Haselmayer gestellet, welcher desswegen von den Jesuitern ist gefänglich eingezogen, und auff eine Galleren geschmiedet. Itzo öffentlich in Druck verfertiget, und allen trewen Herzen communiciret worden. Gedruckt zu Gassel, durch Wilhelm Wessel, Anno MDCXIV.

Geconcentreerd nam ze de tekst door. Maar niks, geen enkele aanwijzing.

... zij die door God en alle hemelse wezens waren bijeengebracht en uitverkoren uit de wijsten der mensen, die sedert verscheidene eeuwen waren opgestaan, leefden tezamen in de hoogste eenheid, onder de grootste geheimhouding en onderling in de meest vriendschappelijke verhouding.

Want hoewel wij thans geen melding maken van onze namen of bijeenkomsten, zo zal toch ieders uitgesproken verklaring ons zeker in handen komen, in welke taal die ook geschreven zij; ook zal iedereen die zijn naam zal opgeven met een van ons in aanraking komen, hetzij mondeling of indien hij daartegen bezwaren mocht hebben, schriftelijk. Dit verklaren wij ten stelligste, dat indien wie ook ernstig en uit de grond van zijn hart ons welgezind zal zijn, het hem ten goede zal komen, zowel stoffelijk als naar lichaam en ziel; hij echter die onoprecht is of slechts begerig naar rijkdom, hij zal niet in staat zijn ons op enigerlei wijze te benadelen, en hij zal zichzelf geheel in het verderf storten.

Opnieuw niets.
Ze móést ergens overheen kijken. Deep Throat en Deep Thot. Ze was ervan overtuigd dat er tussen deze woorden ergens een verband bestond. RA, wat betekende in godsnaam RA?

De volgende morgen openden wij de deur, en aan ons oog vertoonde zich een gewelf met zeven zijden en zeven hoeken, terwijl elke zijde vijf voet breed en acht voet hoog was. Hoewel de zon nooit dit gewelf bescheen, zo was het toch helder verlicht door een andere zon, die geplaatst was in het midden van de zoldering. Middenin bevond zich in plaats van een grafsteen een rond altaar, bedekt met een koperen plaat waarop gegraveerd stond:
A.C.R.C. HOC UNIVERSI COMPENDIUM UNIUS MIHI SEPULCHRUM FECI.

A.C.R.C., was dat het?
'De A en de R uit de afkorting A.C.R.C., kun je daar iets mee?'
Ze keek Shepard wanhopig aan, maar hij kon haar niet helpen. Inmiddels was hij wel achter haar gaan staan.
'Geen idee, sorry, echt niet.'
'Weet je het zeker? De rest van de tekst gaat over een graf. Misschien iets met Kennedy? Het graf van Kennedy? Het compendium van de wereld als zijn graf?'
Maar Shepard schudde zijn hoofd. 'Geen idee.'
Jenna zuchtte diep. Zat ze dan toch op het verkeerde spoor? Zag ze dingen die er niet waren?

In this temple the memory is enshrined forever.

Vanuit deze tempel kan ik mijn opvolger gadeslaan, maar alleen dan wanneer mijn blik zal reflecteren in de oneindigheid.
Ook zal ons gebouw, al hebben honderdduizend mensen het van nabij aanschouwd, in alle eeuwigheid onaangeroerd, onbeschadigd, ongezien en verborgen blijven voor de goddeloze wereld. *Sub umbra alarum tuarum, Jehova.*

Plotseling sloeg ze met haar vuist op het bureau.
'Wacht eens even! "Alleen dan wanneer mijn blik zal reflecteren in de oneindigheid". En als je ze omdraait, de letters? Dan krijg je AR. Is dat wat? Kom op, Thomas, denk na!'
Hij keek haar hulpeloos aan.
'Deep Thot, AR? Ik heb werkelijk geen idee.'
Jenna hield echter voet bij stuk. 'Het moet een aanwijzing zijn, Thomas. Het kan geen toeval zijn.'
Opeens kreeg Shepard een ingeving.
'Een kaart van Washington, ik moet een gedetailleerde kaart van Washington hebben!'
Jenna keek hem verbaasd aan. *Een kaart van Washington? Waarom, in godsnaam?*
'Hoezo?'
Maar Shepard maakte slechts een afwijzend gebaar.
'Wat dacht je van het internet?'
Zonder zijn antwoord af te wachten, ging ze aan de slag. Binnen een minuut stond er een kaart van Washington DC op het scherm.
'Voilà.'
Shepard plantte zijn vinger op de plaats van het Lincoln Memorial en schoof die langzaam naar links over de Arlington Memorial Bridge in de richting van Arlington Cemetery. Onafgebroken bleef hij naar de plek turen waar zijn vingertop het computerscherm raakte.
'Dit kan niet waar zijn.'
Jenna fronste haar wenkbrauwen. Ze had geen idee waar hij op doelde. Arlington Cemetery, de A en de R, zo ver kwam ze ook nog wel. Maar wat dan? Was het dan toch een connectie met Kennedy's graf?
Opeens was het tot Shepard doorgedrongen. Ze hadden er nog niet eens zo heel ver naast gezeten toen ze het lijk bij het Lincoln Memorial vonden. In de verte hadden ze de vlam van het graf van Kennedy kunnen ontwaren, maar ze hadden niet ver genoeg gekeken. Hoe hadden ze dat toen ook kunnen weten?

'Thomas?' vroeg ze op dwingende toon.
Ze wilde weten wat hij al wist.
Shepard glimlachte minzaam terwijl hij de tekst hardop uitsprak.
'Vanuit deze tempel kan ik mijn opvolger gadeslaan, maar alleen dan wanneer mijn blik zal reflecteren in de oneindigheid. Trek de lijn vanuit het Lincoln Memorial door naar het graf van Kennedy, Jenna.'
Ze deed wat hij daarnet al had gedaan, maar ze zag het niet.
'Arlington House, AR,' beklemtoonde Shepard.
'En? Daarnet beweerde je nog dat die twee letters niks toevoegden?'
Ze was nu geïrriteerd. Waarom zei die betweter niet gewoon wat hij bedoelde? Moest hij op dit moment nou echt zo nodig de professor uithangen?
Ondertussen was Shepard teruggekeerd naar JFKTruthOrDare.com.
Opnieuw las hij de tekst hardop van het scherm voor:

Ook zal ons gebouw, al hebben honderdduizend mensen het van nabij aanschouwd, in alle eeuwigheid onaangeroerd, onbeschadigd, ongezien en verborgen blijven voor de goddeloze wereld. *Sub umbra alarum tuarum, Jehova.*

'Het gaat om Arlington House.' Zijn stem klonk vol overtuiging.
Jenna zei niets.
'Het is een verwijzing naar Arlington House. Een gebouw dat door honderdduizenden van nabij wordt aanschouwd. In alle eeuwigheid onaangeroerd.'
Plotseling had ze het door. Natuurlijk, Arlington House was een toeristische attractie, bezocht door honderdduizenden toeristen per jaar. Het stond er al een eeuwigheid, want het was ergens in het begin van de negentiende eeuw gebouwd.
Shepard toetste opnieuw een aantal commando's in. Via Google zat hij binnen een minuut op de officiële site van Arlington House.
'Kijk!'
Hij begon hardop te lezen.

Arlington House is gebouwd door George Washington Parke Custis, wiens vader, John Parke Custis, de zoon was van Martha Washington, weduwe van Daniel Parke Custis en voor de tweede maal getrouwd met de latere president...

'... en grootmeester der vrijmetselaars,' voegde Shepard eraan toe.

... George Washington. Custis wilde een herenhuis bouwen dat voldoende grandeur had om de 'Washington Treasury', zoals hij het noemde, te herbergen. Daarmee doelde hij op de Mount Vernonmemorabilia, allerlei zaken uit de tijd dat George Washington op Mount Vernon verbleef en die Custis via erfenis of aankoop had verkregen.
De bouw begon in 1804 en het gebouw werd voltooid in 1818. Later werd Arlington het woonhuis van de beroemde generaal Robert E. Lee, die getrouwd was met Mary Anne Randolph Custis, het enig overlevende kind van George Washington Parke Custis. Gedurende de oorlog werd Arlington House in 1861 ingenomen door Uniontroepen en tot hoofdkwartier gebombardeerd, maar het gebouw overleefde de oorlog ongeschonden.

Ze hadden allebei even nodig om alles op zich te laten inwerken.
'Dat moet de connectie zijn.' Shepards stem klonk vlak. Het was bijna alsof hij het zelf nog niet helemaal kon bevatten.
'Ga maar na. Arlington House is gebouwd door Custis als een soort eerbetoon aan zijn overleden stiefgrootvader, George Washington, een icoon van de vrijmetselarij. Toepasselijker kan haast niet. Volgens de aanwijzing kan president Lincoln, eveneens vrijmetselaar, zijn opvolger vanuit zijn tempel gadeslaan, maar alleen dan wanneer zijn blik zal reflecteren in de oneindigheid. Arlington House is een eerbetoon aan Washington, de eerste president van de Verenigde Staten, een metafoor voor de oneindigheid, zo je wilt. Lincolns opvolger bevindt zich dus in Arlington House. De macht komt samen in Arlington House, Jenna. Volg de as vanuit het Lincoln Memorial via de eeuwige vlam naar Arlington House. Het is een symbolische lijn naar het punt waar de ultieme krachten elkaar kruisen. Waar het presidentschap van de Verenigde Staten opgaat in de schoot van de vrijmetselarij.'
Ze keken elkaar aan en op dat moment schoot hun vrijwel tegelijkertijd dezelfde gedachte door het hoofd: *de sterkste van alle krachten, de lapis philosophorum.*
Shepard slikte. 'Dat is waar Deep Throat op doelt, Jenna, daar ligt het zenuwcentrum, in Arlington House.' Hij schudde zijn hoofd. 'Ga maar na. Lincoln was vrijmetselaar, George Washington. Vijftien presidenten van de Verenigde Staten waren vrijmetselaar! En de huidige ongetwijfeld ook.'
Ze knikte nadrukkelijk. 'En ze komen bij elkaar in Arlington House.'
'Precies, de orde, wie het ook zijn moge, vrijmetselaars of Rozenkruisers, daar komen ze bij elkaar. Ongezien en verborgen voor de goddeloze wereld, maar tegelijkertijd midden in het centrum van de macht, in het middelpunt van de nieuwe wereldorde.'

'Maar één man wenste zich niet aan hen te onderwerpen...'
Shepard draaide zijn hoofd van haar weg. Misschien omdat hij het zich niet wilde realiseren, omdat hij het niet wilde horen. De implicaties van deze vaststelling waren simpelweg te ingrijpend, te gruwelijk om onder ogen te zien.
Want als dat waar was, als alles wat Deep Throat de wereld duidelijk wilde maken waar was, dan betekende dat dat John F. Kennedy, de vijfendertigste president van de Verenigde Staten, was afgemaakt als gevolg van een complot. Een gruwelijk complot waarvan de makers zich in het meest invloedrijke en machtigste bastion bevonden dat diezelfde natie ooit had voortgebracht, een bastion waarvan ze moesten vrezen dat het tot op de dag van vandaag nog in volle glorie standhield.
Al die tijd was hij hier al van overtuigd geweest, al die tijd had hij, soms tegen beter weten in, voet bij stuk gehouden. Maar nu de bron van het kwaad zo dichtbij kwam, vroeg hij zich af of hij niet te ver was gegaan. En hoe hij zich er ook tegen probeerde te verzetten, diep vanbinnen won de vrees voor de gevolgen daarvan hand over hand terrein.
Na een paar minuten verbrak Jenna het stilzwijgen. 'Dus we moeten naar Arlington House.'
Geen reactie.
Ze keek op haar horloge. 'Ik vrees dat er op dit tijdstip helaas geen rondleidingen zijn.'
Haar poging om het ijs te breken hielp niet. Shepard zat daar maar, nors voor zich uit kijkend. Het vooruitzicht van wat hun te wachten stond, stemde hem somber.

Jenna werd wakker van een repeterend, tikkend geluid. Ze knipperde met haar ogen en het duurde even voordat ze zich realiseerde waar ze was. Ze keek op haar horloge en begreep dat ze een paar uur had geslapen. Toen ze in de richting van het geluid keek, zag ze hoe Shepard achter het bureau verwoed op het toetsenbord van zijn laptop zat te tikken. Ze deed een poging om haar stijve ledematen wat op te rekken, maar dat viel niet mee. De afgelopen uren had ze zo'n beetje opgevouwen in een veel te krappe fauteuil gezeten.
'Wat doe je?' vroeg ze nog half slapend.
Zonder haar aan te kijken gaf hij antwoord.
'Terwijl jij lag te slapen heb ik nog even het een en ander gecheckt, Doornroosje.'
Niet grappig, professor.

'Hoezo, hoe bedoel je?'
'Gewoon, voor de zekerheid, om mezelf ervan te overtuigen dat ik geen spoken zie.'
'En?'
'De kans dat we op het goede spoor zitten, is er alleen maar groter op geworden, vrees ik.'
Hij keek haar met een indringende blik aan.
'De tekst over het gebouw dat honderdduizenden hebben aanschouwd, in alle eeuwigheid onaangeroerd enzovoort...?'
'Ja?'
'Die tekst komt eveneens uit de *Fama*.'
'Hmmm.'
'Past dus naadloos in het verhaal.'
Shepard tuurde bijna achteloos op het scherm. Hij aarzelde.
'Ik heb ook kunnen achterhalen waar de kledij vandaan komt. Het witte gewaad met de rode sjerp ....' Hij keek haar afwachtend aan, maar ze reageerde niet.
'Komt uit de *Chymische Hochzeit*.' Hij begon de tekst voor te lezen.

Hierna maakte ik mij gereed om op weg te gaan, trok mijn witlinnen kleed aan, omgordde mijn lendenen met een bloedrode band en bond deze kruislings over mijn schouders. Op mijn hoed stak ik vier rode rozen, opdat ik door deze kentekenen eerder in de menigte zou worden opgemerkt. Als teerkost nam ik brood, zout en water mee, waarvan ik, op aanraden van iemand die het weten kon, te bestemder tijd niet zonder voordeel in bepaalde gevallen gebruikmaakte. Alvorens echter mijn kleine hut te verlaten, liet ik mij, aldus toegerust, in mijn bruiloftskleding op de knieën vallen en bad God mij, wat er ook geschiedde mocht, tot een goed einde te willen voeren. Ook legde ik voor Gods aangezicht de gelofte af dat indien mij door zijn genade iets zou worden geopenbaard, ik dit niet zou gebruiken ter verkrijging van eer en aanzien in de wereld, doch ter verheerlijking van Zijn naam en ten dienste van mijn naasten. Met deze gelofte en vol goede hoop verliet ik verheugd mijn cel.

'Het is een beschrijving uit de eerste dag. Het *Scheikundig huwelijk* van Christian Rosencreutz beschrijft een week in het leven van Rosencreutz. Zeven dagen lang ondergaat de oude heremiet een aantal vreselijke beproevingen. De eerste dag is op paaszaterdag. Die dag eindigt met de tekst van daarnet. Het zijn allemaal verwijzingen naar de Rozenkruisers, Jenna. Alles past in elkaar, de Duitse manifesten, de *Fama*, de *Hochzeit*, de Can-

cellarius, Thot. Alles komt bij elkaar in een gezamenlijke rite, in een gemeenschappelijke deler die tot op de dag van vandaag nog niets aan invloed lijkt te hebben ingeboet.'
Ze knikte, bijna onmerkbaar.
Shepard strengelde zijn handen ineen achter zijn hoofd en leunde achterover.
'Kom, laten we gaan. Arlington Cemetery is vanaf acht uur toegankelijk, Arlington House opent de deuren om halftien.'

33

Even later reden ze in een geleend busje van *The Post* over de Arlington Memorial Bridge in de richting van Arlington National Cemetery. Nadat ze de hoofdingang waren gepasseerd sloegen ze overeenkomstig de aanwijzingen van de portier links af en parkeerden de auto op het parkeerterrein. Omdat het toerbusje dat rondleidingen verzorgde over het terrein, juist aankwam, besloten ze dat te nemen. Ze waren moe en het vooruitzicht om opnieuw het hele stuk te moeten lopen, trok hen niet bepaald aan.
Jenna deed navraag bij het bezoekerscentrum. De dame achter het loket was bijzonder behulpzaam.
'U hebt gelijk, mevrouw, de begraafplaats beslaat een groot gebied, een erg lange wandeling, als u het mij vraagt.'
Jenna glimlachte vriendelijk terug.
'De tourshuttle stopt bij alle bezienswaardigheden. Twee dollar vijfenzeventig per persoon, alstublieft.'
'Stopt de bus ook bij Arlington House?'
'Maar natuurlijk mevrouw, Arlington House is een van de topattracties van de begraafplaats.' De dame achter het loket toonde voor de zoveelste keer haar brede standaardglimlach.
Jenna keek haar bedenkelijk aan. Een begraafplaats die een topattractie herbergde, waren ze beland in een pretpark of zo?
'Twee kaartjes, graag.'
Een kleine tien minuten later stopte het busje op Sheridan Drive, zo'n honderd meter verwijderd van het graf van president Kennedy. Terwijl de an-

dere bezoekers zich verzamelden rondom de eeuwige vlam, liepen Jenna en Shepard de heuvel op in de richting van Arlington House. Het tweede bezoek aan deze plek binnen korte tijd vervulde hen met gemengde gevoelens. Terwijl Jenna naar de meute staarde die bij de vlam stond, kreeg ze een wee gevoel in haar maag. Ze moesten eens weten... Ze keken elkaar aan met een blik van verstandhouding. Een paar honderd meter verderop doemde de voorgevel van Arlington House op. Het gebouw deed denken aan een Griekse tempel. De gevel, in de vorm van een platte driehoek, werd ondersteund door acht enorme, stenen pilaren. Dezelfde Dorische pilaren als de zesendertig die het Lincoln Memorial ondersteunden en die het aantal staten symboliseerden ten tijde van Lincolns overlijden. Recht voor het gebouw stond een vlaggenmast met de Amerikaanse vlag, die wapperde in de wind. Eenmaal aangekomen op de heuvel, draaide Jenna zich om en tuurde in de verte. Haar blik volgde de rechte lijn die via het graf van John F. Kennedy en de Arlington Memorial Bridge bijna exact eindigde bij het Lincoln Memorial. Er ging een rilling door haar heen. Shepard sloeg zijn arm om haar schouders. Toen draaiden ze zich om en liepen naar de hoofdingang van Arlington House.
De toegang was vrij. Ze besloten om het huis in eerste instantie onder leiding van een gids te bekijken. Misschien dat ze zo iets meer te weten konden komen over de indeling.
Vanuit de ingang liepen ze rechtsaf de eerste kamer in.
'Dit is de zogenaamde familiekamer,' begon de gids haar rondleiding. 'Boven de schoorsteenmantel hangt een portret van een jonge Mary Custis, geschilderd door Auguste Hervieu vlak voor haar huwelijk met Robert E. Lee. Deze kamer is, evenals trouwens het grootste deel van het huis, gemeubileerd met meubilair dat typerend is voor de eerste helft van de negentiende eeuw.'
Daarna liepen ze door naar de aangrenzende kamer.
'We gaan nu de eetkamer binnen, let u op de gedekte tafel. Het zijn porseleinen en zilveren stukken uit de collectie van de familie Lee.'
Nadat de gedekte tafel door de dagjesmensen aan een nauwkeurig onderzoek was onderworpen, staken ze de hal over naar de volgende kamer.
'Dit is de witte kamer, let u op de victoriaanse stoelen. Het zijn de originele stoelen die uitgekozen zijn door de Lee's. Boven de schoorsteenmantel ziet u twee schitterende portretten van de jonge Robert E. Lee en zijn vrouw, beide geschilderd in 1838.
Dan steken we nu door naar de schildersstudio van George W.P. Custis en Mary Lee, die, net als haar vader, graag schilderde. Op de ezel in de hoek

van de kamer staat Custis' schilderij *Battle of Monmouth, New Jersey*, dat jarenlang in het Capitool heeft gehangen.'
Even later vervolgde de gids haar verhaal.
'Dan gaan we nu naar de eerste verdieping, waar de familie Lee en hun zeven kinderen de beschikking hadden over vijf slaapkamers en twee kleedkamers. In een van de slaapkamers schreef Robert E. Lee de brief waarmee hij ontslag nam uit de Union Army.'
Jenna en Shepard keken elkaar aan. Dit was niet wat ze zochten.
'Pardon, mevrouw.'
De gids draaide zich verschrikt naar hen om. Ze was niet gewend om te worden gestoord tijdens het afdraaien van haar verhaal.
'Waar gaat de rondleiding na de eerste verdieping verder?'
De vrouw keek nu verongelijkt. Hadden ze nu al genoeg gehoord?
'Naar de kelder, meneer. Maar er zijn slechts een paar vertrekken voor het publiek toegankelijk. De hal, de winterkeuken en de wijnkelder. De rest is privé.'
'Dank u.'
Jenna en Shepard verwijderden zich van de groep en liepen terug naar de ingang. Jenna keek bedenkelijk.
'Ik weet niet hoe jij erover denkt, maar ik kan het me moeilijk voorstellen dat we hier goed zitten.'
'Hmm.'
Shepard kon niets anders dan haar gelijk geven. En toch voelde hij dat ze goed zaten, dat het hier ergens allemaal gebeurde. Het moest. Alle aanwijzingen wezen in deze richting, het moest gewoon kloppen.
'Het moet hier ergens zijn, Jenna. Misschien de bijgebouwen, misschien moeten we het daar zoeken. Ik heb geen idee. Misschien vinden we alleen maar een volgende aanwijzing. Hoe dan ook, er moet hier iets te vinden zijn wat ons verder brengt.'
Jenna sloeg haar armen over elkaar en staarde naar het plafond. Shepard deed een paar passen in de richting van de achterzijde van het gebouw.
'Kom, laten we de kelderverdieping eens bekijken, misschien dat daar iets te vinden is.'
Zwijgend volgden ze het aanwijsbordje naar de kelderverdieping en ze liepen achter elkaar de smalle trap af naar beneden. Opeens bleef Jenna stilstaan. Shepard botste tegen haar op.
'Wat doe je nou? Dadelijk donderen we hier allebei naar beneden!'
Hij deed niet veel moeite om zijn ergernis te onderdrukken. Al die moeite die ze hadden gedaan, en waarvoor? Waarvoor in godsnaam? Wat deden

ze hier eigenlijk nog? Hij zag het opeens helemaal niet meer zitten en wenste dat hij nooit aan deze hele onderneming was begonnen, dat hij de e-mail gewoon had genegeerd en dat hij op dit moment gewoon voor zijn klas zou staan om zijn normale, saaie colleges te geven. Misschien had hij naar de decaan moeten luisteren en zich niet moeten inlaten met al die obscure theorieën, die alleen maar konden leiden tot zijn ondergang. Maar Jenna negeerde hem. Ze keek omhoog en toen weer naar beneden.
'We gaan naar beneden.'
Shepard wist even niet hoe hij het had. *Fijn, geweldige vaststelling, van een wetenschappelijke grootsheid die bijna niet te vatten was. Ze gingen naar beneden. Eureka!*
'En?' reageerde hij geïrriteerd.
'Deep Thot.'
Hij spreidde zijn handen wijd uit in de lucht, ten teken dat hij werkelijk niet wist waar ze het over had.
'Deep Thot, Thomas!'
En opeens begreep hij het.
'Deep, je bedoelt letterlijk diep?'
Ze keek hem fel aan. 'Dat bedoel ik, ja!'
Shepard knipperde met zijn ogen. *Zou het kunnen zijn dat...? Verdomme, deze keer was ze hem toch echt te slim af. Als het klopte, dan liep ze toch echt een paar passen op hem voor.*
'De naam Deep Throat is een metafoor, nietwaar? Dat hebben we nu toch gevoeglijk vastgesteld. De link met Thot is duidelijk, de R en de A verwijzen naar deze plek. Maar waar slaat de toevoeging Deep dan op? Ik bedoel, aanvankelijk dachten we net als iedereen dat Deep Throat simpelweg verwees naar de bekende tipgever in de Watergatezaak en dat dat de reden was dat die naam werd gebruikt. Omdat die naam nu eenmaal ergens voor stond en daarom goed bleef hangen. Maar we weten nu dat er veel meer achter zat: Arlington, Thot, Deep... we moeten de diepte in, we moeten naar beneden. Dat wil hij ermee aangeven, we moeten naar beneden.'
'Naar de kelder,' vulde Shepard aan.
'We moeten naar beneden, naar de kelder!'
Shepard denderde langs haar heen de trap af. Beneden aangekomen, keek hij wild om zich heen. Hij bevond zich nu in de hal van de kelderverdieping. Opgewonden liep hij op de eerste de beste deur af en gooide die met een zwaai open. Met grote passen liep hij naar binnen. Het was er aardedonker. Hij tastte met zijn handen langs de muur en vond een schakelaar.

Toen hij erop drukte, begonnen er een paar tl-lampen te flikkeren. Hij probeerde te ontwaren wat zich in de kamer bevond. Eindelijk bleven de lampen aan. Shepard knipperde met zijn ogen omdat die moesten wennen aan het plotselinge, felle licht. Er stonden potten en pannen, een gasfornuis en andere attributen die thuishoorden in een keuken. In de enorme schouw hingen lange, ijzeren haken, waar vroeger pannen aan werden gehangen of hammen, om te worden gerookt. Jenna stond geamuseerd in de deuropening. Ze wees naar het bordje boven de deur en las het hardop en overdreven articulerend voor.

'Winterkeuken, je bevindt je in de keuken, professor.'

Shepard draaide zich om en keek haar met een wilde blik aan.

Jenna grijnsde. Hij liep langs haar heen naar de gang. Er waren nog twee andere toegangsdeuren met bordjes erboven: WIJNKELDER en OPSLAG. De wijnkelder was een ruimte van zo'n twee bij vijf meter en de opslagruimte was daar amper de helft van. Shepard schatte dat de drie vertrekken bij elkaar misschien een kwart van de kelder in beslag namen. Hij voelde aan de andere deuren, maar die waren allemaal vergrendeld. Zonder iets te zeggen liep hij met grote stappen de trap op. Jenna sloeg hem met verbazing gade. Toen ze ook de trap op wilde gaan, kwam Shepard alweer met grote stappen terug naar beneden. Hij had een brochure in zijn handen. Zijn ogen vlogen over de tekst. Opeens priemde hij met zijn wijsvinger op het papier.

'Ze noemen drie ruimten bij naam, de rest is niet toegankelijk.'

Op datzelfde moment kwam de gids met het groepje bezoekers de trap naar de kelderverdieping af. Shepard liep met grote passen in haar richting.

'Zijn dit de enige vertrekken die toegankelijk zijn in de kelder?' Hij duwde de brochure bijna tegen haar gezicht.

'Dat is juist, ja. De rest is niet toegankelijk.'

'Waarom niet?' reageerde Shepard op vijandige toon.

De gids deinsde terug. 'Eh, dat kan ik u niet vertellen, vrees ik. In een van de vertrekken zit de centrale verwarming en de waterleiding en zo. De rest, ik weet het eigenlijk niet precies...'

'Is er iemand die dat wel weet?'

Nu ze zich hersteld had, begon de vrouw zich te ergeren aan zijn gedrag. 'Ik werk hier als vrijwilligster, meneer. Dat moet u maar navragen bij het bezoekerscentrum. Als u mij nu wilt excuseren, ik heb een rondleiding te verzorgen.' Daarna draaide ze zich om en liep met haar kin omhoog in de richting van de winterkeuken. 'Als u mij wilt volgen, dames en heren?'

Shepard draaide zich om naar Jenna. 'Kom, laten we gaan, zo komen we niet verder.'

Even later waren ze weer buiten. Ze liepen om de hoek van het gebouw in de richting van de westelijke gevel. Toen ze bij de achterkant stonden, wees Shepard in de richting van de noordwestelijke hoek van het gebouw. 'Daar ligt de hal.' Hij draaide de brochure om en tuurde op de plattegrond. 'De winterkeuken ligt aan de voorkant.' Hij liep met grote passen langs de crèmekleurige, kalkstenen gevel tot hij ruim over de helft was. 'Dat betekent dat de kelder vanaf ongeveer dit punt niet toegankelijk is. Dit hele stuk is afgesloten, over de hele breedte van het gebouw!'

Op datzelfde moment kwam er een man in een grijze overall hun kant op gelopen. Shepard liep meteen op hem af.

'Pardon, meneer, weet u misschien welke ruimten zich in dit gedeelte van het gebouw bevinden?'

De onderhoudsman keek hem met gefronste wenkbrauwen aan.

'Ik bedoel in de kelder. Ik begrijp dat er maar een paar vertrekken toegankelijk zijn. Weet u misschien waarom?'

Het gezicht van de man klaarde op. 'O, bedoelt u dat. Ja, ja.' Hij schudde met zijn hoofd. 'De rest is niet toegankelijk, nee. Een groot gedeelte wordt in beslag genomen door de verwarmingsinstallaties en de boilers en zo. Dat is de machinekamer, zeg maar. Dat is nog een hele klus, kan ik u zeggen. De leidingen...'

Shepard onderbrak hem op bruuske toon. 'En de rest?'

De man haalde zijn schouders op. 'Loze ruimten, geloof ik. Misschien opslag of zo.'

'Komt u daar nooit dan?'

Het ritueel van het schouderophalen herhaalde zich. 'Nee, waarom zou ik? Ik geloof dat er daar ergens nog een oude toegang naar een dieper gelegen kelder zit of zo. Maar die wordt nooit gebruikt, zal inmiddels wel half zijn ingestort. Weet ik veel.'

Shepard keek de man bedachtzaam aan, maar besloot om niet verder te vragen.

'Bedankt.'

De man mompelde wat en liep verder.

Shepard draaide zich met een vragende blik om naar Jenna. Die maakte een gebaar dat ze ook niet wist wat te doen.

'Ken jij een goede slotenmaker?' grapte ze.

Ergens was de situatie onwerkelijk. Hier stonden ze dan, midden op de beroemdste erebegraafplaats van het land, omgeven door glooiende, groene hellingen die waren bezaaid met ontelbare witte grafzerken. In totaal lagen hier ruim tweehonderdduizend militairen begraven, onder wie veteranen uit elk gewapend conflict waarbij de Verenigde Staten sinds de revolutie betrokken was. En juist op deze plek, te midden van de helden van de Amerikaanse geschiedenis, moest zich naar hun overtuiging het centrum bevinden van waaruit een eeuwenoude, ondergrondse beweging sinds jaar en dag haar tentakels uitspreidde over het Amerikaanse machtsbestel.

'Ik weet het niet, Thomas. Misschien hebben we ons te veel laten meeslepen. Misschien is er inderdaad ooit een geheime ontmoetingsplaats geweest en wie weet bevond die zich ergens hier in de kelder. Maar hoe zou dat vandaag de dag dan in de praktijk moeten? Ik bedoel, er loopt hier personeel rond, er komen dagelijks duizenden bezoekers.'

'Onderhoudspersoneel dat niet weet wat er zich onder het gebouw bevindt.' Zijn stem klonk afgemeten.

'Blijft de vraag wat Deep Throat dan met deze informatie wilde. Maar goed, misschien heb je gelijk. We komen hier niet verder. Laten we maar gaan.'

Zwijgend liepen ze langs de noordelijke zijgevel van het gebouw terug naar de voorkant. Ze passeerden een zware, ijzeren deur die ongeveer in het midden van de zijgevel was aangebracht.

Shepard stopte en knikte in de richting van de deur. Maar Jenna schudde haar hoofd.

'Je weet wat de man zei. In de kelder bevinden zich de verwarmingsinstallaties en zo.'

Ze wees op het bordje dat op de deur was aangebracht.

"Verboden toegang. Hoogspanningsgevaar."

'Soms moet je je verlies nemen.'

Enigszins bedremmeld bereikten ze even later de parkeerplaats. Hoe nu verder? Nog één keer draaide Shepard zijn hoofd om in de richting van Arlington House. Vanaf de heuvel torende de Dorische tempel hoog boven de onafzienbare grafvelden uit, als een middeleeuwse burcht van waaruit de onderhorigen in de regeringsgebouwen in de verte onder controle werden gehouden.

Daarna stapten ze in het busje.

Terwijl ze het parkeerterrein verlieten, startte een eindje verderop een auto.

34

De verdachte werd via de parkeergarage het J. Edgar Hoover Building, het hoofdkwartier van de FBI in Washington, binnengeloodst. Aanvankelijk hadden ze hem in New York willen ondervragen. Daar hadden ze hem per slot van rekening aangehouden en geen enkel FBI-kantoor zat erop te wachten een zaak uit handen te geven die landelijk de aandacht begon te trekken. Tot op het laatste moment hadden ze de overdracht proberen tegen te houden, maar uiteindelijk waren ze overruled door het hoofdkantoor in Washington.

De arrestant tuurde naar de tl-buizen die boven zijn hoofd voorbijkwamen en probeerde zich een voorstelling te maken van wat hem te wachten stond. Toen het gezelschap in de richting van de lift liep, kreeg hij een indringend déjà-vugevoel. De beroemde scène van veertig jaar geleden speelde zich opnieuw af in zijn hoofd. Vanaf het moment dat Lee Harvey Oswald geboeid via de kelder het politiebureau van Dallas verliet, vergezeld door een agent in burger met een stetson op zijn hoofd, tot die beruchte scène dat Jack Ruby vanuit de menigte naar voren stapte en Oswald met een gericht schot van het leven beroofde. Beelden die de hele wereld over waren gegaan, beelden die de hele wereld hadden geschokt.

Behalve dan zijn vader. Ook dat zou hem altijd bijblijven, als de dag van gisteren. Terwijl zijn moeder bijna op het hysterische af had zitten jammeren, was zijn vader in zijn stoel gaan zitten en had de beelden rustig over zich heen laten komen, als een onbedwingbare natuurkracht. Hoe jong hij toen ook was geweest, hij was immers pas zes jaar oud, nooit zou hij de onnatuurlijke reactie van zijn vader vergeten. De hele wereld leek in brand te staan, maar zijn vader leek het allemaal niet te kunnen deren. Net zoals op die onfortuinlijke 22e november, nog maar vlak daarvoor. Toen het nieuws dat president Kennedy was doodgeschoten, de natie bereikte. Zijn vader was thuisgekomen van zijn werk, had de tv-beelden vrijwel genegeerd en had zich meteen teruggetrokken in zijn werkkamer. De enige, stille getuige van zijn gemoedsgesteldheid die middag was de halflege whiskyfles geweest, die hij later op de vloer naast het grote bureau had aangetroffen. Zijn vader dronk immers bij voorkeur gemberbier.

Hij transpireerde.
Elk moment verwachtte hij dat er vanachter een van de auto's een man op hem af zou stormen, met getrokken pistool, de loop gericht op zijn hart. Allerlei beelden trokken op zijn netvlies voorbij. Van het hoofd van Kennedy, dat achteroversloeg en uit elkaar spatte in de limousine. Van Jacky die, gehuld in haar roze mantelpakje, over de achterbank heen klauterde, graaiend naar een stuk van de hersenen van haar man. Van de begrafenis, van de kleine John John die salueerde naar de kist van zijn vader.
Zijn vader.
Opeens stonden die laatste momenten hem volkomen helder voor de geest. Hij hoorde hem zijn laatste woorden in zijn oor fluisteren. Hij voelde de sleutel in zijn hand, de knokige vuist eromheen.
'Penn Station, god sta je bij.'

35

Terwijl ze de Arlington Memorial Bridge overstaken keek Shepard strak voor zich uit. Toen ze de grote rotonde bij het Lincoln Memorial bereikten, draaide Jenna haar hoofd expres de andere kant op, zodat ze het gebouw niet hoefde te zien. In plaats van de rotonde drie kwart te nemen in de richting van het centrum, nam Shepard de eerste afslag rechtsaf en volgde de Ohio Drive in de richting van het Tidal Basin, het kunstmatige meer dat in 1897 was aangelegd om het teveel aan water van de Potomac op te vangen en overstromingen te voorkomen. Jenna reageerde niet, hij zou zo zijn eigen redenen wel hebben. Bij de splitsing sloeg Shepard links af naar de West Basin Drive en parkeerde de auto even later langs de kant van de weg. Zonder iets te zeggen pakte hij de laptop en stapte uit. Jenna volgde hem. Een eindje verderop liepen ze zwijgzaam onder de bomen door. Shepard ging op de betonnen kade zitten en liet zijn benen boven het water bungelen. Hij tuurde zwijgend naar de reflectie van zijn gezicht in het water. Toen pakte hij de laptop en klapte het scherm omhoog. Jenna zat zwijgend naast hem. Ze zaten in een dip. Het bezoek aan Arlington House had niet opgeleverd wat ze hadden gehoopt en het was nu de vraag hoe ze verder moesten. Eigenlijk zou ze contact op moeten nemen met de krant, dat had ze haar hoofdredacteur beloofd,

maar op dit moment had ze daar even geen puf voor. Ze inhaleerde de koude najaarslucht diep in haar longen en keek toe hoe de door haar adem veroorzaakte witte wolkjes langzaam wegebden in de lucht. Ondertussen had Shepard zijn e-mails gecheckt, maar er waren geen nieuwe berichten. Tegen beter weten in zond hij een nieuwe e-mail aan Deep Throat. De kans dat er nog een antwoord op zou komen, leek hem niet groot. Het was te lang geleden.
'Wat doe je?'
Hij haalde zijn schouders op. 'Ik stuur hem nog een keer een mail.' De vlakke toon waarop hij de woorden uitsprak zei haar genoeg.
Ze zag hoe hij de naam van de site intoetste en daarna dubbelklikte op Truth. Ongeduldig scrollde Shepard over de pagina's, totdat hij plotseling stopte.
'Verdomd, dit is nieuw.'
Voorzichtig scrollde hij terug naar het begin van de nieuwe tekst. Hij duwde de laptop, die op zijn schoot stond, een eindje in Jenna's richting.

Het contact met Lee Harvey Oswald was dus gelegd.
De Mohrenschildt nam hem voorlopig onder zijn hoede.
Maar wie zat er werkelijk achter het complot om JFK te vermoorden?
TFARC
Olie maakt deel uit van TFARC.
TFARC en olie, dat zijn de sleutelwoorden.
Oil depletion daadwerkelijk in gevaar!
JFK gaat te ver.
Maatregelen nodig.

TFARC (olie) is verbonden met Permindex/OAS/CIA/anticommunistisch bolwerk.
Contact TFARC (olie) met Centro/Permindex.
Connectie leggen met P2, Thulegenootschap, Groep U.R. en uiteindelijk: TFARC!

Shepard fronste zijn voorhoofd. Deze tekst leek anders dan de rest. Die was immers logisch van opbouw geweest. Hier zaten gedachtesprongen in, Deep Throat sprong van de hak op de tak.
'Vreemd.'
Jenna knikte instemmend. 'Het lijkt erop dat hij plotseling erg veel haast had.'
Ze hadden er beiden een slecht voorgevoel bij, maar geen van tweeën durfde dat uit te spreken.

'De tekst lijkt nog onbewerkt, alsof hij nog niet klaar was voor publicatie.'
'Blijkbaar heeft de waarschuwing effect gehad. Het lijkt erop dat hij daarna alles in één keer op de site heeft gegooid.'
'Maar dat zou kunnen betekenen...'
Geen van beiden durfde hierop te zinspelen.
'Zoals ik je al eerder zei, veel van wat Deep Throat beweert, past naadloos in mijn eigen versie van de achtergronden van de aanslag. De oliemagnaten stonden inderdaad in contact met internationale anticommunistische organisaties. Namen die daarbij steeds opduiken, zijn Permindex en het Centro Mundiale Commerciale, beide gevestigd in Italië. En dat een aantal van hen eveneens lid was van een organisatie als de CRAFTsmen, of een soortgelijke groepering, lijkt vrijwel zeker. Net als...' Shepard slikte zijn woorden in.
Even was het stil en bleven ze beiden in gedachten verzonken.
'Er klopt iets niet.' Jenna sloeg haar armen over elkaar en draaide haar hoofd weg.
'Waarom blijft hij verwijzen naar TFARC? Terwijl het toch duidelijk is op wie hij doelt? Als jij gelijk hebt, waarom blijft hij dan categorisch weigeren om de CRAFTsmen bij naam te noemen?'
'Angst. Waarom al die verwijzingen? Er zit een duidelijke opbouw in het verhaal. Met de site wil hij het grote publiek stap voor stap duidelijk maken hoe de toedracht in elkaar steekt. Vergeet niet, vrijwel niemand weet iets van de CRAFTsmen, laat staan waar die uit zijn voortgekomen. Dat is zijn tactiek, Jenna. De publieke opinie zodanig masseren dat ze er niet meer onderuit kunnen om de zaak te onderzoeken. Als hij de frames en de banden gewoon had ingeleverd bij de media, met de namen en toenamen van de betrokkenen, de CRAFTsmen voorop, dan was hij ten eerste niet serieus genomen en ten tweede was het vrijwel zeker geweest dat de zaak via via opnieuw in de doofpot zou zijn gestopt. Hij hoopte dan wel op onze medewerking, anders had hij ons niet gemaild, maar ook dat was een zeer onzekere factor. Wat is dan de meest voor de hand liggende oplossing? Het internet.'
'Of hij weet het zelf ook niet.' Jenna sprak de woorden op bedachtzame toon uit.
'Wat?' De rimpels op Shepards voorhoofd verraadden zijn ergernis. 'Hoezo?'
'Zoals ik het zeg. Wat als de maker van de site zelf ook niet weet waar TFARC voor staat?'
Shepard zuchtte een keer.
'En daarom kent hij de halve *Fama* zeker uit zijn hoofd. En gebruikt hij

symbolen waar wij al god weet hoe lang over doen om achter hun betekenis te komen. Jezus christus, Jenna. De grote Thot, de Cancellarius, die niet weet waar hij het over heeft!'
Geërgerd stond Shepard op en liep met grote passen weg van de kade. Plotseling draaide hij zich om. Zijn ogen gleden langzaam over de horizon, vanaf het Lincoln Memorial via de Reflecting Pool naar het Washington Monument. Daarna stelde hij zijn blik scherp op het gebied ver daarachter, waar ergens achter de bomen het Witte Huis verscholen lag.
Jenna bleef rustig zitten waar ze zat. Langzamerhand begon de systematiek haar duidelijk te worden. De frames stonden op de site, maar waar was de film? De bandopname van de loge, was die werkelijk zo schokkend? Als de stemmen zouden kunnen worden geanalyseerd, zouden bepaalde personen misschien in een kwaad daglicht worden gesteld. Vooral Johnson zou zich op zijn zachtst gezegd in bijzonder vreemde kringen hebben begeven. Maar leverde dat voldoende bewijs op voor enige vorm van betrokkenheid bij de moord op Kennedy? Absoluut niet. Er was nota bene meer dan een dozijn presidenten lid geweest van de vrijmetselarij.
Toch ging het hier niet om de een of andere doorsneevrijmetselaarsloge zoals er zovele bestonden. Ze hadden er opnieuw een moord voor overgehad om hun belangen veilig te stellen. Veertig jaar later, opnieuw!
Onwillekeurig dwaalde haar blik over het wateroppervlak.
En Shepard en zijzelf stonden ook op de lijst! De beelden van de aanval in Central Park deden een rilling door haar heen gaan. Maar waarom? Er moest meer zijn dan de frames en de band. Er moest iets zijn wat hun zo'n angst inboezemde, dat het voldoende was om veertig jaar later de moordmachine opnieuw in werking te stellen. Iets wat hun alsnog de nek kon kosten. Deep Throat moest iets op het spoor zijn dat, zodra het uitkwam, niet meer onder controle te houden zou zijn. Alleen begon ze er steeds meer van overtuigd te raken dat hijzelf niet precies wist wat.
Shepard kwam langzaam weer in haar richting geslenterd. Zwijgend ging hij naast haar zitten. Na een paar minuten doorbrak hij het stilzwijgen.
'Misschien heb je gelijk.'
Ze zei niets.
'Maar wie is Deep Throat dan in godsnaam? Wilde hij ons daadwerkelijk ontmoeten in New York? Hebben ze hem inmiddels te pakken, wat zeer waarschijnlijk is?'
Allemaal vragen waarop ze geen antwoord had.
Shepard wreef met de rug van zijn hand over zijn kin. 'Misschien wordt het tijd om open kaart te spelen, Jenna.'

Met een abrupte beweging draaide ze haar hoofd in zijn richting. 'Ben je gek geworden? Wat hebben ze tot nu toe gedaan? Opnieuw wordt alles binnenskamers gehouden. De enigen waar ze achteraan zitten zijn wij!'
Hij keek rustig voor zich uit. 'Ik weet niet of we hun daar helemaal ongelijk in kunnen geven. Maar zo komen we ook niet verder. Misschien...'
'Kan me niet schelen, als jij je aan wilt geven, dan moet jij dat weten. Maar je hebt een dode op je geweten, Shepard! Jezus christus. Ze gooien je voor twintig jaar de cel in.'
Een paar seconden was het stil.
'Als je geluk hebt!'
Shepard knipperde met zijn ogen.
Toen ze zich realiseerde wat ze gezegd had, pakte Jenna hem bij zijn schouders en drukte hem tegen zich aan.
'Sorry, Thomas, sorry, dat had ik nooit mogen zeggen.'
Ze drukte haar hoofd tegen zijn wang. Toen ze zijn tranen op haar huid voelde, schoot ze eveneens vol. Zo bleven ze daar zitten, minutenlang.
Ondertussen was de wind in kracht toegenomen. In het water van het Tidal Basin vormden zich ontelbare kleine golfjes, die de afgevallen bladeren meevoerden in de richting van de Potomac. Op weg naar de oceaan, op weg naar de vrijheid, ver weg van deze poel van verderf.

36

Omdat het was gaan regenen, waren ze in het busje gaan zitten. Mistroostig staarden ze door de voorruit naar buiten, waar de grijze bewolking bezit had genomen van de hemel. De sombere sfeer werd er alleen nog maar door versterkt. Met zichtbare tegenzin zetten ze zich aan de taak om door te nemen wat Deep Throat nog op de site had weten te zetten. Diep vanbinnen waren ze er allebei van overtuigd dat het zijn laatste bijdrage was.

Connectie tussen TFARC en de oliewereld van Dallas

TFARC (olie) is verbonden met Permindex/OAS/CIA/anticommunistisch bolwerk.
Contact TFARC (olie) met Centro/Permindex.

TFARC weet dat ze niets meer aan Johnson hebben, Johnson wordt in 1964 gewipt.

1963: Kennedy was op stoom.
Bewijs: staalcrisis en aanval op oil depletion.
De lobby tegen de belastinghervormingen van Kennedy was mislukt en vicepresident Johnson zou met de presidentsverkiezingen van 1964 hoogstwaarschijnlijk worden gedumpt door Kennedy. Dus hoe fanatiek Johnson ook het tegendeel probeerde te bewijzen, zijn rol zou binnen afzienbare termijn zijn uitgespeeld. Als Kennedy bereid was om Johnson als vicepresident te laten vallen in 1964, dan betekende dit dat hij vast in het zadel zat en ervan overtuigd was dat hij met zijn huidige populariteit zonder meer zou worden herkozen. Met de daaraan verbonden onvermijdelijke belastingmaatregelen gericht tegen de olie-industrie.
Oliemagnaten beheersen TFARC. Zie ledenlijst TFARC!
Ik beschik over de ledenlijst.

Shepard knipte met zijn vingers.
'De ledenlijst. Ik zei het je. Het is dus wel degelijk een groepering! We zitten op het goede spoor, het is een verwijzing naar de CRAFTsmen. Als het waar is wat hij hier beweert, dan kan dat verstrekkende gevolgen hebben. Die ledenlijst kan reputaties maken en breken.'
Jenna knikte. 'Hij beschikt over de ledenlijst van TFARC, maar hij vermeldt die niet. Hij heeft de originele film van de Babushka Lady in zijn bezit, maar hij laat ons slechts twee frames zien. Ik zeg het je nog een keer, Thomas, wie het ook is, hij heeft de informatie uit de tweede hand. Hij weet niet waar TFARC exact voor staat en hij weet evenmin waar de bewijzen voor hun vermeende betrokkenheid bij de moord op Kennedy zich bevinden. Daarom heeft hij jou uitgekozen, jij moet de puzzel oplossen voordat...'
'Voordat ze het zelf doen,' vulde Shepard haar aan.
'We zitten in een wedloop, Thomas, en het is de vraag wie als eerste de finish bereikt. Dat verklaart de hele opzet. Ergens liggen de bewijzen die aantonen dat Kennedy is vermoord als gevolg van een complot.'
'En van de identiteit van de opdrachtgevers.'
Jenna slaakte een diepe zucht. 'En noch wij, noch de CRAFTsmen zijn op de hoogte van de exacte vindplaats daarvan.'
Shepard knikte slechts een paar keer.
'Alles valt op zijn plaats, Thomas. Waarom heeft hij alle informatie niet

gewoon aan jou doorgegeven? Dat heb ik me van het begin af aan afgevraagd. Maar je had gelijk. Hij kon er onmogelijk op vertrouwen dat jij hem ter wille zou zijn. Niet met dit! Als je slappe knieën had gehad en alles had doorgegeven aan de autoriteiten, dan was het afgelopen. Daarom was de omweg van de site nodig. Om een nieuwe doofpot uit te sluiten.'

Shepard staarde in gedachten verzonken voor zich uit.

'Hij nam bewust het risico dat de CRAFTsmen zelf eerder achter de vindplaats zouden komen. Maar het was een ingecalculeerd risico, die bewijzen bestaan immers al ruim veertig jaar. En al die tijd bevonden ze zich blijkbaar op een plek waar niemand bij kon komen. Ook de opdrachtgevers zelf niet.'

'Maar wie was dan het slachtoffer bij het Lincoln Memorial? Dachten ze dat Farraday Deep Throat was?'

'Dat is een mogelijkheid. Maar ze hadden de verkeerde te pakken. En daarom deden ze een tweede poging, in Central Park. Ze raken in paniek.'

Shepard zuchtte diep.

'Oké, de rest van de tekst dan maar. Laten we hopen dat die ons verder brengt.'

Het was een stilzwijgende afspraak geworden, een afspraak dat Kennedy het zwijgen moest worden opgelegd, hoe dan ook.

Om te kunnen begrijpen hoe dit uiteindelijk allemaal heeft kunnen leiden tot de perfecte en ultieme misdaad, is het van belang om dit negatieve sentiment in de richting van Kennedy in een breder perspectief te plaatsen.

Oliemagnaten waren via de Dallas Petroleum Club in contact gekomen met George De Mohrenschildt en met vertegenwoordigers van de International Schlumberger Corporation, een bedrijf dat nauwe banden onderhield met de CIA. De Schlumberger Corporation was een grote, Franse onderneming die voor de olieproducenten bodemonderzoek verrichtte, onder andere door toepassing van springstoffen en geologische meetapparatuur.

Schlumberger had net als de CIA belangstelling voor de OAS, de door voormalige Franse generaals geleide organisatie die in 1961 in opstand was gekomen tegen president Charles de Gaulle, die Algerije op de weg naar onafhankelijkheid steunde. De CIA gaf in het geheim steun aan deze Franse antigaullistische beweging, hetgeen resulteerde in een aantal aanslagen op De Gaulles leven.

'De vergelijking met Kennedy is niet echt moeilijk te trekken,' merkte Jenna op licht spottende toon op. 'Steeds komt de CIA om de hoek kijken en steeds wordt er een belangrijke politicus op de korrel genomen.'
Shepard knikte instemmend. 'Macht en invloed, voeg daar het aspect geld aan toe en je komt een heel eind.'

De Gaulle, die op 8 januari 1959 president was geworden van Frankrijk, erkende op 16 september 1959 het recht van alle ingezetenen van Algerije op zelfbeschikking.
(...)
De Europese ingezetenen van Algerije wensten zich hierbij niet neer te leggen, wat resulteerde in twee opstanden, de Barricadenopstand van 24 januari 1960 en de 'opstand der generaals' van 22 april 1961, onder leiding van de generaals Challe, Zeller, Salan en Jouhaud. Dit verzet werd gebundeld in de Organisation de l'Armée Secrète (OAS). De twee ondergedoken generaals Salan en Jouhaud namen hiervan de leiding op zich. Een golf van terreurdaden in de vorm van kneedbommen en aanslagen overspoelde de grote steden.
Er werden verscheidene aanslagen op het leven van De Gaulle gepleegd. In Pont-sur-Seine, vlak bij Parijs, reed De Gaulle met zijn auto in een val, waarbij hij alleen door de vaardigheid van zijn chauffeur, die het klaarspeelde om de auto onder controle te houden in een inferno van brandende olie, ontkwam aan de dood.
Later ontsnapte De Gaulle nogmaals op miraculeuze wijze aan de dood, toen zijn auto, met daarin tevens zijn vrouw en schoonzoon, in Petit Clamart, net buiten Parijs, werd doorzeefd met kogels.

Een kort maar veelbetekenend moment keken ze elkaar aan.

Na de Akkoorden van Evian maakte zich een enorme vernietigingsdrang van de OAS meester. Ze besloten Algerije als een puinhoop achter te laten. Veel openbare gebouwen werden vernield en duizenden Algerijnen werden zonder reden vermoord. Het Franse leger trad hiertegen nauwelijks op. Te elfder ure kwam tussen de OAS in Algiers en het FLN een overeenkomst tot stand, maar de terreur duurde tot juni 1962 voort. Op 1 juli 1962 vond een referendum plaats over de toekomst van Algerije, waarbij 99 procent zich uitsprak voor onafhankelijkheid. Op 3 juli verklaarde president De Gaulle plechtig dat Frankrijk de onafhankelijkheid van Algerije erkende.
Na de onafhankelijkheid knoopte het regime van Algerije nauwe banden aan met het Cuba van Castro.

Overigens had John F. Kennedy al als senator de onafhankelijkheid van Algerije ondersteund en zou hij later als president De Gaulle volledig steunen in zijn pogingen om Algerije onafhankelijkheid te verlenen.
Dit is temeer interessant omdat in dezelfde periode de CIA steun verleende aan de OAS in haar pogingen om deze onafhankelijkheid op gewelddadige wijze tegen te houden!
Maar zoals gewoonlijk deed de CIA dit niet openlijk. Ze gebruikten daarvoor een van hun vele mantelinstellingen, maatschappelijke organisaties en ondernemingen die op het eerste gezicht niets van doen konden hebben met welke inlichtingendienst dan ook.

'Daar heb je ze weer, de CIA. Ze zijn altijd van de partij, overal waar stront aan de knikker is verschijnt de CIA als een duveltje uit een doosje op het toneel.'
Shepard knikte. 'Net zoals de vrijmetselarij,' voegde hij er veelbetekenend aan toe.

De organisatie die een cruciale rol speelde in deze wirwar van contacten tussen ondernemers, inlichtingendiensten (CIA) en rechts-extremistische organisaties als de OAS, was het sinds 1961 in Rome gevestigde Centro Mondiale Commerciale (wereldhandelscentrum), oorspronkelijk opgericht in Montreal. Het doel van het Centro was zoals de naam al doet vermoeden het bevorderen van de handel in de breedste zin van het woord. Naast een nevenvestiging in Zwitserland had het Centro ook nog een dochteronderneming, Permindex, wat stond voor PERManent INDustrial EXpositions, een instelling die zich bezighield met de organisatie van internationale beurzen.
Tot de raad van bestuur van het Centro behoorden onder anderen de volgende personen:
Prins Gutierrez di Spadaforo, lid van het Huis van Savoye, een rijke aristocraat met grote belangen in de olie- en wapenindustrie die ooit onder Mussolini onderminister van landbouw was geweest;
Carlo D'Amelio, de advocaat van voormalige leden van de Italiaanse koninklijke familie;
Jean de Menil, president-directeur van de International Schlumberger Corporation;
Ference Nagy, de verbannen voormalige minister-president van Hongarije en een belangrijk anticommunistisch leider. Nagy was eveneens directeur van Permindex en emigreerde later naar de Verenigde Staten, waar hij zich vestigde in Dallas, Texas.

Jenna schudde haar hoofd. Het begon haar nu te duizelen. Dallas, steeds maar weer Dallas.

De grootste aandeelhouder van Permindex was ene majoor Louis Mortimer Bloomfield, een belangrijke advocaat uit Montreal. Bloomfield had oorspronkelijk de Amerikaanse nationaliteit en was een ex-agent van het Office of Strategic Services (OSS), waaruit later de CIA is voortgekomen.
De CIA was begin jaren zestig in Italië met een project begonnen om anticommunistische doelen te ondersteunen en was in wezen een belangenbehartiger van het fascisme. De organisatie waarvan de CIA daarbij gebruikmaakte, was het Centro Mondiale Commerciale. Het belangrijkste doel van deze organisatie was in feite het heen en weer schuiven van gelden om bepaalde acties en illegale politieke spionageactiviteiten te ondersteunen. Een manier van werken die de inlichtingendiensten, waaronder de CIA, graag toepasten om ongemerkt via commerciële instellingen hun operaties te ondersteunen.
Centro Mondiale Commerciale werd er onder andere van verdacht de aanslagen op de Franse president De Gaulle te hebben gesteund. In 1962 werd het Centro er door De Gaulle van beschuldigd de Organisation de l'Armée Secrète (OAS) heimelijk te hebben geholpen. Zo ontdekte de Franse inlichtingendienst dat er tweehonderdduizend dollar heimelijk was doorgesluisd naar de rekening van Permindex bij de Banque de la Crédit Internationale. Ook bestaan er gegevens die erop wijzen dat een zekere Guy Banister, een ex-FBI-man die later in contact stond met de CIA, contant geld liet doorsluizen naar de OAS. Banister stond eveneens in contact met de Schlumberger Corporation.
De tweehonderdduizend dollar werd daadwerkelijk gebruikt om een van de aanslagen op De Gaulle te financieren. Die mislukte, opnieuw.
In 1962 werd zowel het Centro Mondiale Commerciale als dochteronderneming Permindex verboden door de Italiaanse en Zwitserse Justitie. Ze voerden nooit daadwerkelijk handelstransacties uit en ze weigerden te verklaren waar de geldstromen vandaan kwamen.
Het hoofdkantoor van het Centro werd vervolgens verplaatst naar Johannesburg.

Jenna fronste haar wenkbrauwen. 'Ik wist niet dat Banister contacten onderhield met de OAS.'
Shepard knikte bijna ongemerkt met zijn hoofd.
'Deep Throat zet alle feiten voor ons op een rijtje, Jenna, om de grote lijnen nog eens duidelijk te maken. Je kunt de aanslag nu eenmaal niet los

zien van het wereldbeeld dat toentertijd heerste. Twee zielen, één gedachte, zou je bijna zeggen. Veel van wat hier staat, heb ik op verschillende tijdstippen eveneens beweerd, alleen durfde ik er nooit mee naar buiten te treden, uit angst voor mijn reputatie. Alsof die ertoe deed.'

Shepard klonk terneergeslagen. Hij begon zich steeds sterker te realiseren dat hij al die tijd op het goede spoor had gezeten, maar dat het hem simpelweg aan lef had ontbroken om met zijn verhaal naar buiten te komen. Het lef dat Deep Throat wel had gehad en dat hij naar alle waarschijnlijkheid met de dood had moeten bekopen.

'Maar je ziet het. De lijnen komen allemaal bij elkaar. De CIA, Permindex, het Centro Mondiale Commerciale, de OAS, alles wordt in stelling gebracht ten dienste van de strijd tegen het communisme of wat daar ook maar naar ruikt. Alles ten dienste van de nieuwe wereldorde. In Frankrijk was De Gaulle het doelwit, in de Verenigde Staten Kennedy. Deep Throat probeert ons duidelijk te maken dat dit allemaal met elkaar in verband staat. Zowel bij de aanslagen op De Gaulle als die op Kennedy waren op de een of andere manier dezelfde organisaties betrokken.'

En via deze connectie wordt ook een zekere Clay Shaw in het verhaal betrokken.

Clay Shaw, de directeur van de International Trade Mart in New Orleans, verrichtte hand-en-spandiensten voor de CIA en was lid van het bestuur van zowel het Centro als Permindex. De International Trade Mart was door Shaw opgericht als sponsorbedrijf voor permanente industriële beurzen in het Caribisch gebied en via Permindex verbonden aan het 'moederbedrijf' Centro Mondiale Commerciale.

Later, in 1968, zou Shaw door officier van justitie Garrison worden aangeklaagd voor zijn vermeende rol in het complot om president Kennedy te vermoorden. Shaw werd gezien als degene die de touwtjes in handen had in New Orleans. Hij rekruteerde een aantal handlangers en was degene die het contact onderhield met de opdrachtgevers, met TFARC.

'Met de CRAFTsmen dus,' merkte Shepard schamper op.

Hoewel de jury uiteindelijk oordeelde dat er wel degelijk zo'n complot had bestaan, werd Shaw wegens gebrek aan bewijs vrijgesproken. Dat was een grove fout van de jury, begrijpelijk misschien, maar een gerechtelijke dwaling die nooit meer zou worden goedgemaakt.

Overigens trachtte minister van Justitie Ramsey Clark ten tijde van de aanklacht tegen Shaw zijn betrokkenheid bij de aanslag te ontkrachten door mede te delen dat Shaws handel en wandel was onderzocht en dat vaststond dat hij er niets mee te maken had. Dat was vreemd, omdat Shaws naam tot op dat moment niet was opgedoken in verband met het onderzoek naar de aanslag. Ook niet in het Warren-rapport. Waarom en door welke regeringsinstanties zou Shaw dan zijn gecheckt? Later werd de verklaring van Clark door een woordvoerder van het ministerie van Justitie ingetrokken als zijnde gebaseerd op verkeerde informatie.

Shepard trommelde met zijn vingers op de laptop.
'Verdomd, er schiet me nu iets te binnen. Shaw zat in het complot, daar ben ik van overtuigd. Maar denk aan de tatoeage van Farraday. Shaw is eind jaren zeventig plotseling overleden en ondanks alle insinuaties is er nooit autopsie gedaan op zijn lichaam. Niemand heeft ooit kunnen verklaren waarom. Nu begint het me te dagen. Misschien had hij dezelfde tatoeage onder zijn oksel. En misschien zou die tatoeage hem nu juist in verband kunnen hebben gebracht met een groepering die dat liever niet zag gebeuren. Een paar telefoontjes zullen voldoende zijn geweest...'
Jenna wreef met haar duim en wijsvinger over haar voorhoofd.
Shepard tuurde naar het scherm.
'Alle puzzelstukjes vallen een voor een in elkaar, Jenna. Het lijkt allemaal ingewikkeld, maar in wezen draait het steeds om dezelfde groep personen. Steeds kom je bij dezelfde spelers uit. Alleen hebben ze steeds een andere gedaante.'
Hij las geconcentreerd verder.

Stap voor stap werd het plan om zich van president Kennedy te ontdoen, ingevuld. Twee zaken waren daarbij uitermate belangrijk. Er bestond een invloedrijke kring van personen die er dezelfde extreme denkbeelden op na hield en er waren meer dan voldoende middelen aanwezig om de plannen te kunnen uitvoeren.
Zoals gezegd was het van het begin af aan duidelijk dat er naast het daadwerkelijke moordplan een nepcomplot zou moeten worden opgezet om de autoriteiten op een vals spoor te zetten. De impact van de moord op de president zou immers zo enorm zijn, dat er een zondebok voorhanden moest zijn op wie alle aandacht zich zou kunnen richten.
De basis voor dat nepcomplot lag eigenlijk voor de hand. Vanuit de ultrarechtse en anticommunistische denkbeelden van TFARC was het via het Centro en Permindex (CIA) en de steun aan de OAS in Algerije maar een kleine stap naar

die andere strijd tegen het gehate communisme. Die van de anti-Cubabeweging. De anti-Cubabeweging werd bovendien al langer door deze instanties gesteund en vormde zodoende een perfecte dekmantel voor de complotteurs.
En zo voegde Clay Shaw via de anti-Cubabeweging Guy Banister en David Ferrie aan de complotgroep toe, figuren die evenals de rest van de anti-Cubabeweging woedend waren over het Varkensbaaidebacle, waarvoor ze Kennedy verantwoordelijk hielden.
Guy Banister was een sleutelfiguur in extreem rechtse kringen en fel anti Cuba. Hij was lid van de John Birch Society en had nauwe banden met de militie van de Minutemen.
Privédetective en ex-FBI-agent Guy Banister, wiens detectivebureau een ontmoetingsplaats was voor de bannelingen en hun sympathisanten, werd door Shaw ingeschakeld om Oswald zoals dat heet te 'ontluizen'. Lee Harvey Oswald moest zodoende door Banister in de periode voor de aanslag worden betrokken in de anti-Cubabeweging, met als enige reden Oswald tot een aanvaardbare aanslagpleger te kunnen bombarderen. In eerdere jaren was Oswald immers geëmigreerd naar Rusland en hij koesterde dus op zijn minst sympathie voor de communistische ideologie. Bekend is ook dat Oswald aanvankelijk pro Cuba was. Oswald gebruikte het kantoor van Banister in New Orleans als uitvalsbasis voor zijn pro-Cuba-activiteiten. Zijn abrupte overstappen van de pro- naar de anti-Cubabeweging was dan ook onverklaarbaar en tegenstrijdig en slechts bedoeld om Oswalds rol als eenzame, doorgedraaide moordenaar aannemelijk te maken.
Tevens werd David Ferrie ingeschakeld, eveneens fel anti Castro. Ferrie, een vliegtuigpiloot, had zich al in 1959 aangesloten bij de strijd tegen Castro. Hij werkte voor Sergio Arcacha Smith, het hoofd van het Cubaans Revolutionair Front in New Orleans. Hij vloog geregeld Cubanen over voor sabotagemissies en hij werd genoemd in verband met de overval van een groep Cubanen op de Schlumberger-munitiefabriek in Houma, Louisiana, waarbij grote hoeveelheden springstoffen en geweren werden buitgemaakt. Allemaal in het kader van de strijd tegen Castro.

'Dat is allemaal bekend,' reageerde Jenna. 'Ferrie is uitgebreid door Garrison aan de tand gevoeld. Hij overleed voordat hij een officiële getuigenis kon afleggen in de rechtszaak tegen Shaw.'
'Niet alleen Ferrie, ook Banister was toen al overleden, zoals zovelen die een getuigenis hadden kunnen afleggen onverwacht de dood vonden, met als hoogtepunt Lee Harvey Oswald. Ik weet niet of je de lijst van overleden potentiële getuigen wel eens hebt gezien, maar het zijn er wel heel erg veel om nog van toeval te kunnen spreken.'

De keuze voor deze dekmantel was om meer dan één reden briljant. De anti-Cubabeweging bevond zich begin jaren zestig op het hoogtepunt. En dat hoogtepunt werd belichaamd door de plannen die later bekend zouden worden als het Varkensbaai-incident.

Het plan van de CIA om Cubaanse bannelingen Cuba te laten binnenvallen om zodoende de regering van Castro omver te werpen, bestond reeds toen Kennedy tot president werd verkozen.

(...)

Het was 20 april, de negentigste dag van Kennedy's presidentschap.

Door de acties van Kennedy was de invasie een ramp geworden. Zowel de militaire en CIA-planners als de Cubaanse bannelingen waren verbouwereerd en woedend. De bannelingen voelden zich verraden. Deze voedingsbodem van felle anti-Cubagevoelens vormde een perfecte dekmantel voor de opzet van het nepcomplot om Kennedy te vermoorden. De opzet om de moord in de schoenen te schuiven van een aantal zondebokken wees dus haast als vanzelf in de richting van de anti-Cubabeweging.

(...)

22 november 1963. De president was op weg naar Dallas. Oswald was op zijn werkplek in het schoolboekendepot aan Elm Street. De huurmoordenaars waren ingevlogen.

Een belangrijk punt van aandacht was de keuze van de moordenaars. Ook daar zijn vele theorieën over naar buiten gebracht. Feit is dat het huurmoordenaars waren die waren gerekruteerd via de OAS. Ze waren ervaren en hadden hun prijs. De aanslagen op De Gaulle waren mislukt, deze keer mochten ze niet falen.

Kort voordat de presidentiële stoet vertrok, namen ze hun posities in. Om twaalf uur, dertig minuten en twaalf seconden Central Standard Time, klonk het eerste schot.

Na de aanslag werd Oswald binnen anderhalf uur opgepakt.

Oswald stapte op een bus en kwam om één uur aan bij zijn hospita. Om kwart over een werd Oswald lopend in Tenth Street aangehouden door agent J.D. Tippit. Tippit werd doodgeschoten, volgens sommige getuigen door Oswald, volgens andere door een andere schutter. Om tien voor twee werd Oswald opgepakt in het Texas Theatre.

Op zondagochtend 24 november zou Oswald vanuit het politiebureau van Dallas worden overgebracht naar de districtsgevangenis, waar een betere beveiliging mogelijk was. Om negen voor halftwaalf stapten Oswald en zijn begeleiders uit de lift in de keldergarage. Jack Ruby liep naar voren en schoot Oswald neer.

(...)

Om zeven over een, achtenveertig uur en zeven minuten nadat Kennedy dood was verklaard, werd Lee Harvey Oswald doodverklaard in het Parklandziekenhuis te Dallas, in een traumakamer naast die waarin de president was overleden.

De doofpotaffaire was begonnen.

De president was vermoord. De vermeende moordenaar eveneens.

De daadwerkelijke moordenaars hadden het land alweer verlaten.

De doofpotaffaire was in werking gezet. Het nepcomplot deed zijn werk.

(...)

Het scenario van de film *JFK* zat er dus nog niet eens zo ver naast, behalve dan dat de film uitgaat van het bestaan van een daadwerkelijk complot, terwijl dat in werkelijkheid een nepcomplot is geweest, opgezet om de echte toedracht te maskeren.

Gelooft u dit allemaal niet? Wat doet het ertoe!

Het was de bedoeling van de complotteurs om twijfel te zaaien, om een rookgordijn aan te leggen waar niemand meer uit zou kunnen komen. Welke feiten nu precies wel of niet exact klopten, deed er niet meer toe. Niemand, geen enkele overheidsinstantie, de Warren-commissie in 1963, noch de House Select Committee on Assassinations in 1978, is er ooit uitgekomen wie er achter het complot zaten. Volgens de HSCA was er wel een complot, maar ze wisten niet hoe of wat.

Sinds die zwarte dag in november 1963 zijn er ontelbare artikelen, boeken en films over de moord op Kennedy verschenen, met evenzovele complottheorieën en verdachtmakingen. Met welk concreet resultaat? Geen enkel!

De HSCA deed in 1978 nog de aanbeveling aan Justitie om de hele zaak opnieuw te onderzoeken. Maar de overheid gaf er geen gehoor aan!

Het rookgordijn heeft zijn werk tot op de dag van vandaag naar behoren gedaan. Een rookgordijn waaraan de overheidsdiensten elk op hun eigen manier maar zonder het te beseffen, ingrijpend hebben meegewerkt, allemaal met de bedoeling om hun eigen straatje schoon te vegen.

Daarom werden de onderzoeken als een sneeuwbaleffect uitvergroot, naar de betrokkenheid van de maffia, de CIA, de FBI, de anti-Cubabeweging, Castro en noem maar op. Behalve naar die van de sector die de grootste invloed had en heeft in Amerika: de olie-industrie. Terwijl de voordelen van de uitschakeling van Kennedy voor hen veruit het grootst waren. Terwijl zij de middelen en de contacten hadden om zo'n plan ten uitvoer te brengen. Terwijl zij toegang hadden tot een organisatie waarvan de macht al sinds jaar en dag diep is doorgedrongen in het centrum van de Amerikaanse samenleving. Een organisatie die geen president duldde die zich niet aan haar zou onderwerpen...

En hoe ging de doofpotaffaire dan in zijn werk?
Een paar voorbeelden:

– Oswald werd bij zijn terugkeer als overloper uit de Sovjet-Unie niet ondervraagd door de CIA.
– De tegenstrijdige verklaringen betreffende de autopsie op president Kennedy van de artsen in het Parklandziekenhuis in Dallas en de artsen van het marineziekenhuis Bethesda in Washington.
– Het nalaten van de Warren-commissie om cruciale getuigen te verhoren. Zo werd Shaw niet verhoord, noch Ferrie. Shaw werd door minister van Justitie Ramsey Clark zelfs volledig afgeschermd.
– Het nalaten van de FBI om Banister in 1963 te verhoren. Kennelijk was de FBI er veel aan gelegen om een voormalig agent te beschermen.
– De limousine van de president werd binnen vierentwintig uur gestript, voordat die kon worden onderzocht.
– De kleding van gouverneur Connally werd binnen vierentwintig uur gestoomd.
– De hersenen van de president raakten zoek.
(...)
– Gouverneur Connally en gouverneur Reagan weigerden getuigen uit te leveren ten behoeve van het onderzoek.
(...)
– CIA-directeur George W. Bush zorgde ervoor dat de HSCA geen schadelijke informatie van de CIA loskreeg. Intern vroeg hij echter onmiddellijk om inlichtingen over alle personen die in staat zouden zijn om de medeplichtigheid van de CIA aan de moord op Kennedy en aan het verbergen van de ware toedracht daarvan, boven water te brengen.
(...)
En dan hebben we het nog niet eens gehad over de, in vele gevallen onopgeloste, dood van hoofdpersonen die enig licht op de zaak hadden kunnen werpen.
Allereerst was daar natuurlijk Lee Harvey Oswald, doodgeschoten door Jack Ruby.
(...)
Jack Ruby overleed op 3 januari 1967 in de gevangenis onverwacht aan longkanker, vlak voordat hij een nieuw proces zou krijgen over zijn moordaanslag op Oswald. Er bestaan verdenkingen dat Ruby is geïnjecteerd met een kankerverwekkend middel. In die periode beschikte de CIA al over stoffen die kanker konden veroorzaken. Toediening van slechts een paar microgram was hiervoor al voldoende.

(...)
En misschien dat de levensloop van George De Mohrenschildt – de medespeler tegen wil en dank in dit tragische scenario, de marionet die zich achteraf misschien nog wel het meest zijn betrokkenheid bij deze morbide geschiedenis heeft aangetrokken – nog wel de meeste indruk maakt van allemaal.
(...)
Hij werd paranoïde en claimde dat de FBI achter hem aan zat.
(...)
Hij zette een geweer tegen zijn hoofd en stierf op 29 maart 1977, drie uur nadat een vertegenwoordiger van de House Select Committee on Assassinations contact met hem had proberen te zoeken.
(...)
Maar daar hield het niet mee op. In april 1991 werkte een onderzoeker naar de moord op Kennedy voor de actualiteitenrubriek *Frontline* aan een aflevering over de moord op JFK. De researcher had in Florida gesproken met een vroegere luchtmachtkolonel en mogelijke CIA-pion in de samenzwering, die bereid was om over de aanslag te praten. Op grond van die toezegging maakte officier van justitie Bud Fensterwald, de beheerder van de archieven over de moord op JFK in Washington, een afspraak met de luchtmachtkolonel in Palm Beach, Florida. Een paar dagen voor de afspraak overleed Fensterwald. Zijn lichaam werd gecremeerd, zonder dat er een lijkschouwing had plaatsgevonden.
(...)
Dat de complotteurs met alles weg zijn gekomen, kan echter slechts bewondering oogsten. Waarschijnlijk waren ze zelf ook hoogst verbaasd dat het verhaal van de Warren-commissie werd gepikt door de ganse natie, door de burgers, door de overheid, door de gehele wereld. Dat het zo gemakkelijk zou gaan, hadden ook zij niet voor mogelijk gehouden. En dat allemaal omdat men blind was, men blind wilde zijn, voor de mogelijkheid van een groter complot. Zoiets kon de beschaafde westerse wereld, dezelfde wereld die het kwaad van de nazi's had verdreven, dezelfde wereld die de Koude Oorlog met zoveel verve wist te voeren, die nota bene slechts luttele tijd daarvoor de Russen in een bloedstollende crisis op de knieën had gekregen, niet overkomen. Nee, het kwaad kon niet zo diep zijn geworteld in het centrum van diezelfde wereld. Dat was onmogelijk en dat moest ook vooral zo blijven.
Maar die manier van denken bestond in september 2001 ook...

En de film waarop alles te zien was, waaruit het bewijs voor het bestaan van een samenzwering om de president van de Verenigde Staten te vermoorden klip en klaar bleek, was voor altijd verdwenen. In beslag genomen door de FBI, om nooit meer boven water te komen. De film van de Babushka Lady, die de eenzame-dadertheorie, opgedrongen door de FBI van Hoover en overgenomen door de Warren-commissie – met als enige doel om een onderzoek naar de speculaties over een complot in de kiem te smoren – volledig onderuit zou hebben gehaald.

'Ik realiseer me goed,' verklaarde Robert Kennedy tegenover een groep studenten aan het San Fernando State College op 3 juni 1968, 'dat alleen de macht van het presidentschap de geheimen rond de dood van mijn broer kan ontsluieren.'

Drie dagen later was ook hij dood.

Robert Kennedy was aan de winnende hand in de strijd om het presidentschap. Maar er mocht nimmer een tweede Kennedy op de troon komen, een Kennedy die dezelfde overtuigingen had als zijn broer, die even financieel onafhankelijk en invloedrijk was als zijn broer, en, erger nog dan dat, die uit was op wraak voor de moord op zijn broer.

En daarmee was het evenwicht weer hersteld. De cirkel was gesloten.

'Het hoogste weten is te weten dat wij niets weten.'
Broeder Christian Rosencreutz, Ridder van de Gouden Steen, in het jaar 1459.

Intuïtief dubbelklikte Shepard op de link naar TFARC. Met zijn wijsvinger drukte hij de PageDowntoets in.
De tekst van de eerdere verwijzingen vloog voorbij over het scherm. De laatst toegevoegde tekst was vet gedrukt.

Ik verlaat u met de volgende woorden:

Shepard slikte. Ze keken elkaar zwijgend aan.

Niets is geheim wat niet onthuld zal worden. Daarom zal iemand na mij komen, wiens heerlijkheid nog niet bekend is, die veel zal openbaren.
Deze gedachte zal nog verborgen moeten blijven tot de komst van Elias Artista.
Wie is hij die zo komen zal? Het is de Lichtende Geest van de leer van het Rozenkruis: Elias Artista!

Neem deze passer en plaats hem op het middelpunt van de tempel.
Het antwoord ligt besloten in de dertiende graad.
Onder de schaduw van uw vleugels, Jehova.

37

De verdachte zat als in gebed verzonken aan tafel, met voorovergebogen hoofd, zijn vingers ineengestrengeld op het grijze tafelblad. In een poging zich af te sluiten van wat er om hem heen gebeurde, bekeek hij elke veeg of deuk op het beduimelde tafelblad nauwkeurig. Door het schelle licht van de tl-lampen ontwaarde hij de afdrukken van ontelbare vingertoppen van verdachten die hem waren voorgegaan. Wie waren zij geweest, welke misdaden hadden ze begaan?
Hij sloot zijn ogen en probeerde zich de laatste ogenblikken van zijn vader voor de geest te halen. Hij wist dat wat hij gedaan had, de enige juiste optie was. Hij was ervan overtuigd dat hij deze taak had moeten volbrengen. Vanaf het moment dat zijn vader de sleutel in zijn handen had gedrukt, had hij geweten wat hem te doen stond. Hij had zich er vaak een voorstelling van proberen te maken onder wat voor druk de man gedurende die veertig jaar moest hebben gestaan. Die moest onmenselijk zijn geweest. Om te moeten leven met de wetenschap wie er verantwoordelijk waren voor de moord op een president, op hún president, zonder de mogelijkheid te hebben gehad die kennis wereldkundig te maken. Op straffe van vernietiging van de levens van degenen die hem het meest dierbaar waren. Wat een verschrikkelijk dilemma moest dat zijn geweest.
Plotseling werd de deur van het vertrek opengerukt. Hij schrok. De twee andere aanwezigen leek het weinig te deren. De ene zat rustig op de rand van de tafel en de andere stond nog steeds nonchalant tegen de muur geleund. De man die binnenkwam, plaatste een laptop op de tafel en ging zitten.
'Zo, laten we eens kijken wat u ons hier allemaal over kunt vertellen.'
Hij klapte de bovenkant van de laptop omhoog en startte hem op. Gedurende de enkele tientallen seconden die dat duurde, staarde hij onafgebroken naar de verdachte, maar die hield zijn blik strak op het tafelblad

gericht. Het enige geluid dat hoorbaar was, was het zachte gezoem van het apparaat en het indrukken van de toetsen.

'Zou u zo vriendelijk willen zijn om naar het scherm te kijken?' De stem klonk beschaafd, maar dwingend.

Geen reactie.

'Ik adviseer u dringend om mijn raad op te volgen. Het is in uw eigen belang, ziet u. Er zijn natuurlijk andere middelen, maar wij prefereren toch de beschaafde verhoormethode. Begrijpt u? U krijgt nu de kans om het een en ander uit te leggen, maar die kans krijgt u maar één keer. Daarna geef ik u over aan mijn collega's van de inlichtingendienst en ik kan u vertellen: die hebben minder geduld dan wij.'

De verdachte knipperde een paar maal met zijn ogen.

'Laatste kans, het kan goedschiks of kwaadschiks, aan u de keus. Maar u bent op dit moment overgeleverd aan de sterke arm, vrees ik. Wij hebben verregaande bevoegdheden om de waarheid te vinden in deze zaak.'

Hij pauzeerde een paar seconden. De verdachte reageerde niet.

Toen stond de ondervrager op. 'Oké, zoals u wilt. Dan draag ik u nu over aan mijn collega's. Maar denk eraan: niemand weet dat u hier bent. Er is niemand die u kan helpen.' Hij sprak de laatste zin langzaam en met nadruk uit. Daarna schoof hij zijn stoel aan en wilde weglopen.

'Goed.'

De man draaide zich pijlsnel om. 'Dus u werkt vanaf nu onvoorwaardelijk mee?'

De verdachte knikte. De ondervrager nam weer plaats aan de tafel.

'Goed, leest u even met mij mee. U bent bekend met deze site, veronderstel ik?'

Geen reactie.

De ondervrager spreidde zijn handen en stak ze geïrriteerd in de lucht.

'Eh, ja... ja.'

'Voor de goede orde, u kijkt naar de site JFKTruthOrDare.com. We hebben redenen om ervan uit te gaan dat u de maker bent van deze site. Alhoewel wij zeer geïnteresseerd zijn in de gehele inhoud ervan, spitst het onderzoek zich op dit moment toe op een bepaald bericht. Wij zouden graag gebruikmaken van uw expertise op dit gebied, als ik het zo mag omschrijven.'

De verdachte wilde aanvankelijk protesteren, maar hij zag in dat dat weinig zin zou hebben. Ze hadden hem op heterdaad betrapt toen hij de laatste gegevens aan de site toevoegde. Ontkennen was geen optie.

'Ik weet niet meer dan wat er op de site staat vermeld.'

Zijn ondervrager begon te grinniken. 'Ongetwijfeld, maar zoals gezegd, leest u met mij mee.'

Niets is geheim wat niet onthuld zal worden. Daarom zal iemand na mij komen, wiens heerlijkheid nog niet bekend is, die veel zal openbaren.

'Waarom helpt u ons niet uit de brand? Wie is die ander die alles zal openbaren?'
De verdachte knipperde een paar maal met zijn ogen. 'Ik zei het u al, ik weet niet meer dan dat, niet meer dan wat er staat!'
De man zuchtte en van zijn gezicht viel af te lezen dat hij hem niet geloofde. 'Kom op, u hebt die teksten toch niet zomaar uit uw mouw geschud? U bent intelligent, ongetwijfeld goed opgeleid, u begrijpt dat we hier geen genoegen mee kunnen nemen.'
'Maar ik zeg u, het is de waarheid, het is alles wat ik weet!'
'Goed, laten we verder lezen, misschien dat het u dan allemaal weer helder voor ogen komt te staan. Wilt u koffie?'
Geen reactie.
'Nogmaals...'

Niets is geheim wat niet onthuld zal worden. Daarom zal iemand na mij komen, wiens heerlijkheid nog niet bekend is, die veel zal openbaren.

De verdachte schudde zijn hoofd.
Zijn ondervrager las onverstoorbaar verder.

Deze gedachte zal nog verborgen moeten blijven tot de komst van Elias Artista.

'Wie is Elias Artista? Is het een anagram? Naar wie verwijst die naam? Ik raad u aan om te antwoorden, zo niet, dan zullen de gevolgen voor uw rekening komen. En alstublieft, zegt u nu niet weer dat u van niets weet. De hele site staat bol van vergelijkbare verwijzingen. U weet waar u het over hebt. U zegt dat u beschikt over bewijzen. Bewijzen waarvan? Waar zijn die dan?'
De verdachte richtte zich op en staarde de man aan. Dat was de cruciale vraag, waar waren de bewijzen? Alleen kon hij daar geen antwoord op ge-

ven, hoe graag hij het ook wilde. Hoe vreselijk graag hij het ook wilde. Zijn ondervrager sloeg met zijn vuist op het tafelblad.
De verdachte verstarde.
'Kom op, hou je niet van de domme. Onze experts hebben alle gegevens gecheckt. Je weet precies waar je over praat. Ontkennen heeft geen zin. Je weet hoe het zit, jij zit hierachter, achter deze hele façade. Waar liggen die bewijzen dan? Waar!'
De verdachte begon nu te transpireren. Hij wreef met de rug van zijn hand over zijn mond en kin en keek vertwijfeld voor zich uit. Hij wist niks, helemaal niks. Al zouden ze hem vierendelen, hij wist niks!
'Ik zweer het u, ik weet het niet, ik weet het werkelijk niet.' Zijn stem sloeg over van emotie. 'Ze hebben het me in de mond gelegd, begrijpt u? Ze hebben het me in de mond gelegd. Ik weet het niet, echt, ik weet het niet.'
Hij kreeg een harde klap in zijn gezicht, met de vlakke hand. Zijn ondervrager leek nu witheet.
'Ik probeer me onder controle te houden, maar dit gelul pikken we niet. Wie heeft het dan in je mond gelegd, wie?'
Opnieuw kreeg hij een klap in zijn gezicht, deze keer harder. Hij proefde het bloed dat vanuit zijn neus over zijn lippen liep. Hij zag het beeld van zijn stervende vader voor zich. Zijn afgetobde, uitgemergelde gezicht. De bleke, krachteloze handen. Hij bleef maar met zijn hoofd schudden, keer op keer. Plotseling greep zijn ondervrager hem bij de haren. De vuist beukte tegen zijn jukbeen.
'Wie, verdomme, wie? Waar zijn de bewijzen? Waar, verdomme?'
Van het ene op het andere moment ging de man echter weer rustig zitten. 'Wil je wat drinken, koffie, thee?'
Zijn stem klonk opeens weer vriendelijk, bedaard, alsof alles onder controle was.

Wie is hij die zo komen zal? Het is de Lichtende Geest van de leer van het Rozenkruis: Elias Artista!

De verdachte was in gedachten verzonken. Het waren de laatste aanwijzingen. Het laatste gedeelte van Truth had hij in grote haast op de site moeten zetten. Hij had geen tijd meer gehad om alle gegevens te bewerken. Het was een wirwar van feiten geweest en hij had lang niet alles kunnen plaatsen, maar het had eenvoudigweg niet anders gekund. Hij kon slechts hopen dat de documenten van zijn vader veilig zouden zijn. Dat ze niet in de verkeerde handen zouden vallen. En hij dankte God op zijn blote knieën dat hij de laatste verwijzingen nog had kunnen plaatsen. De verwijzingen vormden immers de basis waarin de uiteindelijke oplossing besloten lag, daar was hij van overtuigd. De laatste had hij achter de hand gehouden, als een soort geheim wapen, voor als het moment daar was. Lange tijd had hij getwijfeld of hij ze aan Shepard persoonlijk zou overhandigen of dat hij ze zou publiceren op de site. Uiteindelijk had hij gekozen voor de eerste optie. Shepard was immers de medestander gebleken op wie hij had gehoopt. E-mailen had geen zin, want de mails werden immers afgetapt, dus daarom had hij de ontmoeting met Shepard geënsceneerd. Toen die echter was misgelopen, had er niets anders meer op gezeten. Er ging een rilling door hem heen. Het was kantje boord geweest. Het was allemaal te danken aan de paniek-e-mail van Shepard. Als ze een paar minuten eerder waren geweest, als ze de deur van zijn appartement een paar minuten eerder hadden ingeramd, dan had niemand ooit van het bestaan van die paar regels geweten.

Neem deze passer en plaats hem op het middelpunt van de tempel.
Het antwoord ligt besloten in de dertiende graad.
Onder de schaduw van uw vleugels, Jehova.

'Kom op, laat me je helpen. Elias Artista, wat betekent dat, jongen? Wil je hier weg? Wil je naar huis, een warm bad nemen, alles vergeten? Vertel het me dan gewoon, waar zijn de bewijzen? Waar moeten we zoeken? Het is een zaak van levensbelang. Geef me de juiste informatie en je bent hier weg. De dertiende graad, waar moeten we die zoeken? Waar?'
De man knipte met zijn duim en middelvinger. 'Zomaar, een paar woorden en dan ben je van me af.'
Opnieuw schudde de verdachte zijn hoofd. 'Ik weet het niet, ik weet het niet. Ik smeek het u, geloof me, ik weet het niet.'
'Oké, iets anders dan, waar je wel het antwoord op weet. De frames, waar komen die vandaan? Hoe kom je eraan?'
Hij sloot zijn ogen.
Zijn ondervrager zuchtte. 'De frames van Kennedy, van de film. Hoe kom je aan de film?' De man spreidde zijn handen wijd uit in de lucht. 'Of lag die zomaar opeens op je vloermat?'
'Eh, nee, die zijn me toegespeeld.'
'Door wie?' De stem klonk nu weer grimmiger.
'Ik weet het niet, echt niet.'

Plotseling stond zijn ondervrager op en zwaaide zijn stoel met een ruk naar achteren.

'Afvoeren!'

Terwijl de verdachte werd vastgegrepen en van zijn stoel werd gesleurd, schalde zijn stem door het vertrek. 'Ik wil een advocaat. Ik heb recht op een...'

Totdat een welgemikte vuistslag hem tot zwijgen bracht.

38

Ze waren uitgestapt. Ze hadden frisse lucht nodig.

Jenna rechtte haar rug, hield haar hoofd schuin omhoog in de wind en spande haar nekspieren. Shepard kneep zijn ogen afwisselend stijf dicht en sperde ze dan weer wijd open.

Allebei realiseerden ze zich dat dit het einde was van de site, dat dit het laatste was wat ze van Deep Throat zouden horen. De vrees over zijn lot bleef onuitgesproken. Maar diep vanbinnen wisten ze dat ze hun enige bondgenoot hadden verloren.

'Hier zullen we het mee moeten doen,' verzuchtte Shepard.

'Ergens in die cryptische boodschap moet de oplossing liggen. Wat het ook is, daarin moet het te vinden zijn. Genoeg om veertig jaar later opnieuw voor te moorden.'

Jenna knikte. 'Er is een ding dat ik niet helemaal begrijp. Deep Throat legt ergens de connectie met de P2-loge. Propaganda Due, de vrijmetselaarsloge in Italië. Maar dat speelt toch allemaal veel later.'

Shepard wreef zijn handen over elkaar. 'Klopt, de P2-loge was pas op het toppunt van zijn macht in de jaren zeventig van de vorige eeuw. Maar dat gedeelte van de site was nog slechts een opzet, volgens mij. Het moest nog worden uitgewerkt. De volgorde klopt misschien niet, maar het rijtje op zich wel.'

Jenna zweeg.

'De O.T.O., de Orde van de Tempel van het Oosten, en de Golden Dawn hebben een aantal Duitse genootschappen beïnvloed, waaronder het Thule-genootschap, dat ook als ontmoetingspunt voor nationaal-socialistische leiders werd gebruikt. Ik weet dat Rudolf Hess heeft meegewerkt aan de oprichting van deze groepering. Ook in Italië werd in 1940 in het kader van de traditionele gedachte een soortgelijke groepering opgericht, de Groep U.R. Een van de oprichters daarvan was een zekere Julius Evola, een adviseur van Mussolini.'

'Maar ook de CRAFTsmen worden specifiek genoemd, Thomas, althans, onder het pseudoniem TFARC. Ik zie toch niet zo een-twee-drie een verband met het nationaal-socialisme.'

Shepard schudde zijn hoofd.

'Is er ook niet direct. Maar op de momenten in de geschiedenis dat machtsconcentraties in elkaar stortten en nieuwe uitwassen van macht ontstonden, was er vrijwel altijd wel ergens een link te vinden met bepaalde extremere groeperingen uit de periferie van de vrijmetselarij. En dan gaat het natuurlijk niet om de gewone, reguliere vrijmetselarij, waar gewone, doorsneeburgers lid van kunnen zijn. In het begin van de jaren zeventig verkeerde Italië in zo'n chaotische toestand, dat het democratisch bestel ernstig in gevaar was. In die sfeer stelde de leider van de communistische partij, Enrico Berlinguer, in 1973 aan de christen-democraten een historisch compromis voor om samen een regering te vormen. De mogelijkheid werd dus reëel dat de communisten aan de macht zouden komen. Rechtse kringen waren ervan overtuigd dat dit zou leiden tot een linkse dictatuur. Een perfecte voedingsbodem voor een organisatie als de P2.'

'Wat de P2-loge betreft kan ik je volgen, maar die andere twee, bestaat daar ook een connectie mee?'

'Niet direct, althans niet voor zover ik weet. Ik begrijp ook niet helemaal waarom Deep Throat deze erbij betrekt. En waarschijnlijk zullen we dat ook nooit weten. Maar de CRAFTsmen passen wel in het verhaal. Zoals het ernaar uitziet, vormen ze immers een voortzetting van de leer van de Golden Dawn, maar dan veel meer geconcentreerd op het verkrijgen van politiek-maatschappelijke invloed. In wezen een subversieve, op macht beluste organisatie, met als dekmantel de vrijmetselarij of de Rozenkruisersbeweging, maar dan zonder de fatsoenlijke bedoelingen die op zich aan die organisaties ten grondslag liggen. Net zoals de P2-loge een paar decennia daarna. En naar alle waarschijnlijkheid net zoals de P2 gesteund door uiterst rechtse groeperingen. En dat past weer naadloos in de sfeer van de oliewereld. Verschillende oliemagnaten hadden en hebben immers verregaande connecties met allerlei ultrarechtse groeperingen, zoals de Minutemen en de Birch Society, een ultraconservatieve denktank met veel invloed in Washington. Je hebt de lijst op mijn laptop gezien. Lieden zoals H.L. Hunt, bijvoorbeeld. Ze beschouwden de CIA verdomme als hun

privélegertje. Dat heeft Deep Throat waarschijnlijk duidelijk willen maken. Het bestaan van een P2-loge midden in het hart van Amerika. Alleen heeft hij niet voldoende tijd gehad om zijn werk af te maken.'
Na het uitspreken van deze woorden was het even stil. Opnieuw werden ze met hun neus op de feiten gedrukt en ze beseften dat het lot van Deep Throat waarschijnlijk al was bezegeld. Jenna staarde peinzend voor zich uit.
'Er is nog een overeenkomst, de moord op oud-premier Aldo Moro, hij was degene die toenadering tot de communisten zocht.' Jenna's stem klonk ijzig kalm. 'Die blijft de P2 nog steeds achtervolgen. Er is altijd beweerd dat het door de loge kwam dat de politie en de geheime diensten zo weinig hebben gedaan om Moro levend terug te vinden. De kopstukken van die diensten waren immers allemaal lid van de P2.'
Shepard knikte. 'Klopt, op de lijst van bijna duizend leden stonden een aantal generaals, allemaal hoofden van onderdelen van de geheime dienst. Maar ook rechters, parlementsleden en ministers. Gebroederlijk vermeld naast leden van de financiële elite en wapenhandelaren. Begin 1978 kwam er in Italië een christen-democratische minderheidsregering tot stand, die het vertrouwen kreeg van de communistische afgevaardigden. Moro was een van de belangrijkste voorstanders van dat historische compromis. Op diezelfde dag werd Moro in het centrum van Rome door de Rode Brigades ontvoerd en enkele weken later vermoord. Tot op de dag van vandaag hangt rond dit drama inderdaad een waas van geheimzinnigheid.'
'Maar ze hadden hun zin, het historisch compromis werd afgeblazen.'
Shepard knikte bevestigend.
Jenna tuurde bedachtzaam voor zich uit.
'Misschien heb ik een idee om hen uit hun tent te lokken. Zet ze maar op een rij. Kennedy, De Gaulle, Aldo Moro, alle drie doelwit van moordaanslagen. Aanslagen die in verband kunnen worden gebracht met de geheime diensten en daaraan gelieerde organisaties. De CIA, Permindex en Centro Commerciale bij de moord op Kennedy. De CIA, Permindex en de OAS bij de aanslagen op De Gaulle. De geheime diensten en de Rode Brigades bij de moord op Aldo Moro. Voeg daarbij de connecties met de P2-loge en de Golden Dawn en je hebt genoeg kruit, zou ik zeggen. Het enige wat nog ontbreekt, is een vonk. Als het me lukt om de gegevens op de site overtuigend in verband te brengen met een werkelijk bestaande organisatie uit de wereld van de vrijmetselarij, dan zou dat net genoeg kunnen zijn om de boel in beweging te krijgen. Alleen al het noemen van de naam CRAFTsmen zou bepaalde personen erg zenuwachtig kunnen maken.'

Shepard schudde zijn hoofd. 'Die vergelijking gaat niet overal op. Moro is vermoord door de uiterst linkse Rode Brigades, wij zoeken de daders in uiterst rechtse kringen.'
'Dat weet jij en dat weet ik, maar het grote publiek weet dat niet. Er bestaan voldoende connecties om de publieke opinie warm te maken voor het bestaan van een aantal schimmige groeperingen die het daglicht niet kunnen verdragen. Groeperingen die in verband kunnen worden gebracht met de moord op een president en een oud-premier en met poging tot moord op nog een president. Politici die allemaal op de een of andere manier toenadering zochten tot de communisten.'
'En daarmee een bedreiging vormden voor de machtspositie van het grootkapitaal, voor de oliemagnaten onder ons,' vulde Shepard op cynische toon aan.
'Het enige probleem zal zijn om *The Post* mee te krijgen. Sensatie is niet onze sterkste kant. Ik zal de zaak redelijk moeten oppoken. Maar misschien worden de autoriteiten dan wel gedwongen om meer naar buiten te brengen. Nu komen we in elk geval niet veel verder. Iedereen houdt de kaken op elkaar.'
Shepard keek peinzend voor zich uit.
'Het is een mogelijkheid. En misschien heb je gelijk. Het is het proberen waard.'
Ze keek hem geamuseerd aan. 'Dat klinkt erg overtuigend, professor. Ieder zijn vak, nietwaar? Geloof me nou maar. Je zult er versteld van staan hoeveel invloed een simpel artikel in *The Post* nog wel eens kan hebben.'
Hij begreep haar kwinkslag. Het was immers *The Washington Post* geweest die met de serie artikelen over het Watergateschandaal president Nixon uiteindelijk ten val had gebracht. Jenna grinnikte. 'Ik ben dan misschien geen Bob Woodward of Carl Bernstein, maar ik heb zo het idee dat ik met al dit gedoe een heel eind in de buurt kom.'
Shepard keek haar lang aan voor hij zei: 'De beuk erin, zou ik zeggen.'
'Er is één ding,' zei Jenna op bezorgde toon. 'Ik vrees dat ik wel naar de redactie zal moeten. Daar heb ik toegang tot alle gegevens en ik kan de hoofdredactie niet nog een keer passeren. Er staat veel op het spel, onder andere de reputatie van de krant. Alleen...'
Shepard knikte. 'Ik begrijp het, ik zal me gedeisd moeten houden.'
Jenna keek hem meewarig aan. 'Waar blijf jij dan in die tussentijd?'
'Maak je over mij geen zorgen. Ik heb nog wel het een en ander te doen. Deze jongen gaat op zoek naar de grote Elias Artista.'

Een paar minuten later zette Shepard haar af in de buurt van de Mall. Ze omhelsde hem stevig. Daarna keek ze op haar horloge. Hij zag een paar rimpels op haar voorhoofd verschijnen en realiseerde zich hoe aantrekkelijk ze eigenlijk was. Misschien, onder andere omstandigheden...
'De deadline is om tien uur vanavond, eh..., laten we zeggen om elf uur. Rond die tijd pik je me hier weer op. Afgesproken?'
Shepard knikte
Jenna stapte uit en liep zonder om te kijken weg. Shepard reed meteen door. Er was werk aan de winkel. Vanuit 14th Street sloeg hij links af Constitution Avenue op, de laan die twee van Washingtons bekendste wijken doorsneed: de Mall en de White House Area. Op het moment dat hij het Washington Monument passeerde, draaide hij zijn hoofd onwillekeurig rechtsom in de richting van het Witte Huis, dat in de verte lag verscholen tussen de begroeiing. Er ging een rilling over zijn rug. Het eindspel was begonnen.
Zo langzamerhand begon de vermoeidheid hem parten te spelen. Terwijl hij te midden van het drukke verkeer langs de Reflecting Pool reed, draaide hij zijn hoofd langzaam in het rond om zijn pijnlijke nekspieren wat losser te maken. Ondertussen bleef zijn blik constant gericht op het Lincoln Memorial, dat in de verte opdoemde. Plotseling schoot hij overeind. Schichtig keek hij in zijn achteruitkijkspiegel en veranderde van baan. Hij sloeg de eerste de beste straat rechts af en zette de auto stil aan de kant van de weg. Peinzend staarde hij voor zich uit. Na een paar minuten keerde hij de auto en reed opnieuw Constitution Avenue op, deze keer in de tegenovergestelde richting.

39

Hij gaf het toe, misschien was het een wild guess, maar voorlopig was het het beste wat hij kon bedenken. En zo vergezocht was het nu ook weer niet. Steeds zoemde die ene zin maar door zijn hoofd:
Neem deze passer en plaats hem op het middelpunt van de tempel.
Welke tempel? Het Lincoln Memorial? Dat lag het meest voor de hand, maar wat bedoelde Deep Throat dan met het middelpunt? Het figuurlijke middelpunt dan wellicht? Daar kon hij ook niets mee. Maar wat dan?

En toen had hij opeens een ingeving gekregen die misschien, heel misschien, wel enig licht op de zaak kon werpen.
De kompassteen in het Capitool!
In het midden van het Capitool, ergens onder de grote koepel, de Rotunda, bevond zich immers het middelpunt van waaruit de stad in vier quadranten was verdeeld, de zogenaamde kompassteen. Hij wist dat George Washington, de grootmeester-vrijmetselaar, tijdens een maçonnieke, symbolische inwijdingsdienst in 1793 de eerste steen voor de bouw van het Capitool had gelegd. Die combinatie zou wellicht de opening kunnen opleveren waar ze naar zochten. Vooralsnog had hij geen enkel idee waar dit dan naar zou moeten leiden, maar goed, dat was van later zorg. Hij zou gewoon moeten afgaan op zijn intuïtie. Niet bepaald een aantrekkelijke optie voor een wetenschapper, maar voorlopig was het de enige die hij had.
Luttele minuten later stond hij onder aan de trappen van het Capitool. De enorme, witte koepel die voor hem omhoogrees, bracht als vanzelf een gevoel van ontzag teweeg. En toen hij de trappen op liep, maakte zich een soort sensatie van hem meester die hij niet helemaal kon plaatsen. Het was een mengeling van opwinding en teleurstelling. Hier stond hij dan, op het punt om het regeringscentrum van de machtigste natie ter wereld te betreden. Een natie die claimde de vrijheid hoog in het vaandel te hebben en die meende als democratie model te kunnen staan voor de rest van de wereld. Maar tegelijkertijd een natie die ervoor had gekozen om de moord op haar democratisch gekozen leider, op haar eigen president, voorgoed in de doofpot te stoppen.
Boven aan de trappen draaide Shepard zich om en tuurde in de verte. Wat dat betreft was zijn theorie nog niet eens zo vergezocht. Vanaf deze plek liep er via het Washington Monument en de Reflecting Pool een vrijwel kaarsrechte lijn naar het Lincoln Memorial. In gedachten sprak hij de zin voor de zoveelste keer uit.
Neem deze passer en plaats hem op het middelpunt van de tempel.
Zou het dan toch kunnen kloppen? Doelde Deep Throat werkelijk op het Capitool? Op het middelpunt van de tempel van de macht?
Opgewonden draaide hij zich om en liep naar binnen, de Rotunda in. Ondanks alles was ook Shepard, net als de rest van de bezoekers, geïmponeerd door de indrukwekkende, ronde hal, die vijfenvijftig meter hoger werd bekroond met een allegorisch fresco, de *Apotheosis of Washington*, geschilderd door de Italiaanse meester Constantino Brumidi. Het was niet de eerste keer dat hij hier kwam, maar elke keer opnieuw werd je overweldigd door de grandeur ervan, of je nu wilde of niet.

De rond lopende, zandstenen muren hingen vol met enorme schilderijen die verschillende taferelen uit de Amerikaanse geschiedenis voorstelden. Enkele tientallen meters daarboven, vlak onder de aaneengesloten cirkel van zesendertig door zandstenen pilaren gescheiden ramen, was over de gehele omtrek van de koepel een langwerpig fresco aangebracht dat de geschiedenis van Amerika vanaf de ontdekking door Columbus weergaf. Het frappante was dat het fresco vanaf de begane grond de indruk gaf alsof het gebeeldhouwd was, zodat de onwetende toeschouwer eigenlijk voor de gek werd gehouden. Een prachtig staaltje van techniek.

Maar het meest imposante bleef toch het bovenaanzicht van de koepel zelf. Als je eronder ging staan en omhoogkeek, leek het net een enorme, taps toelopende schaal met op de bodem nog een laatste restje van de inhoud.

Shepard keek weer de zaal in en probeerde zijn blik scherp te stellen. Hoe prachtig ook allemaal, dit was niet waarvoor hij gekomen was. Hij speurde de vloer nauwgezet af, maar de beroemde kompassteen was nergens te bekennen. Onverrichter zake liep hij terug naar de ingang en sprak een suppoost aan.

'Pardon, kunt u mij vertellen waar ik de kompassteen kan vinden?'

De geüniformeerde man keek hem vriendelijk aan. 'Maar natuurlijk, meneer, die vindt u in de crypte.'

Hij wees in de richting van een doorgang in de westelijke zijde van de Rotunda.

'Als u die doorgang neemt en meteen naar links gaat, komt u bij de wenteltrap naar beneden. Beneden loopt u eigenlijk dezelfde weg weer terug, u neemt weer de doorgang en u komt in de crypte. De crypte bevindt zich precies onder onze voeten. U komt op dezelfde plaats uit als nu, maar dan een verdieping lager.'

Shepard knikte vriendelijk en liep in de richting die de man hem had gewezen. Terwijl hij de wenteltrap afdaalde, dacht hij aan Jenna, hoe het haar op de krant zou vergaan. Zou ze Bates ervan kunnen overtuigen om de knuppel in het hoenderhok te gooien? Het was maar zeer de vraag of *The Post* op basis van de voorhanden gegevens zo ver wilde gaan. Nog steeds hadden ze geen directe bewijzen in handen dat de CRAFTsmen of een andere beweging uit de kringen van de Rozenkruisers en de vrijmetselarij betrokken was bij de moord op Farraday, laat staan bij de aanslag op Kennedy.

Via de doorgang liep hij de crypte binnen. In wezen was het de kelderverdieping van het Capitool, maar de grote ronde zaal ademde heel wat

meer grandeur uit dan de naam deed vermoeden. Het crèmekleurige, sterk gewelfde plafond liep uit in een aantal bogen, die op hun beurt werden ondersteund door een groot aantal zuilen, die het gewicht van de Rotunda erboven moesten dragen. De ruimte, die veel weg had van een eeuwenoude kloosterzaal, was vrij laag en werd verlicht door prachtige kroonluchters. Het diffuse licht zorgde voor een subtiel schaduwspel op de welvingen van het plafond. De ruimte was sfeervol, bijna knus. Een perfecte locatie voor een bruiloftsfeest, schoot het onwillekeurig door zijn hoofd. De afgesleten, granieten stenen zouden een magnifieke dansvloer opleveren.
Nadat Shepard zijn eerste indrukken had verwerkt, liep hij naar het midden van de zaal. Tussen de zuilen stonden glazen vitrines opgesteld waarin plattegronden lagen en oude documenten die betrekking hadden op de geschiedenis en de bouw van het Capitool. Onwillekeurig viel zijn oog op een oude zwart-witfoto uit 1858 van de bouw van de koepel. Op de voorgrond stond een hek afgebeeld, dat er volgens de begeleidende tekst voor diende om loslopend vee van de bouwplaats verwijderd te houden. Hij glimlachte. Dat waren nog eens tijden.
Toen hij opkeek zag hij in een glimp dat er een man vliegensvlug in een van de doorgangen verdween. Shepard fronste zijn wenkbrauwen. Was dat hem weer? Vergiste hij zich nu of was dat dezelfde persoon die hij daarnet ook al had zien rondscharrelen toen hij zich omdraaide op de trappen? Ach, misschien beeldde hij zich maar wat in. Het was redelijk druk hierbeneden en er waren nogal wat toeristen die constant in en uit liepen. Dus misschien had hij zich vergist. Hij schudde zijn hoofd en liep onder de bogen door naar het middelpunt van de zaal. Aanvankelijk viel het resultaat hem een beetje tegen. Was dit nu alles? Was dit de beroemde kompassteen die het exacte centrum vormde van Washington DC? In de granieten vloer was een kleine ster aangebracht, die weinig aan de verbeelding overliet. Hij had nog het meeste weg van een van die ordinaire sterren in Hollywood die in het plaveisel waren aangebracht ter ere van hun levende equivalenten.
Er verzamelde zich een groepje toeristen naast hem. De gids stak enthousiast van wal.
'Alhoewel de ruimte waarin we ons nu bevinden de crypte wordt genoemd, is deze zaal nimmer gebruikt als begraafplaats. Oorspronkelijk bestond het plan om het lichaam van George Washington hier zijn laatste rustplaats te geven in een crypte onder de vloer, maar zijn nakomelingen besloten om zijn lichaam te begraven op het familielandgoed Mount Ver-

non, dat zo'n vijftien kilometer buiten Washington ligt. De veertig Dorische zuilen die u hier ziet, zijn gemaakt van bruinsteen en afgewerkt met zandsteen. Ze ondersteunen de vloer van de Rotunda en de enorme ijzeren koepel erboven, die negen ton weegt. Dit gedeelte van het gebouw werd gerealiseerd in 1827 onder de directie van de derde architect van het Capitool, Charles Bulfinch. De ster in het midden van de vloer geeft de plaats aan van waaruit de stad Washington in vier quadranten is verdeeld. Vanuit dit punt zijn alle straten van de stad uitgelegd en genummerd. In de vitrines die u hier tussen de zuilen ziet staan, liggen allerlei documenten en plannen met betrekking tot verscheidene architectonische en historische mijlpalen uit de geschiedenis van het Capitool. Andere items die verderop zijn te bezichtigen, zijn onder andere een van de originele, Korinthische, zandstenen zuilen van de oostelijke voorzijde van het Capitool en vier maquettes van het Capitool, voorstellende een aantal van de ingediende ontwerpen en een weergave van het huidige gebouw.'
De gids draaide zich om en liep enkele passen verder.
'Deze buste van president Lincolns hoofd is vervaardigd door Gutzon Borglum, die ook de presidentiële hoofden in Mount Rushmore heeft uitgekapt. Borglum wilde dat het standbeeld van Lincoln de complexiteit van diens grote geest zou weergeven. Let u vooral op het linkeroor, dat ontbreekt. In de visie van Borglum een symbool voor Lincolns onafgemaakte leven. Als u mij nu wilt volgen naar de Old Supreme Court Chamber...'
Terwijl het gezelschap de gids volgde, keek Shepard om zich heen. Hij probeerde zich te concentreren op de ruimte, in de hoop een aanknopingspunt te vinden, iets, wat dan ook.
Neem deze passer en plaats hem op het middelpunt van de tempel. Het antwoord ligt besloten in de dertiende graad.
Er stonden veertig zuilen. Zowel de binnenste als de buitenste rij vormde een perfecte cirkel rondom de kompassteen. Dat zou dus kunnen kloppen. Maar wat bedoelde hij dan met de dertiende graad? De dertiende zuil? Onzin, want je kon vanaf elke zuil beginnen te tellen. Shepard ging op de ster staan en probeerde met zijn beide, gestrekte handen, de muis van de duimen tegen elkaar, een hoek te vormen waarvan hij dacht dat die ongeveer dertien graden zou zijn. Maar dat was bijna niets. Dertien graden was bijna niets! Zo'n kleine hoek was amper in te schatten.
Niet bepaald een optimale aanpak dus, maar het kon even niet anders. Hij negeerde de enigszins bevreemde blikken van enkele toeristen en probeerde ergens een aanknopingspunt te vinden, een punt in de zaal dat zou kunnen corresponderen met de hoek die zijn handen maakten. Geen re-

sultaat. Hoe kon het ook? Elke gradenberekening zou toch pas betekenis kunnen hebben als je wist vanuit welk exact punt je zou moeten meten. Vertwijfeld draaide hij zich om naar de buste van Lincoln. Had die er iets mee te maken? Hij liep naar het beeld en pijnigde zich de hersenen om een verklaring te kunnen vinden.
Kom op, Shepard, denk na! Een passer op het middelpunt, dertien graden, het hoofd van Lincoln. Ergens moet toch een verklaring te vinden zijn.
Wat hij ook probeerde, het leverde niets op. Met een vertwijfelde blik in zijn ogen liet hij zijn handen zakken. Dit leidde nergens toe. Gedesillusioneerd liep hij naar een van de gidsen. Dat leek een onzinnig plan, maar goed, misschien dat die hem op een idee kon brengen. Al was het maar om hem uit de droom te helpen, zodat hij weer met beide benen op de grond zou komen.
'Pardon, zou ik u iets mogen vragen?'
De man stopte met het roeren in zijn beker koffie en draaide zich wat geërgerd om. Hij had zojuist een halfuur aan één stuk door altijd weer diezelfde vragen van evenzovele toeristen beantwoord en wenste nu echt even met rust gelaten te worden.
'Ik heb een beetje een vreemde vraag, vrees ik.'
De gids produceerde een geforceerde glimlach. *Vertel me iets wat ik nog niet weet.* 'Maar natuurlijk, meneer.'
Shepard schraapte zijn keel. 'Eh, ik heb begrepen dat er vanuit de kompassteen in het middelpunt van de zaal een bepaalde plaats met een specifieke betekenis is aan te wijzen die precies in een hoek van dertien graden op de kompassteen staat.'
Shepard kneep zijn ogen tot spleetjes in de verwachting dat de man hem ronduit zou uitlachen. Hij kromde zijn tenen. Maar de gids fronste slechts zijn wenkbrauwen.
'Zou u dat nog eens willen herhalen?'
Shepard voldeed aan zijn verzoek.
De gids keek hem aan met een blik die het midden hield tussen verbazing en medelijden. 'Ik geloof niet dat ik enig idee heb waar u het over hebt, meneer.'
Shepard knikte. 'Daar was ik al bang voor.'
De gids nam een slokje van zijn koffie.
'Maar weet u wat, kijkt u eens in de Brumidi-galerij. Brumidi hield zich in zijn kunstwerken nogal bezig met verhoudingen en zo. Misschien dat u daar iets kunt vinden. Hebt u de *Apotheosis of Washington* al bekeken? In de nok van de Rotunda? Dat fresco is zo geschilderd dat het zowel van

veraf als van dichtbij in de goede verhoudingen is waar te nemen. De Brumidi-galerij is die kant op.' De gids wees in oostelijke richting. 'Loopt u de gang door in de richting van de Senaatsvleugel, aan de achterzijde vindt u de Brumidi-galerij.' Daarna knikte hij nog eens vriendelijk en draaide zich om.

Shepard mompelde een bedankje en maakte zich snel uit de voeten. Hij geneerde zich om de onbenulligheid waarmee hij de man had benaderd. Maar goed, hij had zichzelf nu toch al voor schut gezet, dus kon hij net zo goed even doorlopen naar de oostelijke vleugel. Misschien dat het hem op een idee bracht.

De Brumidi-galerij bestond uit twee elkaar kruisende, lange gangen. De gebogen plafonds en de muren waren verfraaid met een groot aantal klassieke muurschilderingen van historische scènes en beroemde Amerikanen, maar ook van natuurvoorstellingen. Je kreeg eerder het gevoel dat je rondliep in Florence of Rome dan in het centrum van de Nieuwe Wereld. De gangen waren bezaaid met ontelbare decoraties, lijsten en klassieke afbeeldingen, vaak in felle kleuren. Groen, oranje, geel, het kon niet op. Allemaal wat te veel en te druk naar zijn smaak, maar het geheel maakte een overrompelende indruk. De vloer, die bestond uit ivoorkleurige tegels, die op alle hoeken steeds werden onderbroken door azuurblauwe ruiten, vond hij wel erg mooi. Volgens de folder die hij uit een van de bakken had gegrist, was de vloer gemaakt door Minton, Hollins & Company uit Engeland en was die aangebracht tijdens de uitbreidingen tussen 1856 en 1861. De tegels, gemaakt van ingelegde, gekleurde klei, waren uitgekozen om hun schoonheid, duurzaamheid en rijke ontwerp, en omdat ze de geschilderde decoraties van de galerij perfect aanvulden, zo las hij.

Hij glimlachte. Hij had nog steeds een goede smaak.

Het meest stijlvolle onderdeel was weer eens afkomstig uit Good Old England. Ondanks dat hij toch een rasechte Amerikaan was, hadden sommige schreeuwerige uitingen van de Amerikaanse cultuur en smaak hem nooit kunnen bekoren.

Met de folder in de hand struinde hij de schilderingen af, op zoek naar een aanwijzing die hem misschien verder zou kunnen helpen. Hij passeerde allerlei taferelen, maar hij schoot er weinig mee op. Ook de lange rij ovalen schilderijen met landschappen leverde niets op. Wel viel het hem op dat sommige van de ovalen leeg waren. Dat was toch vreemd. Even kreeg hij een sprankje hoop. Waarom waren die schilderijen verwijderd? Een blik in de folder leerde hem echter dat dit kwam doordat het Congres in 1858 en 1859, toen de galerij werd beschilderd, strengere regels wilde

stellen en alle kunst wilde laten beoordelen door een kunstcommissie. Later werd Brumidi ingeschakeld om de panelen in te vullen, maar door gebrek aan tijd en fondsen was dat werk nooit afgekomen.
Een even simpele als ontnuchterende verklaring.
Bij het volgende schilderij bleef hij verbaasd stilstaan. Het was de *First Landing on the Moon, 1969*, in 1975 op een van de overgebleven plekken geschilderd door Allyn Cox. Het was een vreemde gewaarwording om in deze klassieke sfeer opeens met zoiets 'moderns' te worden geconfronteerd. En even verderop steeg zijn verbazing nog verder bij het zien van het schilderij van de bemanning van de Challenger, de spaceshuttle die in 1987 was verongelukt. Ook dat leek hier volkomen misplaatst te zijn. Ach, de Amerikaanse smaak. Ongetwijfeld had de bemanning van de Challenger een eerbetoon verdiend, alleen was het de vraag of deze poging aan die bedoeling beantwoordde.
Hoe dan ook, nergens was er in deze zogenaamde tempel een aanwijzing te vinden die kon leiden naar een verband met de Rozenkruisers of de vrijmetselarij. Of een hint die zou kunnen verwijzen naar de plaats waar Deep Throat op doelde. Geen passers, geen geheime boodschappen, geen tekens, niets. Alleen een kompassteen en een gebeeldhouwd hoofd zonder oor.
Hij zuchtte diep. Dit had werkelijk geen zin. In zijn drang om de waarheid te achterhalen had hij zich laten meeslepen door zijn eigen hersenspinsels. *Dertien graden, laat me niet lachen, Shepard, je gedraagt je als de eerste de beste schatzoeker.*
Gedesillusioneerd liep hij door de gangen terug naar de crypte. Hij wierp nog een laatste blik op Lincolns buste en wilde al doorlopen naar de wenteltrap die hem weer terug naar de begane grond zou brengen, toen hij in zijn ooghoek een oudere man met zijn loopstok in zijn richting zag wijzen. De man strompelde druk gesticulerend in de richting van de suppoost die naast de doorgang aan de overzijde van de crypte stond, dezelfde als die waarlangs Shepard daarstraks was binnengekomen. Geschrokken realiseerde Shepard zich dat de man hem waarschijnlijk had herkend. In alle consternatie was hij vergeten dat zijn gezicht prominent bij CNN in beeld was geweest. Automatisch draaide hij zijn hoofd af.
Verdomme, ook dat nog.
Hij vervloekte zichzelf om zoveel onbenul. Hij had beter na moeten denken. Onder deze omstandigheden had hij een publieke trekpleister als het Capitool moeten mijden. Tenzij het niet anders kon. En dat terwijl het nog niets had opgeleverd ook. Zo'n groot risico voor zo'n onbenullige onder-

neming! Nog voordat de oude man de helft van de afstand had afgelegd en erin geslaagd was de aandacht van de suppoost te trekken, stormde Shepard al de wenteltrap op naar de begane grond. Even later rende hij via de Columbus Doors, de enorme bronzen deuren die het leven van Columbus en diens ontdekking van Amerika uitbeeldden, aan de andere kant van het Capitool naar buiten. Vlak voor de trappen hield hij plotseling in. Iedereen staarde hem na. Op deze manier viel hij alleen nog maar meer op, een sprintje trekkend door het Capitool. De aderen klopten in zijn hoofd. Hij moest zijn uiterste best doen om zich te beheersen en niet als een idioot de trappen af te razen. Met elke vezel in zijn lichaam tot het uiterste gespannen, liep hij rustig, trede voor trede, naar beneden. Het leek een eeuwigheid te duren. Eenmaal onder aan de trappen gekomen, draaide hij zich instinctmatig om. Bovenaan, op het bordes, verdween iemand vliegensvlug achter een van de pilaren.

Dat moest hem zijn! Dezelfde man die hij al eerder had gezien in de crypte. Het was dus géén toeval geweest. Ze zaten achter hem aan!

Shepard keek wild om zich heen. Door de paniek die zich van hem meester maakte, kon hij zich niet concentreren. Hij bevond zich nu immers aan de andere kant van het gebouw. Het busje, waar stond het busje? Toen sprintte hij weg in de richting van Constitution Avenue. Zo hard als hij kon, rende hij over het pad in noordwestelijke richting het park uit dat het Capitool omzoomde. De toeristen die op hun gemak vanuit het Capitool naar de volgende attractie wandelden, keken hem verbaasd na. Een van hen probeerde nog een grappige opmerking te maken. 'Vast die chef-staf van Cheney, op de vlucht voor de wet.'

In een poging om de wandelaars te ontwijken gleed Shepard bijna uit. In een reflex zocht hij steun bij de vloer en hij slaagde er op het laatste moment in om zijn evenwicht weer te hervinden. De man die hij bijna onder de voet had gelopen, wees geërgerd met zijn wijsvinger naar zijn voorhoofd. 'Idioot!'

Aan de rand van Constitution Avenue aangekomen, stopte Shepard en boog zich hijgend voorover. Hevig transpirerend richtte hij zich half op en keek achterom om te zien of er iemand achter hem aan zat. Er was niemand te zien; de man was nergens te bekennen. Met een rood hoofd richtte hij zich op en zette een pas op de weg. De auto's raasden aan twee kanten voorbij. Toen hij tussen twee dicht achter elkaar rijdende auto's wilde oversteken, werd hij zo'n beetje van de weg af geclaxonneerd. Geschrokken deinsde hij achteruit en keek opnieuw om. Nog steeds niets.

Had hij het zich dan toch verbeeld? Was hij paranoïde aan het worden?

Hij waagde opnieuw een poging om Constitution Avenue over te steken. Deze keer lukte het wel, zij het onder luid protest van de passerende automobilisten. Aan de overkant, nog steeds gespannen om zich heen kijkend, rende hij New Jersey Avenue in.

Met een zucht liet hij zich even later in de stoel van het busje vallen en sloeg het portier dicht. Hij drukte het knopje van het deurslot naar beneden en liet zijn hoofd achterover tegen de hoofdsteun vallen. Het zweet liep langs zijn slapen naar beneden. Opgewonden keek hij in de achteruitkijkspiegel. Niets. Godzijdank. Daarna draaide hij zich om en tuurde gespannen het trottoir af. Opnieuw geen spoor van zijn achtervolger. Hij zuchtte nog eens diep en startte de motor.

40

'Goedenavond, dames en heren, dit is CNN *Nieuws en achtergronden*, mijn naam is Barbara Walker. De internetsite JFKTruthOrDare.com beheerste vandaag opnieuw het nieuws. Volgens onze bronnen is de maker van de site, Deep Throat 2 in de volksmond, naar alle waarschijnlijkheid opgepakt en daarmee monddood gemaakt. Alle aandacht gaat nu uit naar de laatste berichten op de site, die mogelijk in verband kunnen worden gebracht met de vindplaats van nieuwe bewijzen aangaande de aanslag op president John F. Kennedy. Daarbij wordt vooral gesproken over de originele, zogenaamde Babushka-film, die wellicht het onomstotelijke bewijs zou kunnen leveren dat Kennedy inderdaad is vermoord als gevolg van een complot, zoals het grote publiek altijd al heeft geloofd, en niet, zoals de Warren-commissie het volk heeft willen doen geloven, door een eenzame gek genaamd Lee Harvey Oswald. De laatste feiten die op de site breed zijn uitgemeten, betreffen voornamelijk gegevens rondom de moord en de daaropvolgende doofpotaffaire. Al was het grootste gedeelte daarvan reeds bij het grote publiek bekend, de aaneengesloten lijst met merkwaardige en vaak onopgehelderde gebeurtenissen die Deep Throat 2 aanhaalt, wekte bij velen van ons opnieuw een gevoel van onbehagen op. Onbehagen met de vele, vele onverklaarbare gebeurtenissen, die het beeld oproepen dat de autoriteiten zich erg veel moeite hebben getroost om het volk zo veel mogelijk belangwekkende informatie te onthouden. Volgens

velen met de bedoeling om een grootscheeps dwaalspoor op te zetten met als uiteindelijke doel het voor altijd verhullen van de daadwerkelijke opdrachtgevers van de moord op Kennedy.
Maar de meeste aandacht gaat ondertussen uit naar de geheimzinnige aanwijzingen op de site. Voor de laatste aanwijzingen en een toelichting daarop schakelen we over naar Washington, naar onze correspondent Tom Wilkinson. Tom, wat kun je ons melden?'
Het beeld schakelde over naar Washington, waar Wilkinson, met op de achtergrond het Witte Huis, zijn verhaal deed.
'Goedenavond, Barbara, zoals je al zei zijn dit waarschijnlijk de laatste en definitieve aanwijzingen in een zoektocht die inmiddels zo'n beetje een nationale queeste lijkt te worden naar de ultieme bewijzen die leiden naar de werkelijke daders van de moord op president Kennedy. Wat aanvankelijk niet helemaal serieus genomen werd – men was hier eerst van mening dat de aanwijzingen op de site het werk waren van de zoveelste Kennedy-fantast – houdt inmiddels de gemoederen in de hoofdstad danig bezig. En die houding is gebaseerd op drie feiten:
Ten eerste weet de maker van de site, inmiddels omgedoopt tot Deep Throat 2, van de hoed en de rand. De feiten die hij weergeeft kloppen exact, en meer dan dat, hij weet de verbanden te leggen waar menigeen slechts over heeft gespeculeerd, en die niemand ooit heeft durven openbaren, bang om te worden weggezet als weer zo'n paranoïde Kennedy-adept.
Ten tweede, de verbanden die de maker van de site legt met de vrijmetselarij en de meer exotische variant daarvan, de Rozenkruisers, lijken misschien vergezocht, maar kunnen bij nader inzien zeker serieus worden genomen. Het krediet daarvoor gaat ontegenzeggelijk naar Jenna Campbell, journaliste van *The Washington Post*, die in een morgenochtend te verschijnen vervolgartikel op haar eerdere publicatie van deze week deze link terdege onderbouwt. Mevrouw Campbell was onbereikbaar voor commentaar, maar zij maakt in *The Post* van morgenochtend de eventuele link tussen de Kennedy-samenzwering en de eerder genoemde organisaties redelijk aannemelijk, in elk geval zodanig dat de maker van de site inmiddels lijkt te zijn opgepakt. Toch een reden temeer, zou je denken, om dit hele verhaal serieus te nemen.'
'Dus de berichten hierover berusten op waarheid?'
'Ik kan dat niet met honderd procent zekerheid melden, Barbara, maar volgens anonieme bronnen is Deep Throat 2 inmiddels gearresteerd en voor verhoor overgebracht naar een geheime plaats.'
'En waar rook is, is vuur?'

'Inderdaad, blijkbaar zijn sommige lieden hier in Washington zenuwachtig geworden. En niet in de laatste plaats omdat in *The Post* de naam zal worden genoemd van een groepering die hier wellicht mee in verband staat. Op de site werd veelvuldig melding gemaakt van de afkorting TFARC. Volgens *The Post* zou deze afkorting zeer goed kunnen verwijzen naar de afkorting CRAFT, van CRAFTsmen, een organisatie in de sfeer van de vrijmetselarij die al meer dan een eeuw zou bestaan en grote invloed zou uitoefenen binnen het politieke krachtenveld hier in Washington.'
'Moeten we dat serieus nemen, Tom?'
'Ik vrees van wel, Barbara, de naam van deze beweging komt niet voor het eerst bovendrijven. Er bestaan blijkbaar al langer geruchten dat er zo'n geheime organisatie zou bestaan. Op zich is dat niets nieuws in de Verenigde Staten. De vrijmetselarij verheugt zich al eeuwen in een grote belangstelling. Vijftien Amerikaanse presidenten schijnen er lid van te zijn geweest. Zo blijken de presidenten Ford en Bush senior grootmeester van de vrijmetselarij te zijn geweest. Maar goed, de CRAFTsmen lijken een wat andere werkwijze te hebben gehad, als we alles moeten geloven. De term Rozenkruisers komt daarbij steeds naar voren.'
'Ik zou nu maar even oppassen wat ik zou zeggen, Tom.'
'Ik geef slechts een weergave van de feiten tot nu toe, Barbara, niet meer dan dat. In elk geval is het zo dat de laatste cryptische aanwijzingen op de site een ware hype hebben ontketend. Overal duiken opeens zelfbenoemde deskundigen op die menen te weten waar de vindplaats zou moeten zijn van de ultieme bewijzen van het complot van de moord op president Kennedy. Inmiddels schijnt op verzoek van het Witte Huis ook een aantal historici zijn licht te laten schijnen over de gegevens. Dus al met al denk ik dat we kunnen spreken van een hype, maar wel een hype die serieus genomen dient te worden. Vanuit de Senaat is een verzoek gedaan tot openbaarmaking van de autopsiegegevens van het lichaam van Gerald Farraday, het ex-lid van de Warren-commissie dat vermoord is gevonden achter het Lincoln Memorial. Tot nu toe hebben de autoriteiten in het belang van het onderzoek geweigerd om deze gegevens openbaar te maken. Maar men neemt daar op Capitol Hill geen genoegen mee. Vooral de geruchten over een tatoeage die zou zijn aangetroffen in de oksel van het slachtoffer, spreken tot de verbeelding. Wellicht is het een herkenningsteken geweest van het lidmaatschap van een bepaalde vrijmetselarijgroepering, zo gaan de verhalen. Volgens commentatoren hier op de Hill draagt deze geheimzinnigheid over de autopsie alleen maar bij aan het ontstaan van allerlei complottheorieën. De redenering is als volgt: als men niets te verbergen

heeft, waarom maakt men het bestaan van zo'n tatoeage dan niet gewoon openbaar, om van alle geruchten af te zijn? Maar blijkbaar dringt dit niet door hier in Washington.

Overigens nog een aardige anekdote: Democratisch senator Hartman liet zojuist in een interview zijn ontblote oksel zien in een vileine poging om nog wat extra olie op het vuur te gooien. Hij daagde zijn republikeinse tegenstrevers nadrukkelijk uit om hetzelfde te doen om, ik citeer, "elk vermoeden van het bestaan van een invloedrijke, ondergrondse beweging in de kiem te smoren". Om er vervolgens aan toe te voegen, en ik citeer opnieuw: "Dit zijn de Verenigde Staten van Amerika, wij hebben geen macht binnen de macht, wij hebben geen P2-loge. De enige democratische macht die wij in dit land erkennen, wordt gevormd door het volk. Door het volk en voor het volk. Zo is het al sinds 1789, toen de constitutie werd aangenomen en George Washington werd gekozen als de eerste president van onze grootse natie. En zo zal het altijd blijven."

En ten derde, om mijn verhaal af te maken, kom ik dan terug op de aanwijzingen op de site. Vooral de laatste spreken tot de verbeelding. Ik herhaal ze hier nog maar eens een keer:

Niets is geheim wat niet onthuld zal worden. Daarom zal iemand na mij komen, wiens heerlijkheid nog niet bekend is, die veel zal openbaren.
Deze gedachte zal nog verborgen moeten blijven tot de komst van Elias Artista.
Wie is hij, die zo komen zal? Het is de Lichtende Geest van de leer van het Rozenkruis: Elias Artista!

Neem deze passer en plaats hem op het middelpunt van de tempel.
Het antwoord ligt besloten in de dertiende graad.
Onder de schaduw van uw vleugels, Jehova.

Het zijn de zoveelste aanwijzingen dat er iemand is die op de hoogte lijkt te zijn van een aantal zaken die het daglicht niet kunnen verdragen en die mogelijk in verband staan met de moord op president Kennedy. Alleen, wie is Elias Artista? Is het een anagram van een bestaande naam of is het weer een verwijzing naar een verwijzing? Niemand die het raadsel tot nu toe op kan lossen, Barbara. En dan de laatste drie zinnen, totale abracadabra. Waar ligt het antwoord? Verwijzen de omschrijvingen naar een bepaalde vindplaats, de plaats waar de bewijzen zijn te vinden die de aanslag op Kennedy kunnen oplossen? Niemand die het weet, maar ik kan je

verzekeren dat deze kwestie meer en meer mensen hier in Washington en eigenlijk in het hele land in de greep begint te krijgen.'
'Oké, Tom, bedankt tot zover, zodra je breaking news hebt, horen we dat graag van je.'

41

De telefoon ging over. Het was zijn privélijn. Binnen een paar seconden greep hij de hoorn en bracht die naar zijn oor.
'Ja?'
'Heb je al meegekregen wat *The Post* morgenochtend plaatst?'
Hij zuchtte. 'Helaas wel, ja.'
'Het gaat de verkeerde kant op. Ze weten te veel. Het dreigt uit de hand te lopen. Alle zenders besteden er inmiddels aandacht aan. Het begint verdomme het hele land in zijn greep te krijgen.'
'En de verdachte in New York?'
'Niets, geen woord. Ze hebben hem stevig onder druk gezet, maar hij blijft volhouden dat hij slechts een doorgeefluik is.'
'Van wie dan?'
'Geen idee. Hij beweert dat de informatie hem anoniem is toegespeeld. Verder is er niets over hem bekend. Geen lidmaatschap van subversieve organisaties, geen linkse sympathieën, geen strafblad, niets. Je zou zijn verhaal bijna gaan geloven.'
'En nu?'
'Zoals gezegd, het loopt uit de klauwen, er moet iets gebeuren. Bijkomend probleem is dat het een kwestie van tijd is voor ze Shepard te pakken hebben. En dan zijn mijn handen gebonden. Zodra hij officieel wordt binnengebracht, is het gebeurd. We kunnen veel, maar er is te veel publiciteit, onmogelijk om hem dan nog te gebruiken. Dus wat het ook wordt, het moet snel gebeuren. We denken aan twee dingen.'
'Vertel.'
'We ontkomen er niet aan om iets bekend te maken over Farraday. Het verhaal van de tatoeage gaat een geheel eigen leven leiden. Aanvankelijk wilden we het stilhouden, maar nu werkt dat alleen maar tegen ons. We krijgen berichten binnen van journalisten die autopsieverslagen boven ta-

fel proberen te krijgen van Johnson, Nixon en van god weet wie nog meer. Er worden openlijk verdenkingen uitgesproken over de vreemde gang van zaken rondom de dood van Clay Shaw. Waarom er toentertijd geen autopsie op zijn lichaam is gepleegd. Jezus christus, nog even en ze vragen of je voor het oog van de natie je blote armen in de lucht steekt.'
Onwillekeurig ging er een rilling door hem heen.
'Vanmiddag zal je via de officiële kanalen een voorstel worden gedaan. Ik sta erachter. Voor die tijd zal ik de anderen ervan op de hoogte stellen. We gooien het op een persoonlijke fascinatie van Farraday, een uit de hand gelopen verering van de kabbala. In die sfeer, met een bijpassende versie van de tatoeage. Volgens onze expert sluit dat profiel redelijk aan bij de situatie tot nu toe. Bovendien is de beoefening van de kabbala op dit moment vrij populair, dus daarmee is de kans dat het profiel bij het grote publiek beklijft, redelijk groot. Op dit moment wordt er de laatste hand aan gelegd.'
'Kortom, je zet hem neer als een geschifte godsdienstfanaat.'
'Zoiets, ja.'
'Kan het niet anders?'
'Hoor eens, we moeten redden wat er te redden valt. Het is vanaf nu roeien tegen de stroom in. Het is zaak om die hele gekte zo snel mogelijk in te dammen, voordat het te laat is.'
'En dat andere?'
'Shepard.'
'Ik luister.'

42

Het was donker en koud. Shepard had de kraag van zijn jas opgezet, maar het hielp niet veel. Steeds bleven er koude rillingen door zijn lijf gaan. Maar hij was te rusteloos geweest om in het busje te blijven zitten. Gespannen ijsbeerde hij langs de kade heen en weer. De mist die laag boven het donkere water van het Tidal Basin hing, gaf de omgeving een onheilspellende aanblik. Alsof er iets stond te gebeuren.
In de verte was het silhouet van het Washington Monument nog maar nauwelijks zichtbaar. De knipperende rode lichten in de top deden hem onwillekeurig denken aan de ogen van een draak, die alles en iedereen in

de gaten hield, klaar om toe te slaan. Hij wreef zijn handen over elkaar. Voor de zoveelste keer keek hij op zijn horloge. Er zou toch niks gebeurd zijn? Ze was nu al een halfuur te laat. En ze had niets laten horen. Geen noodgeval dus, maar toch.

Plotseling meende hij een eind verder twee koplampen te ontwaren. Hij kneep zijn ogen tot spleetjes en tuurde ingespannen in de verte. Maar zijn zicht werd belemmerd door het vocht dat door de kou op zijn wimpers was neergeslagen. De vage lampen werden daardoor uitgerekt tot dansende streepjes licht, die als een flakkerend vuurtje alle kanten uit leken te schieten. Hij wreef verwoed met zijn duim en wijsvinger in zijn ogen en probeerde het nog eens. Maar hij had gelijk, het waren de koplampen van een auto. Hij vouwde zijn armen over elkaar en maakte zich klein. Ergens hoog in de lucht hoorde hij een vliegtuig overkomen. Zo'n vijftien meter van hem vandaan stopte de auto aan de rand van de weg. Voor zover hij in het schrale licht van de straatlantaarns kon zien, was het een gele personenauto. Gelukkig, een taxi, dat moest Jenna zijn.

Even later sloten ze elkaar in de armen. Voor beiden was het een soort ontlading, de spanningen liepen gewoon te hoog op.

'Is het gelukt? Je bent laat.'

Ze knikte.

'We hebben het artikel laten uitlekken. Beproefde methode, we waren bang dat het management er anders nog een stokje voor zou steken en publicatie zou tegenhouden. Ze worden geloof ik wat zenuwachtig daarboven. Te veel invloedrijke telefoontjes en zo. Nu staan ze voor een voldongen feit.'

'Geen problemen met Norman gehad?'

Ze schudde haar hoofd en haalde een paar opgevouwen vellen papier tevoorschijn. 'Als je wilt kun je het lezen, maar er staat weinig nieuws voor je in, vrees ik.'

Hij nam het zwijgend aan.

'Ben je nog iets verder gekomen met de aanwijzingen?'

Shepard draaide zijn hoofd weg en toen weer terug. 'Het valt niet mee. De naam Elias Artista heb ik wel kunnen thuisbrengen.'

Ze keek hem verwachtingsvol aan.

Shepard beet op zijn lip. 'Elias Artista is de naam van een soort profeet, die voorkomt in een aantal oude geschriften. De zinsneden die Deep Throat gebruikt, zijn afkomstig uit de teksten van een zekere Paracelsus, een geleerde uit de zestiende eeuw. Eigenlijk heette hij...'

Shepard griste zijn notitieboekje uit zijn binnenzak en ging op het bankje onder de straatlantaarn zitten. Jenna kon een grijns niet onderdrukken. De grote professor Shepard, zoals altijd vertrouwend op zijn ouderwetse, knisperende notitieblokje.

'... eh, Theophrastus Bombastus von Hohenheim, om precies te zijn. Paracelsus was zijn schuilnaam, zoals gebruikelijk in wetenschappelijke kringen in die tijd. Hij studeerde Grieks, Arabisch en geneeskunde, maar wijdde zich ook aan de studie van de boeken van de kabbala en de occulte filosofie. Daarnaast was hij deskundig op het gebied van de alchemie en hij wordt als zodanig zeer geprezen in de manifesten. De alchemie vormde immers een belangrijke pijler van de leer van de Rozenkruisers.'

'De manifesten?'

Shepard knikte.

'Paracelsus was zeer waarschijnlijk een Rozenkruiser, hij wordt omschreven als een van de bewaarders van de hermetische wetenschappen.'

'En de teksten?'

Shepard haalde een aantal geprinte pagina's uit zijn binnenzak tevoorschijn en las de tekst op monotone toon: '"Niets is geheim wat niet onthuld zal worden. Daarom zal iemand na mij komen, wiens heerlijkheid nog niet bekend is, die veel zal openbaren." Afkomstig uit de zogenaamde *De Mineralibus 1*. "Deze gedachte zal nog verborgen moeten blijven tot de komst van Elias Artista." Afkomstig uit *De Mineralibus 8*. Het zijn allebei traktaten, geschreven door Paracelsus in het begin van de zestiende eeuw. De laatste zin is afkomstig uit de *Prognostikationen*, eveneens een boek van Paracelsus. "Wie is hij, die zo komen zal? Het is de Lichtende Geest van de leer van het Rozenkruis: Elias Artista!"'

Jenna staarde hem met wijd opengesperde ogen aan. Wat moest ze daar in godsnaam mee?

Shepard leek haar gedachten te raden. 'Ik weet het, wat moeten we hiermee? Aanvankelijk had ik ook geen idee. Maar er bestaat wel degelijk een verband. De Gouden Rozenkruisers vereerden Elias Artista als de Lichtende Geest van het Rozenkruis.'

Shepard klonk nu opgewonden. Hij bladerde ongeduldig door de printjes. 'Kijk, hier! De naam Elias Artista komt ook voor in een naschrift op de *Fama* van de hand van een zekere Haselmeyer. Wacht even, waar staat het... "U bent thans door God gekozen om de eeuwige theophrastische en goddelijke waarheid te verspreiden die op wonderbaarlijke wijze tot op heden bewaard is gebleven, mogelijk omdat de tijd van Elias Artista is aangebroken."

In dezelfde tekst van Haselmeyer wordt aan de broeders van het Rozenkruis gevraagd om zich in het openbaar te doen kennen. Deze tekst volgt op de slotzin van de *Fama*, *"Sub umbra alarum tuarum, Jehova"*, de zin waarmee ook de site wordt beëindigd. Deep Throat geeft hiermee dus aan dat het moment is gekomen dat de waarheid zal worden onthuld. De tijd van Elias Artista is aangebroken. De vraag is alleen waar? Waar ligt de waarheid verborgen?'

'Dus als ik het goed begrijp, ligt de oplossing in die laatste zinnen?' Jenna keek hem verwachtingsvol aan.

Shepard schudde zijn hoofd. 'Helaas, die code heb ik nog niet kunnen kraken.' Hij las de zinnen voor de zoveelste keer hardop voor, in de ijdele hoop dat als hij ze maar vaak genoeg herhaalde, de betekenis ervan op een bepaald moment als vanzelf tot hem zou doordringen.

'"Neem deze passer en plaats hem op het middelpunt van de tempel. Het antwoord ligt besloten in de dertiende graad. Onder de schaduw van uw vleugels, Jehova...." Al sla je me dood. Ik heb geen idee. Het middelpunt van de tempel...?' Hij keek met een verbeten blik in de verte.

'Dat zou toch het Lincoln Memorial moeten zijn, dat is de enige plaats die ervoor in aanmerking komt,' vulde Jenna hem aan.

'Dat dacht ik aanvankelijk ook, maar hoe zit het dan met de passer? Plaats de passer op het middelpunt van de tempel, en dan, wat dan? Wat is het middelpunt van het Lincoln Memorial? En waar doelt hij dan op? Een passer maakt een cirkel. Moet het antwoord dan ergens binnen die cirkel te vinden zijn? Een cirkel van dertien graden slaat in elk geval nergens op. Die is zo klein, dan kom je niet verder dan waar je al was, het Lincoln Memorial. Een hoek van dertien graden dan? Maar vanuit welk punt dan, dertien graden is bijna niets!'

Shepard spreidde zijn handen uit in de lucht. Zijn blik sprak boekdelen. En hij had gelijk, wist Jenna. Dit raakte kant noch wal. Welke cirkel dan? Hoe groot moest die dan wel zijn? En ergens binnen die straal van een onbekend aantal kilometers zou dan het antwoord te vinden moeten zijn?

'Ik doe mijn best,' zei Shepard, 'maar echt, ik kan er geen chocola van maken. Aanvankelijk dacht ik dat ik misschien op het goede spoor zat. Vanmiddag ben ik naar het Capitool geweest. Opeens schoot me te binnen dat zich ergens onder de Rotunda het exacte middelpunt van Washington bevindt, van waaruit de stad in vier quadranten is verdeeld. Nou ja, ik dacht aan de passer, op het middelpunt, de dertiende graad. Misschien...' Shepard aarzelde.

'George Washington heeft ooit de eerste steen van het Capitool gelegd, nietwaar, dus ik dacht, nou ja, het is misschien geen tempel, maar...'

235

Het was duidelijk dat hij zich niet op zijn gemak voelde.
'En?'
'Niks, maar ja, wat moest ik er eigenlijk ook? Met een pikhouweel de kompassteen uit de vloer hakken of zo? Ik geloof trouwens dat ze me herkenden. Een ouder echtpaar. Die vrouw bleef maar naar me staren terwijl haar man met zijn versleten knieën op een suppoost af strompelde. Ik kon me net op tijd uit de voeten maken. Dat was nog eens een lekkere blamage geweest, staatsvijand nummer een in de kraag gepakt midden in het regeringscentrum van Washington. Jezus!'
Ze greep hem bij zijn bovenarm. 'Hé, we doen ons best, meer kunnen we niet doen.'
'Ik heb me suf gepiekerd over die dertiende graad. Het vreemde is dat er via Paracelsus wel een verband is te leggen met de achttiende graad van de Aloude en Aangenomen Schotse Ritus. Paracelsus benadrukt het kosmische aspect van het mystieke Avondmaal door te zeggen dat in het brood en de wijn de krachten der natuur geconcentreerd zijn, en dat Christus het zaad der opstanding doet ontkiemen. In de achttiende graad van de A.A.S.R. verricht de Ridder van het Rozenkruis eveneens de rite van het avondmaal. In deze graad is de Rozenkruisersgeest dan ook het best bewaard gebleven. Maar de dertiende graad is hier met de beste wil van de wereld niet mee in verband te brengen. Althans, niet met de beperkte herseninhoud waarover ík beschik.'
De cynische toon waarop Shepard deze laatste woorden uitsprak, verontrustte Jenna. Het begon erop te lijken dat hij het wilde opgeven. En dat was het laatste wat ze wilde. Ze had verdomme net nog haar nek uitgestoken. Haar reputatie stond op het spel!
Juist toen ze hem dat duidelijk wilde gaan maken, hoorden ze een auto. Ze tuurden in de richting van het geluid, maar door de mist was het zicht slecht. Jenna meende vaag het schijnsel van koplampen te kunnen zien. Toen was het opeens stil, de lichten werden gedoofd. Ze voelde zich onbehaaglijk. Onwillekeurig greep ze Shepard bij de arm. Die verstarde. Het was nu doodstil. Ze durfden geen woord te wisselen. Opeens verschenen er twee schimmen voor hen in de mist, zo'n tien, vijftien meter van hen vandaan. Maar even plotseling waren ze weer verdwenen.
'Hallo?'
Jenna verstijfde. Shepards stem klonk veel harder dan hij bedoeld had. Onwillekeurig maakte hij zich kleiner.
Geen antwoord.
'Hallo, wie is daar?' klonk het deze keer zachter.

Opnieuw geen antwoord.

Ze kregen het nu benauwd. Jenna huiverde. Ze wilde weg van hier, door de grond zakken, opgaan in het niets! Shepard trok haar mee, weg van het licht van de straatlantaarn. Hij priemde met zijn vinger in de richting van het busje. Ondertussen bleef hun blik onafgebroken gericht op de plaats waar ze de twee gestalten hadden gezien. Langzaam, stap voor stap, liepen ze achteruit in de tegenovergestelde richting. Plotseling hoorden ze een metaalachtige klik. Ze verstijfden van schrik. Jenna struikelde over haar eigen benen en probeerde grip te krijgen op het natte gras. Tevergeefs. Ze gleed uit en verstuikte haar voet. De pijn sneed door haar enkel.

'Ahhh!'

Shepard probeerde haar nog vast te grijpen, maar het was al te laat. Ze viel achterover in het natte gras.

'Jenna!'

'Stil blijven staan, Shepard.'

De gedaante doemde plotseling op uit de mist en richtte zijn pistool op zijn gezicht. Tegelijkertijd voelde hij dat hij van achteren werd vastgegrepen. Een dunne plastic band gleed om zijn polsen en werd hardhandig aangetrokken.

Dit was het dus. Dit was het einde. Allerlei gedachten schoten als een razende door zijn hoofd. Hij bereidde zich voor op het ergste.

Hoog boven hem vlogen een paar vogels over. Hij hoorde ze krijsen, alsof ze wisten wat zich beneden hen afspeelde. Ze vlogen weg van hier, ver weg van deze verdorven plek, op weg naar de vrijheid.

Maar er gebeurde niets. Geen schot, geen genadeslag, helemaal niets.

Enkele seconden later werd hij hardhandig in een auto geduwd. Hij viel met zijn hoofd op de achterbank en gleed tegen iets of iemand aan.

'Thomas?'

Hij knipperde met zijn ogen en trachtte zich te concentreren.

'Jenna? Godzijdank!'

Deel III

Sub umbra alarum tuarum

43

'Goedenavond, dames en heren. Dit is CNN *Avondnieuws*, met een extra aflevering gewijd aan de ontwikkelingen rondom de Kennedy-site. Mijn naam is Barbara Walker. Zoals wij u al eerder meldden, houden de mysterieuze aanwijzingen op de site JFKTruthOrDare.com een groot deel van Washington in de greep. Bij gebrek aan commentaar van de officiële regeringsinstanties wordt de geruchtenstroom alleen nog maar verder aangewakkerd. Ruim veertig jaar later blijkt dat het trauma van de moord op president Kennedy nog steeds diep geworteld zit in onze samenleving. We schakelen nu over naar onze correspondent in Washington voor de laatste stand van zaken. Tom, wat kun je ons melden?'
'Goedenavond, Barbara, ik sta hier op de trappen voor het Lincoln Memorial en zoals je ziet ben ik hier niet alleen. Mensen van allerlei pluimage zoeken het monument en de directe omgeving ervan af naar aanknopingspunten die het mysterie van de aanwijzingen op de site kunnen oplossen. Geloof het of niet, ik heb zelfs al mensen met gradenbogen en passers zien rondlopen. En het zijn niet de vreemde snuiters die je misschien zou verwachten. Ik heb verschillenden van hen gesproken en ik kan je vertellen, het zijn veelal gewone, brave huisvaders die de doofpot waarin de aanslag op Kennedy ooit is weggestopt, nooit hebben aanvaard. Volgens een vandaag gehouden opiniepeiling wordt de verklaring van de toenmalige Warren-commissie dat Lee Harvey Oswald de moord in zijn eentje zou hebben gepleegd, tot op de dag van vandaag door de meerderheid van de Amerikaanse bevolking slechts gezien als een mislukte poging om hen om de tuin te leiden. Slechts twintig procent van de bevolking hecht enige waarde aan de bevindingen van de Warren-commissie. En dat de aanbevelingen van de House Committee on Assassinations uit 1978 om een hernieuwd justitieel onderzoek naar de aanslag te starten door de overheid in de wind zijn geslagen, heeft toentertijd opnieuw veel kwaad bloed gezet. De mensen die je hier bezig ziet, hadden dus slechts een vonkje nodig om hen weer in vuur en vlam te zetten.'
'Wat doen die mensen daar precies, Tom?'
Wilkinson draaide zich om en wees in de richting van het Memorial.

'Sommigen lopen rond met passers en gradenbogen, zoals ik je al zei. Ze zijn op zoek naar het middelpunt waarnaar op de site wordt verwezen. Er wordt immers gesproken van een tempel, en dat is precies waar de inscriptie achter het immense beeld van Lincoln naar verwijst.'
Hij las de woorden op plechtige toon op.

'IN THIS TEMPLE
AS IN THE HEARTS OF THE PEOPLE

FOR WHOM HE SAVED THE UNION
THE MEMORY OF ABRAHAM LINCOLN
IS ENSHRINED FOREVER

Wat ze proberen vast te stellen is waar dan vervolgens die beruchte dertien graden naar zouden kunnen verwijzen. Sommigen houden vol dat de Mall en de straten erlangs, zoals Madison Drive, niet voor niets niet helemaal loodrecht op het Capitool liggen en dat daarin de oplossing zou zijn te vinden. Zoals je weet, vormt het middelpunt van het Capitool immers het oriëntatiepunt van waaruit Washington is ingedeeld en opgebouwd. Er zijn er die nog verder gaan en er stellig van overtuigd zijn dat de indeling van de Mall verdacht veel weg heeft van een soort uitvergrote maçonnieke tempel, compleet met altaar enzovoort. Het altaar zou dan worden gesymboliseerd door het Capitool, waarvoor de vrijmetselaar George Washington ooit de eerste steen heeft gelegd.
Weer anderen buigen zich in het gebied ten noorden van het Witte Huis over het stratenplan, dat de vorm van een pentagram zou hebben, de beroemde vijfpuntige ster die ook voorkomt op de site en een van de symbolen is die een belangrijke rol spelen in de vrijmetselarij en de Rozenkruisersriten.'
'Als ik je even mag onderbreken... Zit daar een kern van waarheid in, Tom?'
'Eh, nou, dat lijkt inderdaad het geval te zijn, ja. Ik heb dit verhaal geverifieerd en het blijkt dat vijf straten, gelegen ten noorden van het Witte Huis, inderdaad een soort pentagram vormen. We hebben het dan over Massachusetts Avenue, Rhode Island Avenue, Connecticut Avenue, Vermont Avenue en K-Street NW. Misschien dat we het even aan de kijkers kunnen laten zien, zodat het geheel wat duidelijker wordt.'
Barbara Walker keek in de studio met een vragende blik in het rond.
'Ik geloof dat we inderdaad een plattegrond in beeld krijgen. Misschien kun je het een en ander toelichten, Tom?'

'Natuurlijk. Als je goed kijkt, zie je dat de genoemde straten inderdaad een vijfpuntige ster vormen, waarvan de onderste punt eindigt in het Witte Huis, zeg maar. Symbolisch? Het zou kunnen. Het vreemde van de zaak is dat de punt aan de linkeronderzijde, die had kunnen worden gevormd als Rhode Island Avenue zou zijn doorgetrokken tot aan Washington Circle, ontbreekt. Een foutje dat door de aanhangers van vrijmetselarijcomplotten eenvoudig wordt weggepoetst. Maar goed, hoe je het ook wendt of keert, feit blijft dat het pentagram wel degelijk is waar te nemen.'
'Oké, bedankt tot zover, Tom, vanuit Washington.'
'Als ik nog heel even mag, Barbara, dit gaat misschien wel heel erg ver. Maar toch...'
'Ga je gang Tom.'
'Ik moet je zeggen dat ik me er zelf nogal ongemakkelijk bij voel, maar ik hoor hier in Washington zelfs geruchten rondgaan dat de vindplaats waar de site naar verwijst wel eens het graf van president Kennedy zelf zou kunnen zijn.'
'Wat vertel je me nou, Tom!'
'Ik weet het, Barbara, het klinkt enigszins schokkend. Maar de teksten zouden volgens sommigen verwijzen naar de eeuwige vlam op Arlington Cemetery. Ergens op dat punt, onder de grote, ronde steen waarin de eeuwige vlam brandt, of wellicht onder een van de andere stenen die de gedenkplaats omringen, zou dan de vindplaats moeten zijn waar de site naar verwijst. Denk aan de passer in het middelpunt en de vermelding van de dertien graden. Ik weet het, het klinkt als een horrorscenario, maar toch, het lijkt erop dat dit gerucht steeds meer opgeld doet. Ik ben er nog niet in geslaagd om de exacte achtergrond hiervan te achterhalen, maar het schijnt dat het concept van de eeuwige vlam, gecombineerd met de ronde steen, afstamt van een eeuwenoud symbool uit de leer van de Rozenkruisers, een van de mystieke genootschappen waar op de site naar wordt verwezen.'
'Goed, ik haal hier even diep adem, Tom.'
'Ik begrijp het, Barbara.'
'Bedankt tot zover, Tom.'
Ze draaide zich weer om naar de camera.
'Dat was onze correspondent in Washington DC, Tom Wilkinson, met enkele wel zeer opmerkelijke ontwikkelingen rondom de impact die de site JFKTruthOrDare.com op ons nationale bewustzijn lijkt te hebben. Mijn naam is Barbara Walker, u kijkt naar een extra nieuwsuitzending gewijd aan de commotie rondom de Kennedy-site.

In de studio praten we verder met Jonathan Rawlings, historicus en erkend expert op het gebied van de moordcomplottheorieën rond president Kennedy. Welkom, professor Rawlings, in hoeverre berust de site eigenlijk op waarheid?'

'Goedenavond, mevrouw Walker. Ik denk dat het grootste gedeelte van de gegevens over de achtergronden van de aanslag op waarheid berusten. Althans, vanuit historisch oogpunt bezien zijn de meeste gegevens juist weergegeven.'

'De meeste?'

'Nou ja, ik zou de specifieke aantijgingen aan het adres van de olietycoons niet voor mijn rekening willen nemen, al is het geen geheim dat er in de loop van onze geschiedenis bepaalde verbanden hebben bestaan tussen het grootkapitaal en groeperingen als de vrijmetselarij.'

'Maar bestaan die nog tot op de dag van vandaag?'

'Eh... de vrijmetselarij op zich zeker, maar...'

'En een organisatie als de CRAFTsmen, zou die op werkelijkheid kunnen berusten, denkt u?'

'Dat is goed mogelijk, alleen bestaan er voor zover ik weet geen bewijzen van. Ik denk wel dat je kunt stellen dat de vrijmetselarij nog steeds een grote invloed heeft in Amerika. Maar of dat dan meteen als illegaal kan worden bestempeld, zoals op de site gebeurt...'

'Een organisatie als de P2-loge in Italië, zou die hier ondenkbaar zijn?'

'Ondenkbaar is zoiets nooit.'

'Hoe oordeelt u dan over de geschetste verbanden tussen dit soort organisaties en inlichtingendiensten zoals bijvoorbeeld de CIA?'

'Die hebben zeker bestaan, daarover bestaat geen twijfel. De CIA maakt sinds jaar en dag gebruik van dekmantelinstellingen om hun operaties te kunnen uitvoeren.'

'Zoals bijvoorbeeld Permindex?'

'Bijvoorbeeld, ja.'

'En de vergelijking die in *The Post* wordt getrokken tussen de moordaanslagen op Kennedy, De Gaulle en Aldo Moro?'

'Op het eerste gezicht vind ik de vergelijking tussen Kennedy en De Gaulle redelijk plausibel, al zou daar verder onderzoek naar moeten worden verricht.'

'Is dat in die veertig jaar niet gebeurd dan?'

'Eh, nou ja, ziet u...'

'En Aldo Moro?'

'Dat is toch een wat ander verhaal. Moro is gedood door de Rode Briga-

des, door extreem links dus. Terwijl Kennedy en De Gaulle juist als te links werden gezien en volgens sommigen daarom zijn vermoord.'
'Is Kennedy alleen vermoord omdat hij te links was, denkt u?'
'Daar is iets voor te zeggen, ja, maar het ligt gecompliceerder dan dat.'
'Moro was voor een samenwerking tussen christendemocraten en communisten, Kennedy en De Gaulle zochten eveneens toenadering tot de communisten, ziet u daar dan geen enkele overeenstemming in?'
'Dat is nog niet genoeg om dan maar te stellen dat ze daarom zijn vermoord. Kennedy's politiek bestond trouwens uit meer dan dat.'
'Zoals de aanpak van de belastingvoordelen van de puissant rijke olietycoons, zoals we op de site hebben kunnen lezen? De afschaffing van de oil-depletionregeling?'
Rawlings begon zich ongemakkelijk te voelen. Deze vrouw had de regie volledig in handen en ze gebruikte die alleen maar om de gewenste standpunten voor het voetlicht te kunnen brengen.
'Onder andere, ja.'
'Olietycoons die behoorden tot het grootkapitaal, de groep die van oudsher is vertegenwoordigd in invloedrijke genootschappen als de vrijmetselarij en aanverwante organisaties. Captains of industry van wier donaties de politiek afhankelijk was en is. Lieden die de CIA als hun privélegertje zagen. Lieden met geld en macht die via hun geheime organisaties het land in een ferme greep hielden en houden, als we alles wat op de site staat, moeten geloven.'
'Nu probeert u mij woorden in de mond te leggen die...'
'Ik stel alleen vast wat op de site wordt vermeld, professor Rawlings. En dat dus kennelijk iedereen te koop was, behalve Kennedy, simpelweg omdat hij zelf deel uitmaakte van dezelfde klasse en daarom onafhankelijk genoeg was om zijn eigen weg te gaan. Vindt u die gevolgtrekkingen werkelijk zo vergezocht?'
'U trekt uw conclusies wel erg gemakkelijk, mevrouw Walker. Natuurlijk was niet iedereen te koop. En om dan meteen de volgende stap te zetten, dat president Kennedy door diezelfde lieden zou zijn, eh...'
'Vermoord?'
'Ik geloof dat daar...'
'Ik begrijp het, professor, daar is meer onderzoek voor nodig. Goed. De fotoframes dan? Als die echt blijken te zijn, wat zou dat dan kunnen impliceren?'
Rawlings ging verzitten.
'Dan zou onomstotelijk vast komen te staan dat president Kennedy is ver-

moord als gevolg van een complot. Dan zou het rapport van de Warrencommissie voorgoed naar de prullenbak kunnen worden verwezen.' Hij schrok zelf van de stelligheid waarmee hij de woorden uitsprak.
'Voor zover dat niet allang is gebeurd.'
'Inderdaad. En dan zou een hernieuwd onderzoek dienen te worden ingesteld naar de aanslag op president Kennedy.'
'Zoals de HCSA al in 1978 wilde?'
'Inderdaad.'
'Dank u voor uw toelichting, professor.'
Ze richtte zich weer tot de camera.
'En zo lijkt het opeens beter te begrijpen waarom deze site, op het oog de zoveelste zogenaamd onthullende site, het halve land in rep en roer heeft kunnen brengen. Omdat de mensen erin willen geloven. Omdat tachtig procent van de bevolking meent veertig jaar lang door de autoriteiten te zijn misleid. Omdat een volk beter verdient dan dat. Daarom, dames en heren, is een anonieme site op het internet hard op weg om een groter vertrouwen te genereren dan de regering van uw land in de afgelopen veertig jaar is gelukt.'

44

Shepard werd ruw bij zijn kraag omhooggetrokken. Hij voelde dat er een blinddoek om zijn hoofd werd gebonden. Toen die werd strakgetrokken, kneep hij zijn ogen instinctief stijf dicht. De stof van de lap drukte zo hard op zijn oorschelpen dat het pijn deed. Daarna werd hij hardhandig terug op de bank geduwd. Hij viel met zijn schouder tegen Jenna's jukbeen aan, die kreunde van de pijn. Even later werden de voorportieren dichtgegooid en zette de auto zich in beweging. Ze hoorden hoe er een rits werd opengetrokken.
'Wat is het wachtwoord?'
Aanvankelijk realiseerden ze zich niet dat de man het tegen hen had.
'Het wachtwoord van de computer, nu!'
Opeens begreep Shepard waar hij op doelde. Natuurlijk, het wachtwoord van zijn laptop. Door de zenuwen kon hij er niet op komen. Hij had het gisteren nog veranderd, voor de zekerheid, of was dat alweer eergiste-

ren? Hij begon hevig te transpireren. Wat was het verdomme ook alweer? Wat!
'Eh... eh...'
Hij deed zijn uiterste best, maar met de beste wil van de wereld lukte het hem niet om erop te komen.
'Nessuskleed.'
De stem van Jenna kwam als een geschenk uit de hemel. Nu wist hij het weer. Het beeld van het bebloede gewaad van het slachtoffer achter het Lincoln Memorial had hem op het idee gebracht. Het nessuskleed, het kleed dat op aanraden van de stervende Nessus door Deianeira met diens bloed was geverfd en dat de dood van Herakles veroorzaakte. Natuurlijk, dat was het!'
'Spellen!'
Hij slikte. 'Eh... n, e, dubbel s, u, s, kleed. Nessuskleed.'
Ze hoorden hoe de toetsen werden ingedrukt.
Shepard zuchtte diep en dankte Jenna in stilte voor haar koele optreden. God, wat had hij haar graag in zijn armen genomen, haar willen troosten met de belofte dat alles weer goed zou komen. Maar het enige wat hij kon doen, was zijn lichaam zo dicht mogelijk tegen het hare aan drukken. Lang kon hij dat echter niet volhouden, omdat door de druk van zijn lichaam zijn polsen en onderarmen steeds meer pijn gingen doen. Het plastic koord waarmee hij zat vastgebonden, leek er als een mes doorheen te snijden. Noodgedwongen verplaatste hij zijn gewicht weer wat naar voren.
'Sorry.'
Ze reageerde niet.
'Kop dicht!'
Plotseling kreeg hij een harde klap tegen zijn schouder, waardoor hij weer achterover op de bank viel. Hij probeerde de helse pijnscheut in zijn polsen te verbijten. De boodschap was duidelijk overgekomen.
Shepard probeerde zich te oriënteren. In welke richting reden ze? De auto was daarnet gedraaid, dus dat betekende dat ze in noordelijke richting langs het Tidal Basin reden, in de richting van het Lincoln Memorial dus. Even later remden ze en sloegen af naar rechts. Daarna leek het of ze een lange bocht maakten, althans zo voelde het. Die bocht bleef maar duren en duren. Opeens had hij het door. Ze zaten op de rotonde rond het Lincoln Memorial! Dat kon haast niet anders. Shepard probeerde zich tot het uiterste te concentreren. Even later voelde hij een soort bonk, doordat de auto over een oneffenheid in de weg reed. Hij herkende het gevoel meteen.

Hier was hij nog maar kortgeleden met Jenna overheen gereden. Ze zaten op de Arlington Memorial Bridge. Honderd procent zeker! Nog even en er zou nog zo'n bonk volgen, als ze de brug weer zouden verlaten. En inderdaad, dat gebeurde.

Waar gingen ze naartoe? Hij probeerde het wegennet aan de andere kant van de Potomac in zijn hoofd te visualiseren. Eigenlijk kon dit maar twee dingen betekenen. Of ze zouden rechtdoor rijden naar Arlington Cemetery of ze verlieten de stad. Shepard raakte opgewonden. Arlington Cemetery! Zou dat betekenen dat hij gelijk had gehad? Dat ze daar inderdaad bijeenkwamen? Hadden ze het dus al die tijd bij het rechte eind gehad?

Meteen werd zijn triomfantelijke stemming echter weer de bodem ingeslagen. Want het kon net zo goed inhouden dat ze zich op een snelle en geruisloze manier van hen gingen ontdoen. Zonder pottenkijkers. Van het ene op het andere moment fixeerde hij zich op het onafwendbare. Allerlei beelden schoten door zijn hoofd. Hij zag de omtrekken van de schemerige tempelloge voor zich. De zwart-wit geblokte vloer, de passer en de winkelhaak. De broeders die in een kring om hen heen stonden, gehuld in witte gewaden met rode sjerpen. Ze lagen geboeid op de grond. De hand van de beul zwaaide door de lucht. Hij zag de scherpe punt van de passer op zich afkomen...

Hij kneep zijn ogen stijf dicht. *Laat je niet meeslepen, Shepard. Kom op, hou je aandacht erbij.*

Maar onwillekeurig kropen de gedachten weer terug in zijn hoofd. Het was immers midden in de nacht, Arlington Cemetery was verlaten. Het zou maar al te gemakkelijk zijn om hun lichamen hier te dumpen onder een van de duizenden witte kruizen die de begraafplaats rijk was. Misschien hadden ze er al een paar omhooggewipt, misschien waren de graven al verder uitgediept, klaar voor de ontvangst van de nieuwe patriotten, die weldra hun laatste rustplaats zouden krijgen tussen hun voorgangers. Hoe hij die krankzinnige gedachte ook van zich af probeerde te schudden, het beeld had zich inmiddels op zijn netvlies genesteld.

Plotseling sloeg de auto scherp af naar rechts. Even leek hij weer bij zijn positieven te komen.

Wat betekende dit? Gingen ze niet naar de begraafplaats? Maar dan reden ze de stad uit. En wat dan?

Van het ene op het andere moment brak het angstzweet hem uit. Het was afgelopen. Ze waren er geweest. Dit zouden de laatste momenten zijn die ze op deze aardkloot zouden doorbrengen. Hij blies de lucht met een lange zucht door zijn neus naar buiten en liet zijn verslapte lichaam achterover-

zakken. De pijn in zijn polsen voelde hij niet meer. Hij draaide zijn hoofd een kwartslag om in de richting van Jenna. Zou ze het zich realiseren? Zou ze doorhebben wat hun te wachten stond? De tranen stonden nu in zijn ogen. Was dit het dan? Zou het hun dan weer lukken? Tweeënveertig jaar later? Er daalde een intens gevoel van verslagenheid over hem heen. Waarom had hij haar hierin meegetrokken? Hij zag haar verbijsterde blik weer voor zich, bij de eeuwige vlam, nog maar zo kortgeleden. Haar ongeloof dat er zo dichtbij zoveel kwaad kon bestaan. Het was allemaal zijn schuld. Hij had haar hier nooit in mogen betrekken.
Klootzak. Verdomde lafhartige klootzak die je bent. De tranen brandden in zijn ogen, tranen van blinde woede en frustratie. Hij kon het wel uitschreeuwen. Het liefst zou hij die rotzakken voor hem de huid vol schelden. Hen bespugen, aanvallen, kapotmaken...
En toen, opeens, sloeg de auto met een scherpe draai links af. Door de plotselinge manoeuvre tuimelde Shepard tegen het rechterportier aan.
Even was hij totaal van de kaart. Voordat hij weer bij zinnen was, maakte de auto opnieuw een korte draai en stopte. In een poging zich opnieuw te oriënteren draaide hij zijn hoofd verwoed van rechts naar links en weer terug. Ook Jenna was nu omhooggekomen. Ze duwde haar bovenbeen tegen het zijne. Geen van beiden durfde iets te zeggen.
Tergend langzaam schoof iets wat als een zware, ijzeren poort klonk, automatisch open. De auto trok langzaam op en sloeg rechts af. Vanaf nu reden ze veel langzamer dan voorheen, bijna stapvoets. Shepard probeerde er koortsachtig een verklaring voor te vinden. Waar waren ze? Waarom reden ze zo langzaam?
Plotseling stopten ze. De beide mannen stapten uit en openden de portieren. Ze trokken Jenna en Shepard naar buiten en duwden hen voor zich uit. Na een paar stappen verlieten ze de verharde weg en liepen ze verder over het gras. Jenna deed haar uiterste best om zich te concentreren op de geluiden in de omgeving. De lap die om haar oren zat gebonden, hielp daarbij niet echt. Het enige wat ze hoorde was echter het geluid van het verkeer dat ergens in de verte voorbijraasde. In elk geval bevonden ze zich nog in de nabijheid van de bewoonde wereld.
Ze liepen een soort glooiende helling op.
Langzamerhand begon Shepard een vermoeden te krijgen waar ze zich bevonden. Ze hadden immers vlak na Arlington de doorgaande weg verlaten. Misschien was er nog een andere ingang, aan de andere kant van de begraafplaats. Het kon haast niet anders of dit was Arlington Cemetery. Nadat ze zo'n kleine honderd meter heuvelop hadden gelopen, merkten

ze ondanks de blinddoek dat de omgeving langzaam lichter werd. Een gewaarwording die werd veroorzaakt door het licht van de schijnwerpers dat weerkaatste op de kalkstenen muren. Opeens bleven ze stilstaan. Er klonken een paar doffe dreunen, alsof er hard op een ijzeren plaat werd gebonkt. Even later hoorden ze dat er grendels werden weggeschoven. Daarna klonk het geluid van een sleutel die werd omgedraaid in een slot. Shepard verstijfde. Er ging een steek door zijn onderbuik. In een milliseconde flitste het beeld van de ijzeren deur in de zijgevel van Arlington House door zijn hoofd. Hij draaide zich om naar de kant waar hij dacht dat Jenna zou staan. Hij meende haar snelle ademhaling te kunnen horen. Hoe graag had hij haar naam willen fluisteren, om contact met haar te kunnen maken, hoe minimaal ook. Maar hij durfde niet.

Met een hoog, indringend geluid van metaal dat over metaal schuift, ging de deur open. Er werd niets gezegd. Het gezelschap werd blijkbaar verwacht. Behoedzaam werden ze door de bewakers naar binnen geleid. Na twee stappen bleven ze abrupt stilstaan. De deur viel met een doffe dreun in het slot.

Shepard was er nu vrijwel zeker van. Ze bevonden zich in Arlington House, dat kon haast niet anders. Hoe had hij dit kunnen laten gebeuren? Hij had voet bij stuk moeten houden toen ze die verdomde deur zagen. Zich niet van de wijs moeten laten brengen. Maar Jenna had hem aan het twijfelen gebracht. Zelfs zij was ervan overtuigd geweest dat ze op het verkeerde spoor zaten. Jezus, hij had een fatale fout gemaakt, een fout die hun noodlottig zou kunnen worden. Hij probeerde te slikken, maar zijn keel was gortdroog.

Ze stonden met zijn vijven dicht tegen elkaar aan gedrukt. Jenna, hijzelf, hun begeleiders en degene die de deur had geopend. Het was blijkbaar erg krap hier.

'Pas op!'

Op hetzelfde moment duwde zijn begeleider hem voor zich uit.

'Een trap.'

Shepard zette voorzichtig een stap vooruit en trachtte met zijn schoen af te tasten wanneer er een trede zou komen. Onwillekeurig probeerde hij met zijn geboeide rechterhand de trapleuning vast te grijpen. Nadat hij een paar maal onhandig in de lucht had gegrepen, klemde hij zijn hand krampachtig om de ijzeren leuning heen. Voorzichtig, stap voor stap, liepen ze de trap af. Zijn zolen schoven stroef over de kleine, ronde profielen die waren aangebracht om extra grip te geven aan de ijzeren treden. Het was een wenteltrap, een smalle, steile wenteltrap. Op een gegeven

moment hadden ze voor zijn gevoel al zeker zo'n twintig treden gehad, maar het hield nog steeds niet op. Ze gingen verder en verder naar beneden, steeds verder de diepte in.
Tot hij het zich opeens realiseerde.
Deep Thot!
Dus toch. De A en de R, Deep Throat, het was allemaal vooropgezet. Aanvankelijk had hij Jenna niet willen geloven, maar de eer kwam geheel en al haar toe. Hij had op het punt gestaan om op te geven, overmand door scepsis en wantrouwen. Maar juist op dat tijdstip, op dat cruciale tijdstip, had ze hem ervan weten te overtuigen dat ze op de goede weg zaten.
Wat zouden ze hierbeneden aantreffen? Dit was niet de bedoeling geweest. Niet zo. Er ging een rilling over zijn rug. Opnieuw zag hij het lichaam achter het Lincoln Memorial voor zich. Nee, nee, nee, zo mocht het toch niet eindigen. Niet nu. Dan was alles voor niets geweest. Eerst Deep Throat en nu zij. Dan was alles tevergeefs geweest. Dan zou de waarheid voor altijd verborgen blijven.
Hij verstarde. Meteen kreeg hij een por in de rug.
En even plotseling als de angst was opgekomen, verdween hij weer en werd hij bevangen door een gevoel van berusting. En dan? Wat maakte het eigenlijk uit? Dacht hij nu werkelijk dat hij, een nietszeggende hoogleraar op een nietszeggende positie, in staat zou zijn om deze eeuwenoude organisatie op de knieën te dwingen? Lieden wier macht reikte tot in de hoogste regionen van de natie?
Word wakker, mannetje, word wakker en neem je verlies. Geef het maar toe, deze keer heb je je hand overspeeld.
Opeens struikelde hij. Zijn gedachten werden weggevaagd door de instinctmatige reactie om alles op alles te zetten om te voorkomen dat hij zou vallen.
Ze hadden het einde van de trap bereikt. Omdat ze hem geen enkele aanwijzing hadden gegeven, had hij gewoon weer een stap naar beneden gezet, in de veronderstelling dat hij zijn voet op de volgende trede zou kunnen zetten. Maar omdat zijn voet veel eerder dan zijn hersenen hadden gepland de vaste grond raakte, zakte hij door zijn knie en tuimelde voorover.
Zonder dat er een woord werd gewisseld, werd hij overeind getrokken. Een deur ging open, ze werden naar binnen geduwd, en na zo'n tien stappen bleven ze weer stilstaan.
Daarna was het stil. Het enige wat hij hoorde, waren een paar zachte tikjes, alsof er knopjes werden ingedrukt. Na een tiental tergende seconden

ging er opnieuw een deur open. Zwijgend werden ze de volgende ruimte binnen geduwd.

Er hing een indringende geur. Het was een muffe, zware lucht, als van een vochtige, oude kelder. Onaangenaam en verontrustend.

Wat ging er met hen gebeuren? Ze probeerden iets van een geluid op te vangen, wat dan ook, alles om maar enig idee te kunnen krijgen van waar ze zich bevonden. Ze werden op de knieën gedwongen. Terwijl hij geknield op de grond zat, boog Shepard achterover en voelde met zijn vingertoppen over het oppervlak. Het was glad, niet de ruwe, stenen bodem die hij verwacht had. Er ging een gevoel van opluchting door hem heen. Even was hij bang geweest dat ze in een soort onderaards gewelf terecht waren gekomen, een kelder waarin ze zonder slag of stoot zouden worden terechtgesteld. Met een simpel nekschot, zoals in de film. Misschien was de opluchting veel te voorbarig, maar toch. De gladde, stenen vloer gaf hem weer een sprankje hoop.

Op dat moment werd de blinddoek van hun hoofd gehaald. Ze knipperden een paar keer met hun ogen. Ondanks dat de zaal slechts zwak verlicht was, duurde het even voordat hun ogen eraan gewend waren. Schichtig keken ze om zich heen.

45

Ze bevonden zich in een zaal van zo'n tien meter in doorsnee. Het donkere, gewelfde plafond was bezaaid met sterren. In het midden hing een gigantische kroonluchter, in de vorm van een vijfpuntige ster.

Jenna staarde er gebiologeerd naar. Zonder geluid te maken vormde ze met haar lippen een woord. *Het pentagram.*

Shepard zag het ook en gaf vrijwel ongemerkt een kort knikje. Hij had de tekens inmiddels herkend. Dit was ontegenzeggelijk een tempelloge, daar kon geen twijfel over bestaan. Hier kwamen ze dus bij elkaar, de CRAFTSmen.

Zijn aanvankelijke verbazing had nu weer plaatsgemaakt voor wetenschappelijke interesse. Hij had al heel wat afbeeldingen van allerlei soorten tempelloges gezien, maar deze was anders. De gebruikelijke maçonnieke tempel had net als hier een zwart-wit geblokte vloer, een symbolische verwijzing naar de weg door het licht en donker waarlangs de leerling zijn ontwikkeling tot meester doormaakte. Maar de reguliere loges waren rechthoekig van vorm, niet zoals deze. Hij probeerde in te schatten hoeveel zijden de zaal precies had. Was het een pentagon of waren het er meer dan vijf? Het leek in elk geval een oneven getal te zijn, maar hoeveel precies kon hij niet bepalen, niet zonder zijn hoofd helemaal om te draaien. En dat durfde hij niet, bang dat er meteen een repercussie op zou volgen. Middenin bevond zich een ronde stenen tafel, waarop een koperen plaat met inscriptie lag. Vanuit zijn geknielde positie kon hij niet lezen wat er op stond.

Verder stonden er drie marmeren sokkels. Op de meest linkse stond een beeld van een staande vogel die haar jongen die tussen haar poten zaten, voedde met haar eigen bloed uit haar opengepikte borst.

De pelikaan, het teken van de Soevereine Prins van het Rozenkruis, de achttiende graad van de Aloude en Aangenomen Schotse Ritus.

Op de middelste sokkel stond een stenen kruis met in het midden een roos. Op de derde sokkel, ten slotte, lag een opengeslagen dik boek, met daarop een in elkaar geschoven passer en winkelhaak.

Wat hij, afgaande op de site, aanvankelijk al had vermoed, bleek juist. De CRAFTsmen waren een mengvorm waarvan er in de loop van de geschiedenis zovele op de wereld waren ontstaan. Een afsplitsing van een bestaande beweging, die zich later zowel maçonnieke als Rozenkruisersriten had toegeëigend.

De Rozenkruisersgeest was immers het beste bewaard gebleven in de achttiende graad van de A.A.S.R. Normaal gesproken was deze graad slechts een doorgangsgraad, maar het leek erop dat de CRAFTsmen deze tot de basis van hun beweging hadden gemaakt, met de pelikaan als centraal symbool.

Aan de andere kant, de ronde stenen tafel had niets met de vrijmetselarij te maken. Dat was een ondubbelzinnige verwijzing naar het graf van Christian Rosencreutz, zoals beschreven op de site. Een gewelf met zeven zijden en zeven hoeken, helder verlicht door een zon, met daar middenin in plaats van een grafsteen een rond altaar.

Ook het stenen rozenkruis sprak boekdelen. Maar waar was de vlam? In plaats daarvan was er in het midden van het altaar een kleine, ronde steen geplaatst. Waarom deze afwijking van de rite? Shepards hersenen werkten nu op volle toeren.

Het zou een verwijzing kunnen zijn naar de sluitsteen, die een rol speelde in bepaalde maçonnieke riten. Uiteindelijk werd die sluitsteen door de zoekende pelgrims uit het gewelf gewrikt, zodat een opening ontstond die zonlicht doorliet, waardoor de voorwerpen die zich in de onderaardse crypte bevonden, zichtbaar werden. Het was een verwijzing naar het Licht dat van boven komt. Opnieuw een bevestiging van de mengvorm van Rozenkruisers- en vrijmetselarijsymbolen waarvan de CRAFTsmen zich leken te bedienen.

Blijkbaar was het een zogenaamde hybride orde, die zich buiten de vastgestelde paden om had kunnen ontwikkelen, zonder toezicht van bovenaf en zonder verantwoording verschuldigd te zijn aan de maçonnieke Grootorden. Net zoals de geheime P2-loge in Italië, die in naam deel uitmaakte van de Grand Oriente Italia, het Grootoosten in Italië, maar die in feite in het geheim opereerde en afstevende op een politieke staatsgreep. En er was nog een belangrijke overeenkomst. De bedoeling van dergelijke geheime loges was immers om voorname kandidaten die om de een of andere reden geen enkele publiciteit wensten en evenmin behoefte hadden aan geestelijke vorming in de schoot van een werkplaats, toch in de loge te kunnen opnemen. Hun initiatie gebeurde zonder ceremonieel en de geheime broeders kregen een bijzondere status, ze stonden 'ter beschikking van de grootmeester'. Alleen de grootmeester en de grootsecretaris kenden de lijst van de clandestiene maçons.

Maar er bestond ook een verschil. In tegenstelling tot de oorspronkelijke Propaganda Masonica Numero Due, die bestond sinds 1895 en een traceerbaar overblijfsel was uit de Garibaldi-tijd, waren de achtergronden van de CRAFTsmen altijd in nevelen gehuld gebleven. Anders gezegd: ze bestonden simpelweg niet. En blijkbaar waren ze zo overtuigd geweest van hun onschendbaarheid, dat ze hun tempelloge hadden gesticht in het middelpunt van de macht, in het oog van de natie. Op de nationale begraafplaats, te midden van de helden van de geschiedenis, op een steenworp afstand van het Capitool!

Jenna's ogen gleden ondertussen over de afbeeldingen aan de muren. In elke zijde van de zaal zat een deur, waarboven een schilderij hing. Gebiologeerd staarde ze naar de afbeelding van de oude man met lange grijze haren en baard die vanuit de sterrenhemel een gigantische, geopende passer naar beneden richtte. Op de een of andere manier straalde die een gevoel van geborgenheid uit, van iemand die te vertrouwen was.

Op dat moment ging de grote deur aan de andere kant van de zaal op een kier. Verschrikt keken ze allebei in die richting. De deur maakte deel uit van een reliëf van een soort Griekse tempel, met een driehoekig timpaan erboven dat aan beide kanten van de deur werd ondersteund door een zuil.

Jenna keek met wijd opengesperde ogen naar Shepard, maar die staarde bewegingloos naar de deur.

De tempel van Salomo.

Er stapten drie figuren de zaal in.

Shepards adem stokte.

Ze waren gekleed in een wit gewaad met een rode sjerp, gekruist over de schouders en samengebonden rond het middel. In het midden van de gewaden, ter hoogte van het middenrif, stond de afbeelding van de pelikaan die zijn jongen voedde. Rechts bovenaan op de borst stond een pentagram afgebeeld, met de initialen CR erin, links het kruis met het doodshoofd. Over hun hoofden droegen ze een platte, witte kap die tot op de schouders viel, met ter hoogte van de ogen slechts twee donkere gaten. Ze hadden witte handschoenen aan.

Langzaam liepen ze naar de stenen tafel toe.

De welkomstgroet werd uitgewisseld.

'*Ave Frateres.*'

'*Rosae et Aureae.*'

'*Crucis.*'

'*Benedictus Dominus Deus noster, qui dedit nobis signum.*'

Daarna was het een aantal seconden stil. Seconden die een eeuwigheid leken.

De middelste van de broeders maakte met zijn omgekeerde hand een gebaar.

Jenna en Shepard werden bij de schouders gegrepen en omhooggetrokken. Ze stonden maar een paar meter van de tafel af. Onwillekeurig gleed Shepards blik over de koperen plaat. Omdat het schijnsel van de stervormige kroonluchter erin weerkaatste, moest hij wat naar voren buigen om de tekst te kunnen lezen:

A.C.R.C. HOC UNIVERSI COMPENDIUM UNIUS MIHI SEPULCHRUM FECI.

Voordat hij de kans kreeg om de andere opschriften te lezen, nam de middelste broeder het woord en begon de tekst op te dreunen:

'A.C.R.C. *Hoc universi compendium unius mihi sepulchrum feci.*
Jesus mihi omnia
Nequaquam vacuum
Legis jugum
Libertas Evangelii
Dei gloria intacta.'

Daarop bogen de broeders allen het hoofd. Terwijl de middelste met gebogen hoofd bleef staan, liepen de twee anderen naar een van de deuren die in de muur waren aangebracht. Het bleek een kast te zijn. Ze haalden er een kleed uit en legden dat over de stenen tafel. Het was een zwart kleed, met witte tranen en een doodshoofd erop geborduurd. Daarna zetten ze er drie gele kaarsen op. Voor de kaarsen plaatsten ze zorgvuldig een schedel. Vervolgens legden ze voor de stenen tafel een zwart kleed op de vloer. Daarop legden ze een rozenkruis, een passer en een winkelhaak en een acaciatak.

Shepard kreeg een onheilspellend gevoel over zich. *Het doodskleed, wat moeten ze in godsnaam met het doodskleed?*

Op dat moment gaf de leider met een hamer drie slagen op de stenen tafel. 'Ter ere van de Opperste Bouwmeester des Heelals, in de naam en onder de hoede van onze Grootloge, open ik de zitting van deze achtbare verheffing in de meestergraad.'

Daarna wendde hij zich tot Shepard.

'Waarom ziet u ons in rouwstemming?'

Shepard knipperde een paar maal met zijn ogen.

'Ik zal het u zeggen.'

De Hiereus kreeg door de Hiërofant een perkamenten rol aangereikt en begon hardop voor te lezen.

'Adon Hiram stond in de grote zuilengang van de tempel.

De ondoordringbare schaduwen rond zijn lamp veranderden in roodachtige spiralen die de delicate structuur deden uitkomen van de gewelven en de wanden van de gang, waarvan drie poorten naar buiten leidden: in het noorden, in het westen en...'

Terwijl de Hiereus zijn verhaal hield, werd Shepard door de Hiërofant symbolisch op dezelfde wijze geslagen en gestoken als Hiram. Daarna werd het plastic koord rond zijn polsen losgesneden en werd hij voor dood onder het doodskleed gelegd. Ze dwongen hem op de grond te gaan liggen en spreidden het doodskleed over hem uit.

Jenna stond nu te trillen op haar benen. De hele gang van zaken vervulde haar met afschuw. Wat gingen ze in godsnaam met hem doen?

Onder het doodskleed bereidde Shepard zich voor op het ergste. Het zware kleed benam hem vrijwel de adem. Hij had de grootste moeite om zijn zinnen bij elkaar te houden. De seconden die voorbijtikten waren afschuwelijk. Met bijna bovenmenselijke kracht probeerde hij zich te beheersen om de deken niet van zich af te gooien en omhoog te springen. Hij wist dat het dan sowieso afgelopen was. Hij moest zich eenvoudigweg zien te beheersen, voor Jenna. Tegelijkertijd begreep hij er helemaal niets meer van. Dit was de rite van de dood van Hiram. Als hij het goed had, maakte dit deel uit van de inwijdingsceremonie voor de meester-vrijmetselaar, waarbij de kandidaat de rol van het vermoorde slachtoffer moest spelen. Maar waarom? Werd hij hiermee opgenomen in de loge? In de loge van de CRAFTsmen? Wat had dat in godsnaam voor zin?

Hij probeerde zich voor de geest te halen wat er zou kunnen volgen. Zouden ze hem in leven laten? Zou dat werkelijk? Of was dit slechts een macabere, sadistische aanzet om hem van het leven te beroven?

Het kostte hem de grootste moeite om stil te blijven liggen. Zijn hersenen werkten op volle toeren. Hoe ging de rite ook alweer verder? De kandidaat werd door de drie moordenaars begraven in een berg vuilnis, tot middernacht. Toch? Of zat hij ernaast? Hij voelde de zweetdruppels over zijn gezicht naar beneden lopen. Het was ontzagwekkend stil. Stukje bij beetje kwam de informatie weer bij hem boven. Ja, zo ging het. Tot middernacht, wanneer ze het lijk van Hiram bij de tempel zouden weghalen. Daarna zouden ze het lijk van de vuilnishoop overbrengen naar een graf op een heuveltop ten westen van de Tempelberg. De moordenaars zouden zijn graf markeren met een acaciatak en vervolgens over de Rode Zee naar Ethiopië ontsnappen. Zo luidde de traditie van de rite. Zo zou het moeten gaan, toch? Hij kreeg het steeds benauwder onder de zware deken. Hij stikte nu bijna.

Maar nog steeds gebeurde er niets.

Opeens voelde hij een stoot tegen zijn lichaam. Er ging een siddering door hem heen, en tegelijkertijd een onverklaarbaar gevoel van opluchting. Hij kreeg kippenvel over zijn hele lijf. Ze waren naar hem op zoek! De achtbare meester en zijn opzieners hadden hem gevonden, ze kwamen hem halen!

Shepard begon zijn gevoel voor de werkelijkheid te verliezen. Terwijl deze krankzinnige gedachten door zijn hoofd joegen, werd hij daadwerkelijk vervuld van intense blijdschap. Plotseling voelde hij hoe zijn arm vanonder het kleed vandaan werd weggetrokken. Een van de opzieners greep Shepards wijsvinger vast en de tweede zijn middelvinger. Ze probeerden hem symbolisch overeind te trekken, maar het lukte niet.

De Imperator zette een stap naar voren en zijn stem schalde door de zaal: 'Zonder mij kunt u niets, samen kunnen we alles.' Daarop greep hij Shepard bij de rechterpols en trok hem met de hulp van de anderen overeind. Shepards knieën konden zijn gewicht echter niet dragen en hij viel bijna voorover op de grond. Ze grepen hem echter stevig vast en zetten hem

rechtop. De Imperator kwam nu tegen hem aan staan. Shepard voelde zijn adem in zijn gezicht.
'Hand in hand begroet ik u als broeder; voet tegen voet zal ik u ondersteunen in al uw ondernemingen; knie tegen knie, in de houding voor het dagelijks gebed, zal ik herinnerd worden aan uw behoeften; borst tegen borst zullen de geheimen die u mij toevertrouwt, bewaard worden als waren ze de mijne; en de arm geslagen rond uw hals, zal ik uw persoon verdedigen in uw afwezigheid zoals in uw aanwezigheid.'
Terwijl de Imperator tegen hem aan stond en zijn arm om hem heen sloeg, gaf hij Shepard de broederkus en fluisterde, geheel volgens de rite, de nieuwe meester het geheime woord in het oor.
Shepard verstijfde. Terwijl hij met een wilde blik naar Jenna keek, zette de Imperator een stap achteruit en sprak de slotwoorden uit:
'Achtbare broeders, vergeten we onze droefheid en zeggen wij dank aan de Opperste Bouwmeester des Heelals, want Hiram, zegevierend over de duisternis, is weer onder ons. Laten we juichen: *Vivat! Vivat! Semper Vivat!*'
Opnieuw knikte Shepard door zijn knieën en hij verloor zijn evenwicht. Hoe konden ze hem dit aandoen? Wat verwachtten ze van hem? Wat kon hij er in godsnaam aan doen? Terwijl hij vooroverviel, zag hij het macabere, door kaarsen verlichte doodshoofd op hem afkomen. Zijn voorhoofd schampte langs de stenen tafel. Op dat moment verloor hij het bewustzijn.

Toen hij even later weer bijkwam, zag hij Jenna voor het stenen altaar staan. Hij probeerde te slikken, maar het lukte niet. Wat hij zag, vervulde hem met afgrijzen. Ze was gehuld in een wit gewaad met een rode sjerp. Haar handen waren nog steeds vastgebonden achter haar rug. Haar gezicht was lijkbleek, haar haar plakte aan haar schedel. Het afschuwelijke voorgevoel dat hij had gehad, werd nu bewaarheid. Ze werd in de richting van het gewelf geleid. Shepard probeerde op te staan, maar twee paar handen hielden hem tegen. Hij sloot zijn ogen, hij kon het niet meer aanzien.
Jenna liep als verdoofd in de richting van het gewelf. Wat ze zag, benam haar bijna de adem. De bedompte lucht drong diep in haar neusgaten. Door haar doodsangst werkten haar zintuigen op volle toeren. De geur bedwelmde haar bijna. Stapje voor stapje kwam ze steeds dichter bij het gat. De twee stenen luiken, elk afgezet met een metalen rand, stonden aan weerszijden van het gat uitnodigend omhoog. Vanuit de onderaardse grot kwam een flauw, flakkerend lichtschijnsel. Jenna sloot haar ogen, ze wil-

de zich laten vallen, maar daar kreeg ze de kans niet toe. Ogenblikkelijk werd ze vastgegrepen. Minder dan een meter voor de ingang naar het gewelf werd ze tegengehouden. Ongemerkt was de Imperator naast haar komen staan.

Plotseling drukte hij de punt van een zwaard met kracht tegen haar borstbeen. Ze verstijfde. Dit was het einde. De beelden van de afgelopen dagen schoten als een razende door haar hoofd. Het bebloede lijk achter het Lincoln Memorial, de aanval in Central Park.

En opeens, uit het niets, zag ze de eeuwige vlam op Arlington Cemetery haarscherp voor zich. De ronde grafsteen met de vlam in het midden, de Ridder met de Onuitblusbare Lamp.

Er verscheen een vage glimlach op haar gezicht. Het was en bleef een belachelijke benaming: de Ridder met de Onuitblusbare Lamp. Bijna te idioot voor woorden. Ze had dan ook de grootste moeite gehad om haar sarcasme tegenover Shepard te onderdrukken.

Maar nu, nu stond ze hier dan, slechts één pas verwijderd van haar eigen graf. Want iets anders kon het niet betekenen. Op dat moment zag ze de smalle, steile, stenen trap die als een spiraal langs de wand van het onderaardse gewelf naar beneden liep. Totdat die een paar meter verder aan het oog werd onttrokken.

Plotseling weerklonk opnieuw de stem van de Imperator.

Maar ze had niets gevoeld, geen steek, geen pijn, helemaal niets! Verbaasd boog ze haar hoofd en staarde naar de punt van het zwaard dat nog steeds in haar borst prikte.

'Dit zwaard zal de meinedige straffen; het is het symbool van de wroeging die uw hart zou verscheuren, indien u het genootschap zou verraden waarin u wilt binnentreden. De blinddoek boven uw ogen is het symbool van de verblinding die de mens treft wanneer hij door passies wordt beheerst en gedompeld is in onwetendheid en bijgeloof.'

Shepard sloeg het tafereel met stijgende verbazing gade. Wat zich hier afspeelde, leek toch opnieuw een inwijdingsrite. De nederdaling in het gewelf van de onderaardse tempel, de symbolische opname in de schoot van Moeder Aarde. De eerste van de vier beproevingen die de leerling moest doorstaan, van aarde, lucht, water en vuur. Maar waarom, wat had deze poppenkast voor nut? *Smijt haar dan gewoon in die grot en maak haar af! Verschuil je niet achter die schijnheilige poespas, klootzak!*

Shepard spande keer op keer zijn spieren en ontspande ze dan weer. Hij moest zich zien te beheersen, het moest, hij moest zich concentreren! Zijn opdracht was hem ondubbelzinnig duidelijk gemaakt. Alles wat hij nu zag, moest hij in zich opnemen, de betekenis ervan proberen te doorgronden. Elk detail, elke rite, moest hij opslaan in zijn geheugen. Want misschien kon het later van belang zijn, misschien kon het hem op een spoor zetten. Want nu had hij nog niks, hij had werkelijk geen enkel idee waar hij moest beginnen. En wat het meest afschuwelijke van alles was, zij ook niet. Uit alles was op te maken dat de CRAFTsmen zelf ook op een dood spoor zaten. De site leek hen net zo overrompeld te hebben als ieder ander. En ze hadden hem uitverkoren om 'het verloren gewaande geheim', zoals de Imperator het in zijn oor had gefluisterd, terug te vinden.

'Gij hebt zoveel tijd om de *lapis* te vinden als de elementen haar zullen toestaan. *Aer*, *Ignis*, *Aqua* en *Terra*, een ervan zal haar grootste vijand blijken te zijn. *Date et dabitur vobis*. Zoek het verloren gewaande geheim! Mac Benac.'

De woorden van de Imperator speelden keer op keer door zijn hoofd. *Date et dabitur vobis*. Geeft en u zal gegeven worden.

Over enkele minuten zou de klok beginnen te tikken. Hij sloot zijn ogen en probeerde zich te concentreren.

Jenna onderging dus de inwijding van de leerling. Maar waarom? Het klopte gewoon niet. Waarom had hij dan zojuist de rite van de meesterinwijding ondergaan? Waarom, waarom dat onderscheid? Zat hier een betekenis achter?

Wacht even, denk aan de rite van de meester-vrijmetselaar, denk aan de lapis, het verloren gewaande geheim.

Het kostte hem de grootste moeite om zijn ogen dicht te houden. Hij wilde weten wat er met Jenna gebeurde, misschien probeerde ze nog een laatste keer oogcontact met hem te maken. Maar hij moest door, hij mocht zijn gedachtegang nu niet onderbreken. Anders zou hij alles misschien weer kwijt zijn.

De rite. Concentreer je!

De inwijding bestond uit drie fasen. Hij had de laatste ondergaan, Jenna onderging de eerste. Maar de nederdaling speelde bij alle fasen een rol, toch?

De leerling start zijn inwijdingsperiode als de geest nog niet in het stoffelijke is neergedaald, met de symbolische driehoek boven de vierhoek dus. Als hij verder komt, heeft de nederdaling plaats en bevindt de driehoek zich in de vierhoek. En als de meestergraad is bereikt, begint de opstijging van de vierhoek boven de driehoek. De meester is dan in het stadium gekomen waarin de geest heerst over de stof, hij is wedergeboren en kent een volmaakt evenwicht tussen geest en stof.

Hijzelf had de rite van de wedergeboorte zojuist ondergaan. Het oude, mythische verhaal van de dood en de heropstanding van Hiram werd immers eeuwen geleden al als centraal thema van de maçonnieke symboliek gekozen. Zoals iedere christen door het doopsel één werd met Christus, zo verpersoonlijkte iedere kandidaat-meester Hiram die tot een nieuw leven werd herboren.

Jenna ging pas de eerste fase in. Haar geestelijke zoektocht moest dus nog beginnen. Zij zou langs de *axis mundi* moeten afdalen in de onderaardse tempel, op zoek naar het verloren gewaande geheim, om uiteindelijk te kunnen opstijgen naar de volgende fase.

De zin bleef maar door zijn hoofd spoken. *Zoek het verloren gewaande geheim! Mac Benac.*

Waar moest hij het in godsnaam zoeken? Volgens de rite moest het zich ergens in de ondergrondse tempel bevinden. Doelden ze dan op die put hier, een paar meter voor hem? Betekende dat dan dat het geheim daar te vinden was? Onwillekeurig schudde hij zijn hoofd. Nee, nee, natuurlijk niet, dat was een onzinnige gedachte. Want dan hadden ze hem toch niet nodig. Of...?

Of maakte alles slechts deel uit van een ritueel spel, en werden ze zo dadelijk allebei in die kerker gesmeten? Om er langzaam te creperen. Vergeten door de wereld.

Wanhopig bleef hij zijn hoofd schudden. Nee, dat mocht niet, dat kon niet. God verhoede het!

Opeens klonk er een zware dreun, die door de ondergrondse zaal oneindig leek te worden weerkaatst. Er ging een schok door zijn lichaam en hij opende verschrikt zijn ogen. Meteen daarop klonk nog een dreun. De betonnen luiken waren dicht. Shepard begon met korte, hevige bewegingen in en uit te ademen. De benauwde atmosfeer in de zaal leek hem bijna de adem te benemen. De vlammetjes van de kaarsen dansten als kleine sterretjes in het rond. Hij voelde zich misselijk worden. Het werd zwart voor zijn ogen.

'Jenna!' Zijn stem werd in zijn keel gesmoord. Hij had het willen uitschreeuwen, maar wat restte was niet meer dan een fluistering. Hij verzette zich uit alle macht. Hij mocht niet flauwvallen, niet nu. Niet nu!

Toen was het afgelopen.

Op gedempte toon spraken de broeders de afscheidswoorden uit: '*Frater Aureae vel Rosae Crucis, Deus sit tecum cum perpetuo silentio, Deo promisso et nostrae Sanctae congregationis.*'

Maar Shepard kon het niet meer horen.

46

De voor de gelegenheid ingerichte perszaal puilde uit. De FBI was niet gewend om persbijeenkomsten te geven, en zeker niet op deze schaal. Ze hielden hun zaakjes normaliter liever binnenskamers. Maar deze keer was de druk van bovenaf groot geweest, dus moest het maar gebeuren. Tientallen journalisten verdrongen zich voor een plaatsje zo dicht mogelijk bij de lange tafel. Er waren honderd stoelen neergezet, maar dat was bij lange na niet voldoende. Tv-camera's werden ingesteld, geluidsmicrofoons getest. Alle grote televisienetwerken waren aanwezig, de presentatoren in de studio's stonden op scherp om het nieuws zo snel en vakkundig mogelijk de ether in te sturen.

Op het moment dat de woordvoerders de zaal binnenkwamen, ontstond er groot rumoer. Tegen de afspraken in stormden de verslaggevers met microfoons en opnamerecorders in de aanslag op de mannen af, tv-camera's zoomden in.

'Waarom is Farraday vermoord?'
'Zijn er al aanhoudingen verricht?'
'Waar wijst de tatoeage op die onder zijn oksel is aangetroffen?'
'Zijn er inderdaad bewijzen dat de tatoeage tekenen bevat van een rituele groepering?'
'Staat de tatoeage in verband met de CRAFTsmen?'
'Was Farraday een Rozenkruiser? Is hij daarom vermoord? Is hij de maker van de site?'
'Bestaat er een verband tussen de CRAFTsmen en de moord op Kennedy?'
'Is Farraday vermoord vanwege zijn rol in de Warren-commissie?'
'Wat wist Farraday over het complot om Kennedy te vermoorden?'
'Trekt de regering de verklaring van de Warren-commissie nu definitief in?'
'Wat wist Farraday dat wij niet mochten weten? Wie heeft de site gemaakt? Wie heeft Kennedy vermoord?'

Het spervuur van vragen schalde de zaal door. De mannen die het over zich heen kregen, wendden hun gezicht af en weerden de vragen bijna letterlijk met hun handen af. Natuurlijk zouden ze niet reageren, maar dit was nu eenmaal het ritueel waarop het journalistieke metier patent had. De show moest doorgaan. Nadat de drie woordvoerders achter de lange tafel hadden plaatsgenomen, maande een van hun begeleiders de menigte persmuskieten tot kalmte. Hij probeerde iets in een microfoon te zeggen, maar kreeg daar aanvankelijk de kans niet toe. Na zijn dreiging om de zaal weer te zullen verlaten, bedaarde de menigte enigszins, zodat de persconferentie eindelijk kon beginnen.

'Het woord is aan Dick Crawford, onderdirecteur van de FBI en speciaal belast met de zaak-Farraday. Ik maak u erop attent dat er slechts een korte verklaring zal worden afgelegd. Er worden in het belang van het onderzoek geen vragen beantwoord. Meneer Crawford?'

Die knikte en stak van wal.

'Ik kan op dit moment bevestigen dat het lichaam dat achter het Lincoln Memorial is gevonden, is geïdentificeerd als zijnde het lichaam van Gerald Farraday, ex-senator en in de jaren zestig lid van The President's Commission on the Assassination of President Kennedy, beter bekend als de Warren-commissie. De autopsie op het lichaam heeft aangetoond dat de heer Farraday fatale steekwonden had in de zij en in de hartstreek. De autopsie heeft voorts aangetoond dat Farraday reeds was overleden voordat de wonden waren toegebracht, zeer waarschijnlijk als gevolg van verdrinking. Voorts is onder de rechteroksel van het slachtoffer een tatoeage aangetroffen, die beeltenissen bevat die aanleiding geven tot de veronderstelling dat het slachtoffer affiniteit had met bepaalde religieuze, esoterisch georiënteerde groeperingen.'

Onmiddellijk brak de hel los in de bedompte zaal. Reporters sprongen op en schreeuwden door elkaar heen om de aandacht. Ergens viel er een camera omver. Het leek er even op dat de mensen eromheen elkaar te lijf zouden gaan.

Onderdirecteur Crawford schreeuwde nu door de microfoon: 'Als u zich niet aan de regels houdt, zullen wij de zaal ogenblikkelijk verlaten!'

Hij keek schuin naar de woordvoerder. Die gaf een knik. Crawford stond op en wilde zijn stoel al aanschuiven. Dat hielp. Na een paar seconden ging hij weer zitten en vervolgde zijn verhaal.

'Welke groeperingen dat exact zijn, is nog onderwerp van onderzoek. Zodra wij daarvan op de hoogte zijn, zult u daarover een nadere verklaring ontvangen. Benadrukt dient te worden dat de heer Farraday op het tijdstip van zijn dood geen officiële overheidsfunctie meer vervulde. Zijn functioneren en zijn eventuele deelname aan welke groepering dan ook geschiedde dan ook op persoonlijke titel. Ter informatie zal aan de media

een natuurgetrouwe weergave worden verstrekt van de betreffende tatoeage. Tot zover ons commentaar. Dank u wel.'
Terwijl op het scherm achter de tafel een twee meter grote weergave van de tatoeage werd geprojecteerd, stonden Crawford en zijn begeleiders vliegensvlug op en verlieten de zaal, nog voordat de verbouwereerde, naar het scherm starende journalisten doorhadden wat er gebeurde.

Ergens in een huiskamer in Woodhaven, een buitenwijk van Washington DC, schudde de patholoog van het marineziekenhuis Bethesda die Farraday had onderzocht, het hoofd. Dat was niet de tatoeage die hij had gezien op het lichaam. Hij wist bijna zeker dat er in de ster slechts twee letters stonden afgebeeld. Dit waren er meer. Even speelde het door zijn hoofd om anoniem melding te maken van deze verdraaiing van de feiten, maar bij nader inzien liet hij het er maar bij zitten. Hij wilde zijn baan graag behouden. En wat hield 'anoniem' tegenwoordig nog in?

47

Trillend van de zenuwen zat Jenna op het stenen bankje dat op de ruwe, onafgewerkte bodem van het onderaardse gewelf stond. Ze hadden haar boeien afgedaan. Met langzame bewegingen wreef ze over haar onderarmen om de stramme spieren los te maken en de bloedsomloop weer op gang te brengen. Haar verdwaasde blik was onafgebroken gericht op de stenen tafel voor haar. Naast de brandende kaars lag een doodshoofd. Daarnaast stonden een zandloper en een paar stenen bakjes met een soort poeder erin. Door het flakkerende licht van de kaars leken delen van het doodshoofd soms te bewegen, alsof er nog leven in zat. Er liep een rilling over haar rug. Hoe belachelijk die gedachte ook was, de onheilspellende sfeer van de kelder zorgde ervoor dat ze dingen zag die er niet waren. Ze pakte een van de stenen bakjes en rook eraan. De lucht van rotte eieren drong diep in haar neusgaten. Ze wendde haar hoofd snel af en zette het bakje met een klap terug op de tafel, waardoor er wat van het lichtgele poeder over de rand viel.
Ze herkende die geur. Het was een lucht die iedere middelbare scholier wel eens onder zijn neus had gekregen. Toen schoot het haar te binnen.

Zwavel, het was zwavel. Ze blies de lucht hard door haar neusgaten naar buiten om de reuk van het poeder kwijt te raken. Het andere potje was gevuld met wit poeder. Voorzichtig drukte ze haar wijsvinger erin en bracht die naar haar neus. Ze rook niets. Tegen beter weten in hield ze haar vingertop tegen haar lippen. Wie weet wat voor rotzooi het zou kunnen zijn. Maar het was zout, niets anders dan zout! Er verscheen een vage glimlach op haar gezicht.

Ze liet haar blik door de ruimte dwalen. Het cirkelvormige gewelf was zo'n drie meter in doorsnee en ongeveer vijf meter diep. Eigenlijk leek het meer op een soort put. Of misschien was het een oude voorraadkelder. De muren waren grof afgewerkt en in elk geval niet gemetseld. Waarschijnlijk was de ruimte lang geleden uit het gesteente gehakt. Over de muren liepen sporen van water naar beneden, waarschijnlijk van grondwater dat door de wanden heen sijpelde.

Het meest in het oog springend waren echter de cryptische spreuken die overal op de muren waren aangebracht. De tekens die op de site stonden, waren echter nergens te bekennen. Geen passer of rozenkruis. Geen pentagram, geen pelikaan, niets. Er was nergens een symbool van de Rozenkruisers te bekennen. Alsof het uiterlijke vertoon was voorbehouden aan de bovenruimte, aan de tempelloge, en het in deze onderaardse tempel slechts draaide om de innerlijke mens, ontdaan van alle uiterlijke franje, geheel en al teruggeworpen op zichzelf.

Op de onderkant van de beide luiken stonden de initialen CR vermeld, elk met een woord eraan toegevoegd: CONGRATULOR en CONDOLEO.

Er viel wat stof naar beneden. Ze kneep haar ogen samen.

Christian Rosencreutz, dat sprak voor zich. Bij de toevoegingen kon ze zich ook iets voorstellen. Opnieuw die tegenstelling, zoals bij de vloer, de overgang van licht naar donker, van goed naar kwaad.

Een van de andere spreuken die op de muur stonden, sprak eveneens boekdelen: A.C.R.C. HOC UNIVERSI COMPENDIUM UNIUS MIHI SEPULCHRUM FECI. Het was dezelfde als op de site. Ze probeerde zich de vertaling ervan voor de geest te halen. 'Tijdens het leven maakt hij dit overzicht van de wereld als zijn graf.' Zoiets. Dat beloofde in elk geval niet veel goeds. Ze probeerde uit alle macht om de situatie enigszins nonchalant tegemoet te treden, maar diep vanbinnen moest ze toegeven dat die poging was gedoemd te mislukken. Ze zat diep in de problemen en er was niemand die haar uit deze benarde positie zou kunnen bevrijden. Niemand die ze kon bedenken.

De volgende tekst leverde meer moeilijkheden op: PHY! AURUM NISI QUAN-

TUM AURUM. Opnieuw een tekst die haar bekend voorkwam. Aurum, AU, was dat niet de chemische aanduiding voor goud? Ze meende van wel, maar de betekenis van de rest van de zin ontging haar.

Dat was geheel anders bij de overbekende woorden die enkele meters verderop stonden vermeld: SUB UMBRA ALARUM TUARUM. De laatste zin van de laatste aanwijzing op de site. Die bleef maar terugkomen, keer op keer. Maar daar hield het dan ook mee op. Van de andere woorden kon ze slechts naar de betekenis raden: TRYGONO IGNEO, SEFER YETSIRAH. Ze had geen idee. En ook de groepjes vreemde tekens die her en der tussen de spreuken waren geplaatst, waren abracadabra voor haar. Misschien waren het chemische formules of iets van dien aard. In elk geval kon ze er geen wijs uit.

Aan de andere kant van het gewelf was een spreuk aangebracht in de vorm van een cirkel. Ze draaide met haar hoofd met de tekst mee in een poging de woorden te kunnen lezen: VISITA INTERIORA TERRAE RECTIFICANDO INVENIES OCVLTVM LAPIDEM. Haar hersenen werkten nu op volle toeren. *Lapidem* stond waarschijnlijk voor *lapis*. Was dit de filosofensteen waarover Thomas het had gehad?

Ze hapte naar adem. Door alle opwinding had ze niet meer aan hem gedacht. Nu sloeg de ongerustheid over zijn lot in alle hevigheid toe. Wat was er met hem gebeurd? Zou hij nog in leven zijn? Vertwijfeld keek ze naar de betonnen luiken. Zou hij daar nog zijn, of...? Met een ruk draaide ze haar hoofd weg en ze sloot haar ogen. Ze mocht zich niet laten meeslepen door haar emoties. Niet nu. Daar schoot niemand iets mee op. Zij niet en Thomas niet. Terwijl ze haar lippen op elkaar perste, dwong ze zichzelf om de tekst opnieuw te bekijken.

De eerste drie woorden waren nog wel te ontcijferen: bezoek, interieur, aarde. 'Bezoek de binnenkant van de aarde.' Stond dat er? 'Met *rectificando invenies* wist ze echter geen raad. Rectificeren, maar wat? De occulte steen? 'Bezoek de binnenkant van de aarde, de grot, en rectificeer... de occulte steen'? Ze schudde met haar hoofd. Zo kwam ze niet veel verder.

Maar er stond nog een andere, veel langere tekst die haar aandacht trok. Op fluistertoon las ze het samenraapsel van letters en woorden op:

O.BLI.TQ.BIT.MI.CI.
KANT.F.VOLT.BIT.TO.GOLT.
SANTIS.NIX.HASTA.
F.I.A.T.
QUOD: IGNIS: AER: AQUA: TERRA:

SANCTIS REGUM ET REGINARUM
NOSTRUM CINERIBUS.
ERRIPERE NON POTUERUNT;
FIDELIS CHYMICORUM TURBA
IN HANC URNAM CONTULIT

PARACELSUS VON HOHENHEIM
JESUS MIHI OMNIA

Paracelsus, maar daar had Thomas het toch over gehad? Paracelsus was een geleerde uit de zestiende eeuw die zich bezighield met de kabbala en occulte filosofie. Hij was deskundig op het gebied van de alchemie en zeer waarschijnlijk een Rozenkruiser. Elias Artista, de naam uit de laatste verwijzingen, was afkomstig uit de teksten van Paracelsus.
Hoe dan ook, *aer*, *aqua* en *terra*, lucht, water en aarde, dat was het enige wat ze eruit kon halen. Verder kwam ze echt niet.
Wat moest ze hiermee? Bij de meeste teksten kon ze slechts raden naar de betekenis, en wat dan nog? Wat de bedoeling er ook van was, ze schoot er in elk geval niks mee op. Of ze moesten de pincode van de geheime deur bevatten, waardoor ze pardoes in de buitenlucht zou belanden. Net als in de film. Opnieuw dwaalde haar blik langs de stenen wand. Op sommige plaatsen was de muur wit en groen uitgeslagen. Het rook er naar schimmel en vochtig gesteente. De lucht deed haar denken aan de kruipruimte onder haar ouderlijk huis, waar ze vroeger met haar vriendjes wel eens stiekem in kroop. Aan de spinnenwebben die dan aan haar haren plakten, aan de paniek die haar ooit was overvallen toen een van haar vriendjes het luik voor de grap eens had dichtgegooid. De beelden kwamen weer terug op haar netvlies. De angst om de ingang niet meer te kunnen vinden en vast te blijven zitten in de nauwe, donkere ruimte had haar radeloos gemaakt. Pas toen ze als een gek was blijven schreeuwen, hadden ze het luik weer geopend. Ze zag de lachende gezichten nog haarscherp voor zich. Vanaf dat moment had ze een vorm van claustrofobie ontwikkeld die ze nooit meer kwijt zou raken.
Met het angstzweet op haar voorhoofd staarde ze naar de betonnen luiken boven haar. Opeens begon het vlammetje van de kaars te flakkeren.
O god, nee, dat niet!
Ze sprong op en vormde met haar handen een kommetje rond de vlam. Misschien was het de luchtstroom die via de kier tussen de luiken door binnenkwam. In opperste concentratie hield ze haar bevende handen om

de vlam heen. Even leek het erop dat de kaars zou uitdoven. Het vlammetje maakte een plotselinge knik naar rechts, flakkerde weer terug en ging bijna uit.

Jenna knipperde zenuwachtig met haar ogen. Ze moest haar handen verder van de kaars af houden omdat ze bang was dat ze de vlam anders per ongeluk zou uitdrukken. De halve seconde waarin de vlam zich bevond in het stadium tussen branden en uitdoven leek een eeuwigheid te duren. Ze probeerde te slikken, maar haar keel was te droog. Ze wilde haar ogen sluiten, maar ze durfde niet, bang als ze was voor wat ze zou zien als ze ze weer opende. Toen, heel langzaam, begon het blauwe vlammetje, dat nu bijna in de lont zat, weer te groeien en kreeg het weer een lichtgeel aureool, hoe miniem ook. Als in trance bleef ze ernaar staren. Als een klein kind dat gebiologeerd naar een film keek, smekend om een goede afloop. En het werkte. De vlam groeide weer aan tot zo'n anderhalve centimeter. De muren kregen hun spookachtige glans terug en de cryptische spreuken op de wand kwamen langzaam weer tot leven.

Ze had gelijk gehad wat de plotselinge tochtstroom betrof. Maar wat ze zich niet realiseerde, was dat die veroorzaakt werd door het doodskleed dat door de opzieners met een zwaai over de luiken was gegooid. De enige zuurstoftoevoer naar het gewelf was vanaf dat moment afgesloten. En daarmee werd de brandende kaars, het licht dat ze met heel haar wezen had gekoesterd, nu haar grootste vijand.

48

Barbara Walker staarde een ogenblik als gebiologeerd naar de tatoeage die zojuist op het beeld was verschenen. Daarna draaide ze zich om naar de camera's.

'Goedenavond, dames en heren, dit is CNN *Breaking News*. Achter mij ziet u de afbeelding van de tatoeage die is aangetroffen op het lichaam van senator Gerald Farraday. Deze beelden zijn zojuist vrijgegeven op de persconferentie van het Federal Bureau of Investigation in Washington. Hier naast mij in de studio zit dr. Andrew Agnew, professor aan de Georgetown-universiteit en bij uitstek deskundig op het gebied van de vrijmetselarij.'

De man die naast haar zat, knipperde een paar maal met zijn ogen. Hij was best gespannen voor zijn allereerste tv-optreden en dat was hem aan te zien. Hij zat met zijn hoofd tussen zijn schouders en hij probeerde een geforceerde glimlach te produceren.
'Nou ja, eh... deskundige is misschien wat veel gezegd, mijn vakgebied is eigenlijk meer gelegen op...'
Barbara Walker interrumpeerde hem ogenblikkelijk. Ze hadden hemel en aarde moeten bewegen om een enigszins gekwalificeerde deskundige op dit gebied te vinden, die op dit ogenblik ook nog eens zijn neus wilde stoten aan publiekelijke uitspraken over dit onderwerp. Het was duidelijk dat men bang was geworden, bang om verzeild te raken in een lawine van gebeurtenissen waar men liever buiten wilde blijven. Er waren twee mensen vermoord, het was iedereen duidelijk dat het menens was. Dus het laatste wat men als daadwerkelijke of zelfverklaarde deskundige wilde, was zich blootstellen aan de mogelijkheid om eenzelfde soort fatwa over zich heen te krijgen.
'Niet zo bescheiden, dr. Agnew, u wordt algemeen beschouwd als dé deskundige op dit gebied.'
Agnew lachte zenuwachtig. Hij had er nu al spijt van dat hij zich met deze hele santenkraam had ingelaten. Maar ja, ijdelheid was ook hem niet vreemd. Misschien achteraf toch een foute inschatting, maar goed.
'Wat kunt u afleiden uit de afbeelding van de tatoeage?'
Agnew schraapte zijn keel.
'Eh, allereerst natuurlijk het pentagram, de vijfpuntige ster. Het pentagram speelt in de geschiedenis van de vrijmetselarij een belangrijke rol. Het verwijst naar de vlammende ster, naar het licht dat de vrijmetselaar met zijn geestelijke arbeid wil bereiken. Het licht staat dan eigenlijk voor het volmaakte evenwicht tussen de geest en de stoffelijke wereld. Nu is het zo dat men het gebruik van dit teken niet enkel kan toeschrijven aan de vrijmetselarij of aan de Rozenkruisers. Zoals iedereen weet is het bijvoorbeeld ook gebruikt in het kader van de Jodenvervolging, de zogenaamde davidster. Maar toch, algemeen wordt aangenomen dat het pentagram een gebruikelijk teken is in de riten van onder anderen de vrijmetselaars en de Rozenkruisers. De initialen binnen in de ster lijken dit te bevestigen. De letters CR zijn zeer waarschijnlijk de initialen van Christian Rosencreutz. Tot voor kort een onbekend fenomeen, maar sinds de populariteit van de site mag bekend worden verondersteld dat deze Rosencreutz beschouwd wordt als de stichter van de orde der Rozenkruisers. Overigens...'

'En wat kunt u zeggen over de rest van de afbeelding?'
'De afbeelding van de pelikaan met de jongen is afkomstig uit de vrijmetselarij. Het is het herkenningsteken van een bepaalde graad uit de zogenaamde Schotse Ritus. Het kruis lijkt eerder te passen bij de Rozenkruisers. Maar de combinatie kan ik eerlijk gezegd niet helemaal plaatsen. Voor wat betreft de andere tekens, die lijken me op het eerste gezicht afkomstig uit de kabbala.'
'En wat betekenen die dan, volgens u?'
'Dat hangt er helemaal van af. Om de verborgen betekenis van het geschreven woord te kunnen verklaren maakt de kabbala gebruik van drie verschillende interpretatiemethoden: gematria, notarikon en temura. Om de precieze betekenis van deze tekens te kunnen geven zou ik eerst moeten uitzoeken welke interpretatiemethode hier moet worden toegepast.'
Barbara Walker fronste haar wenkbrauwen. 'En kunt u dat nu, op dit moment, of is dat te veel gevraagd?'
Agnew keek haar verbaasd aan.
'Gematria is een wetenschappelijke methode waardoor letters van een woord worden omgezet in hun numerieke waarde. Is eenmaal de getalswaarde van een woord bekend, dan kan de overeenkomst worden gevonden tussen dit woord en een ander woord met eenzelfde getalswaarde. Op deze wijze kan één getal verscheidene begrippen vertegenwoordigen. Notarikon is de uitleg waarbij door afkorting en rangschikking de betekenis van woord en zin wordt beïnvloed. Temura is nog ingewikkelder dan gematria en notarikon. U begrijpt dat de ontcijfering van deze boodschap enige tijd zal vergen.' Agnew had nu een grijns op zijn gezicht. Deze keer had hij de touwtjes in handen.
'Eerlijk gezegd vind ik de combinatie erg vreemd, ik heb die in elk geval nog nooit eerder gezien. En als ik het me goed herinner, is die ook van een andere samenstelling dan de tatoeage die op de site wordt weergegeven. Ik kan me die lettercombinatie niet herinneren.'
'Maar dat lijkt toch vreemd. De site verwees immers naar het lichaam van Farraday, dat is gevonden achter het Lincoln Memorial. Je zou toch verwachten dat de tatoeage overeen zou komen.'
'Dat kan zo zijn, maar feit blijft dat het een vreemde combinatie is. Het wekt in elk geval de indruk dat de heer Farraday praktiserend kabbalist was. Op zich zou het gebruik van het pentagramsymbool daarbij kunnen passen, men ziet dat ook wel eens in de kabbala terug. Er bestaan overigens wel meer raakvlakken tussen de kabbala en de riten van de Rozenkruisers. Beiden hanteren de ritus van het opstijgen in de boom des levens

langs de tweeëntwintig paden, de Sefiroth, om zodoende de hoogste geestelijke verlichting te bereiken. Verder komen bijvoorbeeld de tweeëntwintig bloembladen in de roos van het Rozenkruissymbool overeen met de tweeëntwintig letters in het Hebreeuwse alfabet. Maar zoals gezegd, op deze wijze heb ik deze combinatie nog nooit eerder gezien.'
Barbara Walker leek even van haar stuk gebracht, maar binnen enkele seconden herstelde ze zich en keek ze weer recht in de camera.
'Inmiddels is ook meer bekend geworden over de identiteit van de verdachte, wiens foto door de FBI is verspreid als zijnde een van de verdachten van de moord, gepleegd in Central Park, New York. Het gaat om Thomas F. Shepard, hoogleraar aan de George Washington-universiteit in Washington en, naar nu is gebleken, eveneens een deskundige op het gebied van de maçonnieke wetenschap.'
In afwachting van een reactie keek ze in de richting van Agnew.
'Dé deskundige, kun je wel zeggen. Shepard bestudeert al geruime tijd de invloed van de vrijmetselarij en aanverwante genootschappen op het overheidsbestuur in de Verenigde Staten. Ik heb hier regelmatig contact met hem over gehad en ik kan u zeggen, zijn inzichten hieromtrent zijn zeker belangwekkend te noemen.'
Barbara Walker schudde heftig met haar hoofd. 'En er is nog een ander frappant gegeven, nietwaar? Volgens anonieme bronnen hield professor Shepard zich specifiek bezig met de vermeende connectie tussen de vrijmetselarij en de moord op president Kennedy.'
Agnew schoof zichtbaar ongemakkelijk op zijn stoel heen en weer. 'Nou ja, inderdaad, zo zou je dat kunnen zeggen. Overigens, dit was niet Shepards officiële leeropdracht, maar ik weet dat hij vanuit zijn persoonlijke interesse op dit gebied het een en ander heeft onderzocht. Er is weliswaar nooit een wetenschappelijke publicatie over verschenen, maar toch. Dat had misschien andere redenen.'
'Dat hij onder druk werd gezet, wilt u zeggen?'
'Eh, dat misschien niet direct, maar...'
'Maar men was er niet blij mee. Is het niet zo dat men professor Shepard heeft gedreigd met ontslag als hij deze praktijken niet zou beëindigen? Wij hebben uit betrouwbare bron vernomen dat hem ondubbelzinnig duidelijk is gemaakt dat hij zich diende te onthouden van elke soort van opruiende berichtgeving over de eventuele betrokkenheid van maçonnieke of aanverwante organisaties bij de moord op Kennedy. Op straffe van ontslag, zoals gezegd. Kunt u dit bevestigen?'
Agnew slikte. Op zijn voorhoofd parelden zweetdruppeltjes. Hij had hier

simpelweg niet in moeten toestemmen. Het was dom geweest. Dom, dom, dom.

'Dat laat ik gaarne voor uw rekening. Ik kan daar werkelijk geen commentaar op geven.'

Barbara Walker keek hem met een begripvolle blik aan. 'Ik begrijp het, dr. Agnew, tot zover bedankt voor uw medewerking.'

Agnew knikte kort en wilde meteen opstaan. Hij wilde weg.

'Blijft u nog even zitten, doctor.'

O ja, dat was de afspraak, hij mocht niet opstaan voordat de camera volledig was weggedraaid. Snel liet hij zich weer in zijn stoel zakken. Het was hem door de stress van het moment ontschoten.

'En zo stapelen de vragen zich op, dames en heren. Niets lijkt meer te zijn wat het is. Mag ik u verwijzen naar onze berichtgeving over een op een pentagram lijkende figuur die zou worden gevormd door vijf avenues ten noorden van het Witte Huis in Washington DC. En op onze berichtgeving over de schijnbaar toevallige samenloop van maçonnieke verwijzingen en de gebeurtenissen van de afgelopen dagen. Verwijzingen die tot in detail zijn te vinden op de inmiddels overbekende website, JFKTruthOrDare.com. Waar eindigt de waarheid en begint de fantasie? En wat is de rol van de vermiste hoogleraar van de George Washington-universiteit, Thomas Shepard, in deze onverkwikkelijke geschiedenis? Is zijn verdwijning opnieuw toeval? Of niet? Kan zoveel toeval eigenlijk nog wel bestaan, zou je als argeloze toeschouwer bijna denken.'

Ze fronste haar wenkbrauwen en drukte met haar middelvinger tegen het oortelefoontje in haar rechteroor.

'Zojuist ontvangen we het bericht dat er officiële verzoeken zijn ingediend om inzage van de medische dossiers van onder anderen president Lyndon Johnson en Clay Shaw, de verdachte in het proces dat officier van justitie Garrison in 1969 voerde naar aanleiding van het vermeende complot inzake de moord op president Kennedy. In beide gevallen blijkt er geen autopsie te zijn verricht. In de dossiers hoopt men informatie te vinden over het bestaan van eventuele merktekens op de betreffende lichamen.'

Zichtbaar aangedaan knipperde Walker met haar ogen.

'Het lijkt er nu werkelijk op dat het deksel van de beerput is. Waar zal dit eindigen, is de eerste gedachte die opkomt.' Ze slikte.

'Tot zover *Breaking News*, over nu naar het reguliere nieuwsbulletin van vandaag.'

49

Jim Duvall, werkzaam op de afdeling Digitale Surveillance van de NSA, greep opgewonden naar de telefoon. Voordat hij de nachtdienst had overgenomen van zijn voorganger had hij de lijst met onderwerpen die de hoogste prioriteit hadden, nauwgezet doorgenomen. Er waren enkele wijzigingen in doorgevoerd, maar de naam die boven aan de lijst prijkte, was dezelfde gebleven.
Ongeduldig keek hij om zich heen terwijl de telefoon overging. De zaal waar hij de nacht doorbracht, stond volgepropt met computers, computers en nog eens computers. De verlichting was enigszins gedimd, zodat de informatie op de beeldschermen voldoende contrasteerde met de omgeving. Alles was zo afgestemd dat de medewerkers hun urenlange zoektocht over de digitale snelweg zo effectief mogelijk konden volbrengen. Zo was de kleur van de tekst niet groen of wit, maar okerkleurig, omdat na intensief onderzoek was vastgesteld dat deze kleur bij langdurig computergebruik de minste vermoeidheid veroorzaakte.
Duvall keek schichtig om zich heen of een van de anderen misschien dezelfde informatie had opgemerkt. Maar dat leek niet het geval. Hij zag het vertrouwde beeld: al zijn collega's tuurden ingespannen naar de beeldschermen.
'Ja?'
'Met Duvall, ik geloof dat ik een aantal berichten heb onderschept, hoogste prioriteit.'
'Isoleren en doorzenden.'
Duvall deed wat hem was opgedragen, wat erop neerkwam dat de berichten werden afgegrendeld met een code, zodat ze werden gescheiden van de voortdurende informatiestroom die via het systeem binnenkwam. Daarna stuurde hij ze via een beveiligde verbinding door naar het adjuncthoofd van dienst.
Blijkbaar had hij goud in handen gehad.
Slechts enkele minuten later was de directeur van de NSA al van de berichten op de hoogte gesteld. Daarvandaan vonden de berichten hun weg naar de FBI en uiteindelijk naar de minister van Justitie en de chef-staf van

het Witte Huis. Eigenlijk ging dat allemaal verbazingwekkend snel, als je de aanvankelijke terughoudendheid van de autoriteiten in aanmerking nam. Zo'n vierentwintig uur geleden was de FBI er nog veel aan gelegen geweest om de vuile was zo veel mogelijk binnenskamers te houden en nu hielden ze zich opeens als een trouwe hond aan de formele regels. Na een korte bijeenkomst op het hoogste niveau werd besloten om de berichten te lekken en zodoende kon een klein uur nadat ergens een e-mail was verzonden en er vanuit een laptop op was geantwoord, het hele land er via de media in onverkorte versie kennis van nemen:

Van: de oude van de berg
Aan: Thomas Shepard
CC:
Onderwerp: Sjem ha-meforasj

Ongelukkige, maak dat je wegkomt! Je zult door de meesters ontvangen worden als Pasen op vrijdag valt. Vlucht met je medeplichtigen voor de gerechtigheid van Salomo op jullie hoofd terechtkomt!

Het antwoord luidde:

Van: Thomas Shepard
Aan: de oude van de berg
CC:
Onderwerp: Sjem ha-meforasj – Nakatum Pastan Paspasim Dionsim

Hierna maakte ik mij gereed om op weg te gaan, trok mijn witlinnen kleed aan, omgordde mijn lendenen met een bloedrode band en bond deze kruislings over mijn schouders. Op mijn hoed stak ik vier rode rozen, opdat ik door deze kentekenen eerder in de menigte zou worden opgemerkt. Als teerkost nam ik brood, zout en water mee, waarvan ik, op aanraden van iemand die het weten kon, te bestemder tijd niet zonder voordeel in bepaalde gevallen gebruikmaakte. Alvorens echter mijn kleine hut te verlaten, liet ik mij, aldus toegerust, in mijn bruiloftskleding op de knieën vallen en bad God mij, wat er ook geschiedde mocht, tot een goed einde te willen voeren. Ook legde ik voor Gods aangezicht de gelofte af dat indien mij door zijn genade iets zou worden geopenbaard, ik dit niet zou gebruiken ter verkrijging van eer en aanzien in de wereld, doch ter verheerlijking van Zijn naam en ten dienste van mijn naaste. Met deze gelofte en vol goede hoop verliet ik verheugd mijn cel.

50

Vermoeid wreef Jenna in haar ogen. Uit routine wilde ze op haar horloge kijken, maar dat zat niet meer om haar pols. Dom, voor de zoveelste keer herhaalde ze die nutteloze handeling. Waarschijnlijk hadden ze haar horloge afgenomen toen ze geboeid werd, simpelweg omdat het ding in de weg had gezeten. Ze probeerde zich voor te stellen hoe lang ze hier nu zat. Voor haar gevoel leken het dagen, maar het moesten uren zijn. Hoeveel? Geen idee. Ze schatte zo'n twee uur, maar het kon ook best langer zijn. En het was doodstil boven. Aanvankelijk had ze via de betonnen luiken nog wat vage geluiden kunnen horen, die ze echter niet had kunnen plaatsen. Maar vanaf dat moment was ze hier alleen, aan haar lot overgelaten. Toen ze zich dat had gerealiseerd, had de paniek opnieuw toegeslagen. Huilend van onmacht had ze het uitgeschreeuwd en het stenen potje met zout tegen de muur kapotgesmeten. Ze had geschreeuwd tot haar keel er pijn van deed. Daarna was ze langzaam tot bedaren gekomen.
En nu dacht ze opnieuw aan Thomas, wat kon er met hem gebeurd zijn? Ze klampte zich vast aan de gedachte dat er een reden voor moest zijn dat ze hem niet samen met haar in deze put hadden gesmeten. Ze hadden hem blijkbaar nodig, maar voor hoe lang? En wat zou er met hen gebeuren als hij zijn werk had gedaan? Gespannen boog ze een paar keer met haar bovenlichaam voorover en weer terug.
Stop hiermee, het heeft geen zin. Concentreer je ergens anders op.
Ze wreef met haar vingers over haar keel. Die voelde schraal aan. Ze had dorst. Aanvankelijk was het vochtig en kil geweest in de grot, maar langzaamaan was de atmosfeer bedompter geworden, benauwder. Ze tuurde naar de kaars. Die was een stuk korter geworden. Ooit zou die uitgaan, realiseerde ze zich. En wat dan? Of misschien zou ze hem wel eerder uit moeten blazen. Het was maar de vraag hoe lang ze hier voldoende zuurstof zou hebben. Of water! Hoe ze zich er ook tegen probeerde te verzetten, steeds dwaalden haar gedachten af naar de afschuwelijke details van het horrorscenario waarin ze zich bevond. Alleen al de gedachte dat ze hier in het aardedonker zou komen te zitten, bezorgde haar het angstzweet op het voorhoofd.

Om haar zinnen te verzetten besloot ze om zich nog eens te richten op de teksten op de muur, de enige bron van afleiding die er was. Haar ogen gleden opnieuw over de cirkelvormige tekst: VISITA INTERIORA TERRAE RECTIFICANDO INVENIES OCVLTVM LAPIDEM.
Het leverde opnieuw niets op. Ook deed ze een poging om die andere, langere tekst nog eens te ontcijferen:

O.BLI.TQ.BIT.MI.CI.
KANT.F.VOLT.BIT.TO.GOLT.
SANTIS.NIX.HASTA.

Halverwege gaf ze het alweer op. Dit had werkelijk geen zin.
Wacht, die regel daarboven, vlak boven de stenen trap. DATE ET DABITUR VOBIS. Had ze die al eerder gelezen of had ze die over het hoofd gezien? Maar het was verloren moeite. Afgemat wreef ze met de bovenkant van haar pols langs haar uigedroogde mond.
Niet opgeven, Jenna, leg je erbij neer. Leg je neer bij de omstandigheden. Pas je aan. Het is de enige mogelijkheid.
Voor de zoveelste keer dwong ze zichzelf om de spreuken in gedachten op te lezen. Geruisloos vormden haar lippen de klinkers en medeklinkers tot een woord. *Trygono Igneo, Sefer Yetsirah.*
Bij de laatste fronste ze haar voorhoofd. *Sefer Yetsirah*, ze wist dat ze dat ergens van kende, maar het lukte haar maar niet om erachter te komen. In een andere samenstelling misschien?
'Yetsirath, Setsirath.' Ze sprak de woorden nu hardop uit. 'Sefir... Sefiroth.' Ja, dat was het, Sefiroth. Daarover stond iets op de site. Ze trommelde met haar vingertoppen op haar bovenbenen. Maar wat betekende het ook alweer? Opeens knipte ze met haar vingers. De boom des levens, dat was het, de Sefiroth, de boom des levens waarlangs de Rozenkruisers de geestelijke verlichting bereikten. Hoe onbelangrijk deze gevolgtrekking ook was, het gaf haar net dat sprankje afleiding en hoop waar ze behoefte aan had.
Terwijl ze opstond, gooide ze haar hoofd in de nek en draaide het een paar keer rond. Opnieuw gleden haar ogen over de contouren van de grot. En toen deed ze iets wat ze in al die uren nog niet eerder had gedaan. Wat ze tot op dat ogenblik amper had overwogen. Met kleine, voorzichtige stapjes liep ze de smalle, stenen trap op naar de ingang van het gewelf. Halverwege verstapte ze zich. Ze wankelde gevaarlijk over naar het midden en verloor bijna haar evenwicht. Het was maar een paar meter, maar ruim-

schoots voldoende om een been of een arm te breken. Op het allerlaatste moment kon ze zich nog vastgrijpen aan een uitstekende steen. Ze drukte haar lichaam tegen de muur en bleef zo een paar seconden staan. Met trillende benen nam ze de laatste treden naar boven, tot zo'n anderhalve meter onder de betonnen luiken. Met haar schouders duwde ze tegen beter weten in uit alle macht tegen de zware platen. Zoals te verwachten was, zonder enig effect. Maar ze probeerde het nog eens en nog eens. Met een rood aangelopen hoofd deed ze een laatste, ultieme poging om beweging te krijgen in de luiken. Tevergeefs. Terwijl ze zich half omdraaide, liet ze zich neerzakken op een van de stenen treden. Trillend drukte ze zich tegen de koude wand aan en sloeg haar armen over elkaar. Met een wezenloze blik staarde ze naar boven.

Aanvankelijk sloeg ze geen acht op de woorden. Ze waren over de gehele omtrek van het gewelf, op gelijke afstand van elkaar, in de muur aangebracht, ongeveer twintig centimeter onder de luiken. De zoveelste samenraapsels van letters waarvan ze de betekenis toch niet zou kunnen doorgronden. Haar ogen prikten. Ze kneep ze een paar keer hard dicht in een poging het stof eruit te krijgen. Toen ze haar ogen opnieuw wijd opensperde, viel haar blik als vanzelf op een van de woorden: ROSAE.

Automatisch draaide haar hoofd mee met de rest van de tekst. Om het laatste woord te kunnen lezen, moest ze haar lichaam weer bijna 360 graden de andere kant op draaien. Het bevond zich vrijwel achter haar. Aanvankelijk kon ze er geen lopende zin van maken, hoewel ze de woorden op zich gemakkelijk kon thuisbrengen, behalve dat ene dan: TUBALKIAN. Maar wat was het begin en wat was het einde van de zin?

VEL ROSAE CRUCIS TUBALKIAN FRATERES AUREAE?
FRATERES AUREAE VEL ROSAE CRUCIS TUBALKIAN?
Nog een poging dan maar.
ROSAE CRUCIS TUBALKIAN FRATERES AUREAE VEL.
En nog eens.
TUBALKIAN FRATERES AUREAE VEL ROSAE CRUCIS.
Ze fronste haar wenkbrauwen. Ze las de tekst nog eens, nu hardop.
'Tubalkian Frateres Aureae vel Rosae Crucis.'
Langzaam begon het haar te dagen. Een voor een sprak ze de beginletters uit.
'T, F, A, V, R, C.'
Jezus christus, TFARC!
Het stond er echt! *Vel* was immers slechts een onbelangrijk woordje, een voegwoord of zo, zoveel had ze inmiddels wel opgestoken. Dus de V kon

gemakkelijk vervallen. Het kon gewoon niet anders. Al die tijd had ze eroverheen gekeken en nu stond het daar, ongelooflijk: TFARC!
Van pure opwinding wilde ze veel te snel opstaan, maar ze vergat dat de luiken zich slechts een kleine anderhalve meter boven haar bevonden. Haar hoofd botste keihard tegen de betonnen platen. Door de terugslag klapte ze terug op de trap en knalde ze tegen de wand. Haar benen schoten onder haar vandaan en ze dreigde haar evenwicht te verliezen. In een ultieme poging klauwde ze met haar vingers naar de muur. Maar het was te laat. Het laatste wat ze zag waren de initialen van Christian Rosencreutz. Met een afschuwelijke gil die duizendmaal leek te worden weerkaatst, stortte ze naar beneden. Drie meter lager kwam ze op de keiharde vloer terecht. Haar hoofd klapte naar achteren en raakte het gesteente een milliseconde na de rest van haar lichaam.
Roerloos bleef ze op de grond liggen.

51

Barbara Walker keek naar het scherm.
De woordvoerder van de FBI-vestiging in Washington schoof ongemakkelijk in zijn stoel heen en weer.
'Ik vraag het u opnieuw, steeds meer indicaties wijzen erop dat de dader van de moord op Farraday in de richting van fanatiek religieuze kringen dient te worden gezocht. Betekent dat dat de aanvankelijke aanwijzingen over vermeende betrokkenheid van de vrijmetselarij nu van tafel zijn?'
'Het betekent helemaal niets, zoals ik u al zei, in het belang van het onderzoek kan ik hierover geen uitspraken doen.'
'En de geruchten over de weergave van de tatoeage op het lichaam van Farraday, dat die niet overeen zou komen met de daadwerkelijke tatoeage, kunt u daar iets over zeggen?'
De woordvoerder zuchtte. 'U kunt er gevoeglijk van uitgaan dat onze weergave wel degelijk op waarheid berust.'
'Waarom geeft u geen foto's vrij van het lichaam zelf?'
'Omdat dat in dit stadium niet opportuun wordt geacht, mevrouw Walker.'
'Wordt professor Thomas Shepard nog steeds beschouwd als de belangrijkste verdachte?'

'Tot op dit moment wel.'
'Verwacht u hem binnenkort te kunnen aanhouden?'
'We doen ons uiterste best om de verdachte te lokaliseren. Zoals u weet, is zijn foto verspreid in de media, en we verwachten dat we hem binnen vierentwintig uur kunnen aanhouden.'
'Zal de publicatie van de fotoframes op de site leiden tot een hernieuwd onderzoek naar de moord op president Kennedy?'
'Geen commentaar.'
'Waarom niet?'
'Daar gaan wij niet over, mevrouw Walker.'
'Wie dan wel, als de FBI daar niet over gaat?'
'Geen commentaar.'
'Goed, dank u tot zover.'
'Graag gedaan.'
Barbara Walker draaide zich weer om naar de camera.
'Voor de kijkers die later hebben ingeschakeld, de FBI heeft zojuist bevestigd dat Thomas Shepard, hoogleraar aan de universiteit van George Washington, de belangrijkste verdachte blijft inzake de moord op ex-senator Farraday en de moord in Central Park, New York. Inmiddels is bekend geworden dat de e-mails die zojuist zijn verschenen in de media, opnieuw religieuze verwijzingen bevatten. Bij mij aan tafel zit dr. Andrew Agnew, deskundige op dit gebied.
Dr. Agnew, wat kunt u ons vertellen op dit moment?'
Agnew begon al te wennen aan zijn tv-optredens. Van het ene op het andere moment was hij geruisloos toegetreden tot het leger van deskundigen dat tegenwoordig bij elke gebeurtenis van enige betekenis de nieuws- en actualiteitenprogramma's luister bij kwam zetten. Nu kon hij zich zonder enige twijfel beroepen op een gedegen kennis van zaken, maar hij betwijfelde of dat voor de anderen die hij vandaag voorbij had zien komen, allemaal onverkort zou gelden. Hij was vandaag al in vier verschillende programma's komen opdagen en nu zat hij opnieuw aan tafel bij CNN.
'Ik kan u bevestigen dat in de e-mails verwijzingen voorkomen naar de kabbala.'
'Net zoals bij de afbeelding van de tatoeage?'
Agnew knikte bevestigend.
'Misschien kunt u een korte toelichting geven bij de tekst die, als het goed is, op dit moment in beeld komt.'
Barbara Walker keek vragend in het rond.
'Eh, hebben we beeld...? Ja? Ga uw gang, dr. Agnew.'

'Er komen twee teksten in voor die duidelijk afkomstig zijn uit de kabbala. Allereerst de zogenaamde Sjem ha-meforasj, de tweeënzeventig-lettergrepige naam van God, bestaande uit 216 letters. Sjem ha-meforasj is de oorspronkelijke aanduiding voor de onuitspreekbare naam van God, die de macht van God manifesteert. Omdat het geschreven Hebreeuws geen klinkers heeft, is de juiste uitspraak van de naam destijds verloren gegaan. Die werd pas in 300 na Christus door de kabbalisten teruggevonden. Zij gaven hem de aanduiding tetragrammaton. Het tetragrammaton is een woord van vier letters, JHWH, die staan voor de onuitsprekelijke naam van God. JHWH is door de bijbelvertalers vertaald in Jehova, de naam die we tegenwoordig allemaal wel kennen. De Sjem ha-meforasj wordt hier zeer waarschijnlijk gebruikt als metafoor voor de manifestatie van de macht van God. De afzender heeft willen aangeven dat hij een macht uitoefent waarmee niet te spotten valt.'
Barbara Walker knikte heftig. 'Ik hoop dat de kijkers het hebben kunnen volgen. En de inhoud van het bericht, kunt u daar iets over zeggen?'
'Niet zo veel. Het lijkt geen specifiek kabbalistische tekst in elk geval. Misschien moet die wel gewoon letterlijk worden genomen, maar, zoals gezegd, op dit moment kan ik u daar geen uitsluitsel over geven.'
'En de boodschap van de tweede e-mail, is die u wel bekend?'
'Inderdaad, het is een tekst die afkomstig is uit een van de bronnen waar op de site naar verwezen wordt. Het gaat misschien te ver om daar op deze plaats specifiek op in te gaan, maar, opnieuw, ik denk dat deze tekst het beste letterlijk kan worden genomen. Het lijkt op een soort afscheidsbrief, althans zo interpreteer ik het. Leest u de eerste en de laatste regel maar met mij mee:
"Hierna maakte ik mij gereed om op weg te gaan, trok mijn witlinnen kleed aan, omgordde mijn lendenen met een bloedrode band en bond deze kruislings over mijn schouders. Met deze gelofte en vol goede hoop verliet ik verheugd mijn cel."'
Het was even stil.
'Deze tekst is dus niet in de sfeer van de kabbala te plaatsen?'
Agnew schudde ontkennend zijn hoofd.
'En het onderwerp van de mail?'
'Dan komen we opnieuw bij de kabbala terecht.'
Agnew keek naar de monitor in het tafelblad voor hem en sprak de woorden op plechtige toon uit.
Nakatum Pastan Paspasim Dionsim.
Hij kuchte en nam een slokje water.

'Dit vergt opnieuw enige toelichting. Het tetragrammaton en de Sjem hameforasj zijn de meest gebruikte aanduidingen in de kabbala voor de naam van God. Maar er bestaan ook andere constructies, zoals de naamsconstructies bestaande uit veertien, tweeëntwintig en tweeënveertig letters.'
Agnew keek even op zijn aantekeningen.
'De naamsconstructie bestaande uit tweeëntwintig letters komt voor het eerst voor in de Sefer Raziel of Het Boek van de Engel Raziel. Dit kabbalistische werk stamt uit de dertiende eeuw.'
Agnew hield een blad papier in de lucht waarop een reeks onleesbare tekens stond vermeld. Hij genoot zichtbaar van de verwonderde blik aan de andere kant van de tafel.
Barbara Walker keek in de richting van de cameramensen.
'Is dit goed in beeld te brengen, jongens?'
Ze volgde de aanwijzingen via haar oortelefoontje en nam het blad van Agnew over.
'Zo goed...? Oké, het is nu in beeld, gaat u verder, dr. Agnew.'
'Op het eerste gezicht heeft deze naam geen betekenis voor de kabbala omdat de reeks geen woorden bevat die in het Hebreeuws voorkomen. Volgens de traditie is dit echter een kabbalistische rangschikking van de Zegening der Priesters uit het dagelijks gebedenboek voor de joodse eredienst. De zegening luidt:
"De Here zegene u en behoede u. De Here late zijn aangezicht over u lichten en zij u genadig. De Here wende zijn aangezicht naar u en geve u vrede."
Deze woorden passen bij de afscheidstekst, in die zin dat de afzender de wens uitspreekt dat zijn opponent uiteindelijk, als hun wegen scheiden, zal worden vergeven.'
'Dank u voor deze verhelderende toelichting, dr. Agnew, maar waarom opeens die kabbalistische teksten? Zoals u zelf al zei, op de site is hier nooit naar verwezen.'
Agnew trok zijn schouders op.
'Ik heb geen idee, ik kan de betekenis ervan verklaren, maar daar houdt het op.'
Barbara Walker richtte zich weer tot de camera.
'Is het een dwaalspoor, om de aandacht af te leiden van de site, zoals boze tongen beweren? Of was Farraday inderdaad verwikkeld in fanatiek religieuze kringen en is het toeval dat deze aanwijzingen opeens opduiken? Feit is dat dit de gemeenschappelijke deler lijkt te zijn die Farraday en Shepard met elkaar verbindt. De rol van professor Shepard lijkt daarmee

steeds groter te worden. Op dit moment is hij nog steeds de hoofdverdachte van de moorden bij het Lincoln Memorial en in Central Park. Liggen de motieven inderdaad in de fanatiek religieuze sfeer? Is Shepard de maker van de site, zoals wel wordt beweerd? Vragen die tot op heden niet afdoende kunnen worden beantwoord.'

Ze richtte zich opnieuw tot Agnew. Er was immers één onderwerp dat ze nog niet hadden besproken: de afzender van de e-mail. Ze hadden besloten om dit te bewaren tot het einde van het interview, zodat de informatie bij het publiek het beste zou beklijven.

'Dan blijft nog over de afzender van de e-mail: de oude van de berg.'

Ze toverde een wat aangezette, verbaasde blik op haar gezicht en maakte een uitnodigend handgebaar in de richting van Agnew dat hij het mocht zeggen als hij het wist. Die schoof wat heen en weer op zijn stoel en tuurde naar het beeldscherm in de tafel voor hem. De informatie die daarop stond, hadden ze slechts met de grootste moeite in zo'n kort tijdsbestek bij elkaar kunnen schrapen. Ze hadden zich heel wat moeite moeten getroosten voordat ze iemand vonden die deze naam afdoende kon verklaren. En nu moest Agnew dat op een manier zien over te brengen alsof hij zelf precies wist waarover hij het had.

'Eh, juist, de oude van de berg. De naam "de oude van de berg" is een verwijzing naar de leider van de Assassijnen.'

Barbara Walker fronste overdreven opzichtig haar voorhoofd.

'Het is een nogal lange en ingewikkelde geschiedenis, maar het komt erop neer dat de Assassijnen een islamitische bevolkingsgroep vormden die waarschijnlijk afkomstig was uit Syrië. In hun eigen taal werden ze Heyssessini genoemd. Het was een bergvolk dat slechts verantwoording schuldig was aan hun gekozen leider, de oude van de berg. De Heyssessini werden opgeleid als moordenaars en geloofden dat ze de grootste zaligheid zouden bereiken als ze zouden sterven tijdens de vervulling van hun taak. Later in de geschiedenis werden de Heyssessini steeds vaker in verband gebracht met allerlei politieke moorden. Vanaf de veertiende eeuw gebruikte men het woord Assassijn alleen nog maar in de betekenis van huurmoordenaar.'

Barbara Walker knikte een paar maal.

'En dan rijst opnieuw de onvermijdelijke vraag: wat is de connectie met deze zaak? Wie verschuilt zich achter deze nogal toepasselijke naam?'

'Ik begrijp waar u naartoe wilt. Assassijnen, politieke moorden...'

'Ligt dat dan niet voor de hand?' reageerde Walker fel. 'Ik bedoel, we hebben het hier over een letterlijke verwijzing naar de leider van een islamitische bevolkingsgroep waarvan een groot aantal leden werd opgeleid als

moordenaars. Martelaren die ervan overtuigd waren dat ze de grootste zaligheid zouden bereiken als ze zouden sterven tijdens de vervulling van hun taak! Is de vergelijking met 11 september dan zo vergezocht? De Verenigde Staten blijven onverminderd betrokken bij de operaties in Afghanistan, terwijl de Taliban verre van verslagen lijkt en zich blijft manifesteren als macht van betekenis. De president blijft maar troepen sturen naar Irak, terwijl ook daar het verzet blijft oplaaien. Osama Bin Laden blijft staatsvijand nummer één, en dan houdt u vol dat hier geen enkele link is te leggen met de War on Terror van de regering? Wie zegt ons dat deze aanslag niet de aanzet zal vormen tot een nieuwe golf van aanslagen op ons eigen grondgebied?'
Agnew schudde zijn hoofd. 'Ik begrijp uw bezorgdheid, maar ik denk werkelijk dat deze vergelijking te ver gaat.'
'De publieke opinie oordeelt daar anders over. Een zojuist gehouden telefonische poll leert ons dat onder drie kwart van de bevolking de angst voor nieuwe terreuraanslagen is toegenomen. Politici zijn zenuwachtig, de algemene stemming is geagiteerd.'
Agnew spreidde zijn handen. 'Natuurlijk, die spanning is verklaarbaar. Maar laten we ons bij de feiten houden. Je kunt de gebeurtenissen ook plaatsen in het kader van uw eerdere opmerkingen over een eventueel dwaalspoor, om de aandacht af te leiden van de werkelijke daders.'
'Dus de geschiedenis herhaalt zich, wilt u zeggen? De moord op Kennedy moet blijven waar hij is, in de doofpot.'
Agnew had al meteen spijt van zijn opmerking. Hij moest oppassen met deze vrouw. Niet met de beschuldigende vinger in welke richting dan ook wijzen. Voor je het wist, was híj de gebeten hond.
'Nogmaals, ik richt me op de feiten.'
'Maar dan kun je je in elk geval afvragen waarom Shepard, toch de hoofdverdachte in deze zaak, op deze manier alle verdenkingen op zichzelf zou willen laden...'
Walker en Agnew keken elkaar een paar seconden peinzend aan.
'Barbara!'
De schrille stem in het oortelefoontje zorgde ervoor dat ze weer bij de les kwam. Haar ogen schoten over het script dat voor haar op tafel lag. Terwijl de beelden uit Washington, waar steeds meer mensen zich verzamelden rond het Lincoln Memorial, op de achtergrond al op het scherm verschenen, herstelde ze zich.
'Niets is wat het lijkt in deze zaak. Wie is wie en waar ligt de scheidslijn tussen waarheid en fictie? JFK Truth or Dare, een toepasselijker naam voor

de website lijkt haast niet denkbaar. Het aantal hits op de site stijgt inmiddels tot ongekende hoogten, de scepsis onder de bevolking over de afhoudende opstelling van de autoriteiten neemt hand over hand toe, evenals de druk vanuit de politiek. Het lijkt erop dat de autoriteiten er vrijwel niet meer aan zullen ontkomen om een gedegen onderzoek in te stellen naar de nieuwe feiten betreffende de moord op president Kennedy. Ondertussen heeft de zoektocht naar de definitieve bewijzen velen in de greep. Leiden de aanwijzingen op de site daadwerkelijk naar het onomstotelijke bewijs dat John F. Kennedy is vermoord als gevolg van een complot? En zijn de rituele moorden gepleegd in een ultieme poging om degenen die ons de weg zouden kunnen wijzen, de mond te snoeren en zodoende de doofpot gesloten te houden?
Of moeten we ons laten leiden door de toenemende vrees dat we hier te maken hebben met een vorm van religieus fanatisme? En vormen deze gebeurtenissen slechts de aanzet tot een hernieuwde golf van aanslagen, voortvloeiend uit de War on Terror die de regering wereldwijd voert?'
Ze wees naar de beelden van de omgeving van het Lincoln Memorial, waar inmiddels een vrij grote menigte was samengekomen, compleet met protestborden en spandoeken met slogans die varieerden van HEROPEN ONDERZOEK JFK en OPEN DE DOOFPOT tot een pentagram met de letters JFK en 9/11/22, verwijzende naar een samentrekking van 9/11 en 22 november, de datum van de aanslag op Kennedy.
'Welke overtuiging men ook is toegedaan, zoals u achter mij kunt zien, lijken de onrust en de achterdocht onder de bevolking in elk geval hand over hand toe te nemen. En het is maar de vraag hoe lang het nog zal duren voordat deze smeulende mengeling van angst en ongenoegen tot ontbranding zal komen...'
Ze pauzeerde een paar seconden.
'Arthur M. Schlesinger, een van Kennedy's naaste adviseurs, zei het ooit zo: "De aanslag op John F. Kennedy is een moeras voor historici."
Hoe had hij kunnen weten dat zijn vooruitziende blik ruim veertig jaar later actueler zou zijn dan ooit en nog niets aan profetische waarde zou hebben ingeboet?
Ik ben Barbara Walker. Tot zover dit speciale nieuwsbulletin. Zodra er nieuwe informatie beschikbaar komt, zullen wij die direct aan u doorgeven. Goedenacht.'

Meteen na de uitzending ging ergens in Washington DC de telefoon over. Het was zijn privélijn.

'Ja?'
'Ik geloof dat de e-mails het gewenste effect hebben.'
'Het lijkt erop. Laten we hopen dat het met een sisser afloopt. De rest is van later zorg. Nog nieuws?'
'Shepard is aan het werk gezet; we zullen geduld moeten hebben.'
'Geduld is nooit mijn sterkste kant geweest.'

52

Shepard werd geblinddoekt via de wenteltrap omhooggeleid. Blijkbaar was er in de tussentijd van alles gaande geweest. Hij wist niet precies wat, maar hij had wel meegekregen dat er steeds koortsachtig overleg was geweest, vooral over de telefoon. Maar uiteindelijk hadden ze dan toch het groene licht gekregen.
Toen hij naar buiten stapte, snoof hij de koude, vochtige lucht diep op, alsof hij de bedompte geur van de kelder zo snel mogelijk uit zijn longen wilde pompen. Het geluid van de dichtvallende stalen deur deed hem kort ineenkrimpen. Meteen duwden ze hem echter het talud af in de richting van de klaarstaande auto. Een paar minuten later verlieten ze Arlington Cemetery via dezelfde weg als waarlangs ze gekomen waren. De mist was goeddeels opgetrokken. Terwijl de automatische poort nog maar half was gesloten, stoof de donkere auto aan het einde van de toegangsweg al de Jefferson Davis Highway op.
Allerlei gedachten tolden door zijn hoofd en streden om voorrang. Maar hoe hij ook zijn best deed om zich te focussen op zijn opdracht, het had geen zin. Steeds opnieuw zag hij Jenna voor zich, vlak voordat ze in die put verdween. Wat moest er in godsnaam door haar heen zijn gegaan? Misschien had ze nog een keer naar hem omgekeken. Zonder resultaat. Dat was een verkeerde beslissing geweest, daar was hij nu van overtuigd. Hij had haar in dat laatste moment tot steun kunnen zijn, maar hij moest zich zo nodig weer eens bewijzen als de koele wetenschapper bij wie de exacte analyse van de voorhanden gegevens zoals altijd op de eerste plaats kwam. Voor later...
Kennis is macht, bullshit! Zijn ogen werden vochtig.
Kom op man, je weet wel beter. Als Jenna nog een kans wil hebben, zul je moeten leveren wat ze van je willen. Je kon niet anders.

Hij probeerde zich opnieuw te concentreren, maar tevergeefs. Alle informatie die hij daarstraks had proberen op te slaan, vermengde zich in zijn brein tot een dikke, ondoordringbare brij. Hij sloot zijn ogen onder de blinddoek en besloot zich erbij neer te leggen, om gewoon maar af te wachten wat het lot voor hem in petto had. Er zat gewoonweg niets anders op. De auto sloeg links af en even later voelde hij weer dat de auto over de drempel reed. Ze bevonden zich op de Arlington Memorial Bridge. Zo'n vijf minuten later minderde de auto vaart en stopte. Hij hoorde het voorportier opengaan en dichtslaan. Zijn adem stokte. Meteen daarna ging het achterportier aan zijn kant open en hij voelde dat er iemand naast hem kwam zitten. Hij slikte, het angstzweet brak hem uit. De blinddoek plakte vast aan zijn hoofd, tot die plotseling werd afgetrokken. Shepard knipperde een paar keer met zijn ogen, maar het was donker in de auto, dus hij was snel aan de nieuwe situatie gewend. De man naast hem keek strak voor zich uit.

'Je kent de opdracht.' Hij tikte op de laptop die hij op zijn schoot had. 'Je gereedschap. Haal je niets in je hoofd. Verzend een e-mail en we weten het. Dan ben je er geweest, en je vriendin ook.'

Daarna duwde hij Shepard naar voren en knipte met een snelle beweging het plastic koord om zijn polsen door. Met een uitnodigend gebaar hield hij de laptop omhoog. Het lukte Shepard maar amper om het apparaat met zijn verkrampte handen aan te nemen. Even keken ze elkaar recht in de ogen. Shepard sloeg zijn ogen snel neer. Meteen trok de auto op en mengde zich in het nachtelijke verkeer op Constitution Avenue.

'Waarnaartoe?'

Het duurde even voordat Shepard doorhad dat de vraag aan hem was gericht. Natuurlijk, ze verwachtten iets van hem. Hij moest iets doen en wel direct. Koortsachtig probeerde hij na te denken. Hij had geen idee wat de volgende stap zou moeten zijn. Hij moest tijd zien te winnen, kostbare tijd.

'Ik moet de site bekijken. De gegevens, ik moet ze op me in laten werken.' Zijn stem klonk zachter dan hij had gewild.

'Doe dat.' De stem van zijn bewaker klonk rustig, beheerst, toebehorend aan de partij die de zaak onder controle had.

Shepard haalde zijn klamme handen van het apparaat. Daarna klapte hij het beeldscherm omhoog en drukte langdurig op de knop om het apparaat aan te zetten. Na een paar seconden werd de cabine van de auto flauw verlicht door het blauwe schijnsel van het openingsscherm. De man naast hem keek door het raam naar buiten en leek geen enkele interesse te hebben in wat er naast hem gebeurde. Terwijl de auto rustig door de straten van Washington reed, probeerde Shepard zo goed en zo kwaad als het ging de juiste gegevens te vinden.

Even staarde hij als gebiologeerd naar het openingsscherm van de site: JFKTruthOrDare.com. Hoe lang was het nog maar geleden? Twee, of waren het drie dagen? Onvoorstelbaar! Zijn ogen gleden langzaam over de zwart-witte blokken. Een vreemde sensatie maakte zich van hem meester, alsof hij dat beeld al jaren kende, alsof het altijd deel had uitgemaakt van zijn denkwereld. Een ogenblik sloot hij zijn ogen en toen klikte hij door naar de informatie die hij zocht. Terwijl hij met zijn wijsvinger ongeduldig over de tekst scrollde, voelde hij dat hij langzaam ontspande. Zijn hersenen stelden zich haast als vanzelf in op de taak die hem te wachten stond. De adrenaline deed zijn werk. Hij was nu weer helder, zijn brein werkte op volle toeren. Het was erop of eronder. Zonder zich nog te bekommeren om degene die naast hem zat, vlogen zijn ogen over het scherm.

Niets is geheim wat niet onthuld zal worden. Daarom zal iemand na mij komen, wiens heerlijkheid nog niet bekend is, die veel zal openbaren.
Deze gedachte zal nog verborgen moeten blijven tot de komst van Elias Artista.
Wie is hij die zo komen zal? Het is de Lichtende Geest van de leer van het Rozenkruis: Elias Artista!

Neem deze passer en plaats hem op het middelpunt van de tempel.
Het antwoord ligt besloten in de dertiende graad.
Onder de schaduw van uw vleugels, Jehova.

Zenuwachtig trommelde hij met zijn vingers op de laptop. De neerbuigende blik van zijn bewaker ontging hem volledig. Hij was zich nog maar amper gewaar waar hij zich bevond. Het stoppen en weer optrekken van de auto, de claxon van een taxi naast hen, het ging allemaal langs hem heen.

Er moest ergens een connectie bestaan, het moest. Maar waar? Waar, verdomme!

Opeens werd er ergens in zijn hoofd, tijdens een van die onophoudelijke interacties tussen de miljarden hersencellen die een mens rijk is, een verbinding gemaakt. Even staarde hij strak voor zich uit, zijn blik gericht op de donkere weg voor hen. Toen maakte hij met zijn rechterhand onwillekeurig een vuist.

Het gewelf. Het Koninklijk Gewelf. Natuurlijk, het verloren gewaande geheim bevindt zich in het Heilig Koninklijk Gewelf. Dat moet het zijn! De Ritus van de Ridder van het Heilig Koninklijk Gewelf, een van de graden in de A.S.S.R.*! Als dat, als dat de dertiende graad...*

Opeens viel alles op zijn plaats. Het was de sluitsteen in het midden van het altaar in de tempelloge die uiteindelijk de doorslag had gegeven. Ergens was dat beeld in zijn hoofd blijven sluimeren. De sluitsteen die door de zoekende pelgrims uit het gewelf werd gewrikt, zodat een opening ontstond die zonlicht doorliet, waardoor de voorwerpen die zich in de onderaardse crypte bevonden, zichtbaar werden. Het was een maçonnieke rite. Net zoals de pelikaan, afkomstig uit de achttiende graad van de A.A.S.R. De graad die de CRAFTsmen tot de basis van hun beweging hadden gemaakt, de graad waarin de Rozenkruisersgeest het beste bewaard was gebleven. En toen was het nog maar een kleine stap geweest. Naar die andere graad in de A.A.S.R., de Ritus van de Ridder van het Heilig Koninklijk Gewelf! Hij wist dat die bestond, maar niet welke het precies was. En als dat werkelijk de dertiende graad zou zijn, dan had hij een belangrijk deel van de code gekraakt. Dat moest, het moest gewoon.

Zelfs de CRAFTsmen zelf waren er niet toe in staat geweest. En op zich was dat verklaarbaar. Blijkbaar was de kennis van de oude, geheime leer in de loop der tijd verloren gegaan. Er was niemand meer die de tekenen kon duiden. Ze waren ingehaald door hun eigen geheime gebruiken. Gebruiken die teruggingen tot de tweeënveertig tractaten van Thot, de boekdelen die heel de wijsheid van de wereld bevatten. De 'epistels van de zuivere broeders'.

En daarom had Deep Throat hem ingeschakeld. Jenna had gelijk gehad, de maker van de site wist het zelf ook niet. Er was niemand meer over, niemand die de geheime code nog kon kraken! In hun op geld en macht beluste streven naar de alleenheerschappij waren ze de afgelopen decennia zo gepreoccupeerd geweest met zichzelf, dat ze de basis waarop hun hele beweging was gebaseerd, hadden verloochend.

Opgewonden klikte hij de sitenaam aan en begon op het toetsenbord te tikken. Zijn bewaker keek hem minachtend aan. Een paar seconden later verscheen er een grijns op zijn gezicht. Google, kon dat misbaksel niks beters bedenken dan Google? En dat was de geweldenaar die het raadsel zou gaan oplossen?

De zoekterm 'vrijmetselarij' leverde ruim twee miljoen hits op, maar She-

pard wist waar hij ongeveer moest zoeken. Zijn wijsvinger, die vochtig was van de transpiratie, ging stroef over de mousepad. Steeds schoot het pijltje veel te ver door op het scherm. Geïrriteerd wreef hij met zijn vinger over zijn broek. Dat hielp. Gespannen tuurde hij naar het scherm. Als hij gelijk had, dan betekende dat dat hij een heel eind dichter bij de oplossing was. Tenminste... De prangende vraag was of zijn vermoeden juist was. Als dat zo was, dan was het bingo. Maar misschien vergiste hij zich, hij was er niet honderd procent zeker van.
Het duurde een aantal seconden voordat de site was geopend. Gebiologeerd staarde hij naar het scherm. Het zweet stond nu letterlijk in zijn handen. Onophoudelijk wreef hij ze af aan zijn broek.
Eindelijk... Zijn ogen flitsten over het scherm. Maar het was niks. *Verdomme.*
Een nieuwe poging. Weer bleef zijn vinger plakken op de mousepad. 'Shit.'
Zijn bewaker maakte een minachtend, snuffend geluid.
Eindelijk lukte het hem om het pijltje te krijgen waar hij het hebben wilde en er volgden twee snelle klikjes. Vliegensvlug scrollde hij langs de inhoudsopgave. Maar niks, opnieuw geen gradenstelsel.
Hij deed nog een poging. Weer niks.
Even sloot hij zijn ogen. *Rustig blijven, concentreer je, concentreer je.*
Hij ging weer terug naar het Googlezoekscherm en toetste de zoekterm 'A.A.S.R.' in. Het resultaat verscheen.
Twee klikken.
Deze keer had hij beet. Hij klikte op 'Ridderorden'. Meteen verscheen het gewenste scherm. Zijn ogen schoten over de tekst. Nee, nee, nee, dit was niks, hele verhalen, maar geen gradenstelsel.
Nieuwe poging: 'riten'. De eerste pagina weer tekst, maar bij de tweede was het raak: 'Overzicht van riten'.
Tientallen namen van allerlei riten uit verschillende landen flitsten over het scherm. Sommige met de meest exotische namen.

Van sommige orden had Shepard werkelijk nog nooit gehoord, zoals bijvoorbeeld de Order of Quetzalcoatl, E Clampus Vitus of de Royal Antediluvian Order of Buffaloes. De lijst leek oneindig. Steeds sneller kwamen de namen voorbij. Totdat die ene langskwam: de A.A.S.R., de Aloude en Aangenomen Schotse Ritus. Dat was wat hij zocht. Maar de tekst was alweer voorbijgeschoten. Met kleine duwtjes op de mousepad probeerde hij de juiste pagina weer tevoorschijn te halen.

Verdomme, al weer te ver.
Eindelijk vond hij wat hij zocht. Een intens gevoel van opwinding maakte zich van hem meester. Zijn geheugen had hem niet in de steek gelaten: de Rite voor de graad van Ridder van het Heilig Koninklijk Gewelf. De dertiende graad van de A.A.S.R.! Dus toch? Hij had de dertiende graad waarnaar de site verwees te letterlijk genomen, als een hint voor de bepaling van de plaats waar de oplossing te vinden zou zijn. Zoals in het Capitool. Maar al die tijd was de oplossing onder handbereik geweest. Dit kon geen toeval meer zijn. In gedachten herhaalde hij de laatste zinnen op de site:

Neem deze passer en plaats hem op het middelpunt van de tempel. Het antwoord ligt besloten in de dertiende graad.
Onder de schaduw van uw vleugels, Jehova.

Het antwoord ligt besloten in de dertiende graad.

Betekende dit dat hij de middelste aanwijzing had opgelost? Dat hij de code had gekraakt? Of was dit nog maar het begin?
Gespannen dubbelklikte hij op de dertiende graad, Rite voor de graad van Ridder van het Heilig Koninklijk Gewelf.
Toen de tekst op het scherm verscheen, fronste hij zijn wenkbrauwen. Langzaam scrollde hij naar beneden. Er was geen pagina-aanduiding, maar hij schatte dat het een tekst van een kleine tien pagina's was. De ritus was ingedeeld in zes onderdelen: Opening, Gebed, Aanneming, Gelofte, Historisch Bouwstuk, Sluiting.
Het stuk was opgebouwd als een dialoog. Steeds werd er een vraag gesteld, waarop een antwoord volgde. De vragensteller werd aangegeven met D.M., de ander met Insp.; D.M. stond voor Driewerf Machtige, Insp. voor Broeder Inspecteur. Handelingen die tussentijds werden verricht, werden vermeld in rode tekst.
Shepard begon de tekst aandachtig door te lezen.

Opening

D.M.: Broeder Inspecteur, waar bevinden wij ons?
Insp.: Wij zijn in het midden, de meest gewijde plaats ter wereld.
D.M.: Hoe bent u hier terechtgekomen?
Insp.: Als gevolg van de voorzienigheid.

D.M.: Verklaar mij dit eens nader.
Insp.: Ik heb gewerkt in de aloude ruïnes van de tempel van Henoch. Ik ben doorgedrongen in de negen onderaardse gewelven.

Shepard fronste zijn wenkbrauwen. Negen?

Ik heb de Driehoek opgenomen waarvan de Opperste Bouwmeester des Heelals had beloofd aan de Heilige Aartsvaders dat hij hem in de loop van de tijd zou laten vinden.
D.M.: Wat is dat voor een Driehoek?
Insp.: Een Driehoek vervuld van een Groot Licht, waarop door Henoch de grootste en geheimzinnige naam van de Opperste Bouwmeester des Heelals was gegraveerd.
D.M.: Wie bent u?
Insp.: Ik ben die ik ben, mijn naam is Jabulum.
D.M.: Kent u de juiste uitspraak van de naam van de Opperste Bouwmeester des Heelals?
Insp.: Het is een gewijde naam, die alleen wordt gekend door de Volmaakt Uitverkoren Volmaakt Verheven Vrijmetselaars.

Is dat een verwijzing naar het verloren gewaande geheim?
Wat daarna volgde was niet zo interessant. Ook het Gebed sloeg hij over. Er stond niets in wat te maken had met dat waarnaar hij op zoek was.
Shepard keek naar zijn bewaker naast hem. Diens aandacht was ondertussen verslapt. Hij keek verveeld naar de verlichte gebouwen die zich in de verte scherp aftekenden tegen de donkere nacht. Het monotone geluid van de motor en de schijnbaar doelloze rondrit door de stad leken hem parten te spelen.
Uiterst geconcentreerd las Shepard weer verder.

Aanneming

Het eerste stuk was in het rood afgedrukt, daarin werd uitgelegd wat er feitelijk diende te gebeuren.

Het aantal kandidaten dat tegelijkertijd moet worden aangenomen bedraagt drie. Als er geen drie kandidaten zijn, vullen broeders die de graad al hebben bereikt, het aantal aan. De kandidaten bevinden zich in een zijkamer, ter hoogte van het valluik. Zij kloppen daar aan als Grootmeester Architect. Er wordt gevraagd wie daar aanklopt; ze antwoorden dat ze willen worden aangenomen als Ridder van het Heilig Koninklijk Gewelf. Dat wordt doorgegeven door het valluik.

Daarna werd de dialoog hervat.

Insp.: Dat is nog niet mogelijk, maar ik zal de Opperste Bouwmeester des Heelals smeken om het toe te staan.

Opnieuw een tekstgedeelte in het rood:

De kandidaten vragen het nogmaals en krijgen hetzelfde antwoord. Na het derde verzoek krijgen de kandidaten toestemming om binnen te gaan.
De inspecteur neemt de eerste kandidaat en geleidt hem naar het luik:
Insp.: Bent u bereid om af te dalen naar het midden der aarde om schatten te zoeken?
Kand.: Jawel.

Plotseling kreeg hij een steek in zijn maag.
Jenna!
De gedachte aan haar lot maakte hem van streek. Hij boog zijn hoofd en sloot zijn ogen. Met een brok in zijn keel zag hij de laatste beelden in de kelder voor zich. Nee, dit mocht niet. Hij mocht zich niet laten meeslepen. Niet nu. Hij moest zich concentreren op de zaak, hoe moeilijk dat ook was. Het was de enige manier. Hij was het verdomme aan haar verplicht.
Met vochtige ogen wendde hij zich weer naar het scherm.
Opnieuw een rode tekst:

De inspecteur doet hem een koord om zijn lichaam en als het luik wordt geopend, laat hij hem driemaal zakken. De inspecteur laat de kandidaat vervolgens knielen bij de Driehoek, in het teken van Bewondering. Het luik wordt weer gesloten.

Hij probeerde zijn emoties weg te slikken, maar tevergeefs. Zijn keel was gortdroog.

D.M.: De Opperste Bouwmeester des Heelals heeft u bovenmatig begunstigd. Hij heeft u gekozen om de kostbaarste schat van de vrijmetselarij te ontdekken; u bent zijn uitverkorene. Ik wens u daarmee geluk. Komt naderbij om de allerplechtigste gelofte af te leggen zodat ik u kan belonen voor uw arbeid en inspanning.

Daarna volgde het gedeelte van de Gelofte. Shepard keek het vluchtig door, maar er stond weinig belangwekkends in vermeld.
Wat volgde was het zogenaamde Historisch Bouwstuk. Het eerste stuk ervan las hij aandachtig door:

D.M.: Om de geschiedenis van de vrijmetselarij te vervolgen, waarvan enige gedeelten u bekend zijn, is het nodig om u bekend te maken met wat er eeuwen geleden is geschied.
Henoch, zoon van Jared, was in het zesde geslacht van Adam. Hij leefde in de vrede en de liefde van de Heer, die hem in een droom verscheen, tot hem sprak door ingeving en hem het volgende mededeelde: 'Aangezien je mijn naam te weten wilt komen, volg mij en ik zal je hem bekendmaken.'
Terstond verscheen er een berg die tot de hemel reikte. Henoch werd daarbovenop gebracht. God toonde hem een driehoekige gouden plaat die werd verlicht door de schitterende lettertekens JHVH, Zijn gezegende naam, en Hij droeg Henoch op die naam nooit uit te spreken.
Vervolgens meende Henoch loodrecht onderaards af te dalen, door negen gewelven, en in het negende gewelf zag hij diezelfde plaat met dezelfde stralende lettertekens die hij eerder had aanschouwd.
Henoch, vervuld van de Geest van de Almachtige God, stichtte te Zijner ere een onderaardse tempel, met negen gewelven onder elkaar, zoals hem in de droom was verschenen.
Methusalem, zijn oudste zoon, werd benoemd tot bouwmeester van die tempel, zonder evenwel de redenen te kennen waarom die werd gebouwd in het land Kanaän, dat later werd tot het beloofde land en daarna Jeruzalem ofwel het Heilige Land.
Henoch maakte daarna een driehoekige gouden plaat, met zijden van één el, en verrijkt met de kostbaarste edelstenen. Hij liet deze verzinken in een agaten plaat van gelijke vorm, bracht die over naar het negende gewelf, en graveerde er toen dezelfde lettertekens in als de Opperste Bouwmeester des Heelals hem had laten zien. Het geheel plaatste hij op een witmarmeren voetstuk, eveneens driehoekig.
Nadat Henoch de onderaardse tempel had voltooid, verscheen de Opperste Bouwmeester des Heelals hem opnieuw en zei tot hem: 'Maak een valluik van een enkele steen op het eerste gewelf en maak daarop een ijzeren ring vast om

de steen te kunnen optillen als de tijd daar is, want ik moet al hetgeen ademhaalt op aarde gaan verdelgen.
Het hele gewelf was ook voltooid en zorgvuldig afgesloten, zodanig dat niemand erin kon doordringen behalve Henoch, die weet had van de kostbare schat en die de enige was die de ware uitspraak kende van de grote naam van de Opperste Bouwmeester des Heelals.

Daarna volgde een uitgebreide uiteenzetting over de zondvloed en de gevolgen daarvan. Ook werd uitgebreid ingegaan op de bouw van het ondergrondse gewelf. Het was allemaal te gedetailleerd en niet van belang. Shepard vloog over de tekst en het meeste sloeg hij over.
Behalve dat ene gedeelte:

De Bijbelse geschiedenis leert ons dat Mozes werd geëerd en gekoesterd door God, die tot hem sprak op de berg Sinaï nabij het brandende braambos. Hij deelde hem daar de goddelijke geboden mee op stenen tafelen en vernieuwde met hem Zijn verbond door hem de juiste uitspraak te leren van Zijn naam, waarmee Hij altoos verkoos te worden aangeroepen. Op dat ogenblik vroeg Mozes: 'Wie bent U?' Waarop God antwoordde: 'JeHoVaH is mijn ware naam. Ik ben de sterke en naijverige God. Groot en waarachtig.'
De uitspraak van dit woord raakte verminkt in de loop der tijden, in verschillende overleveringen, want God had Mozes en zijn nakomelingen verboden om het ooit uit te spreken. Maar toen vond het nageslacht het, gegraveerd in een gouden plaat. Dezelfde geschiedenis leert ons dat toen de Israëlieten het beloofde land bezaten, zij zich erg hebben ingespannen om het te vinden.

Shepard wreef met zijn hand over zijn kin en liet alles even op zich inwerken. Aandachtig las hij die ene zin nog eens door:

Het hele gewelf was ook voltooid en zorgvuldig afgesloten, zodanig dat niemand erin kon doordringen behalve Henoch, die weet had van de kostbare schat en die de enige was die de ware uitspraak kende van de grote naam van de Opperste Bouwmeester des Heelals.

De naam JeHoVaH, de onuitspreekbare naam van God, gegraveerd in een gouden plaat. Was dat de kostbare schat? Wees die dan de weg naar het verloren gewaande geheim? Maar dat was een weergave van het tetragrammaton! De Hebreeuwse tetrade JHVH, Jod, He, Vau, He, de vierletterige naam van God. Hij was nu even de weg kwijt.

Met een onthutste blik in zijn ogen draaide hij zijn hoofd om naar de bewaker naast hem. Alsof hij een bevestiging verwachtte. Iets, wat voor reactie dan ook. Maar de man bleef ongeïnteresseerd door het raam naar buiten kijken. Hier was hij niet voor ingehuurd, om als een omhooggevallen babysitter de een of andere idioot urenlang door Washington te rijden.
Shepard draaide zich weer om naar de laptop. In gedachten herhaalde hij die ene zin voor de zoveelste keer.
Onder de schaduw van uw vleugels, Jehova.
Het klopte allemaal. De dertiende graad, JeHoVaH, de vierletterige naam van God. De verwijzing naar het negende gewelf, alles leek samen te komen. Maar wat moest hij ermee? Moest hij dan toch terug naar Arlington House? Zou de oplossing zich dan toch in het gewelf kunnen bevinden, hoewel het duidelijk was dat de CRAFTsmen zelf niet wisten waar ze moesten zoeken? Hij schudde heftig zijn hoofd. Uitgesloten. Dat was een belachelijke redenering. Dan hadden ze hem daar eerst wel op losgelaten. Zonder verdere risico's. Ze moesten ervan overtuigd zijn dat er in die put niets te vinden kon zijn.
Opnieuw dwong hij zichzelf om de feiten op een rij te zetten. Ergens moest er een verklaring te vinden zijn. Dat moest gewoon.
De bewaker strekte zijn benen en rekte zich uitgebreid uit. Hij draaide een paar keer met zijn hoofd. Shepard deed hetzelfde. Onwillekeurig dwaalde zijn blik af naar het dashboard. Het digitale klokje gaf 02:18 aan.
Zijn aanvankelijke gevoel van euforie begon plaats te maken voor diepe frustratie. Het leek er toch op dat hij op de goede weg zat. Maar wat was dan de volgende stap? In godsnaam, wat?
'Ik heb frisse lucht nodig.'
Shepard schrok zelf van de gebiedende toon waarop hij de woorden uitsprak. De bewaker naast hem keek eerst hem aan en zocht daarna via de achteruitkijkspiegel contact met de bestuurder. Er volgde een korte knik. Ze waren het stilzwijgend eens geworden. Ook zij hadden er blijkbaar behoefte aan om even de benen te strekken. Bij de eerste mogelijkheid die zich voordeed, sloeg de chauffeur af naar een soort parkeerplaats langs de weg. De bewaker stapte uit en gebaarde Shepard eveneens aan die kant uit te stappen. Shepard legde zijn laptop op de achterbank en schoof naar rechts. Moeizaam strekte hij zijn benen; ze deden pijn van de lange zit.

53

De parkeerplaats bleek een soort uitkijkpunt te zijn, waarvandaan je met verrekijkers de gebouwen en monumenten in de verte kon bekijken. Shepard zette een paar passen in de richting van de balustrade. De vorm van die kijkers had hem al van jongs af aan gefascineerd. Het waren net stalen gezichten die je bij de oren moest pakken om ze in de gewenste richting te draaien.
Er verscheen een grimmige blik op zijn gezicht. De gedachte alleen al aan de dagjesmensen die zich hier stonden te vergapen aan de toeristische trekpleisters van hun hoofdstad. Misplaatster kon haast niet. De grootsheid van dit verdorven centrum van de macht leek immers verder weg dan ooit.
Een van de mannen stak een sigaret op. Beiden hielden ze hem scherp in de gaten. Alsof hij ook maar de geringste behoefte zou voelen om te vluchten. Met welk nut? Zodat Jenna nog sneller aan haar einde zou komen? Want langzamerhand begon het tot hem door te dringen dat de kans dat ze hier heelhuids van af zouden komen, gering was. Al gingen ze er waarschijnlijk van uit dat hijzelf noch Jenna wist waar het verloren gewaande geheim, wat dat ook mocht inhouden, zich precies bevond, ze begrepen donders goed dat het zorgvuldig bewaarde geheim van de CRAFTsmen zelf voltooid verleden tijd was. Vroeg of laat zou een van hen doorslaan; ze hadden te veel gezien. Onwillekeurig ging er een rilling over zijn rug. De gedachte aan Jenna's lot was ondraaglijk. In die paar, intensieve dagen was hij zo aan haar gehecht geraakt, dat het leek of hij haar al zijn hele leven kende. En wat hij altijd op zijn geweten zou hebben: híj had haar hierin betrokken. Na de e-mails had hij de hele kwestie moeten laten rusten, dan was ze na een paar uur van onderzoek niet veel verder gekomen dan wat al bekend was. Maar hij moest haar zo nodig op het goede spoor zetten en haar betrekken in deze smerige samenzwering. Hij walgde van zichzelf. Hij had zich gewoon bij zijn wekelijkse lesjes moeten houden en zich neer moeten leggen bij de middelmatigheid van zijn bestaan. Maar nee, de grote professor Shepard zou wel eens even geschiedenis gaan schrijven.

Mistroostig keek hij voor zich uit.
Wel ja, krijg ook nog medelijden met jezelf. Je vindt jezelf toch zo'n geweldenaar? Hou dan op met zeuren en doe wat!
Hij draaide zich abrupt om en liep weer terug naar de auto. Voordat de bewakers bij hem waren, deed hij het achterportier al open. De eerste die bij hem was, greep hem ruw vast bij zijn kraag.
'Wat gaan we doen?'
Op dat moment werd Shepard razend. Hij rukte zich los en duwde de man met grote kracht naar achteren.
'Wat wil je nou eigenlijk, klootzak! Hè, wat wil je nou eigenlijk? Donder allemaal maar op. Ga fijn riddertje spelen in je speelgrot. Ik verdom het gewoon, ja! Ze kunnen voor mijn part creperen!'
Shepard schreeuwde zo hard als hij kon: 'CRAFTSMEN!'
Het geluid echode door de nacht.
Plotseling werd hij van achteren vastgepakt. Zijn linkerarm werd achter zijn rug getrokken en zijn keel werd bijna dichtgesnoerd. De rechtervuist van de man voor hem schoot razendsnel naar voren en raakte Shepard keihard vlak onder het middenrif. Omdat de andere bewaker hem losliet, sloeg Shepard met wijd open mond dubbel van de pijn en viel op zijn knieën. Naar adem happend liet hij zijn hoofd op de grond zakken. Ze grepen hem bij zijn jas en smeten hem op de achterbank. Zijn hoofd klapte op de laptop. Daarna stapten ze in en scheurden ze weg. Een van de mannen pakte een mobiele telefoon en begon een nummer in te toetsen. Vaag hoorde Shepard de pieptonen van de ingedrukte toetsen, maar hij realiseerde zich niet wat er gebeurde. Even later klonk de stem van de man.
'Met mij, hij werkt niet mee.'
Shepard stak zijn arm omhoog en probeerde krimpend van de pijn met zijn rechterhand de leuning van de voorstoel vast te pakken.
'Nee, nee, wel...' De woorden kwamen rochelend zijn keel uit.
De bewaker draaide zich om en keek hem grijnzend aan. 'Wacht even, ik geloof, hallo...?' Het leek of de verbinding al verbroken was.
Shepard staarde met wijd opengesperde ogen naar het mobieltje. *Wat had hij gedaan? Wat had hij in godsnaam gedaan? Jenna!*
De man hervatte het gesprek. 'Ik geloof dat hij ons iets duidelijk wil maken. Een moment nog.' Minachtend gaf hij een kort rukje met zijn hoofd. Shepard knikte alleen maar. Hij sloot zijn ogen en bleef knikken.
'Hij heeft zich bedacht.'
Shepard hoorde hoe de man het mobieltje dichtklapte. Hij zuchtte diep en probeerde overeind te krabbelen.

De bewaker draaide zich naar hem om. 'Gaan we weer riddertje spelen?' Shepard boog het hoofd. De spelregels waren duidelijk gemaakt. Het was erop of eronder, of hij wilde of niet. Terwijl de auto zijn weg vervolgde, lukte het hem moeizaam om weer rechtop te gaan zitten. Hij legde de laptop op zijn schoot. Even later staarde hij voor de zoveelste keer naar diezelfde, rampzalige zinnen:

Neem deze passer en plaats hem op het middelpunt van de tempel.
Het antwoord ligt besloten in de dertiende graad.
Onder de schaduw van uw vleugels, Jehova.

Hij voelde zich intens beroerd. De afgrijselijke gedachte dat Jenna's leven afhing van deze drie regels, vervulde hem met afschuw. De tranen stonden hem in de ogen. Hoe kon iemand dit van hem verwachten? Een race van het verstand tegen de dood? Hoe kon je in godsnaam het leven van de ene mens laten afhangen van de denkcapaciteit van de andere?
Keer op keer las hij de woorden in gedachten op. Hij concentreerde zich nu op de eerste zin, de laatste strohalm...
Neem deze passer en plaats hem op het middelpunt van de tempel.
Neem deze passer en plaats hem op het middelpunt van de tempel.
Neem deze passer en plaats hem op het middelpunt van de tempel...
Opeens nam hij een besluit. Het was een schot in het duister en eerder had hij het idee nog afgedaan als praktisch onuitvoerbaar, maar het was het enige wat hij nog kon bedenken.
'Ik heb een passer nodig. Een passer en een kaart van Washington DC.'
Aanvankelijk reageerden ze niet.
Hij herhaalde het nog maar eens: 'Ik heb een passer en een kaart van Washington nodig.'
De chauffeur keek hem via zijn spiegel aan. 'Gaan we de clown uithangen?'
Shepard schudde langzaam zijn hoofd. 'Nogmaals, ik heb een passer en een kaart van Washington nodig! Het moet!'
De man grijnsde naar hem. Waarschijnlijk probeerde die idioot tijd te rekken. Maar helaas.
'Waar?'
Shepard dacht even na. 'Er zit een boekwinkel op K-Street, vlak bij de kruising met 15th Street.' Het was een boekenzaak waar hij wel vaker kwam. Het was de eerste die hem te binnen schoot. Maar wat moesten ze daar op dit uur van de dag?

Even later naderden ze Union Station. Meteen daarna sloegen ze links af naar Massachusetts Avenue. Het was stil in de auto. Ze passeerden Mount Vernon Square en namen de afslag K-Street. Toen de auto stopte op de hoek bij 15th Street vroeg Shepard zich nog steeds af wat nu eigenlijk de bedoeling was.
'Uitstappen!'
De bestuurder van de auto stapte uit. Shepard bleef bewegingloos zitten. Geïrriteerd opende de bewaker het linkerportier. Hij gebaarde Shepard om uit te stappen. Enigszins van zijn stuk gebracht, voldeed Shepard aan het verzoek. In afwachting van wat er komen ging, bleef hij nerveus staan.
'Waar zit die zaak?'
Shepard wees aarzelend in de richting van 15th Street. De bewaker gaf hem een duw om hem duidelijk te maken dat hij voor hem uit moest lopen. Een kleine twintig meter verder bereikten ze de boekwinkel. Zonder aarzelen liep de man naar de glazen deur. Hij haalde een stalen boksbeugel uit zijn jaszak en sloeg de ruit in. Daarna trapte hij het glas uit de sponning. Zonder blikken of blozen verwijderde hij de loszittende stukken glas en kroop via het onderste gedeelte van de deur naar binnen. Driftig gebaarde hij Shepard om hem te volgen. Tegelijkertijd begon het alarm te loeien en flitsten de tl-lampen op het plafond een voor een aan. Zonder daar enige aandacht aan te besteden stapte de man de winkel in.
'Pak wat je nodig hebt. Nu!'
Shepard liep zo snel mogelijk naar de rekken waar de reisgidsen en de wegenkaarten stonden. Hij kwam hier wel vaker, dus hij wist vrij aardig waar hij moest zoeken. Zenuwachtig vlogen zijn ogen over de wand. Californië, Texas, Utah... Dat was niet wat hij zocht. Verder naar rechts dan maar. Hawaï, Cuba, fout... Dit werd helemaal niks. Hij kon zich onmogelijk concentreren, niet met die herrie op de achtergrond. Plotseling zag hij ze, de gidsen over de Oostkust. Hij griste de eerste de beste gids van Washington uit het rek en wilde naar de uitgang rennen.
'De passer!' De bewaker stond vijf meter verder bij een stelling met allerlei kantoorbenodigdheden.
Shepard sloot een moment zijn ogen. Dit gebeurde niet. Hij droomde.
'Schiet op, klootzak!'
Shepard rende naar hem toe. Zijn ogen schoten als een razende over de ontelbare attributen die op het rek hingen. Vulpotloden, linialen, markeerstiften, fantasiegummen, er hing van alles en nog wat, maar geen passer. Geen verdomde passer. Hij vroeg zich af hoe lang ze nog hadden. Nog even en de politie zou toch moeten arriveren. En wat zou hij daarmee op-

schieten? Ze zouden hem toch nooit geloven. Er was maar één oplossing. Ze moesten weg hier, en snel!
Plotseling deed de bewaker een greep naar het rek. Hij griste een plastic pakketje weg en hield het voor Shepards gezicht. Er zat een passer in en een liniaal. Shepard staarde er even naar en gaf een korte knik. Daarna pakte de man hem bij zijn jas en sleurde hem mee in de richting van de ingang.
Luttele seconden later stapten ze weer in de auto en met piepende banden reden ze weg. Shepard knipte het lampje boven het portier aan en spreidde de kaart van Washington uit op zijn schoot. Het gedeelte waar Arlington Cemetery op stond vermeld, legde hij boven op het deksel van de laptop. Terwijl hij de punt van de passer ongeveer op de plaats van Arlington House in het papier prikte, wist hij eigenlijk al dat dit geen enkele zin had. Hij miste een cruciaal onderdeel van de informatie: hoe ver moest de passer worden geopend? Zijn hersenen werkten als een razende. Op dertien graden? Nonsens, dat was bijna niks. Dat werkte niet, dat wist hij toch al! Maar wat dan, wat dan, verdomme?
Schichtig keek hij naar de bewakers voor hem. Ze mochten niets merken. Als ze doorhadden dat hij hen belazerde, zou het afgelopen zijn, daar was hij van overtuigd. Maar wat dan, wat dan? Hoe ver moest die verdomde passer openstaan?
Opeens, op een van die cruciale momenten in een mensenleven waar je er misschien maar een of twee van meemaakt, kreeg hij een ingeving. Hij schoof de kaart opzij en opende de laptop. Het duurde even voordat het apparaat verbinding maakte met het internet. Zenuwachtig tikte hij op de rand van de computer. *Kom op, kom op nou.*
Toen het Googlezoekscherm verscheen, klikte hij op 'Geavanceerd zoeken', en bij 'met alle woorden' tikte hij razendsnel 'vrijmetselarij, passer'. Er verschenen meerdere sites. Hij klikte de eerste aan: geen succes. De tweede dan: opnieuw alleen tekst. De derde: weer geen resultaat. Het bloed bonsde in zijn hoofd.
Kom op, alsjeblieft!
De vierde site dan... Bingo! De afbeelding op het beginscherm, een in elkaar geschoven passer en winkelhaak, was precies wat hij zocht. Hij griste de passer uit het plastic hoesje en hield hem op het beeld. Nauwkeurig drukte hij de poten van de passer exact op de weergave ervan op het scherm. Even verderop werd nog een nadere uitleg gegeven over dit bekendste symbool van de vrijmetselarij:

De passer heeft in de loge de beide benen gesteld onder een hoek van zestig graden en is van toepassing op de cirkel en de bol, op bewegingen en omwentelingen. In algemene zin is de winkelhaak een zinnebeeld van het stof en de aarde, de passer van de geest en de hemel. In de loge kruisen de winkelhaak en de passer elkaar en uit deze kruising wordt een symbool van vooruitgang gemaakt van de graad van aangenomen leerling tot die van meester. De passer heeft een hoek van zestig graden, vertegenwoordigende de bewegingen van de geest, en indien hij op zekere afstand van de hoek geplaatst wordt, zal hij een gelijkzijdige driehoek opleveren; met de drie gelijke hoeken en zijden stelt hij volmaakt evenwicht en volmaakte verhouding voor.

Met een snelle beweging klapte hij de laptop weer dicht en spreidde de kaart voor zich uit. Opnieuw prikte hij de geopende passer op de plaats waar Arlington House ongeveer lag. Voorzichtig trok hij een cirkel. Teleurgesteld schudde hij zijn hoofd. Dit had geen enkele zin. De cirkel liep zo'n beetje gelijk aan de Capital Beltway, de rondweg om Washington, en begrensde een gebied dat ongeveer de hele stad besloeg, inclusief de buitenwijken. Dit kon toch onmogelijk een aanwijzing zijn.
Ontgoocheld staarde hij naar de kaart en liet de passer met zijn duim en wijsvinger rondjes draaien boven de stad.
Neem deze passer en plaats hem op het middelpunt van de tempel.
Maar dat deed hij toch, verdomme! En hij kwam er geen meter verder mee! Er kwam nu een lichte paniek in hem op. Dit was het laatste wat hij kon bedenken. Als dit niet werkte, wat dan wel? Hij probeerde de knagende gedachte aan Jenna uit zijn hoofd te zetten. Maar jezus christus, haar leven lag in zijn handen. En hij wist werkelijk niet meer welke kant hij nog op kon. Langzamerhand dreigde hij zijn zelfbeheersing weer te verliezen. Driftig smeet hij de passer op de kaart. De bewaker draaide zich al naar hem om.
Maar wacht eens even...
Gebiologeerd staarde Shepard naar de passer, die nu plat op de kaart lag. Verdomd, daar had hij niet aan gedacht. Zou het...
Hij griste de passer weg en concentreerde zich opnieuw op het gebied rond Arlington Cemetery. Maar deze keer legde hij de passer plat op de kaart, met de basis exact op het midden van de begraafplaats. Uiterst voorzichtig schoof hij de passer langzaam over het papier en hij volgde nauwkeurig de lijn die de benen aangaven. De zweetdruppeltjes stonden op zijn voorhoofd. Hoewel hij zijn uiterste best deed, zag hij geen enkel aanknopingspunt. Steeds verplaatste hij het ene been naar een ander punt

en volgde nauwgezet de daarmee corresponderende lijn van het andere been. Maar het bleef elke keer een gok. Hij probeerde de lijn die liep langs het punt op de kaart waar het Capitool lag, het Witte Huis, het Lincoln Memorial... nergens ging er een belletje rinkelen.
Maar... maakte hij nu niet een denkfout?
Volgens de aanwijzing moest de passer worden geplaatst op het middelpunt van de tempel. En de enige tempel waar de site letterlijk naar verwees, was het Lincoln Memorial.
Misschien had hij er de hele tijd naast gezeten. Voorzichtig verschoof hij de basis van de passer naar het Lincoln Memorial.
Op zich een klein, maar significant verschil. Arlington Cemetery lag, in tegenstelling tot bijvoorbeeld het Capitool en het Witte Huis, op de kaart immers links van het Lincoln Memorial. Of je de passer nu vanuit Arlington of vanuit het Lincoln Memorial over een van de andere monumenten of regeringsgebouwen legde, maakte in wezen geen verschil. De benen van de passer wezen steeds in noordoostelijke of zuidoostelijke richting. Maar als je het Lincoln Memorial als basis nam en de benen van de passer over Arlington Cemetery legde, werd de wijze van plaatsbepaling omgekeerd en wezen de benen juist in zuidwestelijke richting.
Het was in elk geval de moeite van het proberen waard.

54

Toen Jenna haar ogen opende, staarde ze wezenloos omhoog naar de zware betonnen luiken die het gewelf van de onderaardse tempel voorgoed hadden gesloten. Even bevond ze zich in het schemergebied tussen bewusteloosheid en ontwaken, in dat heerlijke stuk niemandsland waarin ze zich nog niet realiseerde in welke penibele situatie ze zat. Maar dat duurde maar heel even.
Ze knipperde een paar keer met haar ogen, totdat haar blik zich had scherpgesteld op de initialen boven haar. Onwillekeurig kwam de informatie vanuit haar brein naar boven. CR, Christian Rosencreutz. CR, RC, *Rosae Crucis*. Dat had Thomas toch gezegd? Dat het de gewoonte was om de initialen om te draaien?
O, god, Thomas!

Ze wilde omhoogkomen, maar meteen schoot er een enorme pijnscheut door haar hoofd. Ze kreunde en liet zich terugzakken op de grond. Voorzichtig betastte ze haar achterhoofd. Ze keek naar haar vingers, maar die waren niet rood gekleurd.
Opnieuw probeerde ze op te staan, deze keer voorzichtiger. Met haar hand masseerde ze lichtjes haar nek, die pijnlijk aanvoelde. De pijn in haar hoofd was intens. En, o god, wat had ze dorst, wat had ze een vreselijke dorst! Ze opende langzaam haar mond, maar kon niet voorkomen dat de stukjes huid van haar lippen scheurden.
De kaars was inmiddels voor meer dan de helft opgebrand. Hoe lang ze bewusteloos was geweest was moeilijk vast te stellen, maar het moest uren zijn geweest. Jenna kneep haar ogen dicht en probeerde zich voor de geest te halen wat er precies was gebeurd. Ze was de trap op gegaan... De spreuken, er was iets met de spreuken...
Onwillekeurig schoten haar gedachten weer naar Thomas. Waar was hij? Zouden ze hem...? Zou ze hem ooit nog terugzien?
Ze wankelde op haar benen en zette een stap achteruit.
En toen, opeens, schoot het door haar heen. Ze tuurde omhoog en probeerde haar ogen scherp te stellen op de spreuken op de muur. Totdat ze vond wat ze zocht. Langzaam volgde haar blik de omtrek van het gewelf.
TUBALKIAN FRATERES AUREAE VEL ROSAE CRUCIS.
Stamelend sprak ze de woorden uit. 'TFARC. De CRAFT. De CRAFTsmen.'
Ze greep naar de stenen tafel en liet zich op het granieten bankje zakken. De emoties werden haar nu te veel. Ze boog haar hoofd voorover en liet haar tranen de vrije loop.

55

Met uiterste precisie schoof Shepard de passer zo dat het linkerbeen exact over de aanduiding van Arlington House lag. Het rechterbeen wees nu vrijwel loodrecht naar beneden, in zuidelijke richting. De passer volgde grofweg de loop van de rivier de Potomac en liep dwars door Alexandria, de voorstad van Washington. Shepard fronste zijn wenkbrauwen.
Waar waren ze die naam ook alweer tegengekomen? Hij sloot zijn ogen. Het duurde even voordat het weer bovenkwam.

Het had te maken met de zuil, met de obelisk in Central Park. Ja, dat was het. Die was afkomstig uit Egypte, uit Alexandrië. Maar goed, en dan? Wat schoot hij daarmee op? Moest daarin een connectie te vinden zijn met wat hij zocht? Hij schudde zijn hoofd. Wat het ook was, het ging zijn intelligentie in elk geval te boven.

Hij bekeek de kaart nog eens nauwkeurig, vanuit Old Town Alexandria verder naar beneden tot aan Mount Vernon, het landgoed van George Washington. Zou dat het dan zijn?

Opeens viel zijn oog echter op een kleine aanduiding op de kaart, vlak naast de vermelding Old Town. Het betrof slechts een klein sterretje, zonder naam. Wel stond er een nummer bij, 124. Shepard pakte de kaart en draaide die om. Zijn ogen vlogen over de gegevens, totdat hij de lijst met nummers vond die hij zocht. Gespannen ging hij er met zijn wijsvinger langs, totdat hij bij nummer 124 kwam. Hij knipperde een paar keer met zijn ogen om zijn blik scherp te stellen. Hij voelde hoe het bloed naar zijn hoofd steeg. '124: George Washington Masonic National Memorial'!

In een flits ging er van alles door hem heen.

Hij was daar ooit geweest, lang geleden, tijdens zijn studie. Het was een oerlelijk gebouw, gebouwd ter ere van de vrijmetselarij en vooral van haar beroemdste broeder: George Washington. Maar belangrijker dan dat was wat zich binnen in het gebouw bevond. Op elke verdieping bevond zich een aantal zalen, die stuk voor stuk waren gewijd aan steeds weer een andere orde. Alles ter meerdere eer en glorie van de vrijmetselarij in de breedste zin van het woord.

Het gespannen gevoel in zijn maagstreek werd steeds erger.

Dit is het, dit moet het zijn!

Bleek van de spanning opende hij de laptop. Toen de zoeksite van Google eindelijk op het scherm verscheen, werd zijn keel bijna dichtgeknepen. Met trillende vingers toetste hij de naam in: 'George Washington Masonic National Memorial'.

Binnen een paar seconden verscheen het resultaat op het scherm. Ruim vijf miljoen hits! Hij koos voor de eerste. Diep vanbinnen voelde hij een intense afkeer voor wat komen ging.

George Washington Masonic National Memorial
Pride of the Fraternity

De crèmekleurige site vulde zich met tekst en beelden. Rechts op de beginpagina stond een koperen beeld van George Washington afgebeeld. Schuin daaronder stond een foto van het Masonic National Memorial. Zijn geheugen had hem niet in de steek gelaten, het was inderdaad een oerlelijk gebouw.

Welkom bij het George Washington Masonic National Memorial.
Ga met ons mee op een virtuele tour door het Memorial en leer meer over de geschiedenis van het Memorial en over de collecties.
Slechts op een mijl afstand van de Potomac, in Alexandria, Virginia, uitkijkend over de hoofdstad van de natie, staat het 333 voet hoge George Washington Masonic National Memorial op de historische Shooters Hill.

333 voet, natuurlijk.
Links in beeld stond een tekstkolom waarin allerlei verschillende onderwerpen stonden vermeld. Tergend langzaam, bijna met tegenzin, ging Shepard de aanduidingen een voor een langs:

The Many Faces of the Memorial
From the Observation Deck
Memorial Hall
George Washington Museum
Library
Replica Lodge Room
Alexandria-Washington Lodge Room
Theatre
Assembly Hall

Daarna volgde een lijst met de verschillende orden waar in het Memorial een zaal aan was gewijd.

North Lodge Room
Tall Cedars Room
Knigths Templar

De tempeliers! Hij voelde zijn hart in zijn keel kloppen.

Grotto Room
Cryptic Room
Shrine Rooms
National Sojourners

York Rite
Royal Arch Room
Demolay

Gebiologeerd staarde hij naar het scherm. Er gingen allerlei tegenstrijdige gevoelens door hem heen. Euforie omdat hij leek te hebben gevonden wat hij zocht. Maar ook angst voor wat er komen ging en ontzag voor de krachten waartegen hij zich teweer zou moeten stellen. Bijna in trance dubbelklikte hij op 'Royal Arch Room', de subsite gewijd aan het Heilig Koninklijk Gewelf.
Er verscheen een korte tekst met een aantal afbeeldingen.
De zaal die gewijd was aan het Heilig Koninklijk Gewelf was tientallen meters lang en van wat hij kon inschatten, zeker vijftien meter breed. De vloer bestond uit natuursteen en vormde een soort raster, bestaande uit donkere vlakken die werden omlijst door lichte banen. Het plafond, dat werd ondersteund door enorme marmeren pilaren, was bekleed met dikke dwarsbalken, met daartussenin licht pleisterwerk. Op de muren stonden Egyptische figuren afgebeeld, gekleed in witte gewaden. Ze droegen bepaalde werktuigen, welke precies kon hij niet zien. De zaal werd gedomineerd door een gigantische schildering, die was aangebracht op een licht hellende muur op de kopse zijde van de zaal. Het was een afbeelding van een ruïne, met palmbomen en lichtblauwe lucht op de achtergrond. Volgens het bijschrift was het een muurschildering van de beroemde schilder Allyn Cox, voorstellende een impressie van de ruïne van de tempel van koning Salomo.
Shepard fronste zijn wenkbrauwen. Allyn Cox, waar kende hij die naam ook alweer van?
Maar natuurlijk, nu wist hij het weer. Hij was die naam tegengekomen in het Capitool. Het was dezelfde schilder die ook de Brumidi-galerij had gedecoreerd.
Hij bekeek de foto van de zaal nog eens goed. Op zich was het geen typische loge, tenminste niet zoals hij die wel vaker had gezien. Meestal was de vloer zwart-wit geblokt, met een soort altaar en bepaalde vaste voorwerpen, zoals kandelaren, een kroonluchter en niet te vergeten de passer en de winkelhaak. Maar deze zaal maakte een heel andere indruk, bijna rustiek. Afgezien van de typische muurschilderingen van de Egyptische figuren zou het gemakkelijk een feestzaal kunnen zijn in een of ander luxe partycentrum. Het was niet wat hij had verwacht.
Hoe het ook zij, dit moest de plaats zijn die Deep Throat, waarschijnlijk

zonder dat hij het zelf wist, op de site had aangegeven. Alle aanwijzingen wezen naar deze ene plek: het Heilig Koninklijk Gewelf!
'We moeten naar Alexandria.'
Een van de mannen draaide zich geïrriteerd om.
'Wat?'
'Alexandria, het Masonic National Memorial.'
De bewaker draaide zich weer terug en keek de bestuurder met een vragende blik aan. Die keek alsof hij er niets in zag, maar zei niets.
'Wat moet je daar?'
Shepard was nu volmaakt kalm. Van het ene op het andere moment was er een soort van serene rust over hem heen gekomen. Hij wist nu wat hem te doen stond. Hij had zijn doel duidelijk voor ogen en hij zou geen millimeter meer wijken. De gedachte aan Jenna maakte hem vastberadener dan ooit.
'Ik vraag wat je daar moet!' De bewaker maakte zich nu kwaad.
'Alexandria, graag of niet. En anders bel je Atilla maar op, dan is het afgelopen.'
De rechterarm van de man schoot in zijn richting. Hij greep Shepard bij de kraag van zijn jas en wilde hem naar zich toe trekken. Maar de bestuurder kwam tussenbeide. Hij pakte de bewaker bij zijn arm en probeerde die terug te trekken. Ongewild gaf hij daardoor tegelijkertijd een ruk aan het stuur, waardoor de auto op de andere rijbaan terechtkwam. Er klonk luid geclaxonneer. Ze misten de tegenligger op een haar na. De auto's achter hen moesten vol op de rem. Het had niet veel gescheeld of er waren twee, drie auto's op elkaar geknald.
Door de abrupte manoeuvre zwabberde de auto nu gevaarlijk over de weg. Als een gek rukte de bewaker aan het stuur in een poging om de auto weer onder controle te krijgen. Even leek het erop dat ze opnieuw op de tegemoetkomende baan terecht zouden komen. Ze zagen de koplampen al op zich afkomen. Luid claxonnerend scheerde de tegenligger langs hen heen.
Shepard was door de slingerende bewegingen van de auto tussen de achterbank en de voorstoel terechtgekomen. Met angst in zijn ogen wachtte hij op wat komen ging. Hij zette zich schrap en bereidde zich voor op de onvermijdelijke klap. De beelden schoten als een razende door zijn hoofd. Jenna, vastgebonden in de onderaardse grot; het lichaam van Farraday, met de passer in zijn zij, het geronnen bloed dat over zijn hoofd naar beneden liep. De aanval in Central Park. Het geluid van de schedel die spleet onder het geweld van de steen die erop neerdaalde.

Hij kneep zijn ogen stijf dicht, maar het walgelijke geluid van de krakende schedel bleef zich maar herhalen en herhalen in zijn hoofd.
Opeens voelde hij de inhoud van zijn maag omhoogkomen.
Daarna werd alles zwart voor zijn ogen.

Toen hij een paar minuten later bijkwam, zat hij nog steeds bekneld. Hij knipperde een paar keer met zijn ogen. Het eerste wat hij zich gewaar werd, was dat de auto nog steeds in beweging was. Ze reden nog, goddank. De gal die vanuit zijn lege maag omhoog was gekomen, brandde in zijn keel. Hij probeerde te slikken, maar tevergeefs. Hij wurmde zich tussen de voorstoel en de bank uit en liet zich neerzakken op de achterbank. Zijn bewakers keken stijf voor zich uit en besteedden geen aandacht aan hem.
In de verte zag hij een vliegtuig laag overvliegen. Hij probeerde zich te oriënteren. Dat moest betekenen dat ze vlak bij Washington National Airport waren, ten zuiden van Washington DC. Ze reden langs de oevers van de Potomac, in de richting van Alexandria. Op weg naar het Memorial dus! Toen hij zich dat realiseerde, zuchtte hij diep en hij liet zijn hoofd achterovervallen op de bank.
Tijdens de rit over de George Washington Memorial Parkway hadden ze een magnifiek uitzicht over de rivier. Shepard probeerde zich wat te ontspannen. De koele buitenlucht die via het open raam naar binnen waaide om de lucht van het braaksel te verdrijven, maakte dat hij zich weer snel beter voelde.
De pagina van de Royal Arch Room verscheen vanzelf weer op het scherm op het moment dat hij de laptop op zijn schoot zette en de spatiebalk indrukte. De computer was in de tussentijd immers op stand-by blijven staan. Om de tijd te doden ging hij terug naar het beginscherm en klikte op een willekeurige naam: North Lodge Room.
Er verscheen een foto van een gigantische zaal, in gotische stijl, met aan drie zijden balkons met meerdere rijen zitplaatsen, een schouwburg waardig. Daarbij vergeleken was de Royal Arch Room slechts een schamel vertrekje. Op de kopse kant bevond zich een groot podium met altaar, waaromheen hoge, donkerrode, pluchen gordijnen hingen. Het plafond werd ook hier ondersteund door enorme balken. Over de gehele lengte van de zaal hingen op gelijke afstand van elkaar zes langwerpige, verticale lampen, die versierd waren met ijzeren smeedwerk in de traditie van de Noormannen. Volgens het bijschrift werden de meeste bezoekers de eerste keer overweldigd door de indruk die de zaal op hen maakte, namelijk die van een middeleeuwse kathedraal.

Ze hadden in elk geval geen last van valse bescheidenheid. Maar, dat moest hij eerlijk toegeven, hoe bombastisch ook, de zaal maakte inderdaad indruk. In elk geval waren kosten noch moeite gespaard. En aangezien het hele gebouw was gefinancierd uit vrijwillige bijdragen, gaf dit meteen een vrij aardige indruk van het soort achterban waarop de vrijmetselarij zich kon beroepen.

De North Lodge Room bood volgens de site onderdak aan de Andrew Jackson Lodge No. 120, genoemd naar de vroegere president, die op 13 december 1854 een charter had ontvangen van de Grand Lodge of Virginia. Over achterban gesproken.

Onwillekeurig klikte hij zo verder van de ene zaal naar de andere, van de harnassen en imposante glas-in-loodramen van de Knigths Templar Lodge naar de Tall Cedars Room op het negende niveau, gesponsord door de Tall Cedars of Lebanon. Daar bevond zich een schaalmodel van de troon van koning Salomo en van het interieur van de te zijner ere gebouwde tempel. Er stond slechts één foto op de site, een close-up van de troon. De zaal zelf werd niet getoond.

Shepard fronste zijn voorhoofd.

Het negende niveau.

Zou dat misschien iets te maken kunnen hebben met het negende gewelf? In de rite voor de graad van Ridder van het Heilig Koninklijk Gewelf werd daar immers een paar keer naar verwezen. Hij klikte terug naar de Royal Arch Room. Als die zich nu ook op het negende niveau zou bevinden, zou alles perfect... Zijn ogen schoten over de site. Nee, helaas, de Royal Arch zat een paar verdiepingen lager.

Jammer.

Er was nog iets anders wat steeds maar door zijn hoofd bleef malen. Hij liet de site voor wat hij was en tuurde door het raam naar buiten, de donkere nacht in.

Waarom zouden de CRAFTsmen uitwijken naar het hoofdkwartier van de vrijmetselarij? Het was dan wel een hybride orde, maar het was en bleef een Rozenkruisersorde die in hoofdzaak was gebaseerd op de manifesten en uiteindelijk teruggng tot de stichter van de broederschap, Christian Rosencreutz. Waarom dan deze stap?

Tot nu toe had hij maar één verklaring kunnen bedenken. Misschien was de reden daarvan vooral praktisch van aard. De gegevens waarnaar hij op zoek was, wat die ook precies zouden inhouden, moesten immers op een veilige plaats worden ondergebracht. Maar waar dan? De tempel onder Arlington House? Te gevaarlijk. Wellicht waren ze daarom op het Maso-

nic Memorial gekomen. Het was zonder meer groot genoeg om iets op afdoende wijze te kunnen verbergen. En bovendien zou op deze manier alles binnen de muren van de broederschap kunnen blijven. Hoewel het misschien niet de ideale oplossing was, dan toch de op een na beste. Want welke broeder, vrijmetselaar of Rozenkruiser, zou het in zijn hoofd halen om de heilige code van geheimhouding te schenden?
Die gold altijd en overal, onder alle omstandigheden, op straffe van excommunicatie.
Hoe stond het er ook alweer?
Een paar klikken verder en hij zag de tekst weer voor zich:

Want hoewel wij thans geen melding maken van onze namen of bijeenkomsten, zo zal toch ieders uitgesproken verklaring ons zeker in handen komen, in welke taal die ook geschreven zij; ook zal iedereen die zijn naam zal opgeven met een van ons in aanraking komen, hetzij mondeling of indien hij daartegen bezwaren mocht hebben, schriftelijk. Dit verklaren wij ten stelligste, dat indien wie ook ernstig en uit de grond van zijn hart ons welgezind zal zijn, het hem ten goede zal komen, zowel stoffelijk als naar lichaam en ziel; hij echter die onoprecht is of slechts begerig naar rijkdom, hij zal niet in staat zijn ons op enigerlei wijze te benadelen, en hij zal zichzelf geheel in het verderf storten.

56

Met gemengde gevoelens bekeek hij de herhaling van het laatste nieuwsbulletin van CNN. De beelden van de protesterende menigte bij het Lincoln Memorial spraken voor zich. De protestborden logen er niet om: DOOD JFK IN OLIE GEDRENKT, OPEN DE DOOFPOT, 9/11/22, VS = VRIJMETSELARIJ = OLIE = IRAK, DE ASSASSIJNEN ZIJN ONDER ONS.
Hij glimlachte.
Het spandoek met het pentagram met de initialen JFK sloeg de spijker op zijn kop. Ze moesten eens weten hoe dicht ze bij de waarheid zaten! Gelukkig was er in elk geval verdeeldheid gezaaid. En daar was het hun om te doen geweest. Om de aandacht zo veel mogelijk af te leiden. Aan de andere kant wist hij heel goed dat hij steeds meer onder vuur zou komen te liggen. De onrust onder de bevolking zou hierdoor nog meer toenemen.

Maar ja, dat was van later zorg. Ze moesten de aandacht zien te verschuiven van de binnenlandse naar de buitenlandse dreiging. Er moest een bliksemafleider worden gevonden om de impact van de site op te vangen. Anders konden de gevolgen wel eens catastrofaal blijken te zijn.

En wat er ook gebeurde, de beweging mocht niet verloren gaan. Het was de kurk waarop deze grootse natie dreef. Zo was het al eeuwenlang en zo zou het voor altijd moeten blijven.

Hij slikte. Hij was zich meer dan wie ook bewust van de consequenties die de ontmaskering van de loge zou kunnen hebben voor zijn persoonlijke lot...

Wat Kennedy was overkomen, kon ook hem zomaar gebeuren. Wat dat betreft was er sindsdien weinig veranderd. Hij maakte nu eenmaal deel uit van een diersoort die zich erop voor liet staan de enige beschaafde levensvorm op aarde te zijn, maar die er tegelijkertijd geen enkele moeite mee had om de eigen soortgenoten op te eten als het zo uitkwam. Eten en gegeten worden, dat was het credo.

57

Het Masonic National Memorial was bijna niet te missen. Al voordat ze Old Town Alexandria binnenreden, konden ze het 333 voet oftewel honderd meter hoge, verlichte gebouw al in de verte zien liggen.

Na de afslag in de Old Town was het nog maar een paar minuten rijden. Ze parkeerden de auto en stapten uit. Zijn bewaker opende de kofferbak van de auto en haalde er een koevoet uit.

Nu ze er zo dichtbij waren, werden ze de enorme omvang van het complex pas echt gewaar. Via een stenen pad bereikten ze allereerst de herdenkingsmuur. Die lag aan de basis van het complex en bevatte een tekst en een gigantische buste van George Washington. Aan weerszijden daarvan leidden vier lange, diagonaalsgewijs aangelegde trappen de parkachtige heuvel op naar het hoofdgebouw.

Vanaf de trappen werd de blik van de drie mannen onweerstaanbaar naar het maçonnieke embleem getrokken dat boven op de glooiende helling was aangelegd. Het bestond uit een gigantische gekruiste passer en haak, met daarbinnenin de letter G. Totaal mat het twintig bij twintig meter en het was daarmee het grootste maçonnieke embleem ter wereld. De witte stenen van het gedenkteken, dat ter gelegenheid van de eeuwwisseling op 26 juni 1999 was onthuld, staken scherp af tegen de donkere achtergrond. Niemand die eromheen kon. Bescheidenheid gold hier duidelijk niet als een deugd.

Shepard keek er met gemengde gevoelens naar. Volgens de site was het aangelegd in een hoek van drieëndertig graden. Opnieuw dat vervloekte getal, tweeëntwintig plus elf.

Onwillekeurig dwaalden zijn gedachten af naar de extra colleges die hij zo nu en dan gaf aan geïnteresseerde studenten. Jonge mensen die, net als hijzelf, behept waren met een bovenmatige nieuwsgierigheid naar alles wat te maken had met de aanslag op president Kennedy. Naar hun verbaasde blikken als hij dan uitweidde over de, volgens sommige bronnen, uitzonderlijke toevalligheid van de datum van de moord: 22 plus 11. Twee getallen die bij elkaar het heilige getal vormden, de leeftijd van de Ridder van het Rozenkruis.

22 plus 11, 33, 333...

Ze waren nu bijna boven. Shepard vond het nog steeds een lelijk gebouw, uit zijn verband getrokken. Letterlijk en figuurlijk misschien. De gevel bestond uit een Dorische tempel met zes zuilen, die aan weerszijden ter hoogte van de basis van het timpaan was doorgetrokken met laagbouw. Kortom, een toonbeeld van wansmaak. Een klassieke tempel, met aan beide kanten een lelijk, vierkant blok steen. Ongetwijfeld geïnspireerd door het Capitool, maar zonder de grootsheid daarvan. Dat gevoel werd nog versterkt door de gigantische toren die hoog boven de tempel uitrees. In het donker, met zijn trapsgewijze top en verticale kolommen, die per verdieping afzonderlijk werden verlicht, deed die wel ergens denken aan een nagebootste versie van het Empire State Building, maar dan kleiner en totaal gespeend van de verfijnde vormen van het origineel. Het was nog steeds een imposant bouwwerk, maar ook niet meer dan dat.

Ondertussen hadden ze de ingang bereikt. Shepard vroeg zich af wat zijn bewakers precies van plan waren, en eerlijk gezegd had hij daar zelf ook niet bij stilgestaan. Ze waren er nu, maar wat dan? Het gebouw was immers gesloten. Een ruit inslaan en inbreken? Zijn blik dwaalde over de massieve gevel. Het zag er niet bepaald uit als een inbraakgevoelig optrekje. Zonder dralen liepen ze echter naar de toegangsdeur. Een van de mannen drukte op de intercom terwijl de andere zich op de bewakingscamera's concentreerde.

Natuurlijk, zo'n gebouw wordt de klok rond bewaakt.

Shepard moest toegeven dat ze hem hiermee voor waren geweest. Maar goed, ze kwamen dan ook uit een geheel ander soort business dan hij.
'Ja?'
De metalen stem klonk onnatuurlijk, maar voldoende duidelijk om de achterdocht die erin besloten lag te kunnen horen. Maar was dat zo vreemd? Drie mannen die midden in de nacht doodleuk aanbelden bij het nationale hoofdkwartier van de vrijmetselarij. Ze kregen geen tijd om te reageren.
'Het Memorial is gesloten. De bezoektijden zijn van 's morgens negen tot 's middags vier uur. De eerste rondleiding vindt plaats om halftien.'
Shepard schoot bijna in de lach bij het horen van de nuchtere reactie. Dit was toch absurd! Hij wist zich absoluut geen raad met de situatie.
'U bent in overtreding. Dit is privéterrein. Als u zich niet verwijdert van ons grondgebied zullen wij de politie waarschuwen.'
Blijkbaar was dat de druppel. Zijn bewaker begon met de koevoet in te slaan op de hanglampen die naast de toegang hingen. Daarna probeerde hij de ijzeren staaf tussen de deur te krijgen. Toen dat niet lukte, nam de andere de koevoet van hem over en sloeg de bewakingscamera's boven de deur aan diggelen.
Binnen in het gebouw ontstond paniek. Even overwogen de twee nachtwakers om de politie te waarschuwen. Ze stonden in dubio, maar uiteindelijk won hun beroepseer het van het vastgelegde draaiboek. Wat moesten ze dan zeggen? Waarschijnlijk waren het gewoon een paar dronken idioten die zich kwamen afreageren op het Memorial. Dat was niet de eerste keer en het zou ook niet de laatste zijn. Moesten ze daarvoor hulp inroepen? Om vervolgens te worden uitgelachen omdat ze dit akkefietje niet zelf aandurfden? Geen van de beide mannen had er behoefte aan om die denigrerende behandeling over zich heen te laten komen. Daarom besloten ze om de zaak zelf op te lossen.
Met getrokken pistool, de een een paar passen achter de ander, zoals ze het hadden geleerd, stonden ze opgesteld in de entree. Met een ruk opende de voorste nachtwaker de deur. Hij hield zijn pistool met gestrekte handen voor zich uit.
Op het moment dat hij zijn mond wilde openen, klonk er een schot, en daarna nog een. Het waren eigenlijk niet meer dan twee doffe plopgeluiden. Maar ze deden hun werk. De nachtwaker werd op twee plaatsen getroffen. De ene kogel drong in zijn borstkas, de andere in zijn nek. Met zijn mond nog open zakte hij door zijn knieën. Nog voordat hij de grond raakte en zijn collega doorhad wat er precies gebeurde, trof hem hetzelfde lot. Hij zakte geruisloos in elkaar.

Shepard staarde gebiologeerd naar de man die vlak voor hem op de grond lag. Uit het kleine gaatje in zijn nek gutste het donkerrode bloed in kleine scheutjes op de marmeren vloer en vormde daar een gestaag uitdijende plas. De hele situatie leek onwerkelijk, alsof hij er geen deel van uitmaakte. Even voelde hij helemaal niets, alsof al zijn zintuigen tijdelijk verdoofd waren. Die gewaarwording duurde slechts een paar seconden. Tot de panische angst volledig en overrompelend bezit van hem nam.

Opeens werd hij hardhandig vooruitgeduwd. Hij struikelde over de voet van de dode nachtwaker en verloor zijn evenwicht. Even dreigde hij languit over het slachtoffer heen te vallen. In een instinctieve reactie probeerde hij met een enorme stap over het lichaam heen te stappen. Tot zijn ontzetting kwam zijn voet exact in de plas met bloed terecht en hij gleed uit. Slechts met uiterste krachtsinspanning lukte het hem om op de been te blijven. Hijgend boog hij voorover, met zijn handen steunend op zijn bovenbenen. De lange bloedveeg die hij had veroorzaakt, bleef als een stille getuige achter op de vloer. Shepard keek strak voor zich uit, de andere kant op. Hij mocht er niet naar kijken, hij wilde het niet zien. Maar er was geen ontkomen aan. Elke stap die hij zou zetten, zou een rode bloedafdruk achterlaten op de marmeren vloer. De gedachte alleen al deed hem bijna kokhalzen.

Een van zijn bewakers grinnikte. Hij keek Shepard smalend aan.
'Idioot.'

Ze bevonden zich nu in de Memorial Hall, de ontvangsthal van het gebouw. Die had nog het meeste weg van een tempel, met aan weerszijden een rij glanzende, marmeren zuilen, muurschilderingen en de onvermijdelijke glas-in-loodramen. Het plafond was bewerkt met prachtige ornamenten en alles, van de vloeren tot het plafond, blonk alsof het zojuist nog met uiterste precisie was gepolitoerd.

Shepard stond oog in oog met het metershoge bronzen beeld van George Washington dat hij eerder op de site had gezien. Washington keek vanaf zijn sokkel streng op hem neer. De boodschap leek duidelijk. Hier was hij heer en meester. Hier golden de wetten en regels van de broederschap. Buitenstaanders die hier niets te zoeken hadden, konden zich maar beter uit de voeten maken.

Ondertussen liepen de bewakers door naar de bewakingsdesk, die zich onopvallend achter een van de zuilen bevond. Ze probeerden vast te stellen of de nachtwakers voordat ze naar buiten waren gekomen, een hulpoproep hadden laten uitgaan. Dat zou de situatie heel wat gecompliceerder maken. Het was maar de vraag hoeveel tijd ze dan nog zouden hebben. Ze konden echter niets vinden wat daarop wees, daarom lieten ze het daarbij. Ze moesten gewoon zorgen dat ze hier zo snel mogelijk weer weg waren.

'Hé, werk aan de winkel!'

De stem echode door de zaal. Shepard schrok en kromp ineen. Met een angstige blik in zijn ogen draaide hij zich langzaam om. De man die hem had geroepen, knikte geërgerd naar de laptop die om Shepards schouder hing. Op dat moment realiseerde hij zich pas weer waarvoor ze eigenlijk hier waren. Met klamme handen haalde hij de draagtas van zijn schouder. Even stond hij in tweestrijd. Er waren immers twee mogelijkheden: de Royal Arch Room en de zaal op de negende verdieping. De dertiende graad wees dan wel in de richting van het Heilig Koninklijk Gewelf, maar het negende gewelf speelde daarin eveneens een prominente rol. Hij probeerde zich te concentreren. Met een schuin oog keek hij naar de bewakers, die hem scherp in de gaten hielden en duidelijk ongeduldig begonnen te worden. Wat werd het? Hij besloot de knoop door te hakken. Zijn nieuwsgierigheid naar wat er op de negende verdieping te vinden was, gaf de doorslag. Waarom stond er alleen een foto van de troon afgebeeld, en niet van de zaal, zoals bij de andere orden?

Shepard liep naar de lift en drukte op de knop. De deuren gingen meteen open. De mannen overlegden kort met elkaar. Daarna stapte een van hen mee de lift in. Ze hadden besloten dat het verstandiger zou zijn als een van hen beneden zou blijven om alles in de gaten te houden.

Shepard drukte zonder dralen op de knop van de bovenste verdieping:

NIVEAU 9:

OBSERVATION-DECK

TALL CEDARS ROOM

Binnen enkele seconden waren ze boven.

De lift kwam uit op een brede gang die aan weerszijden toegang bood naar het zogenaamde observatiedek, dat volgens de site helemaal rondom het gebouw liep. Shepard beende meteen naar de Tall Cedars Room, die zich volgens de gouden letters op de dubbele deuren recht tegenover de lift bevond. Hij deed de klink naar beneden en wilde naar binnen gaan, maar botste met zijn schouder tegen de massief houten deur aan. Die was op slot. Hij draaide zich schuchter om en keek recht in het grijnzende gezicht van zijn bewaker. Die haalde een pistool tevoorschijn en schoot met een welgemikt schot het slot aan flarden. Daarna trapte hij de deur in. Terwijl het geluid van het schot nog nagalmde in zijn oren, stapte Shepard de kamer binnen. De lampen knipten automatisch aan. De kamer was verhoudingsgewijs klein, veel kleiner dan de twee andere zalen die hij had ge-

zien op de site. Op zich leek dat logisch, want deze ruimte werd aan alle kanten ingesloten door het observatiedek. Ook deze kamer straalde echter luxe uit. Alles was perfect afgewerkt. Van de glimmende houten vloer tot het pleisterwerk en de decoraties op de muren. Zoals hij op de site had kunnen lezen, was de Tall Cedars Room geheel gewijd aan de tempel van Salomo en stond er een schaalmodel van het interieur van de tempel.
Shepard nam de attributen een voor een op.
In het midden van de kamer stond een hoge, bronzen schaal die aan vier zijden werd geflankeerd door drie bronzen dierenfiguren. En een eindje verderop stond inderdaad het beloofde schaalmodel.
Maar het hoogtepunt werd ontegenzeggelijk gevormd door de troon van koning Salomo zelf. Op de foto op de site was alleen een gedeelte ervan te zien geweest. De troon was echter boven op een massief, witstenen blok geplaatst en alleen bereikbaar via een stenen trap van zes treden. Op elke trede was aan weerszijden een gouden dierenfiguur geplaatst. Ook de troon zelf, die vrij eenvoudig was van vorm, werd geflankeerd door twee gouden figuren, maar deze waren veel groter. Op de achterkant van de zetel hing een witte dierenschedel en aan de voet ervan stond een rijkelijk bewerkt, wit stenen bankje.
De witte sokkel.
Shepard probeerde zich de tekst van de rite voor de geest te halen. Als hij het zich goed herinnerde, werd er ergens in de rite van de dertiende graad gesproken van een witmarmeren steen of sokkel; hij wist alleen niet meer in welke context. Zonder acht te slaan op de bewaker ging hij op de onderste trede zitten en klapte de laptop open. Voor de zoveelste keer herhaalde zich het ritueel op de computer. Zijn ogen vlogen over de tekst:

Vervolgens meende Henoch loodrecht onderaards af te dalen, door negen gewelven, en in het negende gewelf zag hij diezelfde plaat met dezelfde stralende lettertekens die hij eerder had aanschouwd.
Henoch, vervuld van de Geest van de Almachtige God stichtte te Zijner ere een onderaardse tempel, met negen gewelven onder elkaar, zoals hem in de droom was verschenen.
Methusalem, zijn oudste zoon, werd benoemd tot bouwmeester van die tempel, zonder evenwel de redenen te kennen waarom die werd gebouwd in het land Kanaän, dat later werd tot het beloofde land en daarna Jeruzalem ofwel het Heilige Land.
Henoch maakte daarna een driehoekige gouden plaat, met zijden van één el, en verrijkt met de kostbaarste edelstenen.

Hij liet deze verzinken in een agaten plaat van gelijke vorm, bracht die over naar het negende gewelf, en graveerde er toen dezelfde lettertekens in als de Opperste Bouwmeester des Heelals hem had laten zien. Het geheel plaatste hij op een witmarmeren voetstuk, eveneens driehoekig.

Bingo!
Shepard zette de laptop op de trap en sprong op. Opnieuw bekeek hij de troon nauwkeurig. Goed, de sokkel was misschien niet driehoekig van vorm, maar de rest klopte. *Een witmarmeren voetstuk, geplaatst in het negende gewelf.*
In gedachten verzonken liep hij rondom de troon. Er was niets te zien, geen spoor van welke driehoekige plaat dan ook. Met een machteloos gebaar duwde hij met zijn beide handen tegen het stenen gevaarte. Vier, vijf kubieke meter natuursteen... zat datgene wat hij zocht dan werkelijk daarin verborgen?
De kortstondige euforie sloeg van het ene op het andere moment om in verslagenheid. Vertwijfeld liep hij de kamer rond en bekeek alles nog eens opnieuw. Omdat de ruimte vrij klein was en er maar een paar objecten in stonden, waren de mogelijkheden om er iets in te verbergen beperkt. Hij draaide zich weer om naar de troon. Zuchtend schudde hij zijn hoofd. Opeens liep hij naar de achterkant van de troon en begon het oppervlak van de stenen sokkel nauwkeurig te betasten in de hoop een aanwijzing te vinden, een naad van een geheim compartiment, een onzichtbare vergrendeling, wat dan ook. Het was tevergeefs. Met een bezweet voorhoofd stond hij op en hij gaf er een harde trap tegen.
De bewaker sloeg hem met een minachtende blik gade.
'Heeft Indiana misschien hulp nodig?'
Shepard keek hem ziedend van woede aan. Maar eigenlijk was hij woedend op zichzelf, omdat hij niet kon leveren wat er van hem verwacht werd. Er waren al vier doden gevallen. En hoewel onbedoeld, in zekere zin was hij er mede verantwoordelijk voor. En die twee arme stakkers beneden, hoe konden die het helpen dat ze hierin verzeild waren geraakt? Als hij er niet op had aangedrongen om hiernaartoe te gaan, dan was er nu niets aan de hand geweest. Dan zou hun dienst er over een paar uur op hebben gezeten en waren ze vervolgens gewoon naar huis gegaan. Naar vrouw en kinderen, misschien.
Op dat moment schoot het afschuwelijke besef door zijn hoofd dat door zijn toedoen mogelijk kinderen hun vader hadden verloren. Zomaar, omdat papa toevallig op het verkeerde tijdstip op de verkeerde plaats was ge-

weest. Jezus christus, twee vaders en echtgenoten, waarschijnlijk plichtsgetrouwe burgers, afgeschoten als wilde beesten.

Het liefst had hij zijn bewaker de huid vol gescholden, hem in elkaar geslagen, op hem in gebeukt. Maar hij moest zich zien te beheersen, hij had al genoeg schade aangericht. En er bestond altijd nog iets wat hem scheidde van dit soort ongedierte. Een geweten. Weliswaar een geweten dat de nodige barsten had opgelopen, maar toch...

Met opgeheven hoofd, zonder een spoor van de wanhoop die steeds verder bezit van hem nam, liep hij de kamer uit.

Het was ijzig stil in de lift. Shepard keek grimmig voor zich uit.

Een paar verdiepingen lager stapten ze uit en liepen naar de ingang van de Royal Arch Room. In tegenstelling tot de Tall Cedars Room was die niet afgesloten. Opnieuw ging de verlichting automatisch aan. Hij herkende de zaal van de foto's. De Royal Arch Room was groter dan hij op de site had geleken. Hij schatte zeker zo'n dertig bij vijftien meter. Vooral de gigantische muurschildering van de ruïne van de tempel van Salomo trok de aandacht.

De pracht en praal waarmee dit enorme gebouw leek te zijn opgezet, kon bij een willekeurige bezoeker inderdaad weinig anders dan ontzag opwekken. En dan te bedenken dat alles was gefinancierd uit particuliere giften. De toewijding van dit soort mensen moest ver gaan.

Shepard liep naar het midden van de zaal en nam alles geconcentreerd in zich op: de pilaren, de Egyptische taferelen op de muren, de objecten die zich in de zaal bevonden... Met grote passen beende hij naar de muurschildering van de tempel, die de hele kopse zijde van de zaal in beslag nam. Op een paar meter afstand ervan bleef hij stilstaan en bekeek de schildering aandachtig, in de hoop dat hij iets zou kunnen ontdekken wat hem op een spoor zou kunnen zetten. Maar hoe hij ook zijn best deed, hij kon niets vinden. De afgebroken muren en zuilen, de houten balken die over de grond waren verspreid, alles bij elkaar ongetwijfeld een kunstzinnige weergave van de verwoeste tempel, maar daar bleef het vooralsnog bij.

Hij dwong zichzelf om zich tot het uiterste te concentreren, om elk detail in zich op te nemen. Waar kon de afbeelding naar verwijzen? Er moest toch ergens iets te vinden zijn?

Gebiologeerd bleef hij naar de muur staren. Het schouwspel verwees overduidelijk naar het oudtestamentische thema van de bouw van de tweede tempel van Jeruzalem, onder leiding van Zerubabel. Daarbij werden drie zoekers uitgezonden om het terrein te effenen voor de bouw van de tweede tempel, op de plaats waar voorheen de tempel van Salomo had ge-

staan. Volgens de overlevering stuitten ze daarbij op het onderaardse gewelf. Maar dat was slechts de letterlijke weergave.
Er zat een diepere betekenis achter. De bouw en de herbouw van de tempel maakten immers deel uit van de symboliek van de inwijding, van de nederdaling in de onderaardse tempel om uiteindelijk opnieuw te kunnen worden geboren en als meester naar het licht te kunnen opstijgen. Het was de belichaming van de zoektocht naar het verloren gewaande geheim.
Ondertussen was de bewaker op een van de gedecoreerde banken gaan zitten. Hij speelde wat met zijn pistool en sloeg Shepard verveeld gade. De kans dat hier nog iets uit zou komen, werd met de minuut kleiner. Het liefst zou hij de missie afblazen en die idioot bij zijn vriendin in de kerker smijten. Om er samen te creperen.
Maar goed, de opdracht was duidelijk geweest. Shepard zou, zonder dat hij het wist, een etmaal de vrije hand krijgen en alle middelen waren daarbij geoorloofd. In wezen had hij carte blanche gekregen.
Het was een bevreemdende situatie. Vierentwintig uur lang had Shepard de touwtjes in handen, maar als hij ze zou laten glippen, dan zou het met hem afgelopen zijn.
De bewaker keek op zijn horloge. Nog twintig uur, dan werden de rollen omgedraaid.
Vertwijfeld boog Shepard zijn hoofd en wreef met zijn vlakke hand over zijn voorhoofd. Even dreigde hij in paniek te raken. Als hij hier niet vond wat hij zocht, dan hield het op. Het was zijn laatste poging. Er bestond geen plan B.
Hij sloeg zijn armen over elkaar en ging weer rechtop staan, de blik schuin omhoog gericht, op de blauwe horizon achter de tempel. Het moest hier ergens zijn, de oplossing moest hier ergens te vinden zijn. Alles klopte, alle aanwijzingen wezen naar deze plek.
Denk na, kom op, denk na!
Met een verbeten blik liep hij naar de bank en opende de laptop. Zonder acht te slaan op de bewaker, ging hij een paar meter van hem vandaan zitten en klikte de commando's aan.
De tekst van de dertiende rite verscheen op het scherm.
Geïrriteerd stond de beul op en liep weg in de richting van de wandschildering.
Shepard begon de tekst voor de tweede keer nauwgezet door te lezen. Al moest hij de rite twintig keer doornemen, er móést iets in te vinden zijn. Hij moest iets over het hoofd zien.

D.M.: De Opperste Bouwmeester des Heelals heeft u bovenmatig begunstigd. Hij heeft u gekozen om de kostbaarste schat van de vrijmetselarij te ontdekken; u bent zijn uitverkorene. Ik wens u daarmee geluk. Komt naderbij om de allerplechtigste gelofte af te leggen zodat ik u kan belonen voor uw arbeid en inspanning.

Hij leefde in de vrede en de liefde van de Heer, die hem in een droom verscheen, tot hem sprak door ingeving en hem het volgende mededeelde: 'Aangezien je mijn naam te weten wilt komen, volg mij en ik zal je hem bekendmaken.'
Terstond verscheen er een berg die tot de hemel reikte. Henoch werd daar boven op gebracht. God toonde hem een driehoekige gouden plaat die werd verlicht door de schitterende lettertekens JHVH, Zijn gezegende naam, en Hij droeg Henoch op, die naam nooit uit te spreken.
Vervolgens meende Henoch loodrecht onderaards af te dalen, door negen gewelven, en in het negende gewelf zag hij diezelfde plaat met dezelfde stralende lettertekens die hij eerder had aanschouwd.

Het hele gewelf was ook voltooid en zorgvuldig afgesloten, zodanig dat niemand erin kon doordringen behalve Henoch, die weet had van de kostbare schat en die de enige was die de ware uitspraak kende van de grote naam van de Opperste Bouwmeester des Heelals.

Opnieuw kwam diezelfde gedachte bij hem op: *JeHoVaH, de onuitspreekbare naam van God, de weergave van het tetragrammaton. De Hebreeuwse tetrade JHVH, Jod, He, Vau, He, de vierletterige naam van God.* Maar wat moest hij daarmee?
In opperste concentratie tikte hij zijn gespreide handen ter hoogte van zijn gezicht onophoudelijk tegen elkaar.
JHVH verwijst naar het verloren woord. Het wordt niet uitgesproken, doch slechts gespeld. Want de uitspraak is en blijft verloren.
Hij haalde zich de inwijding voor de geest, het woord dat de Imperator hem in het oor fluisterde: **Mac Benac.** Moest hij daarnaar op zoek? Was het een wachtwoord dat toegang gaf tot...?
Onwillekeurig staarde hij naar de bewaker.
Dat toegang gaf tot wat eigenlijk...?
Hij zuchtte diep, blies de lucht langzaam uit door zijn neus en stond weer op. Meteen draaide de bewaker, die naar de muurschildering had staan kijken, zich om. Shepard kuierde op het oog uiterst kalm in tegenovergestelde richting door de zaal. Maar vanbinnen werd hij verscheurd door de

ontelbare gedachten die door zijn hoofd schoten. Het liefst was hij hard weggelopen, weg van deze ellende, weg van deze onmenselijke verantwoordelijkheid. Waarom hij? Hoe kon je zoiets in godsnaam van wie dan ook vragen?
Onwillekeurig viel zijn oog op een zandstenen boog in de muur, die toegang gaf tot een ruimte erachter. Het leek een soort kleine kapel te zijn, zoals die ook vaak in kerken te vinden zijn, gewijd aan de devotie voor een bepaalde heilige. Op de koperen gedenkplaat die ernaast op de muur was aangebracht, stond een inscriptie vermeld:
REPRODUCTIE VAN DE ARK DES VERBONDS,
GESCHONKEN TER GELEGENHEID VAN WINTER-SINT-JAN,
22 DECEMBER 1963.
Zijn blik bleef gefixeerd op de datum: 22 december 1963, exact een maand na de aanslag op Kennedy.

58

Het Winter- en Zomer-Sint-Jan, op 23 juni en 22 december van elk jaar, waren de grootste twee feestdagen in de ritus van de vrijmetselarij. Het waren heidense feestdagen die al eeuwenlang bestonden en te maken hadden met de zonnewende, het langer of korter worden van de dagen. In de winter werd Johannes de Evangelist herdacht en in de zomer Johannes de Doper. Het waren de geijkte tijdstippen voor grote gebaren en royale donaties. En blijkbaar had wie het ook was geweest, zich geroepen gevoeld om met Winter-Sint-Jan in 1963 eens flink uit te pakken.
In elk geval hadden ze er de voorkeur aan gegeven om anoniem te blijven, wat toch wel vreemd was als je zo'n royaal gebaar wilde maken. Elke zaal, elk beeld, elk teken was hier gewijd aan het maçonnieke gedachtegoed van een bepaalde loge, en er werd geen gelegenheid onbenut gelaten om de welluidende namen van de verschillende loges onder de aandacht te brengen. Zelfs op de banken waren koperen plaatjes aangebracht met de naam van de gulle gever, of beter gezegd, van de gulle loge, erop. En uitgerekend de donateurs van deze volledig ingerichte kapel hadden de wens gehad om anoniem te blijven.
Shepard stapte de twee treden op en liep onder de gedrapeerde gordijnen

door de kapel binnen. Wat hij zag deed zijn adem stokken. De prachtige, met goud bewerkte schrijn was al een kunstwerk op zich, maar door de indirecte verlichting erachter leek die in de schemer van de kapel bijna daadwerkelijk te stralen van licht.

Het was een replica van de ark des verbonds, van het heilige der heiligen. Maar het was niet de ark zelf die Shepard zowat de adem benam. Boven op de schrijn waren tegenover elkaar twee gouden figuren aangebracht. Twee vergulde cherubijnen, wier enorme vleugels elkaar exact boven het midden van de ark raakten.

Opeens schoot die ene zin door zijn hoofd. *Sub umbra alarum tuarum, Jehova.*

Het duizelde Shepard nu. Wankelend probeerde hij steun te vinden tegen de ark. Toen zijn hand met het koude metaal in aanraking kwam, ging er een rilling door hem heen. Hij kreeg kippenvel over zijn hele lichaam.

Dit was de plaats. De plaats waar het verloren gewaande geheim aan Henoch werd geopenbaard. Hier kwam alles tezamen! *Onder de schaduw van uw vleugels, Jehova.*

Het duurde even voordat hij weer tot zichzelf was gekomen. Schichtig keek hij over zijn schouder in de richting van de zaal. Hij hoorde de voetstappen van de bewaker al in zijn richting komen. Even overwoog hij om naar buiten te stappen en net te doen alsof er niets aan de hand was. Maar dat zou slechts uitstel van executie betekenen. Dat was geen optie. Jenna's lot lag in zijn handen.

Gejaagd bekeek hij de schrijn van alle kanten en hij tastte alle zijden zorgvuldig af, in de hoop een slot of een scharnier te vinden dat zou kunnen duiden op een mogelijkheid om de schrijn te kunnen openen. Hij vond niks. Toen de bewaker onder het gordijn verscheen, bonsde zijn hart in zijn keel.

'Wat moet je daar?'

Shepard stond achter de schrijn en keek hem onder de vleugels van de cherubijnen door aan. Hij had geen keus.

'De kist moet open.' Zijn stem klonk vlak, bijna emotieloos.

De bewaker maakte een minachtend geluid en schudde langzaam zijn hoofd.

'Ik zeg je dat die kist open moet, verdomme!'

Shepard was nu witheet. Hij greep de cherubijnen vast en begon er als een idioot aan te rukken. Met alle kracht die hij in zich had, probeerde hij de ark van de sokkel te trekken, maar tevergeefs, er kwam geen beweging in. Blijkbaar maakte dit voldoende indruk op de bewaker om zich over zijn aanvankelijke scepsis heen te zetten. Nog even en Shepard zou volledig doordraaien, zo leek het. En dat zou in dit stadium toch moeilijk uit te leggen zijn. In elk geval zouden ze daar in Arlington House waarschijnlijk geen genoegen mee nemen.

Gelaten stapte de bewaker de kapel binnen en ging naast Shepard staan. Gezamenlijk probeerden ze de kist van de sokkel te duwen, maar zonder resultaat. Met het zweet op zijn voorhoofd tuurde Shepard naar de basis van de ark. Opeens merkte hij de twee verzonken bouten op waarmee de schrijn verankerd was in de sokkel. Dit had geen enkele zin.

'We hebben die koevoet nodig,' snauwde hij.

Shepard beende de kapel uit en wilde in de richting van de uitgang lopen, maar de bewaker haalde hem in, pakte hem bij de schouders en duwde hem op een van de banken. Hij haalde een paar handboeien tevoorschijn en klikte Shepard met zijn pols aan de leuning van de bank vast.

'Jij gaat nergens naartoe, makker.'

Daarna verliet hij de zaal. Shepard kon zich nauwelijks meer onder controle houden. Het liefst zou hij die zogenaamde ark eigenhandig van zijn sokkel rukken en over de reling naar beneden donderen. Hij was nu over zijn hele lichaam nat van het zweet. De adrenaline raasde door zijn aderen en hij had het gevoel dat zijn hoofd uit elkaar zou klappen. De minuten die voorbijgingen, leken wel uren.

Schiet dan toch op, klootzak!

Onafgebroken werd hij heen en weer geslingerd tussen hoop en vrees. Bevatte de ark datgene wat ze zochten? Maar hij kon er zich amper een voorstelling van maken van wat dat dan precies zou moeten zijn. En of hij überhaupt iets zou aantreffen. Bij die laatste gedachte kreeg hij een steek in zijn buik. Wat als hij ernaast zat, wat als er helemaal niets in zat? Wat dan, in godsnaam?

Hij schudde heftig met zijn hoofd om die gedachte te verdrijven. Dat kon niet en dat mocht niet. Dat kon niet en dat mocht niet. In gedachten bleef hij die zin steeds maar herhalen.

Met zijn vrije arm veegde hij de zweetdruppels uit zijn ogen. Opeens hoorde hij de liftdeuren opengaan. Met grote ogen staarde hij naar de ingang van de zaal. Een paar seconden later kwam de bewaker met de koevoet aangelopen. Shepard wilde opspringen, maar de handboeien beletten hem dat. Zonder hem aan te kijken liep de man hem voorbij en verdween in de kapel.

'Nee! Maak me los. Maak me los, verdomme!'

Woedend probeerde Shepard zich los te rukken, maar het enige wat hij bereikte was dat de handboeien nog dieper in zijn pols sneden. Ten slotte gaf hij zijn pogingen op. De tranen stonden in zijn ogen.

Vanuit de kapel klonken knerpende geluiden, van metaal op steen, afkomstig van de koevoet waarmee de bewaker de schrijn probeerde los te wrikken. Toen even een pauze, daarna begon het opnieuw. Na een paar minuten kwam de bewaker met een verhit hoofd op hem af, de koevoet dreigend in zijn rechterhand. Shepard zette zich al schrap. Terwijl hij de koevoet op de grond legde, haalde de man zijn wapen tevoorschijn. Met zijn vrije hand ontgrendelde hij de handboeien.

'Eén verkeerde beweging en ik schiet je overhoop.'

Vervolgens duwde hij Shepard voor zich uit naar de kapel. Eenmaal binnen, gebaarde hij Shepard om met zijn volle gewicht aan de cherubijnen te gaan hangen.

'Daar, trekken.'

Ondertussen wrikte de bewaker de koevoet aan de andere kant opnieuw tussen de schrijn en de sokkel. Shepard leverde een uiterste krachtsinspanning. De man hing op zijn beurt met zijn hele gewicht op de koevoet. Op een gegeven moment leek de schrijn iets mee te geven, waardoor Shepard een extra adrenalinestoot kreeg. Met een schreeuw gooide hij in een ultieme poging al zijn krachten in de strijd. Het krassende geluid van de metalen staaf op het gesteente ging door merg en been.

Plotseling schoot de bodem van de schrijn aan één kant los van de sokkel. Shepard viel achterover op de marmeren vloer. Met doodsangst in zijn ogen staarde hij naar de cherubijnen die anderhalve meter boven hem leken te balanceren in de lucht. Hij lag als verstijfd op de grond. Als ze zouden vallen, dan zouden ze hem verpletteren. Even leken ze in zijn richting te komen, daarna veerden ze een klein stukje de andere kant op, tot ze eindelijk stil bleven hangen in de lucht. Als twee grote roofvogels, zwevend in het luchtruim, klaar om op elk moment toe te slaan.

Shepard krabbelde overeind en voegde zich bij de bewaker, die voorover over de sokkel hing. Zijn jas was ter hoogte van zijn rechterbovenbeen gescheurd. De stof kleurde rood van het bloed. Blijkbaar was de koevoet door de kracht van de terugslag in zijn bovenbeen geschoten. Hij kreunde van de pijn, maar Shepard sloeg er geen acht op. Hij staarde naar de gaten in de sokkel, waar even daarvoor nog de bouten hadden gezeten. Die waren er met plug en al uitgetrokken, waardoor de schrijn nu nog maar aan één kant vastzat en schuin omhoog stond.

Aan de onderkant zat een soort luik. Shepard bukte zich zodat hij de bodem beter kon bekijken. Maar hij zag het goed, er zat een metalen klep!

Hij liep om de ark heen en ging opnieuw met zijn volle gewicht aan de cherubijnen hangen, in een poging de schrijn nog iets verder te laten kantelen. Ondertussen was de bewaker op de grond gezakt. Zijn jas was nu doordrenkt van het bloed.
De schrijn gaf nog een klein stukje verder mee.
Shepard pakte de koevoet op en wrikte die tussen de naad van de klep waarmee de schrijn aan de onderkant was afgesloten. Die gaf al na één poging mee en brak open. Terwijl hij het zweet uit zijn ogen probeerde te knipperen, smeet Shepard de koevoet op de vloer en stak zijn rechterarm door de opening. Meteen stootte hij op iets massiefs. Aan de contouren te voelen was het een soort van kist, een metalen kist. De zenuwen gierden door zijn keel. Met zijn beide handen in het luik probeerde hij de kist zo te manoeuvreren dat die door de opening zou passen. Die was echter te klein. De schrijn moest nog een stukje verder omhoog worden gedraaid. Shepard sprong op de sokkel en duwde nu van bovenaf met heel zijn gewicht tegen de cherubijnen. Het snerpende geluid van het doorbuigende metaal op de stenen sokkel pijnigde zijn oren, maar het lukte. De schrijn was weer zo'n tien centimeter verder doorgebogen. Shepard sprong van de sokkel af en begon als een bezetene aan de metalen kist te sjorren. Hij haalde zijn polsen open aan de randen van het luik, maar daar voelde hij niets van. Helemaal niets.
Nog een klein stukje en dan...
Opeens schoot de metalen kist door de opening heen. Shepard viel achterover op de grond, en stond meteen weer op. De kist had de grootte van een doos kopieerpapier en was slechts afgesloten met twee klippen, zonder slot. Met trillende handen opende hij het deksel. Bij het zien van de inhoud verstijfde hij.
De kist was gevuld met een aantal opbergboxen voor geluids- of filmbanden. Ook zaten er twee dossiermappen in. Hij griste de kleinste opbergbox eruit en trok het deksel er wild af, waardoor de film eruit viel en wegrolde. Shepard greep ernaar en viel voorover. Hij krabbelde overeind en zocht naar een naam.
'J. Tripplehorn, bewijsstuk 23.11.2067', stond erop vermeld. Hij graaide naar de opbergbox, keek erin en keek toen nog eens om zich heen. Er had maar één film in gezeten. De sticker op de box vermeldde echter twee nummers, waarvan een met de toevoeging 'kopie'. Blijkbaar was de kopie van bewijsstuk nummer 23.11.2067 in rook opgegaan.
Ondertussen probeerde de bewaker overeind te komen. Shepards ogen flitsten in zijn richting en weer terug. Snel bekeek hij de rest van de boxen. Die bevatten een ander soort banden.

Waren het geluidsopnamen? Er zaten er zeker een stuk of tien in. Hij stopte ze snel terug en wilde een van de dossiermappen pakken.

De bewaker hing nu tegen de sokkel aan, het pistool op Shepard gericht.

'Achteruit, oprotten!'

Shepard twijfelde.

'Opdonderen, zeg ik je.'

Met zijn pistool maakte hij een wild gebaar in de richting van de uitgang van de kapel.

Ontelbare gedachten en mogelijkheden schoten door Shepards hoofd. Even sloot hij zijn ogen. Toen nam hij een besluit. Hij griste de koevoet weg die vlak naast hem op de grond lag en liet zich schuin vooroverrollen in de richting van de bewaker. Voordat die de kans kreeg om te reageren, ramde Shepard de staaf snoeihard tegen diens gewonde bovenbeen. De man klapte dubbel. De schreeuw van pijn galmde door de kapel. Vervolgens sloeg Shepard de koevoet met een enorme zwengel tegen zijn hoofd, waardoor de bewaker achterover tegen een van de cherubijnen viel. Toen zijn schedel tegen het gouden beeld klapte, viel zijn pistool uit zijn handen en kletterde op de vloer. Vliegensvlug liet Shepard zich boven op hem vallen en draaide hem op zijn buik. Hij greep het pistool en zette het tegen zijn achterhoofd. Even overwoog hij wat hij het beste kon doen. Moest hij hem afmaken? Hem afmaken als een hond, zoals hij met de nachtwakers had gedaan?

Een gevoel van intense woede maakte zich van hem meester. Hij kneep zijn vuist samen rond de kolf van het wapen. Zijn vinger spande zich om de trekker.

Na een paar seconden kreeg hij zich echter weer onder controle. Langzaam ontspande zijn greep. Hij haalde de handboeien uit de jaszak van de bewaker en deed er een rond zijn pols. Daarna sleepte hij hem de zaal in en klikte de andere kant vast aan de bank.

Het leek of er een knop in zijn hoofd was omgedraaid.

De paniek van daarnet was verdwenen en had van het ene op het andere moment plaatsgemaakt voor de analytische kant van zijn geest. Hij had de zaak nu onder controle. Rustig overwoog hij wat zijn volgende stap zou zijn. Zorgvuldig doorzocht hij de zakken van de man. Hij pakte het mobieltje en haalde wat cash uit zijn portemonnee. Daarna beende hij terug naar de kapel en stopte de boxen en de dossiermappen terug in de kist. Zonder verder nog acht te slaan op de bewaker, liep hij hem voorbij naar de lift.

Beneden was de situatie nog hetzelfde.

De bewaker die achter het stuur van de auto had gezeten, zat op de stoel van de bewakingsdesk en liep af en toe een stukje heen en weer in de Memorial Hall. Het had geen zin om de monitoren in de gaten te houden. De bewakingscamera's binnen in het gebouw waren toch uitgeschakeld. Hij had nog geprobeerd om het bewakingscircuit in te schakelen, maar het was hem niet gelukt om het computergestuurde systeem aan de gang te krijgen. En de enige camera's die hadden gewerkt, hadden ze vakkundig kapotgeslagen.

Hij vroeg zich af waar ze bleven.

Met een smalende grijns op zijn gezicht was zijn collega de koevoet komen ophalen. Op zijn vraag naar het waarom was slechts een kort schouderophalen gevolgd.

Hij wilde dat het voorbij was. Op de een of andere manier voelde hij zich hier niet op zijn gemak. En dat kwam niet zozeer door de gebeurtenissen zelf, maar meer door de entourage. Of je het wilde of niet, op de een of andere manier werd je door deze omgeving geïntimideerd. Zelfs dat standbeeld van Washington leek hem verdomme wel in de gaten te houden. Alsof hij elk moment van zijn sokkel kon stappen.

Maar het was meer dan dat. Hij wist immers beter dan wie ook wat voor krachten er achter deze façade schuilgingen. Krachten waarmee niet te spotten viel.

Opeens hoorde hij de liftdeuren opengaan.

Meteen beende hij naar de smalle doorgang die de Memorial Hall verbond met de volgende zaal. Zo'n drie, vier meter verwijderd van de lift bleef hij met getrokken pistool stilstaan.

Er kwam niemand uit. De deuren gingen open en weer dicht. En vervolgens ging de lift weer terug naar boven. Hij drukte op de liftknop en stapte een paar passen schuin naar achteren. Volgens de digitale aanduiding stopte de lift op het negende niveau. Daarna kwam hij weer naar beneden.

Ondertussen toetste hij het nummer van zijn collega in op zijn mobieltje. Er werd niet opgenomen. Seconden tikten voorbij, en hij kreeg nog steeds geen gehoor.

Opnieuw openden de deuren zich. Tien centimeter, dertig centimeter...

Tot het uiterste gespannen sprong hij naar voren, de loop van het pistool op het midden van de opening gericht. Maar weer was de lift leeg. En nadat de deuren waren gesloten, ging die opnieuw naar boven.

Even later herhaalde de scène zich nog een keer.

Toen de lift weer leeg bleek te zijn, had hij er genoeg van. Woedend stapte hij de lift in. De aanduiding van de negende verdieping brandde al. Hij realiseerde zich terdege dat dit niet de meest voor de hand liggende tactiek was om een eventuele tegenstander tegemoet te treden. Die zou hem immers zien aankomen en was daardoor in het voordeel. Maar hij verdomde het om zich door zo'n ettertje te laten opfokken. Wat er ook gebeurd was, die pennenlikker zou geen enkele kans maken. Het was genoeg geweest.

Terwijl de liftdeuren zich openden, flitsten zijn ogen van de ene naar de andere kant. Meteen liet hij zich met een zijwaartse koprol de gang in rollen. Binnen een halve seconde had hij met zijn pistool in de aanslag de gang aan beide kanten opgenomen.

Er was niemand.

Shepard stond rillend van de kou op het observatiedek, de metalen kist onder zijn armen geklemd. Hij wachtte nu al bijna tien minuten, zijn handen waren verkleumd. In de verte waren de verlichte contouren van Washington zichtbaar. De obelisk van het Washington Memorial stak parmantig boven de rest uit.

Zenuwachtig tuurde hij steeds om en om naar elke kant van het observatiedek, dat niet meer was dan een anderhalve meter brede rondgang om het gebouw heen. Hij stond precies op dat punt in de bocht waardoor hij nog net een van de twee toegangsdeuren in de gaten kon houden. Als de bewaker langs die kant zou komen, dan zou hij via de andere kant proberen te ontkomen. Of andersom. Maar alles hing af van de timing. Het openen en sluiten van de lift kostte zeker een paar seconden. Als zijn belager hem zou opmerken en meteen achter hem aan zou komen, dan was het gebeurd. Hij had echter niets anders kunnen bedenken. Bij een rechtstreekse confrontatie met de man zou hij het onderspit delven, zoveel was zeker. Hoe gevaarlijk ook, dit was het beste wat hij had kunnen bedenken.

Ondertussen had de bewaker zijn keuze gemaakt.

Aan beide kanten van de gang waren de toegangsdeuren tot het observatiedek geforceerd. Tegenover hem was de ingang naar de Royal Arch Room. De zaal was onbekend terrein voor hem; de grootte ervan, de mogelijkheden om zich te verschuilen, alles werkte in zijn nadeel. En hij moest er rekening mee houden dat zijn tegenstander waarschijnlijk over een wapen beschikte. Zelfs die idioot zou iemand vanuit een hinderlaag in de rug kunnen raken.

Een snelle rondgang over het observatiedek zou hem in elk geval duide-

lijkheid verschaffen. Hij besloot om de oostelijke ingang te nemen. Uiterst voorzichtig opende hij de glazen toegangsdeur naar het dek. De gure wind en de regen striemden in zijn gezicht.
Shepard zag hoe de vorm van het licht dat vanaf de ingang op de betonnen rand van het dek viel, veranderde. Hij beet zijn onderlip kapot en deinsde achteruit. De schaduw van de bewaker kroop tergend langzaam over de betonnen rand in zijn richting. Shepard schatte de afstand in en zette nog een paar passen achteruit. Toen nam hij een besluit. Met grote passen beende hij naar de westelijke ingang. Voorzichtig gluurde hij om de sponning van de glazen deur heen de gang in. Er was niets te zien. Zonder een geluid te maken opende hij de deur en sloop de gang in, op weg naar de lift. Hij bad tot God dat die er nog zou zijn. Maar helaas, het display gaf aan dat die weer op de begane grond was. *Klootzak!*
Nat en rillend van de kou wachtte hij tot de lift zou arriveren. Vijf, zes, zeven, nog twee verdiepingen...
Kom op, kom op! Met doodsangst in de ogen keek hij naar de opeenvolgende, verlichte cijfers.
O god, nee!
Opeens zag hij de vooruitgeworpen schaduw op de betonnen vloer voor de deur verschijnen.
Acht, nog één verdieping...
Het was te laat. Op het moment dat de liftdeuren opengingen, ramde de bewaker de westelijke toegangsdeur open. Shepard sprintte weg in de richting van de oostelijke, maar zijn natte zolen glipten weg op de vloer. En doordat hij de kist in zijn armen moest zien te houden, duurde het net iets langer voordat hij zijn evenwicht weer had hervonden. Nu was het verschil nog maar zo'n vier, vijf meter. Shepard knalde tegen de deur op en zwaaide hem open. Juist op het moment dat de man hem wilde grijpen, lukte het hem om op het dek te komen. Met de doos nog steeds in zijn armen geklemd, sprintte hij de rondgang op, met de bewaker op zijn hielen. Er was geen enkele kans meer dat hij hem nog zou kunnen afschudden, uitgesloten.
In een fractie van een seconde nam Shepard een besluit. Hij stopte abrupt en draaide zich een kwartslag om. Tegelijkertijd zakte hij door zijn knieën en boog zijn bovenlichaam naar achteren, de metalen kist als een soort schild voor zich uit houdend. Toen de bewaker tegen hem aan knalde, stootte Shepard de doos met alle kracht die hij in zich had omhoog. De kist raakte zijn belager aan de onderkant van zijn ribbenkast, ter hoogte van het middenrif. Door de snelheid waarmee hij de kist raakte, werd de

man opgetild en vloog hij half over Shepard heen. Even hing de man boven hem in de lucht, zijn lichaam perfect balancerend op de hoek van de kist. Toen stootte Shepard een oerkreet uit en duwde de kist met een laatste krachtsinspanning verder omhoog. De bewaker staarde met wijd opengesperde ogen de afgrond in. Het zwaartepunt van zijn lichaam verplaatste zich steeds verder naar voren. Het wilde rondzwaaien met zijn armen werkte averrechts. De hefboom was reeds in werking gezet. Het was slechts wachten tot de zwaartekracht zijn werk zou doen.
Met zijn ogen strak gericht op de verlichte obelisk in de verte, stortte hij met een ijzingwekkende schreeuw de afgrond in.
Shepard zat op zijn knieën tegen de betonnen rand gedrukt. Het regende nu harder. Doorweekt en verkleumd van de kou probeerde hij op te staan, maar zijn benen leken hem niet te kunnen dragen. Met zijn vrije hand steunend op het beton en zijn andere arm om de kist geklemd, sleepte hij zich voort naar de lift.

Eenmaal buiten wachtte hem nog een gruwelijke taak. Lijkbleek strompelde hij om het gebouw heen. Van een afstand zag hij het lichaam, dat honderd meter lager te pletter was gevallen, al liggen. De ledematen lagen geknakt in verschillende richtingen. Rondom het bovenlichaam had zich een plas bloed gevormd. Shepard liep er met een boog omheen, omdat hij het gelaat van de man niet wilde zien. Met intense walging knielde hij neer bij het verwoeste lichaam. Hij voelde zijn maaginhoud omhoogkomen. Snel duwde hij de rug van zijn hand tegen zijn mond. Kokhalzend graaide hij door de met bloed doordrenkte jaszakken tot hij vond wat hij zocht. Met de autosleutels in zijn bebloede vuist geklemd, liep hij weg. De tranen stonden in zijn ogen.

59

Vermoeid tuurde Shepard op het wegdek voor zich.
Af en toe wierp hij een blik op de metalen doos die naast hem op de passagiersstoel stond. Hij had nog niet de moed kunnen vinden om de inhoud van de dossiermappen te bekijken. De films en de banden moest hij sowieso laten voor wat ze waren. Het zou praktisch onmogelijk zijn om op

dit tijdstip iemand te vinden die de juiste apparatuur had om ze te bekijken en af te luisteren. Gezien de huidige, digitale technieken waren ze bijna als antiek te beschouwen.
Hij kon alleen maar hopen dat erop stond wat ze zochten. Dat het voldoende zou zijn om Jenna...
Opeens kreeg hij een brok in zijn keel. Hij zag haar voor zich, uitgeput van angst, moederziel alleen in die donkere, koude grot. Zou hij op tijd zijn? Zou ze...? Hij dwong zichzelf om die laatste gedachte af te kappen, om die simpelweg uit zijn hoofd te bannen. Hij mocht zijn wanhoop niet met hem op de loop laten gaan.
Het begon al wat lichter te worden. Het donkere water van de Potomac werd beroerd door het eerste zwakke ochtendlicht van die dag, waardoor het spel van licht en donker op de kleine golven een aanvang nam. In de verte, achter de rivier, doemde het silhouet van Washington DC op.
Plotseling nam hij een besluit. Het moest gebeuren, hij kon het niet langer meer uitstellen. Met de blik strak op de skyline gericht, zijn vuisten om het stuur geklemd, minderde hij vaart en parkeerde de auto in de berm. Met trillende handen pakte hij de mobiele telefoon uit zijn binnenzak en staarde een paar seconden naar de bebloede toetsen. Voorzichtig raakte hij er een aan, waardoor het display oplichtte. Even hing de punt van zijn wijsvinger boven de herhaaltoets, toen toetste hij die met kracht in en drukte de telefoon tegen zijn oor. Hij hoorde de opeenvolgende elektronische tonen waarmee de cijfers werden gekozen. Zijn hart bonsde in zijn keel. Het leek een eeuwigheid te duren voordat de telefoon aan de andere kant overging.
Kom op, kom op nou!
Er gebeurde niets. Van pure frustratie sloeg hij met zijn vuist op het dashboard. Hij had het idee dat hij dat verdomde ding al minutenlang tegen zijn oor gedrukt hield. In werkelijkheid waren het misschien tien seconden.
Toen, opeens, hoorde hij een korte klik. Er ging een schok door zijn lichaam.
'Ja?'
'Shepard, ik heb wat jullie willen. De beulen zijn uitgeschakeld. Ik wil een deal.'
Hij schrok zelf van de vastheid van zijn stem, van de dwingende toon waarop hij de woorden uitsprak.
Het bleef even stil aan de andere kant van de lijn.
'Waar zijn ze?'

De stem klonk grimmig, maar op een bepaalde manier klonk er ook een zweem van angst in door.

Shepard begon zich nu kwaad te maken. 'O, jullie denken dat ik bluf? Het Masonic National Memorial, de Royal Arch Room, daar ligt de ene te creperen. De andere heeft zojuist een duikvluchtje gemaakt, vanaf 333 voet.'

Het duurde even voordat de boodschap was doorgedrongen.

'Wat voor deal?' De stem aan de andere kant klonk nu rustiger, berekenend.

'Een ruil, de vrouw voor het geheim.'

'Geheim, welk geheim?'

'Het geheim, klootzak, het verloren gewaande geheim, het verloren woord, of welke zielige term jullie er ook voor gebruiken.'

Weer was het even stil.

'Op mijn voorwaarden,' voegde Shepard eraan toe.

'Wie zegt dat u in de positie verkeert om voorwaarden te stellen?'

Shepard beet zijn tanden op elkaar.

'Oké, dan hoor je het wel in het ochtendnieuws.'

Deze keer reageerde de andere kant meteen. 'Wat staat erop?'

Nu liet Shepard hém wachten.

'Hoezo, wat staat erop?'

'Op de schrijn, wat staat erop?'

Enigszins verward staarde Shepard naar de kist. *Hoe wisten zij...? Hoezo, wat staat erop?*

Met zijn vrije hand trok Shepard de metalen kist naar zich toe. In het vale licht probeerde hij zijn blik erop scherp te stellen, maar hij zag niets. Er was hem eerder ook niet opgevallen dat er iets op vermeld stond. Hij had het ding toch van alle kanten bekeken.

'Wat staat erop!' De stem klonk nu weer grimmiger, alsof de persoon aan de andere kant van de lijn de zaken weer in de hand had.

Shepard knipperde met zijn ogen. Misschien... het kon zijn dat hij de onderkant was vergeten. Dat hij daar niet had gekeken. Met twee handen probeerde hij de kist om te draaien, maar doordat hij tegelijkertijd de telefoon moest vasthouden, ging dat maar moeizaam. Eindelijk lukte het hem. Geïrriteerd bewoog hij zijn hoofd heen en neer. Doordat het licht weerkaatste op het glanzende metaal, kon hij vrijwel niets onderscheiden. En toen, plotseling, zag hij het: POST CXX ANNOS PATEBO.

Opgewonden drukte hij de telefoon weer tegen zijn oor. '*Post CXX annos patebo.*'

Geen reactie.

'*Post CXX annos patebo!*'

Op dat moment drong het pas tot hem door dat de verbinding was verbroken. Door het gemanoeuvreer met de kist had hij de telefoon waarschijnlijk uitgeschakeld. Opnieuw die pijnscheut door zijn maagstreek.
Jezus christus!
Hij probeerde zijn gedachten te ordenen. *Wat nu, wat nu, wat nu?*
Het duurde even voordat de aanvankelijke paniek wegebde. Hij had immers de herhaaltoets gebruikt, dus dat kunstje kon hij opnieuw flikken, toch? Of niet? Zenuwachtig drukte hij de rode toets in zodat hij opnieuw verbinding kon maken. Op datzelfde moment klonk het snerpende geluid van de oproep door de auto. Shepard drukte de toets binnen een milliseconde in.
'*Post CXX annos patebo!*'
Hij herhaalde het nog eens: '*Post CXX annos patebo!*'
Hij wist dat hij het verkeerd aanpakte, dat hij veel te enthousiast toehapte. Maar hij kon gewoon niet anders.
'Akkoord, wat is het voorstel?'
Shepard dacht koortsachtig na. Het moest een openbare gelegenheid zijn waar veel publiek aanwezig was. Anders kon hij het wel schudden. Maar waar dan? Opeens schoot het hem te binnen. Een toepasselijker plaats leek haast niet denkbaar.
'Het Capitool, de crypte, om twaalf uur.'
'U bedoelt vanmiddag?'
'Vanmiddag, ja.'
'Akkoord.'
Wat resteerde, was slechts de kiestoon. Shepard hield de mobiele telefoon nog secondelang tegen zijn oor aan gedrukt, zijn ogen onafgebroken gericht op de metalen doos op de stoel naast hem.
Uiteindelijk legde hij zich neer bij het onafwendbare. Hij moest het eenvoudigweg weten...
Behoedzaam opende hij het deksel en duwde het omhoog; daarna pakte hij de dossiermappen eruit en legde ze op zijn schoot. Secondelang zat hij er alleen maar naar te staren.
Met een brok in de keel opende hij de eerste map. Even overwoog hij of hij hier wel goed aan deed. Misschien wilde hij het helemaal niet weten. Misschien zou het zijn zelfvertrouwen alleen maar ondermijnen en God wist dat hij dat nodig zou hebben, straks. Maar zijn nieuwsgierigheid, diezelfde verdomde, academische nieuwsgierigheid die hen in eerste instantie in deze hopeloze positie had gebracht, kreeg opnieuw de overhand. Met trillende handen schoof hij het deksel van de kartonnen doos af. Bijna in

trance bladerde hij door de documenten. De teksten waren bijna zonder uitzondering uitgetypt, afkomstig uit een tijd dat er nog geen computers en printers bestonden.

De meeste stukken waren afkomstig van de FBI. Zijn ogen vlogen over de tekst heen. Er zaten getuigenverklaringen in, opgenomen door het FBI-kantoor in Dallas, Texas, daterend van vlak na de aanslag. Ongetwijfeld een deel van de vele cruciale verklaringen die toentertijd spoorloos waren verdwenen. Hij focuste zich op de namen van de getuigen, maar hij kon het zich niet permitteren om alles gedetailleerd door te nemen. Over een paar uur moest hij een kant-en-klaar plan hebben en hij had nog geen idee hoe hij het precies moest aanpakken.

Opeens viel zijn oog op een ontvangstbevestiging, ondertekend door agent J.P. Hobbs van het FBI-kantoor in Dallas, gedateerd op 23 november 1963. Het betrof de inbeslagname van een film van een zekere Jeanine Tripplehorn, die de film volgens haar verklaring had gemaakt op 22 november 1963, even voor halfeen. Ze bevond zich op het gazon ten westen van Elm Street, tegenover de Grassy Knoll, op het moment dat de escorte van president Kennedy...

De Babushka Lady!

Shepard voelde het bloed naar zijn hoofd stijgen. *Dat moest hem zijn, de film van de Babushka Lady. Jeanine Tripplehorn was de Babushka Lady.* Er stond een nummer op vermeld: 'bewijsstuk 23.11.2067 (kopie toegevoegd)'.

Hij probeerde zich het nummer dat op de film stond weer voor de geest te halen, maar door alle consternatie was hij het vergeten. Opgewonden graaide hij in de kist en trok de cassettes eruit. Hij beet zijn onderlip tot bloedens toe kapot.

Het stond er: 'bewijsstuk 23.11.2067'. Zijn keel werd bijna dichtgeknepen van emotie.

Hij kneep zijn ogen dicht en opende ze weer. Het stond er nog steeds.

Godallemachtig, hij had de originele film van de Babushka Lady in zijn handen! De film waardoor de één-kogeltheorie van de Warren-commissie, tot op de dag van vandaag de enige door de regering ondersteunde officiële verklaring, naar het rijk der fabelen werd verwezen. De film die spoorloos was verdwenen. De film waarvan twee beeldjes, twee frames met een lengte van een paar milliseconden, veertig jaar later zomaar in zijn mailbox waren beland.

Op datzelfde moment gleed er een stuk papier van ongeveer half A4-formaat tussen de documenten uit. Het gleed tussen de stoel en de midden-

console door. Shepard probeerde het met zijn vrije hand te pakken te krijgen, maar het zat nu vast onder de stoel. Uiteindelijk kon hij het eruit trekken met het topje van zijn duim en wijsvinger. Toen hij de inhoud ervan las, verstijfde hij. Verslagen liet hij zich achterovervallen in de stoel.
Het was de overlijdensverklaring van Jeanine Tripplehorn. Ze was overleden te Wichita Falls, Texas, op 24 november 1963, tussen halfacht en halfelf plaatselijke tijd. Oorzaak: verdrinking nadat de auto waarin zij zich bevond door onbekende oorzaak te water was geraakt.
Shepard sloeg zijn armen over elkaar en boog zijn hoofd. Zijn hele lichaam trilde.
Het zoveelste slachtoffer van de Kennedy-aanslag, alleen maar omdat ze op het verkeerde tijdstip op de verkeerde plaats een filmpje had gemaakt. Een film die koste wat het kost moest verdwijnen, net als degene die hem gemaakt had.
Toen hij weer bij zijn positieven was gekomen, had hij geen enkele behoefte meer om de rest van de papieren nog door te nemen. Ze konden alleen maar meer dood en verderf inhouden. Hij moest zich concentreren op het hier en nu. Hij had de verantwoordelijkheid voor een mensenleven op zich genomen. Er was maar één ding van belang nu: hij moest Jenna vrij zien te krijgen. Met een wee gevoel in zijn maag voegde Shepard de documenten weer bij elkaar en stopte ze terug in de map.
Terwijl hij het deksel van de metalen kist dichtklikte, realiseerde hij zich pas de ironie van deze handeling. Het deksel was weer op de beerput geschoven.
Met een dubbel gevoel startte hij de auto.
Vlak daarop zette hij de motor echter weer af en schudde langzaam zijn hoofd. Dit kon hij onmogelijk op zijn beloop laten. Hoezeer het hem ook tegenstond, hij kon zijn nieuwsgierigheid eenvoudigweg niet bedwingen. Jarenlang had hij zich beziggehouden met alles wat te maken had met dit lafhartige complot, en nu, nu de informatie voor het grijpen lag, zou hij die moeten laten voor wat ze was. Dat was gewoonweg te veel gevraagd.
Hij opende de kist, pakte de tweede, nog ongeopende dossiermap eruit en legde die op zijn schoot. Even tikte hij met zijn vingers op het donkerblauwe karton. Hij twijfelde. Toen schoof hij het deksel er behoedzaam af. Hij inhaleerde eens diep en blies de lucht er vervolgens in een lange zucht uit.
Gespannen bekeek hij het bovenste document, dat bestond uit een aantal vellen vergeeld perkament, bij elkaar gehouden door een lint. De eerste bladzijde was een soort middeleeuws beginblad van een tractaat.

Hij herkende het onmiddellijk. Het was de aanhef van de *Fama Fraternitatis*!

'*Allgemeine und general Reformation der ganzen weiten Welt. Beneben der Fama Fraternitatis, dess löblichen Ordens des Rosenkreutzes, an alle Gelehrte und Häupter Europae geschrieben. Auch einer kurze Responsion von dem Hernn Haselmayer gestellet, welcher desswegen von den Jesuitern ist gefänglich eingezogen, und auff eine Galleren geschmiedet. Itzo öffentlich in Druck verfertiget, und allen trewen Herzen comuniciret worden. Gedruckt zu Gassel, durch Wilhelm Wessel, Anno MDCXIV.*'

Daaronder lag nog een bundeltje vergeelde bladzijden, eveneens met een middeleeuws titelblad, dit keer van de *Confessio*, de Latijnse versie welteverstaan:

'*Secretioris Philosophiae Consideratio brevis a Philippo à Gabella, Philosophiae studioso conscripta, et nunc primum una cum Confessione Fraternitatis R.C. in lucem edita. Cassellis, Excudebat Guilhelmus Wesselius, Princ. Typographus.*

Anno post natum Christum MDCXV.'

De eigenlijke *Confessio* bestond uit een tekst van ongeveer tien bladzijden, verdeeld in hoofdstukken.

Shepard bladerde de perkamenten vellen vluchtig maar behoedzaam door. Hij vroeg zich af of dit originele uitgaven waren. Dan zouden ze een klein fortuin waard zijn. Zijn aandacht ging vooral uit naar de laatste pagina. Als daar een origineel waarmerk was aangebracht, dan werd de kans dat hij een oorspronkelijke uitgave in handen had, aanzienlijk vergroot.

Zijn ogen vernauwden zich. Niet zozeer door het stempel dat onder aan de laatste pagina was aangebracht, als wel door de regel die er een klein stukje boven stond. Het was de laatste zin van de *Fama*: '*Sub umbra alarum tuarum, Jehova.*'

Secondelang bleef zijn blik op die vijf woorden gericht. Onder de schaduw van uw vleugels, Jehova.

Daarna legde hij de beide documenten op het dashboard en bekeek de rest van de inhoud van de dossiermap. Bovenop lag een boekwerkje, vervat in donkerrood leer. De gouden opdruk luidde als volgt: *Chymische Hochzeit Christiani Rosencreutz, anno 1459.*

Natuurlijk, het derde onderdeel van de manifesten. De *Fama*, de *Confessio* en de *Chymische Hochzeit*, dezelfde geschriften als waarop de site zich baseerde.

Zonder het boekje in te kijken richtte Shepard zijn aandacht op de rest van de papieren. Het betrof opnieuw een stapeltje perkamenten vellen die met een lint bij elkaar werden gehouden. Het viel hem op dat het lint er verhoudingsgewijs nieuw uitzag. De vellen perkament zelf echter, leken elk moment uit elkaar te kunnen vallen. Hij bekeek de documenten aandachtig. De zwarte inkt was op sommige plaatsen verbleekt en nog nauwelijks leesbaar. Het duurde dan ook even voordat hij doorhad waar de vijf woorden boven aan het eerste vel voor stonden: TUBALKIAN FRATERES AUREAE vel ROSAE CRUCIS.

Hij las de woorden nog eens, deze keer hardop: 'Tubalkian Frateres Aureae vel Rosae Crucis.'

En nog eens: 'Tubalkian Frateres Aureae vel Rosae Crucis.'

Plotseling viel alles op zijn plaats. Even was hij volledig van de kaart. Met een onthutste blik bleef hij maar naar die vijf woorden staren.

Jezus christus, daar staat... daar staat toch... TFARC!

Hij liet zijn hoofd achterover tegen de hoofdsteun vallen. Het duurde even voordat hij alles verwerkt had, voordat hij de implicaties hiervan tot zich kon laten doordringen. Pas na een paar minuten had hij zich weer hersteld.

Hij moest de rest van de tekst, die eveneens in het Latijn was, zien te ontcijferen. En hoewel zijn Latijn niet meer was wat het geweest was, slaagde hij er toch in om de globale betekenis ervan te achterhalen. Zeer waarschijnlijk ging het om een soort oprichtingsakte.

De term Rosae Crucis kwam er meermalen in voor. Evenals Thot en de aanduidingen Imperator, Cancellarius en Praemonstrator. Daarachter stonden in plaats van namen slechts initialen vermeld. Zo werd de Imperator bijvoorbeeld aangeduid met de hoofdletters G∴W∴.

Shepard was inmiddels naarstig op zoek naar een jaartal en uiteindelijk vond hij het, onder aan het document en half verscholen onder het embleem van de orde.

Er ging opnieuw een schok door hem heen.

Het was hetzelfde embleem als op de site! Het kruis met in het midden de roos met het doodshoofd en daaronder de pelikaan met de jongen. En het geheel omvat door de ster met de initialen C.R.

Met samengeknepen ogen tuurde hij naar de cijfers.

'17...' Ze waren nog nauwelijks leesbaar.

Daarna volgde een acht, als hij het goed zag. Shepard fronste zijn wenkbrauwen.

'178.'

Opnieuw probeerde hij de getallen te ontcijferen. Was het laatste cijfer nu een negen of...? Zijn ogen vernauwden zich. Inderdaad, het leek een negen. Dat vormde bij elkaar '1789', het jaartal 1789.

Shepard was met stomheid geslagen.

1789, dat was toch... dat was het jaar dat de Amerikaanse constitutie werd geratificeerd. Het jaar dat de Verenigde Staten waren ontstaan!

Er ging een rilling over zijn rug.

Op datzelfde moment werd hem de betekenis van de initialen G∴W∴ opeens duidelijk. Jezus christus, 1789, het jaar dat George Washington was beëdigd als de eerste president van de Verenigde Staten! Dat betekende... Shepard probeerde te slikken, maar het lukte niet. Zijn keel was droog als gort.

Dat betekende dat de CRAFTsmen al bestonden sinds de oprichting van de Amerikaanse staat. En dat George Washington, grootmeester der vrijmetselaars, de eerste president van de Verenigde Staten, naar alle waarschijnlijkheid hun eerste Imperator was.

Het duizelde Shepard nu.

Wat als dit waar was? Wat als zou blijken dat George Washington, de grootste held uit de Amerikaanse geschiedenis, in het openbaar gekend en geëerd vrijmetselaar, tegelijkertijd de eerste leider was van de meest invloedrijke ondergrondse organisatie die de natie ooit had gekend? Een beweging die zich baseerde op een leer die terugging tot in de vijftiende eeuw, tweeënhalve eeuw voordat de vrijmetselarij ook maar het daglicht had gezien. Een beweging die tot op de dag van vandaag onzichtbaar was gebleven en slechts opereerde in de schemerzone tussen de boven- en de onderwereld?

Hij ademde nu met grote teugen in en uit.

Net als de P2 in Italië. Een staat binnen de staat. Ogenschijnlijk onder de hoede van de bestaande maçonnieke structuren, maar in werkelijkheid clandestien opererend, geheel onafhankelijk van de bestaande gezagsverhoudingen. Met een eigen agenda, met een zelfverklaard doel, de schepping van een nieuwe wereldorde! Een doel dat voortleefde tot in het derde millennium. Tot op de dag van vandaag.

Half verdoofd pakte hij de oprichtingsakte in zijn vingers, voelde eraan, snoof eraan, om de betekenis ervan tot zich te laten doordringen.

Toen richtte hij zijn aandacht weer op de dossiermap, want er zaten nog meer van die perkamenten vellen in. Opgewonden griste hij de hele stapel eruit. Die leken echter niet uit hetzelfde soort materiaal te bestaan. Dit papier had meer weg van zogenaamd geschept papier, dat hij wel kende van oude documenten uit de negentiende eeuw. En deze tekst was ook beter leesbaar. Niet in de laatste plaats omdat die niet in het Latijn was, maar in het Oudengels. Allereerst zocht hij weer naar de datum. Het bovenste document was onder aan het derde vel op 18 november 1876 ondertekend, en wel door twee partijen: de federale Amerikaanse staat en de Tubalkian Masonic Lodge of Washington.

Shepard fronste zijn voorhoofd. *De Tubalkian Masonic Lodge of Washington? Dat is wel heel erg toevallig.*

Hij durfde er wat om te verwedden dat er in Washington of omstreken nog nooit een dergelijke loge was bijeengekomen. Dat het slechts een mantelorganisatie betrof, waarachter ze zich bijna anderhalve eeuw geleden hadden schuilgehouden. Zeg maar een vroege voorloper van de postbus-bv.

En opeens realiseerde hij zich de toepasselijkheid van die vergelijking. Was het niet de CIA die zich tegenwoordig nog van dezelfde middelen bediende? En die zich in de jaren zestig van de vorige eeuw via organisaties als Permindex en Centro Mundiale Commerciale voor het karretje liet spannen van een soortgelijke, anticommunistische elite? Een op geld en macht beluste kliek die achter de schermen aan de touwtjes trok. Die presidenten en volksvertegenwoordigers kon maken of breken. Die bepaalde of iets in het landsbelang was of niet. Zoals een simpele belastingwet, slechts bedoeld om extreem onevenredige voordelen van de enkeling over te hevelen naar de grote massa?

Shepard schudde een paar keer zijn hoofd. *Ongelooflijk!*

En dit speelde zo'n anderhalve eeuw geleden! De zogenaamde Tubalkian Masonic Lodge of Washington was gewoon een basale versie van de 'Permindexen' van later. Maar zeker niet minder efficiënt, zo had de geschiedenis bewezen.

Aandachtig bekeek hij de rest van de tekst. Hij was dan wel geen jurist, maar voor zover hij kon nagaan, was het een soort pachtovereenkomst. De voorwaarden waren uit en te na omschreven. De Amerikaanse staat verleende met dit document aan de Tubalkian Masonic Lodge of Washington een eeuwigdurend pachtrecht op een nader te omschrijven gedeelte van het landgoed Arlington House. En het was niet zo moeilijk om te raden welk gedeelte dat was.

Dus zodoende hadden de Tubalkian Frateres Aureae vel Rosae Crucis, alias de CRAFTsmen, alias de Tubalkian Masonic Lodge of Washington, de perfecte plaats voor hun eeuwige tempel gevonden.

Shepard zuchtte nog maar eens diep. Zijn ogen dwaalden verder over de tekst.

Het verklaarde veel. Dus daarom hadden ze de loge al die tijd geheim kunnen houden en stelde niemand moeilijke vragen. Hij had zich al eerder afgevraagd hoe het kon dat niemand navraag deed over het hoe en waarom van die ijzeren toegangsdeur in de zijgevel van Arlington House. Het was nota bene een toeristische trekpleister, midden op de nationale begraafplaats. Er moesten toch mensen zijn geweest die zich afvroegen wat zich daarachter verschool, waarom die kelderverdieping niet toegankelijk was. Zelfs niet voor het personeel of de beheerder, voor wie dan ook.

Maar in gevallen als deze deed niemand moeilijk. Bang voor de gevolgen die het zou kunnen hebben. Het was immers niemand minder dan de Amerikaanse staat zelf die eigenaar was van het gebouw en blijkbaar in al zijn wijsheid had besloten om de situatie te laten zoals die was.

En zoals altijd had de loge zich kunnen verschuilen onder de veilige deken van het maçonnieke gedachtegoed, dat nu eenmaal met zich meebracht dat sommige zaken ongezien moesten blijven. Ongezien en verborgen voor de goddeloze wereld. En dat alles ter meerdere eer en glorie van de Opperste Bouwmeester des Heelals.

Shepard tuurde door de voorruit naar de rivier in de verte. Eigenlijk moest hij verder. De tijd raakte op en hij had nog geen plan van aanpak. Het was gevaarlijk om hier te blijven staan. Waarschijnlijk was er allang iemand achter hem aan gestuurd. De auto waarin hij reed was immers bekend.

Zijn vingers dwaalden door de resterende documenten.

Nog één, Shepard, sprak hij zichzelf vermanend toe. *En dan wegwezen hier.*

Het sinistere embleem stak haarscherp af tegen het helderwitte papier. Toen hij het bovenste vel omsloeg en de lijst met namen zag, sloeg zijn hart een paar slagen over.

O nee... nee, nee... Dit wilde hij niet weten, dit wilde hij allemaal niet weten... Hij greep met zijn hand naar zijn voorhoofd.

Maar opnieuw won zijn ingebakken nieuwsgierigheid het van zijn natuurlijke afweer. Met opengesperde ogen staarde hij naar wat bijna niets anders kon zijn dan de officiële ledenlijst van de CRAFTsmen.

De lijst bestond uit twee delen. Allereerst werden de namen van de hoogste gezagsdragers vermeld, het zogenaamde College van Onzichtbaren. Het betrof een overzicht van het jaar 1963. Toen Shepard de namen doornam, kreeg hij de instinctmatige neiging om uit de auto te springen, hard weg te lopen en alles wat hij de afgelopen dagen had meegemaakt, uit zijn herinnering te bannen. Dit groeide hem allemaal boven het hoofd. Dit liep totaal uit de hand. Dit konden ze niet van hem verwachten. Jezus christus, dit konden ze toch van een normaal mens niet verwachten!

Met uiterste zelfbeheersing dwong hij zichzelf echter om de namen in zich op te nemen. Het was dus waar. Hij had het amper kunnen geloven, zo afschuwelijk waren de implicaties ervan, maar Jenna had gelijk gehad. De stem van de Imperator op de opname die Deep Throat hem had gemaild... Hij staarde gebiologeerd naar het papier. Een en dezelfde. Dus toch!

Aangedaan zat hij in de auto. Het besef dat het verraad van Kennedy van zo dichtbij was gekomen, schokte hem tot in alle vezels van zijn lichaam. De scène uit de film *JFK* speelde zich voor de zoveelste keer af in zijn hoofd. Die korte zin die officier van justitie Garrison in het proces tegen Clay Shaw met verstikte stem uitsprak, bleek toepasselijker dan iemand ooit voor mogelijk had kunnen houden: *'Remember your dying king.'*

Er had zich op die herfstdag in november 1963 inderdaad een waar koningsdrama voltrokken. Niets minder dan dat. Maar hij kon er niet te lang bij stilstaan, hij moest verder.

De totale ledenlijst bleef beperkt tot zo'n vijftig namen. De CRAFTsmen waren dus inderdaad een uiterst besloten club. Als je dat vergeleek met de P2-loge in Italië, die een kleine duizend leden telde, maakte dat al ruimschoots duidelijk hoe elitair het lidmaatschap moest zijn geweest en waarschijnlijk tot op de dag van vandaag was. De ballotage moest extreem zijn. En juist dat was waarschijnlijk de reden geweest dat ze erin geslaagd waren om de beweging ruim twee eeuwen lang verborgen te houden voor de buitenwereld.

Verdwaasd liep Shepard de lijst door. Een aantal van de namen kwam overeen met de namen in zijn laptop. Andere waren naar zijn weten nog nooit in verband gebracht met de Kennedy-aanslag. Maar wie weet waren ze er amper allemaal van op de hoogte geweest wat een select groepje van hen recht onder hun ogen uitvoerde.

Toen viel zijn oog op de naam van die andere topintrigant uit de jaren zestig: Hoover. En opeens leek alles op zijn plaats te vallen.

Shepard knikte een paar maal bedachtzaam met zijn hoofd. Dus zo was de film terechtgekomen bij de CRAFTsmen. Samen met al het andere bewijsmateriaal. De Babushka-film was volgens de getuigenissen immers in beslag genomen door de FBI. Om vervolgens nooit meer boven water te komen.

Shepard staarde gebiologeerd naar de naam. Wie anders dan hij had de macht en de invloed om bewijsmateriaal te laten verdwijnen en het vervolgens veilig te stellen? Het paste allemaal naadloos in de sfeer van die

periode. De FBI legde ontelbare persoonlijke dossiers aan van allerlei invloedrijke figuren uit het criminele milieu, en net zo gemakkelijk van figuren uit de politiek en het bedrijfsleven. Het was algemeen bekend dat FBI-directeur J. Edgar Hoover bijvoorbeeld smeuïge privégegevens liet verzamelen van hoogwaardigheidsbekleders, om ze vervolgens in te zetten wanneer dat nodig mocht zijn. En ook van de Kennedy's hadden zulke dossiers bestaan...
Shepard zuchtte diep en keek op zijn horloge. Hij liet de rest van de papieren voor wat ze waren en stopte alles terug in de kist. De banden, hij moest zich concentreren op de banden. Het waren negen geluidsbanden, waarvan vier kopieën. Een van de kopieën was verdwenen, net als de kopie van de film. De verdwenen band moest bijna wel de opname van de bijeenkomst van de loge zijn, de opname die Deep Throat hem had gemaild. Hij kon alleen maar hopen dat de overblijvende banden de belofte van die laatste zouden kunnen waarmaken.
Want hoe explosief alle informatie ook was, het was niet genoeg. De film leverde weliswaar het bewijs op voor het bestaan van een complot, maar de identiteit van de uiteindelijke opdrachtgevers stond nog steeds niet vast. En de documenten en de geluidsband van de loge ontmaskerden dan wel de CRAFTsmen als organisatie, maar ook dat was niet genoeg. Al zou het schokeffect dat dit alles bij elkaar zou hebben, het land waarschijnlijk op de rand van een nationale hysterie brengen. Veertig jaar lang was het volk immers misleid en bedrogen. Veertig jaar lang hadden ze alle cruciale informatie achter weten te houden. Voor het volk en door het volk, het was de grootste leugen die ooit de vrije wereld in was geslingerd!
Arlington House zou simpelweg worden bestormd. Daarbij vergeleken zou de run op het Lincoln Memorial slechts kinderspel lijken.
Er was echter één ding dat hij zich bleef afvragen. Waarom had men in 1963 besloten om al deze informatie op een veilige plaats op te slaan, in plaats van die te vernietigen, wat toch meer voor de hand had gelegen?
Om zich in te dekken in het onverhoopte geval dat iemand vals zou worden beschuldigd? Om het op een later tijdstip te kunnen gebruiken als chantagemiddel? Waarom?
Wat de reden ook was geweest, in elk geval moest hij te weten zien te komen wat er op die banden stond.
Die moesten de genadeslag leveren.

60

Met ontzetting in haar ogen staarde Jenna naar de laatste stuiptrekkingen van het vlammetje. De kaars was nu tot op de bodem opgebrand en ze wist dat het onafwendbare stond te gebeuren. Het afgelopen uur had ze vurig gehoopt dat dit laatste oordeel haar bespaard zou blijven. Maar het lot besliste anders.

Haar blik dwaalde nog een laatste keer over de wand van het gewelf. De spreuken flitsten aan haar voorbij, een voor een, terwijl het flakkerende vlammetje er de allerlaatste, spookachtige schaduwen op wierp. Ze huiverde. Wanhopig keek ze voor de laatste keer naar de luiken boven haar. *O god, nee. Alstublieft, als u bestaat, laat dit niet gebeuren!*

En toen was het over. Het was aardedonker.

Jenna greep zich vast aan het stenen bankje en probeerde zich te beheersen. Ze moest zich eenvoudigweg beheersen! Maar tegelijkertijd realiseerde ze zich dat dat een bijna bovenmenselijke taak zou zijn. Ze was aan haar lot overgelaten in een donkere, afgesloten grot, met geen enkele kans op een uitweg, welke dan ook. Zonder water en binnenkort misschien zonder zuurstof. Met om zich heen slechts duisternis. De duisternis van het graf. Het graf van Christian Rosencreutz.

Het wachten was op het moment dat ze de strijd zou verliezen. Dat de krankzinnigheid het zou winnen van het gezonde verstand. Ze hoopte dat het zo ver niet zou komen. Dat het zuurstoftekort de pijn zou verzachten. Want niemand zou haar nog komen bevrijden. Niemand zou haar hier nog uithalen. Daar was ze rotsvast van overtuigd. Het einde was nabij. Ze moest zich erbij neerleggen.

Plotseling sprong ze op en begon te krijsen. Het geluid, dat tot in het oneindige leek te worden weerkaatst door de muren rondom haar, was oorverdovend.

Ze schreeuwde tot haar keel er schor van werd. Daarna viel ze op haar knieën en boog haar hoofd voorover tot op enkele centimeters van de stenen vloer. De tranen vielen een voor een op de kale grond.

Wat restte was het verstikte geluid van haar snikken.

61

De medewerkers van het George Washington Masonic National Memorial zaten er verslagen bij. Terwijl het technisch onderzoek in de Memorial Hall inmiddels in volle gang was, konden ze het nog steeds niet bevatten. Het komen en gaan van de forensisch onderzoekers leek volledig aan hen voorbij te gaan.
Aanvankelijk hadden ze niets in de gaten gehad. Zoals altijd waren ze aan de achterkant van het gebouw via de personeelsingang binnengekomen. Even later, toen ze de nachtwakers wilden aflossen, was de paniek toegeslagen.
De politie stond voor een raadsel. Ze waren druk doende om het hele gebouw per verdieping intensief te doorzoeken.
Over een paar uur zou de toedracht van de zaak duidelijk worden. Alles zou erop wijzen dat er sprake was geweest van een ordinaire inbraak. De inbrekers waren met grof geweld te werk gegaan. Maar de vraag waar ze precies naar op zoek waren geweest, zou door niemand kunnen worden beantwoord. Want wat was er zo waardevol in dit gebouw dat ze zo ver waren gegaan om het te bemachtigen? Wat had er in de schrijn gezeten? Was het genoeg geweest om twee mensen voor te vermoorden?
Dat zou echter niet het enige mysterie blijken te zijn. De bloedsporen, of beter gezegd de bloedplas op het stenen terras aan de noordzijde van het Memorial, plaatste iedereen voor een tweede raadsel.
Wat was er gebeurd? Wie was de derde dode, die in rook leek te zijn opgegaan? Want dat niemand zulk bloedverlies zou kunnen overleven, daar was iedereen het over eens. Dat was gewoon onmogelijk.
Inmiddels kamden twee teams met speurhonden de omgeving van het gebouw uit. Ze zouden niets vinden...
Pas later, als de interne ploeg de negende verdieping zou hebben bereikt, zou iemand op een gegeven moment ongetwijfeld de connectie leggen met het bloedbad beneden. Maar daardoor zou het mysterie uiteindelijk alleen nog maar groter worden.

Omstreeks datzelfde tijdstip werden een kleine vijftig kilometer verderop, ergens in een bos, twee lijken in een vers gedolven gat gesmeten. Het was een uitermate onsmakelijke klus geweest. Een van de twee hadden ze zo'n beetje bij elkaar moeten vegen. Maar goed, daar stond tegenover dat ze er vorstelijk voor werden beloond.
Nadat het graf was dichtgegooid, staken de grafdelvers een sigaret op en wisten het zweet van hun voorhoofd. Het begon weer te regenen. Over een paar dagen zou niets meer aan het naamloze graf herinneren.
Een triest einde van een triest leven.

62

Shepard keek op zijn horloge. Nog een paar minuten. Hij had zo lang mogelijk gewacht, maar nu moest hij de stap wagen. Met zijn kraag omhoog en de blik zo veel mogelijk naar beneden gericht, liep hij voor de tweede keer in korte tijd de stenen trappen van het Capitool op. Af en toe keek hij schichtig om zich heen.
Toen hij de Rotunda binnenstapte, voelde hij zijn hart kloppen in zijn keel. Het was niet druk, want het liep zo'n beetje tegen lunchtijd. Snel stak hij over naar de doorgang waar zich de wenteltrap naar de crypte bevond. Op het moment dat hij de beelden van de presidenten Washington en Jefferson, die aan weerszijden van de doorgang waren opgesteld, passeerde, sloot hij even zijn ogen en zuchtte diep. Tot zover ging het goed.
Een halve minuut later stapte hij de crypte binnen. Gespannen schoten zijn ogen van de ene naar de andere kant. Tegen beter weten in hoopte hij Jenna ergens te zien verschijnen. Dat ze zomaar vanachter een van de pilaren tevoorschijn zou komen en op hem af zou komen lopen. Maar dat was natuurlijk onzin, zo werkte het niet, en dat wist hij maar al te goed.
Het was rustig hierbeneden; er waren een stuk of tien, twaalf bezoekers. Vier daarvan vielen sowieso al af, een gezin met twee kleine kinderen. De vader wees enthousiast naar een document in een van de vitrinekasten, terwijl de kinderen vooral aandacht hadden voor dat rare, kromme plafond dat ze voor hun gevoel bijna konden aanraken. Ook liepen er twee

bejaarde echtparen rond, die waarschijnlijk ook niet aan de eisen beantwoordden. Instinctief deinsde Shepard terug en draaide zich half om. Hij was de scène tijdens zijn vorige bezoek nog niet vergeten. Die oudjes hadden nu eenmaal meer dan voldoende tijd om de doorlopende herhalingen van de nieuwsberichten keer op keer tot zich te nemen.

Hij concentreerde zich op de man die erg geïnteresseerd leek in het hoofd van Lincoln. Naar Shepards maatstaven bleef hij wel erg lang naar de buste staren. Op een gegeven moment legde hij zijn hand zelfs op de plaats waar het linkeroor had moeten zitten. Shepard fronste zijn voorhoofd. Hij twijfelde. Moest hij zelf het initiatief nemen of was het juist beter van niet? Hij liet zijn hand in zijn jaszak glijden en greep het pakketje stevig vast. Toen hij het weer losliet, plakte de klamme huid van de binnenkant van zijn hand eraan vast.

De Lincoln-man leek echter geen enkele interesse in welke levende ziel dan ook te hebben.

Shepard keek vertwijfeld rond. Wie was het dan? Een van de twee vrouwen? Dat leek hem toch sterk. Hij was dan misschien geen held gebleken, maar ze zouden zo'n klus toch niet laten opknappen door een vrouw. Toch? Of misschien juist wel? Iemand die hij niet verwachtte.

Plotseling voelde hij een lichte druk tegen zijn schouderblad. Geschrokken draaide hij zich na een korte aarzeling behoedzaam om. Vanuit zijn ooghoeken zag hij nog net een gestalte in de doorgang naar het trappenhuis verdwijnen. Er zat weinig anders op dan om diens voorbeeld te volgen.

Zijn ogen moesten even wennen aan de verhoudingsgewijs donkere ruimte. Opeens zette er iemand achter hem een stap naar voren. 'Mac Benac,' klonk het op gedempte toon.

Shepard draaide zich vliegensvlug om en deinsde terug. De scène uit de tempel flitste onwillekeurig door zijn hoofd. De Imperator die tegen hem aan stond, de woorden die hij in zijn oor fluisterde, de muffe geur van het gewelf, de geur van de dood...

Mac Benac. Het wachtwoord!

Panisch van angst griste hij het pakketje uit zijn zak en gooide het in de richting van de man. Daarna rende hij als een gek de wenteltrap op, stak de Rotunda over en sprintte naar buiten. De passerende bezoekers keken hem verbaasd na. Deze keer kon het hem niets schelen. Als door de duivel op de hielen gezeten, vloog hij de trappen af en verdween tussen de bomen.

63

Het lichaam lag levenloos op de grond. De leren riem hing nog aan een van de tralies voor het raam dat tweeënhalve meter hoger was aangebracht. Als een stille getuige van wat zich eerder had afgespeeld.
De dienstdoende politiearts ging met tegenzin de kale ruimte binnen. De twee agenten van het FBI-kantoor in Washington die hem begeleidden, namen niet de moeite om uit te leggen hoe het zover had kunnen komen. In een onbewaakt ogenblik was een verdachte erin geslaagd om zich te verhangen in een van de verhoorkamers. Zo simpel was het. Niemand die het had zien aankomen.
Een autopsie, die officieel was vereist, zou niet plaatsvinden. De doodsoorzaak leek immers voor de hand te liggen: zelfmoord door ophanging. Waarom de man tot zijn daad was gekomen, zou wel nooit helemaal duidelijk worden. Evenmin of hij daadwerkelijk in verband kon worden gebracht met de Kennedy-site en de daarmee in verband staande rituele moorden. Het enige tastbare bewijs, zijn laptop, was zodanig beschadigd dat ze er niets meer mee konden. Misschien had hij wroeging gekregen over wat hij had aangericht en was hij niet meer tegen de druk bestand geweest. Niemand die het ooit zou weten.

64

Shepard stond op de hoek van Constitution Avenue en 14th Street tegen de zijkant van een kiosk geleund en nam een slok van de dampend hete koffie. Het was nu bijna vijf uur geleden, en steeds opnieuw bleef hij zich afvragen of hij de juiste beslissing had genomen.
Het was de enige manier geweest die hij had kunnen bedenken. De Babushka-film en de geluidsbanden bevatten genoeg informatie om de natie op zijn grondvesten te laten schudden. Het zou met hen gedaan zijn. Ze

zouden de historische schuld voor de volle honderd procent moeten dragen, met alle gevolgen van dien. Daarom had hij hun duidelijk moeten maken dat het menens was. Dat er niets anders op zat dan om mee te werken. Voor Jenna.

Toch werd hij gekweld door een intens gevoel van weemoed. Misschien had ze gedacht dat het einde in zicht was. Dat ze, ergens in de nabijheid van het Capitool, op de afgesproken plaats en tijd, uit de auto zou worden gezet en haar vrijheid zou terugkrijgen. Het enige wat hij had hoeven doen was die verdomde banden afleveren. De vrouw voor het geheim, zoals hij het zelf had voorgesteld. Misschien was ze dan nu wel vrij geweest. Verlost van die vreselijke nachtmerrie.

Wat had hij gedaan? Wat had hij haar verdomme aangedaan? Hij balde zijn vuist.

Even later vermande hij zich. Het was het enige juiste geweest, de enige manier. Als hij had toegegeven, dan hadden ze hem te grazen genomen en waren ze er allebei geweest. Daar was hij honderd procent zeker van. Er had maar één ding op gezeten. Hij had hun duidelijk moeten maken dat het erop of eronder was. Dat het spel slechts winnaars of verliezers kon opleveren, met niets daar tussenin. En dat hij, meer dan wie ook, bereid was om de ultieme prijs te betalen.

De hoofdredacteur van *The Post* was hem zonder lastige vragen te stellen ter wille geweest. Hij had Shepard persoonlijk naar binnen geloodst en hem naar het archief begeleid, waar hem de benodigde apparatuur ter beschikking was gesteld om de film en de banden te kunnen afdraaien. Zonder morren had hij Shepard daarna alleen gelaten. Hoe minder hij zou weten, des te beter het voor hem zou zijn.

Wat Shepard had gezien en gehoord, had hem de adem haast benomen. De beelden van de schutter achter het houten hek op de grasheuvel waren overduidelijk geweest. Ze waren na al die jaren wel wat waziger geworden, maar de boodschap was duidelijk: er was geschoten vanaf de grasheuvel. Geheel in overeenstemming met al die verklaringen en getuigenissen die toentertijd waren afgelegd.

Maar dat was niet alles. Tijdens het filmen van de escorte van Kennedy had JeanineTripplehorn zonder het te weten het bewuste raam van het schoolboekendepot gefilmd, het eerste raam van rechts op de zesde verdieping. Het venster waarvandaan Lee Harvey Oswald de bewuste schoten zou hebben afgevuurd. En de beelden waren van een zodanige kwaliteit, dat het met de huidige technieken vrijwel zeker mogelijk moest zijn

om de frames zodanig te verbeteren dat de gelaatstrekken van de schutter achter het raam konden worden vergeleken met die van Oswald. En wellicht had dat toen ook al wel tot de mogelijkheden behoord. Een frame met Oswalds hoofd achter dat raam zou voor de Warren-commissie natuurlijk als een geschenk uit de hemel zijn gekomen. Maar ja, dan had het wel die arme Oswald geweest moeten zijn...
Shepard had een paar minuten lang zwijgend voor zich uit gekeken. Het was hem allemaal te veel geworden.
De geluidsbanden hadden echter de genadeslag gegeven. De inhoud ervan had voor zich gesproken. Het plan om Kennedy uit de weg te ruimen bestond al geruime tijd voordat hij naar Dallas vertrok. De marsroute was voorbereid, de moordenaars waren gerekruteerd. Op die 22e november trad de president vol goede moed zijn einde tegemoet.
Tijdens het aanhoren van de geluidsopnamen was er een gevoel van intense walging over hem gekomen. Een van de stemmen had hij vrijwel meteen herkend. Kennedy had geen schijn van kans gehad. De loge had simpelweg besloten dat hij moest verdwijnen.
Toen de daadwerkelijke betekenis van wat hij had gehoord tot hem was doorgedrongen, hadden de tranen in zijn ogen gestaan. Jenna had gelijk gehad. Een simpele stemanalyse zou de doorslag geven. Het meer dan veertig jaar oude mysterie zou in één beslissende klap kunnen worden opgelost. En daarmee zou het vertrouwen in de Amerikaanse beschaving, in de goede bedoelingen van de grootste en machtigste democratie van de wereld, voor eens en altijd zijn vernietigd. Het zou niets anders dan het faillissement van de Amerikaanse samenleving betekenen.

Op dat moment meende hij ergens in de verte zijn eigen naam te horen. Werd hij nu gek?
Hij schudde een paar maal met zijn hoofd en probeerde zich te oriënteren. Gespannen keek hij om de hoek van de kiosk, waar het vandaan leek te zijn gekomen. Maar er was niemand te zien. Een paar passen verder keek hij tot zijn grote schrik in zijn eigen gezicht. De kioskman stond met zijn hoofd omgedraaid naar een klein tv'tje te kijken dat achter hem op een stapel bladen stond.
Ondertussen vervolgde de presentatrice van CNN onverstoorbaar haar verhaal:
'Volgens tot nu toe onbevestigde berichten is de hoofdverdachte in de Kennedy-zaak van alle blaam gezuiverd. Professor Thomas Shepard, verbonden aan de George Washington-universiteit, werd aanvankelijk als

verdachte beschouwd van zowel de moord in Central Park als die op senator Gerald Farraday. Maar zijn opsporingsbevel blijkt nu te zijn ingetrokken. De FBI wil deze informatie op dit moment bevestigen noch ontkennen. De professor zelf is al enkele dagen spoorloos. We gaan nu over naar onze correspondent Jim Lafeber, op de campus van de George Washington-universiteit. Goedemiddag, Jim, wat kun je ons vertellen over...'
Juist op het moment dat de krantenverkoper in de gaten kreeg dat er een klant stond te wachten, draaide Shepard zich om en beende met grote stappen weg. Hij transpireerde hevig. Jezus christus, ze lieten er geen gras over groeien.
Voorzichtig, heel voorzichtig, begon hij ervan overtuigd te raken dat hij de juiste beslissing had genomen. Blijkbaar was de boodschap overgekomen. De banden spraken immers voor zich. Samen met de documenten en de film vormden ze meer dan voldoende bewijs. Maar hij was niet achterlijk. En daarom had hij de film en de originele banden achtergehouden. Van de originele documenten had hij enkele kopieën bijgevoegd.
Zijn eisen stonden duidelijk in de bijgevoegde brief. Om zes uur die middag zou hij Jenna ontmoeten. In het National Museum of American History aan Constitution Avenue, gevestigd op vrijwel het exacte middelpunt van de Mall, tussen het Capitool en het Lincoln Memorial in. Toeval? Hij had er absoluut niet bij stilgestaan, maar misschien was zijn manier van denken intussen zodanig aangetast dat hij zonder het zich te realiseren op dezelfde manier te werk was gegaan als zij.
Als Jenna ongedeerd was, dan zou het bewijsmateriaal achter slot en grendel blijven. Er was echter één maar: als een van hen beiden iets zou overkomen, dan zou het bewijsmateriaal ogenblikkelijk worden overhandigd aan de media. En dat was geen loos dreigement. Die middag had de hoofdredacteur van *The Post* de banden en de documenten, voorzien van Shepards handgeschreven volmacht, onder dat beding in bewaring gegeven bij het advocatenkantoor van de krant. Het had enige overredingskracht gekost, maar uiteindelijk waren ze akkoord gegaan.
Dit zou hun vrijbrief moeten zijn. Meer dan wie ook besefte hij dat hun leven anders geen knip voor de neus meer waard zou zijn.
Voor de zoveelste keer keek hij op zijn horloge. Nog een uur. De gedachte aan Jenna's lot maakte hem langzamerhand gek.

65

Terwijl de zenuwen door zijn keel gierden, liep Shepard naar de ingang. Het National Museum of American History was een kolossaal gebouw dat veel weg had van een bunker. Shepard had de met marmer beklede rechthoek altijd al oerlelijk gevonden, maar goed, hij was nu eenmaal nooit een fan geweest van de nieuwe zakelijkheid die de gebouwen uit die tijd kenmerkte.
In gedachten verzonken liep hij onder het abstracte, roestvrijstalen kunstwerk van José de Rivera door, dat voor de ingang aan de Mall was geplaatst. De in de vorm van een verwrongen cijfer acht gebogen repen staal, *Infinity* genaamd, leken hem bijna symbolisch terecht te wijzen.
Want sommige dingen waren nu eenmaal bestemd voor de eeuwigheid. Hij had de zaak gewoon moeten laten rusten. Gewoon, de e-mail aanklikken en op 'verwijderen' drukken. Dan was al deze rampspoed achterwege gebleven. Dan zou Jenna nu gewoon een reportage aan het maken zijn over om het even welk onderwerp dat de waan van de dag in Washington beheerste. En hij, ach, hij zou gewoon zijn dagelijkse bestaantje hebben voortgezet, saai als het misschien mocht zijn. Maar in elk geval zonder daarbij onnodig mensenlevens in gevaar te brengen.
En toch, ondanks alles wist hij tegelijkertijd dat het bijna niet anders had gekund. Hij geloofde niet in het noodlot, maar dat sommige dingen nu eenmaal leken te zijn voorbestemd, kon ook hij moeilijk meer ontkennen. Hadden ze alles dan zomaar over hun kant moeten laten gaan? Zou Jenna dat echt gedaan hebben? Hij troostte zich met de gedachte dat ze, journalist in hart en nieren als ze was, zo'n opzienbarend nieuwsitem nooit en te nimmer had laten voorbijgaan. Zeker om een van die andere haaien ermee aan de haal te laten gaan. Om haar vervolgens naar de achterste rij van de perszaal te laten deporteren. Nooit. Hij kon het haar bijna horen zeggen. Hij slikte.
Opeens realiseerde hij zich dat hij in de verleden tijd dacht. Jezus, ze leefde nog, ze moest nog in leven zijn! Het moest, verdomme.
Hij stapte het museum binnen en beende met grote stappen de trap op naar de eerste verdieping. Opgewonden liep hij naar de zaal waar de Star-

Spangled Banner, de beroemde Amerikaanse vlag die de bombardementen van de Engelsen op Fort McHenry in 1812 had overleefd, was tentoongesteld. Tientallen kinderen keken vanachter de glazen wand een beetje verveeld naar het enorme doek. De onwaarschijnlijk grote vlag, die beschouwd werd als een historische schat, mat dertig bij veertig voet en was nog onlangs gerestaureerd. Binnenkort zou hij worden overgebracht naar een speciaal daarvoor gebouwde galerij.

Hij keek opgewonden in het rond, maar Jenna was nergens te bekennen. Voor de zoveelste keer keek hij op zijn horloge. Hij was tien minuten te vroeg. Gespannen wreef hij met de rug van zijn hand over zijn mond. Het gekibbel van de kinderen irriteerde hem. Hij wenste dat ze vertrokken. Dat ze hem in godsnaam alleen lieten.

De spanning was nu bijna ondraaglijk. Steeds opnieuw ijsbeerde hij voor de glazen wand op en neer. Waar bleef ze? Had hij zijn hand dan toch overspeeld? Maar het was verdomme toch geen bluf! Ze wisten toch waar ze aan toe waren? Als hij de gegevens openbaar zou maken, zou het afgelopen zijn met hen!

Hij begon te transpireren. Misschien had hij iets over het hoofd gezien. Hij probeerde zich te concentreren. Nee, nee, hij had alles zorgvuldig overwogen. Ze moesten over de brug komen, anders was het gebeurd met hen. Hoeveel invloed ze ook hadden, zelfs zij waren hier niet tegen opgewassen. Hij had hen in de tang, zoveel was zeker, ze waren aan hem overgeleverd.

Maar waar blijft ze dan in godsnaam?

Opeens zag hij haar in zijn rechterooghoek. Zijn hart leek een paar slagen over te slaan. Hij knipperde met zijn ogen in een poging zijn blik scherp te stellen. Was ze dat werkelijk? In amper vierentwintig uur tijd leek ze tien jaar ouder te zijn geworden. De schouders hoog opgetrokken, het hoofd gebogen, het haar plat en in de war.

Hij stormde op haar af en nam haar in zijn armen.

'Jenna, godzijdank, godzijdank.'

Hij kneep haar bijna fijn en drukte zijn mond tegen haar voorhoofd. Er klonk gegiechel. De kinderen stonden hen met een brede grijns te bekijken. Die twee tortelduifjes vormden immers een veel leuker schouwspel dan die oude, versleten vlag.

Shepard pakte Jenna met twee handen bij de wangen en hief haar hoofd omhoog. Hij schrok van haar blik. Haar ogen stonden dof, alsof ze verdoofd was. Ze probeerde te glimlachen, maar het ging niet van harte. Toen liet ze haar hoofd weer naar voren vallen en hij voelde hoe haar spieren verslapten. Hij legde zijn hoofd op het hare en liet zijn tranen de vrije loop.

66

Ze hadden zich bijna een etmaal schuilgehouden. Jenna had bijna veertien uur achter elkaar geslapen. Hij had haar in paniek naar een ziekenhuis gebracht, maar wonder boven wonder was haar situatie meegevallen. Ze was licht uitgedroogd geweest en ze had een forse buil op haar hoofd, maar verder had ze weinig gemankeerd.
Shepard had alles ontelbare keren door zijn hoofd laten gaan, keer op keer op keer, en hij had de nieuwsbulletins nauwlettend gevolgd. Af en toe kwamen de beelden van het Lincoln Memorial nog voorbij en werden er korte commentaren gegeven over de ontwikkelingen rondom de site, maar stap voor stap leek de aandacht af te nemen. De autoriteiten hulden zich in stilzwijgen en omdat alles al een keer gezegd was, leek het of er een adempauze was ingelast. Geen nieuws was immers goed nieuws en daar zat niemand op te wachten.
Jenna werd wakker en strekte zich uit.
Shepard streelde haar haren. Ze knipperde een paar keer met haar ogen. Er verscheen een glimlach rond haar mond.
'Wil je wat eten?'
Ze knikte.
Even later keken ze elkaar zwijgend aan. Shepard schonk voor de tweede keer koffie in. Ze had even tijd nodig om alles wat ze zojuist had gehoord te verwerken.
'Het is goed zo, Thomas. Het is de enige optie die we hebben.'
'Maar dan is het allemaal voor niets geweest, alles.'
Ze legde haar hand op zijn arm. 'Zo moet je niet denken, Thomas. Dat mag je niet denken. Wat gebeurd is, is gebeurd. We zijn nu aan elkaar overgeleverd. Misschien dat we ooit...'
Haar stem stokte.

Een paar uur later stapten ze uit de taxi. Terwijl de gure wind in hun gezichten joeg en hun ogen deed tranen, tuurden ze allebei gebiologeerd naar het gebouw in de verte. Ze moesten hier eenvoudigweg naartoe. Een laatste keer, om alles te kunnen afsluiten.

Toen ze de eeuwige vlam bij het graf van Kennedy passeerden, grepen hun handen nog steviger in elkaar. Thomas wierp er een korte blik op, maar Jenna's ogen dwaalden over de door de middagzon beschenen grafvelden van Arlington Cemetery in de richting van Arlington House.
Toen ze bij de zijgevel aankwamen, ging er een huivering door hen heen. Vol ongeloof staarden ze naar de aaneengesloten, kalkstenen muur. Op de plaats waar de ijzeren deur had gezeten, was het kleurverschil duidelijk zichtbaar. Het donkergele cement was nog nat. De onlangs aangebrachte kalkstenen blokken waren lichter van kleur dan de rest, waarop de elementen immers sinds jaar en dag hun invloed hadden uitgeoefend.
Jenna huiverde. De woorden vormden zich als vanzelf in haar hoofd. *Aer, aqua, terra.*

Shepard had zijn arm om haar heen geslagen. Zwijgend liepen ze door de zee van witte kruisen de heuvel af. Ze realiseerden zich dat hun leven nooit meer hetzelfde zou zijn. Altijd zouden ze op hun hoede moeten zijn, altijd zouden ze over hun schouders moeten kijken. Want het gevaar loerde overal. Het zou slechts een kwestie van tijd zijn. Ooit zouden de Onzichtbaren erachter komen. Ooit zou er iemand doorslaan, goedschiks of kwaadschiks, en zouden de gegevens boven water komen. En tot die tijd, totdat de wraak op hen neer zou dalen, waren ze aangeschoten wild.
Op dat moment drong de ironie van de situatie eigenlijk pas goed tot hem door.
Ruim veertig jaar lang waren ze erin geslaagd om de waarheid verborgen te houden, en nu, nu die eindelijk boven water was gekomen, schoven zij hoogstpersoonlijk het deksel weer op de beerput.
Het verloren gewaande geheim zou blijven waar het al die tijd was geweest: *Sub umbra alarum tuarum, Jehova.*

67

Terwijl de Imperator zich opmaakte om de nieuwe tempel in te wijden, klonk boven hen het ronkende geluid van de helikopter.
Een paar minuten later voegde de laatste broeder zich bij hen, zodat de

plechtigheid zich toch nog in de formeel vereiste voltallige vergadering kon voltrekken.

Vol overgave hief de Imperator zijn armen in de lucht.

Zijn stem galmde door de zaal: *'Ave Frateres.'*

Om in koor te worden beantwoord door het stemgeluid van de overige broeders, negenenveertig in totaal:

'Rosae et Aureae.'

'Crucis.'

'Benedictus Dominus Deus noster, qui dedit nobis signum.'

Appendix 1

Vertaling van de Latijnse, Oudduitse, Engelse en Hebreeuws/kabbalistische teksten

Ave Frater.
Rosae et Aureae.
Crucis.
Benedictus Dominus Deus noster, qui dedit nobis signum.

Wees gegroet, broeder.
Rozen en Gouden.
Kruis.
Gezegend de Heer onze God, die ons het teken heeft gegeven.

A.C.R.C. *Hoc universi compendium unius mihi sepulchrum feci.*
1. Jesus mihi omnia
2. Nequaquam vacuum
3. Legis jugum
4. Libertas Evangelii
5. Dei gloria intacta

Altaar van Christian Rosencreutz.
Tijdens mijn leven maakte ik dit compendium van de wereld als mijn graf.
1. Jezus is mijn alles
2. Er is geenszins leegte
3. Het juk der wet
4. De vrijheid van het Evangelie
5. De glorie Gods is onaantastbaar

Fiat justitia ne pereat mundus.
Er worde recht gedaan, opdat de wereld niet ondergaat.

Frater Aureae vel Rosae Crucis, Deus sit tecum cum perpetuo silentio, Deo promisso et nostrae Sanctae congregationis.

Gouden (of Rozen) broeder, God zij met U, en met het voortdurend stilzwijgen dat gij aan God en aan onze heilige vergadering hebt beloofd.

Allgemeine und general Reformation der ganzen weiten Welt. Beneben der Fama Fraternitatis, dess löblichen Ordens des Rosenkreutzes, an alle Gelehrte und Häupter Europae geschrieben. Auch einer kurze Responsion von dem Hernn Haselmayer gestellet, welcher desswegen von den Jesuitern ist gefänglich eingezogen, und auff eine Galleren geschmiedet. Itzo öffentlich in Druck verfertiget, und allen trewen Herzen comuniciret worden. Gedruckt zu Gassel, durch Wilhelm Wessel, Anno MDCXIV.

Algemene hervorming van de ganse wijde wereld, gevolgd door de *Fama Fraternitatis* van de zeer loffelijke orde van het Rozenkruis, gericht aan alle geleerden en leiders in Europa. Ook een kort antwoord, geschreven door de heer Haselmayer, die daarvoor door de jezuïten gevangengenomen is en tot de galeien veroordeeld. Thans gedrukt en openbaar gemaakt aan alle trouwhartige gelovigen van Europa. Gedrukt te Cassel, door Wilhelm Wessel, anno 1614.

Phy! Aurum nisi quantum aurum.
Foei! Goud, niets dan goud.

In this temple the memory is enshrined forever.
In deze tempel wordt de nagedachtenis voor eeuwig levend gehouden.

Sub umbra alarum tuarum, Jehova.
Onder de schaduw van uw vleugels, Jehova.

In this temple
As in the hearts of the people
For whom he saved the union
The memory of Abraham Lincoln
Is enshrined forever.

In deze tempel
Zoals in de harten van de mensen

Voor wie hij de Unie redde
Wordt de nagedachtenis aan Abraham Lincoln
Voor eeuwig levend gehouden.

Date et dabitur vobis.
Geeft en u zal gegeven worden.

Congratulor.
Ik verheug mij met u.

Condoleo.
Ik lijd met u mee.

Trygono Igneo
de Vlammende Driehoek

Sefer Yetsirah
het Boek der Vorming

Visita interiora terrae rectificando invenies ocultum lapidem.
Bezoek het binnenste van de aarde en vind al louterend de geheime steen.
(Het geheime woord van de alchemisten.)

Sefiroth
De boom des levens, het centrale symbool van de kabbala.
De gestileerde boom bestaat uit tien Sefiroth en tweeëntwintig paden die de Sefiroth verbinden. Het enkelvoud van Sefiroth is Sefirah. Elke Sefirah heeft een bepaalde betekenis.

O.BLI.TQ.BIT.MI.CI.
KANT.F.VOLT.BIT.TO.GOLT.
SANTIS.NIX.HASTA.
F.I.A.T.
QUOD: IGNIS: AER: AQUA: TERRA:
SANCTIS REGUM ET REGINARUM
NOSTRUM CINERIBUS.
ERRIPERE NON POTUERUNT;
FIDELIS CHYMICORUM TURBA
IN HANC URNAM CONTULIT

O blijft toch bidden, mijn geliefden!
Als gij wilt, bidt dan om Goud.
Genezing berust op de lans!
Wat vuur, lucht, water, aarde niet aan de heilige stof van onze koningen en koninginnen vermochten te onttrekken, heeft de trouwe schare alchemisten in deze ketel bijeengebracht.

Sjem ha-meforasj
De tweeënzeventig-lettergrepige naam van God, bestaande uit 216 letters.

Nakatum Pastan Paspasim Dionsim
De Here zegene u en behoede u. De Here late zijn aangezicht over u lichten en zij u genadig.

Post CXX annos patebo.
Na honderdtwintig jaar zal ik opengaan.

Secretioris Philosophiae Consideratio brevis a Philippo à Gabella, Philosophiae studioso conscripta, et nunc primum una cum Confessione Fraternitatis R.C. in lucem edita. Cassellis, Excudebat Guilhelmus Wesselius, Princ. Typographus.
Anno post natum Christum MDCXV.

Korte Overweging van de meest Geheime Filosofie, geschreven door Philippo à Gabella, student in de filosofie, voor de eerste keer bijgewerkt uitgegeven met de *Confessio* van de Broederschap R.C. Gedrukt te Cassel, door Wilhelm Wessel, anno 1615.

Appendix 2

Integrale teksten van de website www.JFKTruthOrDare.com

Het staalincident

Want hoewel wij thans geen melding maken van onze namen of bijeenkomsten, zo zal toch ieders uitgesproken verklaring ons zeker in handen komen, in welke taal die ook geschreven zij.

Al binnen het eerste jaar van zijn ambtstermijn werden de bange vermoedens van het establishment bewaarheid. De ster van Kennedy was snel dalende bij het ondernemingsgezinde deel van de natie. In 1961 had hij reeds zijn eerste belastingvoorstellen ingediend en die beloofden niet veel goeds voor de heersende klasse. Met het zogenaamde staalincident dat plaatsvond in 1962 verklaarde Kennedy hun echter de oorlog.

Reeds in 1961 maakte president Kennedy zich zorgen over het niveau van kosten en prijzen. Inflatie door kostenstijgingen vormde een bedreiging voor de economie. De staalindustrie nam een sleutelpositie in bij het streven naar prijsstabilisatie, omdat stijging van de staalprijs zo'n veelomvattend en verstrekkend effect had op de gehele economie. In september 1961 schreef Kennedy de president-directeuren van de grote staalondernemingen daarom een brief waarin hij de staalindustrie beschreef als een 'essentiële bedrijfstak, maar ook een voornaam element bij de industriële kostenontwikkeling' en waarin hij de hoop uitsprak dat de industrie 'zich zou onthouden van een prijsverhoging'. Vervolgens schreef hij een brief naar David J. McDonald van de Verenigde Staalunie, waarin hij voorstelde om de looneisen 'binnen de grenzen van de productiviteitsstijging' te houden.
Begin 1962 werkte Goldberg, de minister van Arbeid die zelf algemeen juridisch adviseur was geweest van de Staalunie, aan de onderhandelingen voor een noninflatoire overeenkomst, die in april zowel door de unie als door de bedrijven aanvaard werd. Alle betrokkenen dachten dat de zaak daarmee geregeld was.
Op 10 april bracht Roger Blough, de president-commissaris van United States Steel, echter zijn beruchte bezoek aan het Witte Huis, en overhandigde Kennedy

zonder enige voorafgaande waarschuwing een verklaring van vier pagina's waarin het besluit werd aangekondigd om de staalprijs te verhogen met zes dollar per ton, een verklaring die door de leiding van het bedrijf in feite al voor publicatie werd vrijgegeven voordat Blough zijn onderhoud met de president beëindigd had.
De staalindustrie zette Kennedy hiermee voor schut. Op het moment dat Blough het kantoor verliet, liet Kennedy zich een opmerking ontvallen die het bedrijfsleven hem nooit meer zou vergeven: 'Mijn vader zei altijd dat alle zakenlieden rotzakken waren, nu begin ik te geloven dat hij gelijk had.'
De volgende morgen kondigde ook Bethlehem Steel, de op een na grootste maatschappij, een prijsverhoging af, en vier andere bedrijven volgden snel.
Deze handelwijze vormde een ernstige bedreiging voor Kennedy's loon- en prijsbeleid, voor het programma van economische expansie, voor de betalingsbalans en het vertrouwen dat de vakbeweging in hem stelde. JFK was woedend. Hij typeerde deze handelwijze als een 'volkomen ongerechtvaardigd tarten van het algemeen belang door een handvol directeuren wier zucht naar persoonlijke macht en fortuin hun besef van nationale verantwoordelijkheid te boven gaat'.

Kennedy zinde op wraak, en alle middelen werden ingezet.
Hij instrueerde het ministerie van Defensie om zijn opdrachten aan United States Steel te annuleren ten gunste van bedrijven die hun prijs nog niet hadden verhoogd. Het departement van Justitie, onder leiding van Robert Kennedy, begon een onderzoek naar eventuele overtreding van de antitrustwetten door de staalondernemingen. Daarbij werd ook gebruikgemaakt van de diensten van de FBI. De Federale Handelscommissie kondigde aan een onderzoek in te stellen naar de vraag of de staalbedrijven de voorschriften tegen onderhandse prijsbinding hadden overschreden. Antitrustcommissies van het Congres kondigden aan getuigenverhoren te beginnen. Ted Sorensen, een van de belangrijkste adviseurs van de president, begon te werken aan noodwetten op het gebied van lonen en prijzen.
De tactiek was erop gericht dat als maar voldoende bedrijven zouden weigeren om mee te gaan met de prijsstijging, U.S. Steel en de andere grote bedrijven door de concurrentie gedwongen zouden worden om hun prijzen uit zelfverdediging weer te verlagen.
De publieke opinie schaarde zich achter de president.
JFK slaagde erin om enkele staalbedrijven, Inland Kaiser en Aramco Steel Corporation, te overreden om zich aan de oude prijzen te houden. Ook Bethlehem Steel trok zijn prijsverhoging in. En uiteindelijk moest ook United States Steel capituleren.

De strijd leek dus gewonnen. Kennedy had het Amerikaanse bedrijfsleven voor eens en altijd duidelijk gemaakt dat ze niet met hem konden sollen.

Door deze strijd tussen Kennedy en de staalindustrie werden beide partijen echter eveneens gesterkt in hun achterdocht jegens elkaar. In tegenstelling tot Eisenhower hield Kennedy afstand tot het bedrijfsleven. Hij maakte in wezen duidelijk dat hij niet afhankelijk was van hen. En waarom zou hij ook, anders dan zijn voorgangers had hij het geld van het bedrijfsleven niet nodig om campagne te kunnen voeren. Hij was steenrijk en het fortuin van vader Joe had hem gebracht tot waar hij was, niet de steun van de grote bedrijven. En dat begrepen ze nu maar al te goed. Hij had hen niet bepaald zachtzinnig met de neus op de feiten gedrukt. En voor het bedrijfsleven was er in elk geval weer eens een democratische regering die als zwart schaap kon dienen. Er zat weer een kerel in het Witte Huis die ze konden haten. Het bedrijfsleven had daarmee zijn oude rituelen en boosdoeners weer terug.

Met deze overwinning diende Kennedy het bedrijfsleven dan ook onduubbelzinnig van antwoord op de vraag wie er eigenlijk de baas was in de Verenigde Staten.

Velen zijn ervan overtuigd dat hij met deze politiek het begin van zijn einde heeft ingeluid. Hij was simpelweg op de verkeerde tenen gaan staan.

En ergens diep vanbinnen wist Kennedy dat misschien ook, of begon hij in elk geval te beseffen wat hij had aangericht.

In april 1962 zei hij het zo tegen zijn naaste adviseurs, Sorensen en Schlesinger:
'Ik begrijp elke dag beter hoe Roosevelt, die aanvankelijk zo mild was in zijn oordelen, eindigde als een fervente vijand van de zakenwereld. Het is verdomd moeilijk om vriendelijk te zijn tegen mensen die blijven proberen je kapot te maken. (...) Er zijn zo'n tienduizend mensen in ons land die daarop uit zijn: banken, industriëlen, advocaten, uitgevers en politici...'

Dat zijn woorden later zo'n profetische waarde zouden hebben, kon hij toen nog niet bevroeden, maar dit was de start van de steeds diepere haat die men tegen hem zou ontwikkelen. Misschien was het slechts het allereerste begin, maar het zette een trein in beweging die niet meer te stoppen was.

Oil depletion

Hij echter die onoprecht is of slechts begerig naar rijkdom, hij zal niet in staat zijn ons op enigerlei wijze te benadelen, en hij zal zichzelf geheel in het verderf storten.

Wij zeggen met onze geliefde vader C.R.C.:
Phy! Aurum nisi quantum aurum.

Het begon Kennedy duidelijk te worden dat ook zijn belastinghervormingsplannen er niet zonder slag of stoot door zouden komen. En dat was nog zacht uitgedrukt. Het zou oorlog worden, zo hadden ze hem duidelijk gemaakt. En als ze dat wilden, dan konden ze die krijgen.
Hij was in de bijzondere positie dat hij de financiële steun van het bedrijfsleven niet nodig had gehad om zijn presidentiële campagne te voeren en waarom zou hij zich dan nu door hen laten koeioneren? Het belastingregime moest worden hervormd zodat er een eerlijker verdeling van belastingheffing zou komen, met name zodat de gewone burger minder zou hoeven te betalen. Tevens was het hem al lange tijd duidelijk dat de voordelen die de grote bedrijven zich toe-eigenden in verband met de belastingheffing, astronomisch waren en maar al te vaak volkomen misplaatst en gebaseerd op oude, totaal gedateerde, belastingwetgeving. Die discrepantie moest recht worden getrokken en hij was precies degene die die klus kon klaren.
Al in zijn tijd als senator had hij geprobeerd een aantal soortgelijke belastingvoorstellen erdoor te krijgen, maar dat was jammerlijk mislukt. Nu kon hij het echter anders aanpakken. Een van de doorslaggevende factoren om de benodigde wetsvoorstellen erdoor te krijgen was om de juiste poppetjes op de juiste plaatsen te krijgen. Kennedy deed al enige tijd zijn uiterste best om de rechtenprofessor van Harvard en langdurig voorvechter van belastinghervormingen Stanley Surrey te benoemen als hoogste belastingambtenaar bij het ministerie. Maar de tegenstand tegen deze benoeming was enorm. De felste tegenstand kwam van de oliemaatschappijen, die al hun gewicht in de schaal legden om de benoeming van Surrey te verhinderen. Surrey werd aan een indringende ondervragingsronde onderworpen in de Senate Finance Committee en het was maar zeer de vraag of ze iets van hem heel zouden laten. De lobby van de oliebedrijven draaide overuren om Surrey onderuit te halen. Want ook senatoren hadden het geld en de invloed van het bedrijfsleven nodig om hun felbegeerde positie te verkrijgen en te behouden. Ze zaten nu eenmaal niet in de comfortabele positie van de president.
Minister van Financiën Douglas Dillon steunde zijn baas als vanzelfsprekend, maar had hem ook gewaarschuwd dat het een taaie strijd wou worden om Surrey op die post te krijgen. Iedereen wist namelijk verdomde goed waar Surrey voor stond

en wat de reden was dat Kennedy hem voordroeg voor deze functie. Dillon had nog voorgesteld om een iets minder progressief persoon voor te stellen voor de baan, maar Kennedy had geweigerd.

Uiteindelijk lukte het om Surrey benoemd te krijgen, maar alleen met de plechtige belofte dat de minister van Financiën, en hij alleen, de uiteindelijke zeggenschap over de belastingpolitiek zou behouden.

Dit was een belangrijke stap voor Kennedy in het kader van de door hem beoogde belastinghervormingen. Het was hem sinds jaar en dag een doorn in het oog dat met name de olieindustrie een aantal belastingvoordelen genoot die absoluut niet pasten bij een fatsoenlijke belastingmoraal. Sommige van die regelingen stamden uit vervlogen tijden waarin de oliewinning nog in de kinderschoenen stond en de risico's die de oliebedrijven liepen, buitensporig groot waren.

Die hele goudomrande regeling was zeer dringend aan vernieuwing toe. Maar dat zoiets niet zonder slag of stoot zou gaan, had de geschiedenis al meermalen bewezen. Zoals altijd zouden de machtige oliebedrijven tot het uiterste gaan om hun belangen te beschermen.

In de Amerikaanse belastingwetgeving bestond namelijk zoiets als de zogenaamde oil depletion, een speciale regeling voor oliebedrijven die inhield dat ze een groot fiscaal voordeel ontvingen wanneer ze boorden naar olie.

En dat voordeel was niet gering. In de jaren zestig kostten de voordelen op de oliewinsten de Amerikaanse overheid twee miljard dollar per jaar. Twee miljard! Puur belastingvoordeel voor de oliebazen dus. En dat was in 1963. Om het in de juiste proporties te zien: dat zou vertaald naar vandaag zo'n twintig miljard dollar hebben betekend.

Van belang is om te weten hoe die truc nu precies werkte.
Samengevat genoten investeerders in olie en gas drie aparte, unieke belastingvoordelen.

Voordeel 1
Oliemannen hadden de mogelijkheid tot directe afschrijving van de meeste kapitaalkosten, terwijl het normale bedrijfsleven slechts de mogelijkheid had tot gefaseerde afschrijving daarvan.

Voordeel 2
Olie-investeerders hadden de mogelijkheid tot een dubbele aftrek van de initiële investering, gewone investeerders hadden slechts een enkele aftrekmogelijkheid hiervan.

Voordeel 3
Oliemannen hadden de mogelijkheid tot verdergaande aftrek, ook al volgden geen verdere investeringen, anderen hadden geen aftrekmogelijkheden anders dan de initiële investering.

Een ingewikkeld verhaal, maar het volgende voorbeeld over de voordelen van een olie-investering kan het misschien duidelijk maken.
Stel, men investeerde 100.000 dollar in het boren naar olie. Ruwweg 25.000 dollar daarvan werd aangewend voor materiaal, zoals pijpen in de grond en dergelijke. De andere 75.000 dollar, intangible drilling expense genoemd, wat zoiets betekent als overige exploitatiekosten, ging op aan lonen, brandstof, machine- en gereedschapshuur.
Deze 100.000 dollar vormden in wezen de kosten voor het ontwikkelen van een inkomen vormend eigendom, namelijk de oliebron. Dat waren dus kapitaalkosten. In alle andere takken van industrie zouden deze kosten stapsgewijs gedurende de levensduur ervan mogen worden afgetrokken als afschrijvingen. Stel, de oliebron ging twintig jaar mee, dan resulteerde dit in een aftrek van 5.000 dollar per jaar; ingeval de bron tien jaar meeging, dan resulteerde dit in een aftrek van 10.000 dollar per jaar.
Voor olie-investeringen golden echter andere regels. Minimaal drie kwart van de kapitaalkosten, de zogenaamde intangible drilling expenses, mocht onmiddellijk worden afgetrokken in het jaar dat de kosten werden gemaakt. Dus in plaats van 5.000 of 10.000 dollar aftrek in het eerste jaar, kon men dus in het eerste jaar 75.000 dollar ineens aftrekken. De resterende 25.000 dollar mocht vervolgens stapsgewijs worden afgetrokken, net zoals dat ging bij de regelingen voor de overige takken van industrie.
En zo werkte dit positief door. Als iemand bijvoorbeeld naast zijn olie-investeringen een non-olie-inkomen had van 75.000 dollar, dus een inkomstenbron die niets van doen had met oliewinning, dan betaalde hij door de 75.000 dollar olieafschrijving per saldo helemaal geen belasting over dat bedrag. En dat kunstje kon hij nogmaals flikken, want die 75.000 dollar zou hij dan nogmaals kunnen investeren in een oliebron enzovoort, enzovoort.
Stel dat een oliebron na een jaar 100.000 dollar had opgeleverd, dan mocht je 27,5 procent daarvan, dus 27.500 dollar, belastingvrij opstrijken.
Deze regeling stond bekend als de zogenaamde oil depletion rule.
De olie-investeerder kon zijn oorspronkelijke investering dus al voor drie kwart onmiddellijk afschrijven en het resterende kwart op termijn, en daarbovenop kon de investeerder zijn investering nog eens belastingvrij terugverdienen door gebruikmaking van de 27,5 procent-depletionregeling.

Daarnaast bestonden nog enkele andere gunstige regelingen, zoals de *capital gains route*, die inhield dat een investeerder die een oliebron verkocht, over de winst slechts 25 procent belasting hoefde te betalen, ongeacht de aftrek die hij met gebruikmaking van de genoemde regelingen (oil depletion en intangible drilling expenses) eerder over deze investering had genoten.

Ook bestond de mogelijkheid om verliezen behaald in het ene jaar, door te sluizen naar een volgend jaar waarin weer winst werd gemaakt, zodat die winst omlaag kon worden gehaald en er dus minder belasting hoefde te worden betaald. Ook al was dit verlies slechts ontstaan door gebruik te maken van de aftrekmogelijkheden voor olie-investeringen!

Deze regelingen pakten zo uit dat olie-investeerders in de jaren 1946 tot 1949 bijvoorbeeld negentien maal zoveel konden aftrekken als investeerders in andere sectoren.

Via deze regelingen betaalde een maatschappij als Amerada Petroleum in 1944 over haar nettowinst, begroot op 5.511.000 dollar, slechts een belasting van 225.000 dollar. Dat is dus 4,1 procent, terwijl de gemiddelde belastingdruk voor bedrijven in die periode 55 procent bedroeg.

Deze gegevens zijn overigens te verifiëren in de uitgave van *Moody's Industrials* van 1945.

Maken we nu de overstap naar 1961. Het gemiddelde belastingaandeel dat bedrijven in dat jaar betaalden over hun nettowinst was 49 procent, maar dat gold niet voor de oliemaatschappijen.

Volgens *Moody's Industrials* betaalden de hierna genoemde oliemaatschappijen in dat jaar het volgende percentage aan belasting:

Texaco: 13,2 procent
Sinclair: 18,2 procent
Socony-Mobil: 31,1 procent
Standard Oil: 11,7 procent.

Volgens een ministeriële studie maakte een andere maatschappij, zeg maatschappij X, een bestaande oliemaatschappij, 65.700.000 dollar winst over een periode van zes jaar. Maar de maatschappij betaalde helemaal geen belasting!

Maatschappij Z ontving zelfs een teruggave van 425.000 dollar van eerder betaalde belasting. Bedrijf Z behaalde over een periode van veertien jaar een winst van 261 miljoen. Een normaal bedrijf zou daarover 130 miljoen belasting hebben betaald, maar bedrijf Z zat zwaar in de oliebelangen en betaalde slechts 27 miljoen belasting. Een belastingvoordeel van ruim 100 miljoen dus.

In 1957 betaalde het Amerikaanse bedrijfsleven gemiddeld 48,7 procent van hun winst aan belasting; de grote oliemaatschappijen betaalden echter slechts 23,6 procent. Minder dan de helft dus. Als deze oliemaatschappijen hetzelfde percentage aan belasting hadden betaald, dan zou hun totale belastingafdracht alleen in dat jaar al een miljard dollar hoger zijn geweest.

Deze regelingen, die al in 1913 in de belastingwetgeving werden opgenomen, waren oorspronkelijk in het leven geroepen vanwege de hoge risico's die men liep bij de kostbare oliewinning. Volgens sommigen sloeg deze reden nergens meer op, omdat er meer dan genoeg olie voorhanden was. In de jaren zestig was het immers al beleid dat de opbrengst van de Texaanse oliebronnen werd gelimiteerd tot dertig procent van hun werkelijke productiecapaciteit. Simpelweg omdat de vraag naar olie hiermee correspondeerde en omdat men de verwachting had op deze wijze voor langere tijd aan de vraag te kunnen voldoen.
Al in 1926 werd in een studie, verricht onder auspiciën van de Senaat, aangetoond dat twee derde van de depletionvoordelen werd verkregen uit olievelden waarvan reeds bewezen was dat er voldoende olie voorradig was en waarvan de exploitatie dus weinig risico opleverde. Verder stond toen al vast dat zestig procent van de aftrek ten goede kwam aan grote bedrijven die hun eventuele risico's door hun veelvuldige olieboringen sowieso al konden spreiden en dat de aftrek eveneens werd toegepast door landeigenaren die hun landerijen slechts verhuurden voor olieboringen en dus vrijwel helemaal geen risico liepen, in elk geval niet meer dan om het even welke investeerder in onroerend goed dan ook.

Door gebruik te maken van deze riante regelingen werden de oliemagnaten rijker en rijker, zonder dat ze er iets voor hoefden te doen.
Zo veranderde H.L. Hunt, een van de rijkste oliemagnaten, door de oliewinning en de bijbehorende belastingaanpak van een scharrelaar in lompen tot een oliemagnaat die ergens tussen de twee en drie miljard dollar waard was. Zijn inkomen werd in de jaren zestig geschat op zo'n miljoen dollar per week. Met dank aan de oil-depletionregeling.
Studies van het ministerie van Financiën toonden aan dat een zekere meneer D, die in 1960 een inkomen had van 26 miljoen dollar, geen cent belasting betaalde, net als in 1957 en 1959. Sterker nog, meneer D had over 1960 een verlies gerealiseerd van 846.330 dollar, dat hij vervolgens kon gebruiken om toekomstig te maken winst te verlagen.
Een andere zakenman, meneer B, had over de jaren 1958 tot en met 1960 een netto-inkomen gehad van 9.419.000 dollar, maar over geen van die jaren had hij inkomstenbelasting hoeven te betalen.
Ook andere rijken beschouwden investeringen in olie als een must, die vorm-

den immers een vrijwel zekere inkomstenbron, zonder noemenswaardige risico's. Zo investeerden filmsterren als Bob Hope en Bing Crosby gezamenlijk in oliebronnen in Texas Scurry County en haalden veel geld binnen. En deze filmsterren konden toch moeilijk risicovolle ondernemers worden genoemd.

En met deze voordelen hield het niet op, want er bestonden ook nog regelingen voor olieoperaties in het buitenland. Het depletionregime eindigde namelijk niet bij de landsgrenzen; Amerikaanse oliemaatschappijen behaalden dezelfde voordelen bij hun buitenlandse olieoperaties.

De binnenlandse depletionregeling werd vaak gelegitimeerd door het hoge risico en de hoge kosten van olieboringen. Dat was echter geen enkel beletsel om de Amerikaanse bedrijven in het buitenland, zoals in Koeweit of Saudi-Arabië, waar droge putten nauwelijks voorkomen en de boorkosten laag zijn omdat de enorme oliereserves schier onafzienbaar zijn, dezelfde voordelen te verlenen als in de Verenigde Staten, dus eveneens 27,5 procent aftrek. Dat was een immens groot voordeel voor Amerikaanse bedrijven aldaar.

In 1955 en 1956 heeft de Arabisch-Amerikaanse oliemaatschappij Aramco bijvoorbeeld depletionaftrek genoten ter hoogte van respectievelijk 148 en 152 miljoen dollar. Hierdoor alleen al had de maatschappij een belastingvoordeel in Amerika van 124 miljoen dollar over die twee jaar. Voor datzelfde bedrag schoot de Amerikaanse belasting erbij in. De winst na belasting van Aramco was zo enorm dat twee van de eigenaren, Standaard Oil of New Jersey en Socony Oil Mobil, in staat waren hun hele investering in Aramco Oil binnen een jaar terug te verdienen.

Deze overzeese depletionregelingen waren eveneens van groot belang voor de Amerikaanse oliemaatschappijen. In 1956 was drie vierde van de winst na belasting van Standard Oil of New Jersey afkomstig van buitenlandse olieactiviteiten.

Een jaar later bleek dat bij de drieëndertig oliemaatschappijen eveneens meer dan drie vierde van hun winst afkomstig was van buitenlandse activiteiten.

Een tweede groot belastingvoordeel in verband met buitenlandse activiteiten had te maken met royaltybetalingen aan vreemde regeringen, betalingen die werden vermomd als inkomstenbelasting. De Amerikaanse belastingbetaler draaide daar uiteindelijk volledig voor op.

Als bijvoorbeeld Aramco een bedrag van 100 miljoen betaalde aan de regering van Saudi-Arabië en dit zou worden beschouwd als een royaltybetaling, dan kon Aramco dit bedrag aftrekken van zijn inkomsten in de Verenigde Staten. Volgens de bestaande belastingdruk voor bedrijven van 52 procent zou Aramco 48 procent belasting moeten betalen, de overige 52 procent zou in principe door de Amerikaanse fiscus worden betaald aan de regering van Saudi-Arabië.

Wanneer de 100 miljoen echter zou worden beschouwd als belasting, dan zou Aramco gerechtigd zijn om zijn totale belastingafdracht in de Verenigde Staten te verlagen met 100 miljoen. Aramco betaalde dan 48 procent minder belasting en de Amerikaanse fiscus droeg zodoende de gehele last van die 100 miljoen.

En de regering van Saudi-Arabië zal het worst zijn geweest hoe ze hun 100 miljoen ontvingen, zolang het maar op hun rekening werd bijgeschreven.

Hoe het ook zij, de route van de belasting werd veel vaker gekozen dan de royalty-variant. In 1955 en 1956 heeft Aramco royaltybetalingen gedaan aan Saudi-Arabië ter hoogte van respectievelijk 78 en 80 miljoen en belastingbetalingen ter hoogte van respectievelijk 193 en 200 miljoen!

Kennedy wilde al deze regelingen aanpakken, zodat de onterechte voordelen voor de olie-investeerders en de oliebedrijven werden ingetrokken of in elk geval ingrijpend beperkt.

Toen duidelijk werd dat JFK van zins was om de strijd aan te gaan en die tot het bittere einde uit te vechten, werden de oliebazen zenuwachtig. Deze president was immers zelf financieel onafhankelijk en had geen specifieke campagnehulp nodig. Als het moest, kon hij zijn verkiezingscampagne zelf financieren, zonder hulp van welk bedrijf dan ook. En als JFK zou worden herkozen, dan waren de rapen helemaal gaar. Dan zou Kennedy's positie onaantastbaar zijn en zou hij geobsedeerd zijn democratische gelijkberechtigingsidealen erdoor te drammen.

De belangen waren simpelweg te groot!

Hoeveel is het leven van een president waard, vraag ik u?

Zondebokken/Castro

De waarheid zal nimmer worden onthuld, als het aan de overheidsinstanties in de Verenigde Staten ligt.

Het hele fragmentarische verhaal over de belastingvoordelen op de oliewinning mag dan misschien saai zijn, maar daarin ligt wel de aanleiding voor de moord op Kennedy. Ik kan dat bewijzen, althans, ik beschik over gegevens die deze bewering onderbouwen. Ik beschik over namen, namen van opdrachtgevers.

Daar draait het toch bij om het even welke grote misdaad om? Om de grote vissen? Toch? Die wil men te pakken nemen, want die vormen de basis van het kwaad dat met wortel en tak moet worden uitgeroeid.

Waarom ging men dan zo te werk bij de aanslag op JFK?

Waarom werd steeds de aandacht afgeleid van de hoofdzaak, namelijk wie de opdracht gaf tot de moord?

In dat kader zijn er in de loop van de tijd veel valse opdrachtgevers aangewezen. Personen of organisaties die achteraf de schuld in de schoenen kregen geschoven, waardoor de aandacht van de uiteindelijke daders werd afgeleid.

De belangrijkste valse opdrachtgever was ongetwijfeld Fidel Castro. Maar zat die erachter? Zeer onwaarschijnlijk.

Allereerst was daar het Varkensbaai-incident. Kennedy gaf in 1961 toestemming om het reeds bestaande plan voor een invasie van de Varkensbaai ten uitvoer te brengen. Weliswaar weigerde hij om voldoende middelen ter beschikking te stellen voor een succesvolle uitvoering ervan – zo weigerde hij in april 1961 welke vorm van luchtsteun dan ook te verlenen –, feit blijft dat hij wel degelijk met de invasie had ingestemd.

Daarna was begin 1962 operatie Mongoose in gang gezet, de geheime operatie om Castro te elimineren. Daarbij werden kosten noch moeite gespaard. Zo had de speciale Mongoose-unit, Task Force W genaamd, op de campus van de universiteit van Miami een zenuwcentrum gevestigd (onder de codenaam JM/WAVE) waar vierhonderd man werkten. Task Force W had tweeduizend Cubanen in dienst en werd al snel het op een na grootste CIA-kantoor in de wereld, na het hoofdkantoor in Langley, Virginia. Operatie Mongoose kostte de Amerikaanse belastingbetaler jaarlijks honderd miljoen dollar!

Eind 1962 resulteerde dit alles in de Cubaanse rakettencrisis. In juli 1962 was Raul Castro, de broer van Fidel en minister van Defensie, naar Moskou gegaan met inlichtingenrapporten over de manier waarop het Kennedy-regime, met behulp van operatie Mongoose, bezig was om Fidel uit het zadel te werpen. Raul verzocht de Russen om militaire hulp. Chroestsjov reageerde op het verzoek door in de herfst van dat jaar een aanvang te maken met de plaatsing van middellangeafstandsraketten op Cuba. De afloop is bekend.

Weer later, in 1963, toen Robert Kennedy de plannen van de CIA om gangsters in te schakelen om Castro uit te schakelen, had verworpen, ontstond het plan voor operatie AMLASH. Task Force W was in januari 1963 omgedoopt tot de Special Affairs Staff, of SAS. Allerlei, op z'n zachtst gezegd curieuze, aanslagscenario's passeerden de revue.

Toen dit soort plannen van hogerhand werden afgeschoten, wendde de SAS zich tot een persoon die al langer hand-en-spandiensten verrichtte voor de CIA, Rolando Cubela, een majoor in het Cubaanse leger die Castro persoonlijk kende en hem regelmatig zag, zowel in officiële als onofficiële kringen.

Cubela en zijn vrienden keurden de uitverkoop van Cuba aan Rusland ten sterkste af en waren ervan overtuigd dat Castro de revolutie had verraden. Cubela moest Castro elimineren. Hij had ervaring, want in oktober 1956 had hij Blanco Rico, het hoofd van Battista's militaire inlichtingendienst, vermoord. Toen de CIA Cubela als aanslagpleger inhuurde, gaven ze hem de codenaam AMLASH. Of de Kennedy's nu wel of niet precies op de hoogte waren van AMLASH, is nooit bewezen, maar feit is dat AMLASH is ingezet om Castro te vermoorden.

Vanaf 1961 leken er voor Castro dus meer dan voldoende motieven voorhanden te zijn geweest om Kennedy uit de weg te willen ruimen.

Maar juist in die herfst van 1963 leek het tij te zijn gekeerd. De speciale adviseur van de delegatie van de Verenigde Staten bij de Verenigde Naties, William Attwood, zou rond dat tijdstip een serie gesprekken voeren met de Cubaanse ambassadeur bij de Verenigde Naties, Carlos Lechuaga, om te komen tot onderhandelingen over de toenadering tussen Amerika en Cuba. Deze toenadering werd gesteund door Kennedy en door zijn nationale veiligheidsadviseur, McGeorge Bundy. Volgens Bundy wilde Kennedy een opening richting Cuba bewerkstelligen om het land uit de invloedssfeer van de Sovjet-Unie los te weken. Hij wilde de Varkensbaai-affaire vergeten en proberen om een normale relatie met Cuba op te bouwen. Dus waarom zou Castro uitgerekend in dit stadium, eind 1963, toen Amerika duidelijk toenadering zocht tot Cuba, Kennedy hebben willen vermoorden? Dan waren er in eerdere jaren toch heel wat toepasselijker aanleidingen geweest om wraak te nemen op zijn tegenstrever.

De mislukte invasie in de Varkensbaai zou echter op een heel ander vlak dan het Cubaanse nog een bijzonder invloedrijke rol gaan spelen. Die invasie zou namelijk een interessante voedingsbodem opleveren voor het plannen van het al genoemde nepcomplot met betrekking tot de latere aanslag op Kennedy. Enkele zondebokken die het latere dwaalspoor zouden moeten vormgeven, kwamen na het Varkensbaaidebacle bijna als vanzelf bovendrijven, zou je kunnen zeggen. Ze moesten alleen nog worden opgevist door degenen die aan de touwtjes trokken. Maar daarover later meer.

Wie of wat was dus de drijvende kracht achter het complot om Kennedy te vermoorden?
Olie, dat is hier het sleutelwoord. Maar oliebaronnen alleen plannen geen aanslagen, daar hebben ze een netwerk voor nodig, een netwerk van invloedrijke lieden die gezamenlijk overtuigd moeten worden van dezelfde noodzaak.
En waar komt zoveel macht en invloed bij elkaar dat voldoende draagvlak ontstaat om zich te kunnen ontdoen van een president?
Om de financiële middelen te kunnen leveren?
Om de voorwaarden te kunnen scheppen waaronder de klus kan worden geklaard?
Om, met gebruikmaking van politie en Justitie, het deksel op de beerput te kunnen laten schuiven?
Kortom, om het ultieme complot en de ultieme doofpotaffaire te kunnen laten opzetten en uitvoeren?
Waar?

Wij zeggen met onze geliefde vader C.R.C.: *Phy! Aurum nisi quantum aurum.*

De verdachtmakingen aan het adres van Castro waren dus bezijden de waarheid. Maar niettemin was het de opdrachtgevers al van het begin af aan duidelijk dat er naast de daadwerkelijke planning van de aanslag een nepcomplot zou moeten worden bedacht, een gericht dwaalspoor dat de aandacht zou moeten afleiden van de daadwerkelijke complotteurs. Een nepcomplot dat al vanaf 1961 stap voor stap vorm zou krijgen. En er zou niet één zondebok, maar er zouden er vele nodig zijn om dit gedeelte van het plan te vervolmaken.
De bekendste onder hen, Lee Harvey Oswald, die later als enige dader de moord in de schoenen zou krijgen geschoven, stapte in februari 1961, een maand na de inauguratie van Kennedy, het verhaal binnen.

In februari 1961 diende Lee Harvey Oswald, een Amerikaanse ex-marinier, bij de Amerikaanse ambassade in Moskou een verzoek in om terug te kunnen keren naar de Verenigde Staten.
Deze Oswald had in september 1959, nadat hij jaren had gediend bij het Korps Mariniers, eervol ontslag gevraagd en gekregen wegens persoonlijke onmisbaarheid, omdat zijn moeder wegens haar zwakke gezondheid zorg nodig had. Daarvoor had Oswald op de mariniersbasis El Toro in Californië, waar hij van november 1958 tot

september 1959 verbleef, het examen Russisch afgelegd. Hij bracht drie dagen door bij zijn moeder in Fort Worth en vertrok daarna naar New Orleans.

Van daaruit vertrok hij per schip naar Engeland. Volgens de Warren-commissie vloog Oswald op 9 oktober vanuit Engeland meteen door naar Helsinki. Uit zijn paspoort bleek echter dat hij pas op 10 oktober naar Helsinki was vertrokken, een klein verschil, maar een van de ontelbare onjuistheden die de onderzoeken naar de aanslag op Kennedy de navolgende decennia zouden kenmerken.

Op 16 oktober kwam Oswald per trein vanuit Finland in Moskou aan. De Russische autoriteiten ondervroegen hem en kwamen er al snel achter dat hij waardevolle informatie kon verschaffen over de Amerikaanse luchtafweertechniek. Oswald was immers in 1957 gestationeerd geweest op de Japanse luchtmachtbasis Atsugi, waar hij deel uitmaakte van een luchtdoelafweereenheid die tot taak had de U2-hangar te bewaken, vanwaar alle dagelijkse zeer geheime U2-spionagevluchten plaatsvonden.

Documenten over de eventuele betrokkenheid van Oswald bij de Militaire Inlichtingendienst en zijn rol op Atsugi zijn later, na onderzoek door de Warren-commissie, als geheim bestempeld. Het ging met name om de volgende twee:

Commissiedossier nr. 692: Weergave van officieel CIA-dossier Oswald.

Commissiedossier nr. 931: Oswalds toegang tot gegevens over de U2.

Opnieuw een van de vele voorbeelden van geheimhouding van documenten, waarvan de meeste geheim zullen blijven tot het jaar 2039.

Het idee dat Oswald betrokken was bij geheime inlichtingenoperaties van de CIA zou later, in 1978, aan de House Committee on Assassinations, de enquêtecommissie van het Huis van Afgevaardigden inzake de moord op Kennedy, worden bevestigd door Thomas A. Wilcott, voormalig financieel beheerder bij de CIA. Hij stelde dat Lee Harvey Oswald uit de krijgsmacht was gerekruteerd door de CIA 'met als specifiek doel aanstelling tot dubbelspion in de Sovjet-Unie'.

In het begin van 1960 ging Oswald naar de stad Minsk, waar hij een baan kreeg als metaalarbeider in een radarfabriek. Hij kreeg een comfortabele flat en een redelijk salaris, iets wat andere arbeiders niet hadden.

De grote vraag was en bleef of hij was gerekruteerd door de CIA of dat hij marxistische sympathieën had, zoals de Warren-commissie beweerde. Deze vraag is nooit afdoende beantwoord, zoals zoveel vragen nooit afdoende zijn beantwoord. De Warren-commissie wilde graag geloven dat Oswald inderdaad marxistische sympathieën had gehad, maar uit een onderzoek dat officier van justitie Garrison eind jaren zestig instelde naar de aanslag op Kennedy, bleek dat zoiets niet viel te bewijzen. Andere mariniers met wie Oswald had gediend en die veel met hem te maken hadden gehad, konden zich niets herinneren van marxistische of ander subversieve neigingen van Oswald.

In maart 1961 ontmoette Oswald ene Marina Prusakova, en in april 1961 trouwden ze. In februari van dat jaar diende Oswald dus het verzoek in om terug te kunnen keren naar de Verenigde Staten. Noch de Verenigde Staten, noch de Sovjet-Unie maakte bezwaar tegen Oswalds terugkeer, terwijl het er toch verdacht veel op leek dat Oswald was overgelopen en geheime informatie aan de Sovjets had verstrekt. De Amerikaanse ambassade leende Oswald het geld voor de terugreis en Buitenlandse Zaken gaf in augustus 1961 toestemming om zijn paspoort te vernieuwen.

In juni 1962 kwamen Lee en Marina Oswald met hun dochtertje aan in New York, waar ze werden verwelkomd door Spas T. Raikin, algemeen secretaris van de American Friends of the Anti-Bolshevik Nations, een particuliere anticommunistische organisatie met connecties in de inlichtingenwereld. Vanuit zijn functie bij de Traveller's Aid Society was Raikin door het ministerie van Buitenlandse Zaken verzocht om de Oswalds op te vangen en hulp te bieden na hun terugkeer.

Oswald werd niet ondervraagd of vervolgd voor zijn vermeende overlopen. De FBI stelde geen nader onderzoek in omdat, zoals Hoover, de directeur van de FBI, later zou verklaren, de Amerikaanse ambassade in Moskou een betrouwbaarheidsverklaring had afgegeven.

De Oswalds vertrokken vervolgens naar Forth Worth in Texas, waar Oswald een baan kreeg bij de Leslie Welding Company.

Het is in die periode dat Oswald in contact komt met een zekere George De Mohrenschildt, een oliegeoloog van Russische komaf en een prominent lid van de olie-elite in Dallas.

De Mohrenschildt had via de Russische gemeenschap in Dallas gehoord dat de Oswalds pas onlangs vanuit Minsk in Amerika waren gearriveerd en hij vroeg zich af of er nieuws was uit de stad waar hij zijn jeugd had doorgebracht.

De Oswalds waren nogal armlastig en de De Mohrenschildts bezochten hen om te kijken of ze hen behulpzaam konden zijn.

De rest van de Russische gemeenschap in Dallas, anticommunisten, wilde echter niets met de Oswalds te maken hebben omdat ze eerder naar Rusland waren uitgeweken.

Dat deze De Mohrenschildt contact zocht met Lee Harvey Oswald is om meer dan één reden interessant. De Mohrenschildt onderhield al geruime tijd vriendschapsbanden met Jacky Kennedy's familie en nu kruiste zijn pad dat van de latere veronderstelde moordenaar van Jacky's man, Lee Harvey Oswald. De wereld is klein. De Mohrenschildt, oorspronkelijk Von Mohrenschildt, was in 1911 geboren in Mozyr, een kleine stad dicht bij de Poolse grens. In Polen studeerde George von Mohrenschildt op de militaire academie.

In 1938 was hij op aanraden van zijn broer naar Amerika gegaan. Hij werkte kort voor de Humble Oil Company in Houston en werd toen opgeroepen voor dienstplicht. Hij werkte onder meer kort voor de Franse inlichtingendienst en trachtte in dienst te komen van de Office of Strategic Services, de voorloper van de CIA, maar hij werd geweigerd wegens vermeende verbintenissen met de Poolse geheime dienst.

Von Mohrenschildt raakte verbonden met andere verbannen Russen die zich hadden georganiseerd in de Generaal Vlassov-beweging, een beweging van anticommunistische Russen die vochten tegen de nazi's, in de hoop hun vaderland te kunnen redden. Deze beweging, die ook in Dallas was gevestigd, maakte vooral opgang in steden waar grote groepen Russische bannelingen waren gevestigd. Later werkten vele leden van de Vlassov-beweging voor de CIA.

Von Mohrenschildt haalde in 1944 een masters degree in petroleumgeologie aan de universiteit van Texas en werkte als ingenieur in de olie-industrie.

Hij trouwde met Phyllis Washington, de dochter van een hoge ambtenaar van het ministerie van Buitenlandse Zaken. Later, ten tijde van de Warren-commissie, werd een onderzoek naar de Washington-familie, die de eventuele connecties van Von Mohrenschildt met regeringskringen had kunnen blootleggen, gedwarsboomd.

In januari 1964 werd Phyllis in een psychiatrisch ziekenhuis opgenomen, waarna FBI-directeur J. Edgar Hoover er bij Warren-commissie-adviseur J. Lee Rankin in een brief stellig op aandrong niet met haar te spreken. Het FBI-rapport dat op 5 maart 1964 over Phyllis Washington is opgesteld, is nog steeds geheim.

In Colorado werd Von Mohrenschildt op 11 juli 1949 genaturaliseerd tot Amerikaans staatsburger. Hij nam de Franse naam De Mohrenschildt aan en reisde in zijn vak van olieconsultant de halve wereld rond.

In 1957 bracht hij een jaar door in Joegoslavië, als vertegenwoordiger van de International Cooperation Administration, een onderdeel van het Agency for International Development, een welbekende in Washington gevestigde façade van de CIA. De betrokkenheid van De Mohrenschildt bij de CIA is later bevestigd door niemand minder dan de toenmalige onderdirecteur van de CIA, Richard Helms.

In 1961 was De Mohrenschildt een prominent lid van de elite in Dallas. Hij was lid van de exclusieve Dallas Petroleum Club en kende oliemiljonairs als H.L. Hunt, Robert Kerr en Jean de Menil, president-directeur van de International Schlumberger Corporation, een multinational die nauwe banden had met de CIA.

En zo kwam Lee Harvey Oswald dus haast als vanzelf in contact met een persoon die vrij nauwe banden had met de CIA, George De Mohrenschildt.
Toeval? Weinig kans.

De Mohrenschildt was uitverkoren op grond van drie karakteristieken.

Hij was ingebed in de olie-industrie, hij had contacten met de inlichtingendiensten en hij had contacten binnen de regering.

Wellicht dat De Mohrenschildt aanvankelijk als zogenaamde 'babysitter' via de CIA contact onderhield met Oswald om hem in de gaten te houden in verband met zijn terugkeer uit Rusland. Volgens de Warren-commissie was De Mohrenschildt bevriend met J. Walter Moore, een lid van de CIA Domestic Contact Service ter plaatse. Bij Moore informeerde hij ook of Oswald te vertrouwen was en Moore beschreef Oswald bij die gelegenheid als een 'ongevaarlijke idioot'.

Dit is bijzonder interessant, omdat de CIA meldde in die periode geen interesse te hebben gehad in Oswald en ook niets over hem te weten.

Naast deze connectie met de CIA bestaat er ook interessante informatie waaruit blijkt dat Oswald sinds september 1962 als informant werd betaald door die andere overbekende overheidsinstantie: de FBI. Deze aanwijzingen kwamen van de kant van een zekere Alonzo Hudkins, een journalist van de *Houston Post*.

De FBI heeft vele tipgevers 'in dienst', die het bureau inlichtingen verschaffen over allerlei zaken die voor de binnenlandse veiligheid van belang kunnen zijn. Net zoals trouwens ook de CIA die tipgevers in groten getale in dienst heeft.

Zo zou Oswald tweehonderd dollar per maand hebben ontvangen voor zijn informatie aan de FBI en bekendstaan als informant nummer 172. Dat deze informatie wel degelijk serieus werd genomen, blijkt uit de officiële bespreking die de officieren van justitie van Texas en Dallas, Waggoner Carr en Henry Wade, op 24 januari 1964 hadden met opperrechter Earl Warren.

Volgens Wade bestond er namelijk heel wat meer ondersteunend bewijs, zodat deze informatie wel eens zou kunnen kloppen.

Zo zouden in Oswalds adresboek het telefoonnummer en de nummerplaatgegevens van FBI-agent Thomas Hosty uit Dallas staan vermeld. Maar op de lijst met de inhoud van dat adresboek, die de commissie van de FBI had ontvangen, ontbrak dat adres.

Ook was er volgens Wade een 'regeringscheque' ter waarde van tweehonderd dollar gevonden in Oswalds bezittingen. Bovendien had een werknemer van Western Union verklaard dat Oswald periodiek soortgelijke bedragen kreeg overgeschreven op zijn rekening. Daarbij kwam nog eens dat Wade, zelf een ex-FBI-agent, ervan overtuigd was dat Oswalds gewoonte om postbusadressen te gebruiken zeer goed van pas kon komen voor illegale transacties. Deze manier van werken hielden agenten van de FBI er sinds jaar en dag immers zelf ook op na.

J. Edgar Hoover, directeur van de FBI, verklaarde tegenover de commissie echter dat iedere FBI-informant met naam en nummer bekend was op het FBI-hoofdkantoor, maar dat Oswald daar onbekend was en dus nooit informant van de FBI kon zijn geweest.

De Warren-commissie besloot op grond hiervan om deze gegevens niet openbaar te maken. Ze waren zich er terdege van bewust dat openbaarmaking ervan de integriteit van de regering en haar diensten zou kunnen schaden en daarmee de onafhankelijkheid van het onderzoek naar de moord op Kennedy. Een connectie tussen Oswald en de FBI zou immers alleen maar lucht kunnen geven aan eventuele complottheorieën.

Opnieuw werd cruciale informatie achtergehouden om een samenzwering uit te sluiten. Dezelfde manipulatieve wijze van werken als in het geval van de magische-kogeltheorie.

De commissie ging dus volledig af op de beweringen van Hoover en deed zelf geen daadwerkelijk onderzoek naar de kwestie.

Ook werd journalist Alonzo Hudkins nimmer officieel gehoord.

Later bleek dat de bron van Hudkins verhaal niemand minder was dan het hoofd Criminele Zaken van het sheriffkantoor in Dallas, Allan Sweatt. Maar ook Sweatt werd nooit officieel verhoord door de commissie.

Wat nog meer bevreemdt, is dat in het omvangrijke rapport van de Warren-commissie nergens melding wordt gemaakt van dit onderwerp, zelfs niet in het onderdeel 'Speculaties en Geruchten', een apart gedeelte dat nu juist was toegevoegd om alle eventueel rondzingende geruchten openbaar te maken.

En als klap op de vuurpijl is het verslag van het verhoor van Alonzo Hudkins door de geheime dienst zelfs nooit in de Nationale Archieven opgenomen!

Dus welke informatie is er nog meer achtergehouden?

En moeten we dan wachten tot 2039, totdat de informatie die er werkelijk toe doet en die zich op dit moment in de Nationale Archieven bevindt, eindelijk openbaar wordt gemaakt? Als die informatie inmiddels niet is vernietigd.

We wachten al veertig jaar, dat moet toch voldoende zijn.

Hoe dan ook, Oswald was dus ingelijfd.

Vanaf dat moment kreeg de verdere invulling van het complot stap voor stap vorm.

Lee Harvey Oswald zou als een van de zondebokken gaan dienen die nodig waren om het nepcomplot vorm te geven.

Het contact met Lee Harvey Oswald was dus gelegd.
De Mohrenschildt nam hem voorlopig onder zijn hoede.
Maar wie zat er werkelijk achter het complot om JFK te vermoorden?
TFARC
Olie maakt deel uit van TFARC.

TFARC en olie, dat zijn de sleutelwoorden.
Oil depletion daadwerkelijk in gevaar!
JFK gaat te ver.
Maatregelen nodig.

TFARC (olie) is verbonden met Permindex/OAS/CIA/anticommunistisch bolwerk.
Contact TFARC (olie) met Centro/Permindex.
Connectie leggen met P2, Thulegenootschap, Groep U.R. en uiteindelijk: TFARC!

Connectie tussen TFARC en de oliewereld van Dallas

TFARC (olie) is verbonden met Permindex/OAS/CIA/anticommunistisch bolwerk.
Contact TFARC (olie) met Centro/Permindex.
TFARC weet dat ze niets meer aan Johnson hebben, Johnson wordt in 1964 gewipt.

1963: Kennedy was op stoom.
Bewijs: staalcrisis en aanval op oil depletion.
De lobby tegen de belastinghervormingen van Kennedy was mislukt en vicepresident Johnson zou met de presidentsverkiezingen van 1964 hoogstwaarschijnlijk worden gedumpt door Kennedy. Dus hoe fanatiek Johnson ook het tegendeel probeerde te bewijzen, zijn rol zou binnen afzienbare termijn zijn uitgespeeld. Als Kennedy bereid was om Johnson als vicepresident te laten vallen in 1964, dan betekende dit dat hij vast in het zadel zat en ervan overtuigd was dat hij met zijn huidige populariteit zonder meer zou worden herkozen. Met de daaraan verbonden onvermijdelijke belastingmaatregelen gericht tegen de olie-industrie.
Oliemagnaten beheersen TFARC. Zie ledenlijst TFARC!
Ik beschik over de ledenlijst.

Het was een stilzwijgende afspraak geworden, een afspraak dat Kennedy het zwijgen moest worden opgelegd, hoe dan ook.
Om te kunnen begrijpen hoe dit uiteindelijk allemaal heeft kunnen leiden tot de perfecte en ultieme misdaad, is het van belang om dit negatieve sentiment in de richting van Kennedy in een breder perspectief te plaatsen.

Oliemagnaten waren via de Dallas Petroleum Club in contact gekomen met George De Mohrenschildt en met vertegenwoordigers van de International Schlumberger Corporation, een bedrijf dat nauwe banden onderhield met de CIA. De Schlumberger Corporation was een grote, Franse onderneming die voor de olieproducenten bodemonderzoek verrichtte, onder andere door toepassing van springstoffen en geologische meetapparatuur.
Schlumberger had net als de CIA belangstelling voor de OAS, de door voormalige Franse generaals geleide organisatie die in 1961 in opstand was gekomen tegen president Charles de Gaulle, die Algerije op de weg naar onafhankelijkheid steunde. De CIA gaf in het geheim steun aan deze Franse antigaullistische beweging, hetgeen resulteerde in een aantal aanslagen op De Gaulles leven.
De Gaulle, die op 8 januari 1959 president was geworden van Frankrijk, erkende op 16 september 1959 het recht van alle ingezetenen van Algerije op zelfbeschikking. Het gewapende Algerijnse verzet tegen de Franse overheersing, dat zich had

verenigd in het Front de Libération Nationale (FLN), had in september 1958 een in Caïro zetelende voorlopige regering gevormd, het Gouvernement Provisoire de la République Algérienne (GPRA), die door de communisten en verscheidene Afro-Aziatische landen werd erkend.

Na vele geheime en officiële onderhandelingen tussen De Gaulle en het GPRA werd het slotoverleg in Evian op 18 maart 1962 bekroond met een akkoord. Krachtens de Akkoorden van Evian zou een voorlopige uitvoerende macht, waarin ook FLN-leden zitting zouden hebben, een referendum voor alle ingezetenen voorbereiden. Andere bepalingen betroffen de toekomstige verhouding tussen Frankrijk en Algerije. Een wapenstilstand, afgekondigd op 19 maart 1962, maakte officieel een einde aan de oorlog, die zeven jaar en vijf maanden had geduurd en Frankrijk bijna twintig miljard dollar had gekost. De oorlog kostte het leven aan 24.000 Franse militairen en bijna 200.000 Algerijnen.

De Europese ingezetenen van Algerije wensten zich hierbij niet neer te leggen, wat resulteerde in twee opstanden: de Barricadenopstand van 24 januari 1960 en de 'opstand der generaals' van 22 april 1961, onder leiding van de generaals Challe, Zeller, Salan en Jouhaud. Dit verzet werd gebundeld in de Organisation de l'Armée Secrète (OAS). De twee ondergedoken generaals Salan en Jouhaud namen hiervan de leiding op zich. Een golf van terreurdaden in de vorm van kneedbommen en aanslagen overspoelde de grote steden.

Er werden verscheidene aanslagen op het leven van De Gaulle gepleegd. In Pont-sur-Seine, vlak bij Parijs, reed De Gaulle met zijn auto in een val, waarbij hij alleen door de vaardigheid van zijn chauffeur, die het klaarspeelde om de auto onder controle te houden in een inferno van brandende olie, ontkwam aan de dood.

Later ontsnapte De Gaulle nogmaals op miraculeuze wijze aan de dood, toen zijn auto, met daarin tevens zijn vrouw en schoonzoon, in Petit Clamart, net buiten Parijs, werd doorzeefd met kogels.

Na de Akkoorden van Evian maakte zich een enorme vernietigingsdrang van de OAS meester. Ze besloten Algerije als een puinhoop achter te laten. Veel openbare gebouwen werden vernield en duizenden Algerijnen werden zonder reden vermoord. Het Franse leger trad hiertegen nauwelijks op. Te elfder ure kwam tussen de OAS in Algiers en het FLN een overeenkomst tot stand, maar de terreur duurde tot juni 1962 voort. Op 1 juli 1962 vond een referendum plaats over de toekomst van Algerije, waarbij 99 procent zich uitsprak voor onafhankelijkheid. Op 3 juli verklaarde president De Gaulle dat Frankrijk de onafhankelijkheid van Algerije plechtig erkende.

Na de onafhankelijkheid knoopte het regime van Algerije nauwe banden aan met het Cuba van Castro.

Overigens had John F. Kennedy al als senator de onafhankelijkheid van Algerije ondersteund en zou hij later als president De Gaulle volledig steunen in zijn pogingen om Algerije onafhankelijkheid te verlenen.
Dit is temeer interessant omdat in dezelfde periode de CIA steun verleende aan de OAS in haar pogingen om deze onafhankelijkheid op gewelddadige wijze tegen te houden!
Maar zoals gewoonlijk deed de CIA dit niet openlijk. Ze gebruikten daarvoor een van hun vele mantelinstellingen, maatschappelijke organisaties en ondernemingen die op het eerste gezicht niets van doen konden hebben met welke inlichtingendienst dan ook.

De organisatie die een cruciale rol speelde in deze wirwar van contacten tussen ondernemers, inlichtingendiensten (CIA) en rechts-extremistische organisaties als de OAS, was het sinds 1961 in Rome gevestigde Centro Mondiale Commerciale (wereldhandelscentrum), oorspronkelijk opgericht in Montreal. Het doel van het Centro was zoals de naam al doet vermoeden, het bevorderen van de handel in de breedste zin van het woord. Naast een nevenvestiging in Zwitserland had het Centro ook nog een dochteronderneming, Permindex, wat stond voor PERManent INDustrial EXpositions, een instelling die zich bezighield met de organisatie van internationale beurzen.
Tot de raad van bestuur van het Centro behoorden onder anderen de volgende personen:
Prins Gutierrez di Spadaforo, lid van het Huis van Savoye, een rijke aristocraat met grote belangen in de olie- en wapenindustrie die ooit onder Mussolini onderminister van landbouw was geweest;
Carlo D'Amelio, de advocaat van voormalige leden van de Italiaanse koninklijke familie;
Jean de Menil, president-directeur van de International Schlumberger Corporation;
Ference Nagy, de verbannen voormalige minister-president van Hongarije en een belangrijk anticommunistisch leider. Nagy was eveneens directeur van Permindex en emigreerde later naar de Verenigde Staten, waar hij zich vestigde in Dallas, Texas.
De grootste aandeelhouder van Permindex was ene majoor Louis Mortimer Bloomfield, een belangrijke advocaat uit Montreal. Bloomfield had oorspronkelijk de Amerikaanse nationaliteit en was een ex-agent van het Office of Strategic Services (OSS), waaruit later de CIA is voortgekomen.
De CIA was begin jaren zestig in Italië met een project begonnen om anticommunistische doelen te ondersteunen en was in wezen een belangenbehartiger van het fascisme. De organisatie waarvan de CIA daarbij gebruikmaakte, was het Centro

Mondiale Commerciale. Het belangrijkste doel van deze organisatie was in feite het heen en weer schuiven van gelden om bepaalde acties en illegale politieke spionageactiviteiten te ondersteunen. Een manier van werken die de inlichtingendiensten, waaronder de CIA, graag toepasten om ongemerkt via commerciële instellingen hun operaties te ondersteunen.

Centro Mondiale Commerciale werd er onder andere van verdacht de aanslagen op de Franse president De Gaulle te hebben gesteund. In 1962 werd het Centro er door De Gaulle van beschuldigd de Organisation de l'Armée Secrète (OAS) heimelijk te hebben geholpen. Zo ontdekte de Franse inlichtingendienst dat er tweehonderdduizend dollar heimelijk was doorgesluisd naar de rekening van Permindex bij de Banque de la Crédit Internationale. Ook bestaan er gegevens die erop wijzen dat een zekere Guy Banister, een ex-FBI-man die later in contact stond met de CIA, contant geld liet doorsluizen naar de OAS. Banister stond eveneens in contact met de Schlumberger Corporation.

De tweehonderdduizend dollar werd daadwerkelijk gebruikt om een van de aanslagen op De Gaulle te financieren. Die mislukte, opnieuw.

In 1962 werd zowel Centro Mondiale Commerciale als dochteronderneming Permindex verboden door de Italiaanse en Zwitserse Justitie. Ze voerden nooit daadwerkelijk handelstransacties uit en ze weigerden te verklaren waar de geldstromen vandaan kwamen.

Het hoofdkantoor van het Centro werd vervolgens verplaatst naar Johannesburg.

En via deze connectie wordt ook een zekere Clay Shaw in het verhaal betrokken. Clay Shaw, de directeur van de International Trade Mart in New Orleans, vervulde hand-en-spandiensten voor de CIA en was lid van het bestuur van zowel het Centro als Permindex. De International Trade Mart was door Shaw opgericht als sponsorbedrijf voor permanente industriële beurzen in het Caribisch gebied en via Permindex verbonden aan het 'moederbedrijf' Centro Mondiale Commerciale.

Later, in 1968, zou Shaw door officier van justitie Garrison worden aangeklaagd voor zijn vermeende rol in het complot om president Kennedy te vermoorden. Shaw werd gezien als degene die de touwtjes in handen had in New Orleans. Hij rekruteerde een aantal handlangers en was degene die het contact onderhield met de opdrachtgevers, met TFARC.

Hoewel de jury uiteindelijk oordeelde dat er wel degelijk zo'n complot had bestaan, werd Shaw wegens gebrek aan bewijs vrijgesproken. Dat was een grove fout van de jury, begrijpelijk misschien, maar een dwaling van recht die nooit meer zou worden goedgemaakt.

Overigens trachtte minister van Justitie Ramsey Clark ten tijde van de aanklacht tegen Shaw zijn betrokkenheid bij de aanslag te ontkrachten door mede te delen dat Shaws handel en wandel was onderzocht en dat vaststond dat hij er niets mee te maken had. Dat was vreemd, omdat Shaws naam tot op dat moment niet was opgedoken in verband met het onderzoek naar de aanslag. Ook niet in het Warren-rapport. Waarom en door welke regeringsinstanties zou Shaw dan zijn gecheckt? Later werd de verklaring van Clark door een woordvoerder van het ministerie van Justitie ingetrokken als zijnde gebaseerd op verkeerde informatie.

Stap voor stap werd het plan om zich van president Kennedy te ontdoen, ingevuld. Twee zaken waren daarbij uitermate belangrijk. Er bestond een invloedrijke kring van personen die er dezelfde extreme denkbeelden op na hield en er waren meer dan voldoende middelen aanwezig om de plannen te kunnen uitvoeren.

Zoals gezegd was het van het begin af aan duidelijk dat er naast het daadwerkelijke moordplan een nepcomplot zou moeten worden opgezet om de autoriteiten op een vals spoor te zetten. De impact van de moord op de president zou immers zo reusachtig zijn, dat er een zondebok voorhanden moest zijn op wie alle aandacht zich zou kunnen richten.

De basis voor dat nepcomplot lag eigenlijk voor de hand. Vanuit de ultrarechtse en anticommunistische denkbeelden van TFARC was het via het Centro en Permindex (CIA) en de steun aan de OAS in Algerije maar een kleine stap naar die andere strijd tegen het gehate communisme. Die van de anti-Cubabeweging. De anti-Cubabeweging werd bovendien al langer door deze instanties gesteund en vormde zodoende een perfecte dekmantel voor de complotteurs.

En zo voegde Clay Shaw via de anti-Cubabeweging Guy Banister en David Ferrie aan de complotgroep toe, figuren die evenals de rest van de anti-Cubabeweging woedend waren over het Varkensbaaidebacle, waarvoor ze Kennedy verantwoordelijk hielden.

Guy Banister was een sleutelfiguur in extreem rechtse kringen en fel anti Cuba. Hij was lid van de John Birch Society en had nauwe banden met de militie van de Minutemen.

Privédetective en ex-FBI agent Guy Banister, wiens detectivebureau een ontmoetingsplaats was voor de bannelingen en hun sympathisanten, werd door Shaw ingeschakeld om Oswald zoals dat heet te 'ontluizen'. Lee Harvey Oswald moest zodoende door Banister in de periode voor de aanslag worden betrokken in de anti-Cubabeweging, met als enige reden Oswald tot een aanvaardbare aanslagpleger te kunnen bombarderen. In eerdere jaren was Oswald immers geëmigreerd naar Rusland en hij koesterde dus op zijn minst sympathie voor de communistische ideologie. Bekend is ook dat Oswald aanvankelijk pro Cuba was. Oswald gebruikte het kantoor van Banister in New Orleans als uitvalsbasis voor zijn pro-Cuba-activiteiten. Zijn abrupte overstappen van de pro- naar de anti-Cubabeweging was dan ook onverklaarbaar en tegenstrijdig en slechts bedoeld om Oswalds rol als eenzame, doorgedraaide moordenaar aannemelijk te maken.

Tevens werd David Ferrie ingeschakeld, eveneens fel anti Castro. Ferrie, een vliegtuigpiloot, had zich al in 1959 aangesloten bij de strijd tegen Castro. Hij werkte voor Sergio Arcacha Smith, het hoofd van het Cubaans Revolutionair Front in New Orleans. Hij vloog geregeld Cubanen over voor sabotagemissies en hij werd genoemd in verband met de overval van een groep Cubanen op de Schlumberger-munitiefabriek in Houma, Louisiana, waarbij grote hoeveelheden springstoffen en geweren werden buitgemaakt. Allemaal in het kader van de strijd tegen Castro.

De keuze voor deze dekmantel was om meer dan één reden briljant. De anti-Cubabeweging bevond zich begin jaren zestig op het hoogtepunt. En dat hoogtepunt werd belichaamd door de plannen die later bekend zouden worden als het Varkensbaai-incident.

Het plan van de CIA om Cubaanse bannelingen Cuba te laten binnenvallen om zodoende de regering van Castro omver te werpen, bestond reeds toen Kennedy tot president werd verkozen. Het plan werd in principe ondersteund door president Eisenhower en vicepresident Nixon. De operatie was ontworpen door Allen W. Dulles, directeur van de CIA en zijn adjunct-directeur Richard M. Bissell, die verantwoordelijk was voor de opzet van clandestiene operaties. Het plan bestond uit vier onderdelen: ten eerste de moord op Castro; ten tweede een korte propagandaoorlog gericht tegen de Cubaanse bevolking; ten derde de invasie van Cuba door een brigade van Cubaanse bannelingen, getraind en bewapend door de CIA; en ten vierde het in gang zetten van een opstand van de plaatselijke bevolking.

Waarschijnlijk hoorde Kennedy pas van de invasieplannen op 27 november 1960, achttien dagen nadat hij Dulles had herbenoemd als directeur van de CIA. Er zou een luchtaanval worden ondernomen op de Cubaanse luchtmachteenheden en de door de CIA getrainde Cubaanse bannelingen zouden met amfibievoertuigen landen op de zuidkust van Cuba.

Toen Kennedy door Dulles en Bissell werd ingelicht over het plan, keurde hij het goed noch af. Hij nam het in beraad, vooral omdat Dulles en Bissell een grote reputatie genoten in Washington, zodat Kennedy niets anders kon dan de plannen serieus in overweging te nemen. Pas op 19 januari, een dag voor zijn inauguratie, besprak Kennedy het plan in het Oval Office met Eisenhower, die hem aanraadde het te aanvaarden.

De vraag is hoe Kennedy precies over de plannen dacht. Hoewel zijn latere acties erop duiden dat hij er niet achter stond, lijkt het erop dat hij de plannen aanvankelijk wilde uitvoeren. Om zijn bijzonder nipte overwinning op Nixon bij de presidentsverkiezingen achter zich te laten, voelde hij een soort verplichting om tijdens de eerste honderd dagen van zijn presidentschap iets spectaculairs te laten zien. En wat was spectaculairder dan het voornemen om Castro af te zetten en Cuba naar een vrije democratie te leiden?

Uiteindelijk ging Kennedy dan ook schoorvoetend akkoord met de plannen, op voorwaarde dat er geen directe inmenging van de Verenigde Staten zou zijn vereist. Achteraf bleek dat een fatale beslissing te zijn.

Het plan werd door Kennedy zo stil mogelijk gehouden. Zelfs naaste adviseurs wisten er veelal niet van. Op 14 april gaf Kennedy Bissell het groene licht voor het eerste gedeelte van de actie, om de Cubaanse vliegvelden te bombarderen om zodoende Castro's luchtmacht uit te schakelen. Aanvankelijk had Bissell zestien B-26-bommenwerpers willen inzetten, volgens hem het minimum om de taak te kunnen volbrengen. Maar toen het uur van de waarheid naderde, gaf Kennedy slechts toestemming om zes B-26's in te zetten. Deze vertrokken op 14 april vanaf een vliegbasis in Nicaragua, bemand met door de CIA getrainde Cubaanse piloten. Op de vliegtuigen en de bommen waren herkenningstekens van de Cubaanse luchtmacht aangebracht. Toen Bissell hoorde van de zes vliegtuigen was hij woedend. De chefs van staven hadden duidelijk aangegeven dat er in de lucht algehele superioriteit moest bestaan, wilde de actie kans van slagen hebben. De volgende morgen werd het nieuws van de aanval wereldwijd bekend. De Cubaanse ambassadeur bij de VN, dr. Raul Roa, beschuldigde Amerika ervan de aanval te hebben opgezet.

De zes bommenwerpers faalden in hun poging om de Cubaanse luchtmacht uit te schakelen en er was een tweede aanval nodig. Geschrokken van de negatieve reacties in de VN, blies Kennedy deze tweede aanval af, wat een demoraliserend effect had op de Amerikaanse militaire adviseurs en de Cubaanse bannelingen.

Ondertussen voer de invasievloot, geleid door vijf Amerikaanse oorlogsschepen waarvan de herkenningstekens onherkenbaar waren gemaakt, en verder bestaande uit landingsvaartuigen en vrachtschepen, richting de Varkensbaai aan de zuidwestkust van Cuba. Ze hadden geen luchtsteun en dreigden te worden aangevallen door de Cubaanse luchtmacht, die in het geheel niet was vernietigd.

Op zondag 16 april kreeg Kennedy het dringende verzoek om luchtsteun te verlenen aan het konvooi. Het vliegdekschip de *Essex* voer in de wateren in de buurt van de Varkensbaai en luchtsteun vanaf de *Essex* zou de invasie kunnen redden. Kennedy wilde echter geen verdere Amerikaanse betrokkenheid meer en gaf de *Essex* met haar escorte van zeven oorlogsschepen opdracht om het gebied te verlaten tot ten minste dertig mijl uit de Cubaanse kust.

De volgende dagen landden de bannelingen op de stranden van Cuba en werden totaal verslagen door het Cubaanse leger en de luchtmacht. Ze waren kansloos. Drie schepen werden tot zinken gebracht. Op 20 april waren 114 bannelingen gedood en 1.189 waren gevangengenomen.

Het was 20 april, de negentigste dag van Kennedy's presidentschap.

Door de acties van Kennedy was de invasie een ramp geworden. Zowel de militaire en CIA-planners als de Cubaanse bannelingen waren verbouwereerd en woedend. De bannelingen voelden zich verraden. Deze voedingsbodem van felle anti-Cuba-gevoelens vormde een perfecte dekmantel voor de opzet van het nepcomplot om Kennedy te vermoorden. De opzet om de moord in de schoenen te schuiven van een aantal zondebokken, wees dus haast als vanzelf in de richting van de anti-Cuba-beweging.

Voor het opzetten van het nepcomplot werkten de complotteurs waarschijnlijk samen met een CIA-medewerker, wiens pad dat van de complotteurs al veelvuldig was gekruist en wel in het kader van diezelfde anti-Cubabeweging: E. Howard Hunt, niet te verwarren met de olietycoon H.L. Hunt, eigenaar van de gelijknamige oliemaatschappij.

E. Howard Hunt was later overigens directeur van de persoonlijke veiligheidsdienst van oliemagnaat H.L. Hunt en zou bekend worden als een van de zogenaamde loodgieters, de inbrekers in het democratische hoofdkwartier in het Watergate-gebouw. Een kwestie die president Nixon in 1974 de kop zou kosten.

E. Howard Hunt werd in het tijdschrift *Spotlight* beschuldigd van betrokkenheid bij de moord op president Kennedy. Hunt klaagde *Spotlight* aan, maar de jury besliste in het voordeel van *Spotlight* en was op grond van het bewijs van mening dat Hunt via zijn contacten als CIA-agent waarschijnlijk inderdaad een rol had gespeeld in het complot. Hunt was in 1963 namelijk hoofd van het CIA-kantoor in Mexico-City, ten tijde van het voorgewende bezoek van Oswald aan de ambassades van de Sovjet-Unie en Cuba aldaar, zogenaamd om zijn bezoek aan de Sovjet-Unie voor te bereiden. Onderzoek wees later echter uit dat de persoon die op de foto's van de bezoeken aan de ambassades was afgebeeld, niet Oswald was, maar een dubbelganger. Opnieuw was er een vals spoor opgezet om verwarring te zaaien over Oswalds politieke overtuiging. Opnieuw met het doel om Oswald later te kunnen afschilderen als politieke fanaat die zeer wel in staat zou zijn geweest om Kennedy te vermoorden.

Overigens had Hunt in het kader van de Varkensbaai-operatie de Cuban Revolutionary Council opgezet, bedoeld als steunpunt voor de anti-Castro-Cubanen in hun strijd om Cuba te bevrijden. De CRC was tot het voorjaar van 1963 gevestigd op Camp Street nummer 544 in New Orleans, hetzelfde kantoorgebouw waar Banisters detectivebureau was gevestigd en waar Ferrie veelvuldig kwam. Hetzelfde adres ook dat stond vermeld op de pamfletten van het Fair Play for Cuba Committee, die Oswald in zijn rol van pro-Cuba actievoerder uitdeelde in New Orleans. Organisaties voor en tegen Cuba, gebroederlijk gevestigd in hetzelfde kantoorgebouw!

Voor de complotteurs waren individuele lieden binnen de CIA de aangewezen personen om hun van dienst te zijn bij de opzet van het dwaalspoor.

Deze samenwerking met individuele CIA-agenten, dus niet met de dienst als zodanig, was op zich niets nieuws.

In de loop der jaren had de olie-industrie, in het kader van de grote overheidsbelangen die op het spel stonden in verband met de oliewinning in het buitenland, al veelvuldig gebruikgemaakt van de adviezen van de CIA en de NSA.

Vanzelfsprekend konden deze diensten niet worden ingeschakeld in het kader van een complot om de president van de Verenigde Staten, hun eigen baas dus, te liquideren. Maar soms verrichtten bepaalde CIA-werknemers op persoonlijke titel hand-en-spandiensten voor de oliebaronnen. Het werk werd immers goed betaald en bovendien hielden deze CIA'ers er vaak een eigen agenda op na, die niet altijd strookte met de officiële. Het is geen geheim dat bijvoorbeeld grote oliemagnaten de CIA of in elk geval werknemers daarvan, soms als hun persoonlijke privélegertje zagen. En ook Shaw was gezien zijn positie binnen Permindex bepaald geen vreemde in de wereld van de inlichtingendiensten.

Uit een CIA-memo van 28 september 1967 aan het ministerie van Justitie, dat in 1977 werd gepubliceerd, blijkt dat Shaw in de jaren van 1949 tot 1956 voor de inlichtingendienst dertig rapporten had opgesteld.

Zodoende was de CIA, zij het via individuele contacten, dus wel degelijk betrokken bij het complot.

George De Mohrenschildt, die contacten had met de CIA en met particuliere inlichtingendiensten gerelateerd aan de olie-industrie, had in 1962 dus contact gelegd met Lee Harvey Oswald. In oktober 1962 zorgde De Mohrenschildt er vervolgens voor dat Oswald naar Dallas vertrok, waar hij een maand uit het zicht bleef, zelfs van zijn moeder. Hij zou zijn ontslagen bij zijn werkgever, Leslie Welding in Fort Worth, terwijl hij in werkelijkheid ontslag had genomen. Zijn vrouw Marina en hun kind vonden onderdak bij De Mohrenschildts dochter.

Eveneens in oktober 1962 brachten de De Mohrenschildts de Oswalds in contact met Ruth Paine, een gescheiden vrouw die van Marina graag Russische les wilde hebben. Op 23 april 1963 trok Marina met het kind in bij die vrouw; Oswald vertrok de volgende dag met de bus naar New Orleans. Daarna werd het contact tussen De Mohrenschildt en Oswald verbroken.

De De Mohrenschildts vertrokken een week later voor zaken naar Haïti. Daar hoorden ze van de moordaanslag op Kennedy.

De Warren-commissie heeft de vriendschap tussen De Mohrenschildt en Oswald overigens altijd gebagatelliseerd. Opnieuw een houding die moeilijk valt te verklaren.

De Mohrenschildt onderhield immers nauw contact met de latere vermeende moordenaar van de president!

Op 3 oktober 1963 besloot Oswald plotseling terug te gaan naar Dallas.

Op 4 oktober kreeg hij een baan bij het schoolboekendepot. Het was nog anderhalve maand tot de 22e november. Men was op schema, want Oswald moest voor die datum een baan hebben bemachtigd in een van de gebouwen die grensden aan Dealey Plaza. Natuurlijk bestond er bij de complotteurs een bepaalde voorkeur voor de gebouwen met de beste schutterspositie, maar die was niet doorslaggevend. Zolang Oswald maar aanwezig zou zijn in een van de gebouwen langs de route die de president zou volgen. Dat was cruciaal om hem de aanslag in de schoenen te kunnen schuiven.

22 november 1963. De president was op weg naar Dallas. Oswald was op zijn werkplek in het schoolboekendepot aan Elm Street. De huurmoordenaars waren ingevlogen.

Een belangrijk punt van aandacht was de keuze van de moordenaars. Ook daar zijn vele theorieën over naar buiten gebracht. Feit is dat het huurmoordenaars waren die waren gerekruteerd via de OAS. Ze waren ervaren en hadden hun prijs. De aanslagen op De Gaulle waren mislukt, deze keer mochten ze niet falen.

Kort voordat de presidentiële stoet vertrok, namen ze hun posities in. Om twaalf uur, dertig minuten en twaalf seconden Central Standard Time klonk het eerste schot.

Na de aanslag werd Oswald binnen anderhalf uur opgepakt.

Oswald stapte op een bus en kwam om één uur aan bij zijn hospita. Om kwart over een werd Oswald lopend in Tenth Street aangehouden door agent J.D. Tippit. Tippit werd doodgeschoten, volgens sommige getuigen door Oswald, volgens andere door een andere schutter. Om tien voor twee werd Oswald opgepakt in het Texas Theatre.

Op zondagochtend, 24 november, zou Oswald vanuit het politiebureau van Dallas worden overgebracht naar de districtsgevangenis, waar een betere beveiliging mogelijk was. Om negen voor halftwaalf stapten Oswald en zijn begeleiders uit de lift in de keldergarage. Jack Ruby liep naar voren en schoot Oswald neer.

Ruby was een tweederangs nachtclubeigenaar die hand-en-spandiensten verrichtte voor de CIA en goede contacten had bij zowel de maffia als de politie van Dallas. Ook had Ruby contacten binnen de oliewereld. Enkele dagen voor de aanslag is hij nog gezien in het kantoor van oliemagnaat H.L. Hunt. Onmiddellijk na dat bezoek nam Ruby een grote som geld op van de bank en kocht zes vliegtickets enkele reis naar Mexico. Op de dag voordat Ruby Oswald neerschoot, deelde hij buiten aan

het publiek Hunt's extreem conservatieve lectuur uit en verdedigde hij tijdens een radioprogramma diens politieke opvattingen. In het begin van de jaren vijftig hadden Hunt en Ruby elkaar al veelvuldig in de gokwereld ontmoet. Madeline Brown, vicepresident Johnsons vriendin, heeft later bekend dat zij Ruby ook kende en zijn nachtclub regelmatig bezocht.
Er bestaan bewijzen dat Ruby Oswald in de gaten hield in de dagen rond de aanslag op Kennedy. Ruby hield na zijn arrestatie aanvankelijk vol dat hij Oswald had vermoord uit medelijden met Jacqueline Kennedy, om te voorkomen dat ze terug zou moeten keren naar Dallas voor het proces tegen Oswald. Maar later zou Ruby verklaren dat hij werd gedwongen tot de aanslag en dat 'de hele wereld verbaasd zou staan als men zou weten wie er achter de moord zat'. Hij probeerde de Warren-commissie meermalen duidelijk te maken dat hij de waarheid wilde vertellen, op voorwaarde dat hij zou worden overgeplaatst naar Washington, omdat hij in de gevangenis in Dallas in gevaar was. Maar tevergeefs. Noch opperrechter Warren, noch commissielid en de latere president Gerald Ford honoreerden zijn verzoek. En Warren wilde ook helemaal niet dat Ruby meer prijsgaf van wat hij wist. Opperrechter Warren verbood de twee advocaten die in de periode van zes maanden daarvoor onderzoek hadden verricht naar Ruby, om met hem te praten. Die advocaten, Leon D. Hubert jr. en Burt W. Griffin, hadden de fout begaan dat ze Ruby's activiteiten in Cuba tot in detail hadden onderzocht. Dat maakte hen voor Warren ongeschikt om Ruby te ondervragen, omdat dat al te gemakkelijk zou kunnen wijzen naar een complot. Zelfs Gerald Ford kreeg van Warren een verbod om Ruby aangaande zijn Cubaanse connecties te ondervragen.
Jack Ruby werd begin 1964 ter dood veroordeeld, maar in 1966 werd deze veroordeling in hoger beroep tenietgedaan. Vlak voor zijn nieuwe proces in 1967 overleed Ruby, onder omstandigheden die nog steeds aanleiding geven tot achterdocht.

Om zeven over een, achtenveertig uur en zeven minuten nadat Kennedy dood was verklaard, werd Lee Harvey Oswald doodverklaard in het Parklandziekenhuis te Dallas, in een traumakamer naast die waarin de president was overleden.
De doofpotaffaire was begonnen.
De president was vermoord. De vermeende moordenaar eveneens.
De daadwerkelijke moordenaars hadden het land alweer verlaten.
De doofpotaffaire was in werking gezet. Het nepcomplot deed zijn werk.
Oswald was namelijk niet de enige zondebok. Ook Banister en Ferrie zijn gebruikt om een dwaalspoor op te zetten dat de aandacht moest afleiden van de daadwerkelijke daders.
Het waren alle drie perfecte zondebokken, dat wel.
Lee Harvey Oswald was een mislukkeling. Hij had in zijn leven wanhopige pogin-

gen ondernomen om serieus te worden genomen, maar het lukte hem zelden. Zijn vlucht naar de Sovjet-Unie leverde hem uiteindelijk weinig op. Zijn terugkeer naar Amerika bracht hem eveneens weinig geluk. Hij was een loser, een perfecte zondebok die zich zonder al te veel moeite liet inlijven om naam te maken in het politieke krachtenveld. Of hij nu pro- of anticommunistisch was, pro of anti Cuba, Oswald nam de kans die hem gegeven werd om geschiedenis te schrijven vrijwel klakkeloos aan.

Banister kon om andere redenen eveneens als de perfecte zondebok fungeren.

Guy Banister was tweeënzestig en een sleutelfiguur binnen extreem rechts. Hij was een illustere politieman geweest. Hij had in 1934 de jacht geleid op bankrover John Dillinger, publieke vijand nummer één van FBI-baas Hoover. Als beloning was hij benoemd tot bureauchef in Chicago. Op speciaal verzoek van de burgemeester van New Orleans was hij in de jaren vijftig naar de stad gekomen om adjunct-chef van politie te worden, maar nadat hij had geprobeerd om de burgemeester te beschuldigen van malversaties, was hij tot ontslag gedwongen. De speciale commissaris van New Orleans voor de bestrijding van de misdaad, Aaron Kohn, noemde Banister een 'tragisch geval', iemand die leed aan waanvoorstellingen en die zwaar dronk. Na zijn ontslag opende hij een detectivebureau.

Een tragische persoon die leed aan waanvoorstellingen. Opnieuw een perfecte zondebok dus!

Dan David Ferrie. In 1963 was Ferrie vijfenveertig jaar oud. Ex-legerpiloot en ex-piloot voor Eastern Airlines, waar hij was ontslagen wegens onfatsoenlijk gedrag in het kader van zijn homofiele geaardheid. Hij had zichzelf uitgeroepen tot hypnotiseur, kankerspecialist en bisschop van de door hemzelf opgerichte sekte, de heilige apostolische katholieke Kerk van Noord-Amerika. Hij liet zich graag aanspreken met 'doctor', omdat hij via een schriftelijke cursus van de dubieuze Phoenix-universiteit in Bari, Italië, een graad in de filosofie had gehaald. Ferrie leed aan alopecia totalis, waardoor al zijn haar was uitgevallen. Daarom droeg hij altijd een rode pruik, die hem niet paste, en had hij wenkbrauwen van mohair gemaakt die hij overdag met lijm vastkleefde. Niemand die hem zag, kon hem ooit nog vergeten. Wat hij met Banister en de anti-Cubabeweging gemeen had, was een ultieme haat jegens Kennedy. Ferrie leidde piloten op in het kader van de anti-Cubabeweging, om wapens en manschappen te vervoeren. Daarnaast was hij als instructeur betrokken bij de guerrillaopleiding van de Cubaanse bannelingen, die werd geleid door Banister. In die hoedanigheid werkte hij ook mee aan de 'overval' op de munitiebunker van de Schlumberger Corporation in Houma, Louisiana, waar munitie en granaten vandaan werden gehaald, die vervolgens werden vervoerd naar New Orleans en tijdelijk werden opgeslagen in Ferries flat en Banisters kantoor. Ook was hij als piloot betrokken bij de mislukte aanval op Cuba in de Varkensbaai.

Wat hij met Oswald gemeen had?
Toevallig was Ferrie in de tijd dat Oswald cadet van de Civil Air Patrol van New Orleans was, diens squadronleider geweest. Ferrie kende Oswald dus uit zijn tijd dat Oswald als cadet in zijn squadron had gediend.

En op de avond voor de moord ging Ferrie langs bij Oswalds hospita in New Orleans, mevrouw Garner, om na te vragen of Ferries bibliotheekkaart misschien in Oswalds kamer lag. Die kaart had hij eerder aan Oswald uitgeleend. Er bestond dus zonder twijfel een connectie tussen Ferrie en Oswald.

Drie labiele personen, drie perfecte zondebokken.

Voeg daaraan toe ene George De Mohrenschildt, ex-inlichtingenman en oliegeoloog, die in nauw contact stond met de olie-elite van Dallas, met de CIA en met het anticommunistische establishment. En die naar alle waarschijnlijkheid nooit precies heeft geweten waarom hij Oswald als protégé onder zijn hoede heeft moeten nemen, maar die zijn opdracht van hogerhand simpelweg als een militaire order heeft uitgevoerd, zoals een inlichtingenman betaamt.

En uiteindelijk Clay Shaw, de enige betrokkene die waarschijnlijk precies wist waarmee hij bezig was. Clay Shaw, de voorzitter van de Trade Mart in New Orleans, lid van het bestuur van Permindex en van Centro Mundiale Commerciale in Italië, allebei mantelorganisaties van de CIA. Clay Shaw, die eveneens in nauw contact stond met de Amerikaanse olie-elite. Clay Shaw, die via duistere praktijken in het Caribisch gebied de anti-Cubabeweging van voldoende fondsen voorzag. Clay Shaw, die Banister en Ferrie persoonlijk kende en op de hoogte was van hun karakters en voorgeschiedenis.

Die Clay Shaw was niet de zoveelste zondebok die simpelweg werd gebruikt zoals de anderen, maar iemand die handelde in opdracht. In opdracht van een organisatie waartegen hij geen nee kon zeggen. Want daarvoor zat hij er inmiddels te diep in. Als hij nee had gezegd, dan zou het met hem gedaan zijn geweest.

En dat wist hij, beter dan wie ook.

Het scenario van de film *JFK* zat er dus nog niet eens zo ver naast, behalve dan dat de film uitgaat van het bestaan van een daadwerkelijk complot, terwijl dat in werkelijkheid een nepcomplot is geweest, opgezet om de echte toedracht te maskeren.

Gelooft u dit allemaal niet? Wat doet het ertoe!
Het was de bedoeling van de complotteurs om twijfel te zaaien, om een rookgordijn aan te leggen waar niemand meer uit zou kunnen komen. Welke feiten nu precies wel of niet exact klopten, deed er niet meer toe. Niemand, geen enkele overheidsinstantie, de Warren-commissie in 1963, noch de House Select Committee

on Assassinations in 1978, is er ooit uitgekomen wie er achter het complot zaten. Volgens de HSCA was er wel een complot, maar ze wisten niet hoe of wat.
Sinds die zwarte dag in november 1963 zijn er ontelbare artikelen, boeken en films over de moord op Kennedy verschenen, met evenzovele complottheorieën en verdachtmakingen. Met welk concreet resultaat? Geen enkel!
De HSCA deed in 1978 nog de aanbeveling aan Justitie om de hele zaak opnieuw te onderzoeken. Maar de overheid gaf er geen gehoor aan!
Het rookgordijn heeft zijn werk tot op de dag van vandaag naar behoren gedaan. Een rookgordijn waaraan de overheidsdiensten elk op hun eigen manier maar vaak zonder het te beseffen, ingrijpend hebben meegewerkt, allemaal met de bedoeling om hun eigen straatje schoon te vegen.
Daarom werden de onderzoeken als een sneeuwbaleffect uitvergroot, naar de betrokkenheid van de maffia, de CIA, de FBI, de anti-Cubabeweging, Castro en noem maar op. Behalve naar die van de sector die de grootste invloed had en heeft in Amerika: de olie-industrie. Terwijl de voordelen van de uitschakeling van Kennedy voor hen veruit het grootst waren. Terwijl zij de middelen en de contacten hadden om zo'n plan ten uitvoer te brengen. Terwijl zij toegang hadden tot een organisatie waarvan de macht al sinds jaar en dag diep is doorgedrongen in het centrum van de Amerikaanse samenleving. Een organisatie die geen president duldde die zich niet aan haar zou onderwerpen...

En hoe ging de doofpotaffaire dan in zijn werk?
Een paar voorbeelden:

- Oswald werd bij zijn terugkeer als overloper uit de Sovjet-Unie niet ondervraagd door de CIA.
- De tegenstrijdige verklaringen betreffende de autopsie op president Kennedy van de artsen in het Parklandziekenhuis in Dallas en de artsen van het marineziekenhuis Bethesda in Washington.
- Het nalaten van de Warren-commissie om cruciale getuigen te verhoren. Zo werd Shaw niet verhoord, noch Ferrie. Shaw werd door minister van Justitie Ramsey Clark zelfs volledig afgeschermd.
- Het nalaten van de FBI om Banister in 1963 te verhoren. Kennelijk was de FBI er veel aan gelegen om een voormalig agent te beschermen.
- De limousine van de president werd binnen vierentwintig uur gestript, voordat die kon worden onderzocht.
- De kleding van gouverneur Connally werd binnen vierentwintig uur gestoomd.
- De hersenen van de president raakten zoek.
- De kopie van de Zapruder-film van de aanslag, die werd onderzocht door de

Warren-commissie, was ingekort door de FBI zodat een groot aantal frames ontbrak.
- De Warren-commissie negeerde de verklaringen van twintig betrouwbare getuigen die zeiden dat ze schoten hoorden en rookwolkjes zagen vanuit de richting van de grasheuvel. Tijdens het onderzoek van de HSCA in 1977/1978 verklaarden zestig getuigen dat ze schoten hadden gehoord die kwamen vanuit de richting van de grasheuvel. Er werd niets mee gedaan.
- James T. Tague werd verwond door een kogel die insloeg in een betonnen pilaar bij de onderdoorgang op Dealey Plaza. Die kogel kon gezien zijn richting onmogelijk afkomstig zijn van het schoolboekendepot. Noch de Warren-commissie noch de HSCA kon dit mysterie oplossen.
- Gouverneur Connally en gouverneur Reagan weigerden getuigen uit te leveren ten behoeve van het onderzoek.
- De officiële bekendmaking van de één-kogeltheorie door de Warren-commissie werd zonder slag of stoot aanvaard, terwijl die theorie in de praktijk geen stand hield. En dat wist men! Schietproeven verricht door FBI-agenten hadden dit aan het licht gebracht.
- J. Edgar Hoover, de directeur van de FBI, vaardigde kort na de aanslag een richtlijn uit met de opdracht 'op alle hoge medewerkers van het bureau druk uit te oefenen om de moord te onderzoeken en van de feiten een zodanig verslag op te stellen, dat het de conclusie zou ondersteunen dat Lee Harvey Oswald een op zichzelf opererende, zwakzinnige schutter was'. Ook bevatte die richtlijn een speciale toevoeging. Hoover verlangde dat de FBI-functionarissen in Dallas en New Orleans 'alles zouden vernietigen wat voor het bureau compromitterend zou kunnen zijn'.
- De eenzame dader, Lee Harvey Oswald, werd binnen anderhalf uur opgepakt, maar er werd geen nitraat op zijn handen aangetroffen, waarmee het doorslaggevende bewijs werd geleverd dat hij recentelijk géén wapen had afgeschoten.
- Oswald was door een aantal medewerksters van het schoolboekendepot vlak na de aanslag gezien bij een frisdrankenautomaat, een plaats waar hij nooit geweest had kunnen zijn als hij de fatale schoten had gelost.
- Getuigen hebben gemeld dat degene die agent Tippit doodschoot, een totaal andere persoon was dan die paste bij de omschrijving van Oswald.
- De connectie naar Permindex of Centro Mundiale Commerciale is nooit onderzocht, terwijl Clay Shaw bij beide organisaties hoge functies bekleedde. Daarmee had onvermijdelijk een link kunnen worden gelegd met de CIA en met lieden binnen de olie-elite van Dallas.
- CIA-directeur George W. Bush zorgde ervoor dat de HSCA geen schadelijke informatie van de CIA loskreeg. Intern vroeg hij echter onmiddellijk om inlichtin-

gen over alle personen die in staat zouden zijn om de medeplichtigheid van de CIA aan de moord op Kennedy en aan het verbergen van de ware toedracht daarvan, boven water te brengen.

- De leden van de HSCA en hun staf moesten een verklaring van geheimhouding ondertekenen die in feite inhield dat zij geen informatie mochten onthullen of daarover mochten praten als de CIA had beslist dat die ontoegankelijk diende te blijven, dit alles op straffe van gerechtelijke vervolging. In feite had daarmee de sturende hand van de CIA indirect greep gekregen op de HSCA. Bijna alle informatie, bewijsmateriaal of getuigenverslagen die bij de CIA gevoelig lagen, werden zodoende uit handen van de commissieleden gehouden.
- De handel en wandel van H.L. Hunt, de oliemagnaat en rijkste man van Amerika, is nooit daadwerkelijk onderzocht. Deze ultrarechtse Hunt had via de oliewereld van Dallas goede contacten met George De Mohrenschildt. Verder stond hij in contact met Jack Ruby. Hij overtuigde zijn vriend en mede-Texaan Johnson ervan om toch maar het vicepresidentschap onder zijn vijand Kennedy te aanvaarden, want dan zou hij maar 'een hartslag van het Witte Huis verwijderd' zijn. Hunt, die eveneens nauw in contact stond met de CIA, huurde later ex-CIA agent E. Howard Hunt in als zijn persoonlijke veiligheidsadviseur. Marina Oswald, de weduwe van Lee Harvey Oswald, is binnen een maand na de moord op Hunts kantoor gesignaleerd. Deze H.L. Hunt, wiens enorme olie-inkomsten werden bedreigd door de belastingplannen van Kennedy, die in direct contact stond met zo'n beetje iedereen die betrokken leek bij de moord op Kennedy, is nooit gehoord door de Warren-commissie of enige andere autoriteit. Zelfs niet toen een op 8 november 1963 gedateerd, handgeschreven briefje opdook, dat door verscheidene handschriftexperts eenduidig is toegeschreven aan Lee Harvey Oswald:

'Dear Mr. Hunt,
I would like information concer(n)ing my position.
I am asking only for information. I am suggesting that we discuss the matter fully before any steps are taken by me or anyone else.
Thank you.
Lee Harvey Oswald'

En dan hebben we het nog niet eens gehad over de, in vele gevallen onopgeloste, dood van hoofdpersonen die enig licht op de zaak hadden kunnen werpen.
Allereerst was daar natuurlijk Lee Harvey Oswald, doodgeschoten door Jack Ruby. Guy Banister overleed in juni 1964 aan een hartaanval, hoewel er verklaringen bestaan dat er een schotwond in zijn lichaam is aangetroffen.
Jack Ruby overleed op 3 januari 1967 in de gevangenis onverwacht aan longkanker,

vlak voordat hij een nieuw proces zou krijgen over zijn moordaanslag op Oswald. Er bestaan verdenkingen dat Ruby is geïnjecteerd met een kankerverwekkend middel. In die periode beschikte de CIA al over stoffen die kanker konden veroorzaken. Toediening van slechts een paar microgram was hiervoor al voldoende. Sindsdien heeft de CIA een uitgebreide techniek ontwikkeld om door de toediening van dodelijke stoffen personen uit te schakelen. In 1975 getuigden CIA-onderzoekers voor de Church-commissie, de commissie ingesteld om de werkwijze van de inlichtingendiensten te onderzoeken, over voorbeelden van zulke stoffen, waarvan de toediening bij een autopsie niet kon worden vastgesteld.

David Ferrie werd op 22 januari 1967, minder dan een week nadat de kranten verslag hadden gedaan van Garrisons onderzoek, dood gevonden in zijn appartement. Op de dag dat de kranten het nieuws brachten, had Ferrie nog telefonisch contact opgenomen met een van Garrisons medewerkers. Hij zei het volgende:

'Je weet toch wel wat deze berichten voor mij betekenen, of niet soms? Ik ben ten dode opgeschreven.'

Ferrie liet twee zelfmoordbrieven achter. Zijn dood zou een natuurlijke oorzaak hebben gehad, zo oordeelde de lijkschouwer drie dagen later na een autopsie op Ferries lichaam. Hij zou zijn overleden aan een beroerte. Maar Ferrie leed aan hoge bloeddruk. Vlak bij zijn lichaam werden lege medicijnflesjes gevonden. Een van die medicijnen was bedoeld om het tempo van de stofwisseling te verhogen en zou bij inname van een hoge dosis waarschijnlijk zijn dood hebben veroorzaakt. Officier van justitie Garrison verzocht de lijkschouwer om opheldering, maar er waren geen monsters van Ferries bloed of ruggenmergvocht meer voorhanden.

Clay Shaw overleed op 14 augustus 1974, ten tijde van het onderzoek door de Church-commissie, doodsoorzaak onbekend. Op zijn lichaam is nooit autopsie gepleegd. De omstandigheden rondom zijn dood zijn vreemd te noemen. Binnen een dag na zijn overlijden werd Shaw begraven. In zijn overlijdensakte stond vermeld dat Shaws dood het gevolg was van een natuurlijke oorzaak: longkanker. De lijkschouwer van New Orleans, dr. Frank Minyard, die de manier waarop en de haast waarmee Shaw begraven was verdacht vond, besloot een gerechtelijk bevel tot opgraving van het lijk van Shaw te vragen, zodat hij kon nagaan of Shaw niet gestorven was als gevolg van opzet. Maar nadat de plaatselijke pers hiertegen protesteerde, onder andere met het argument dat Garrison er waarschijnlijk achter zou zitten in een poging om Shaw alsnog in verband te brengen met de moord op Kennedy, besloot de lijkschouwer uiteindelijk om de opgraving af te gelasten.

En misschien dat de levensloop van George De Mohrenschildt – de medespeler tegen wil en dank in dit tragische scenario, de marionet die zich achteraf misschien nog wel het meest zijn betrokkenheid bij deze morbide geschiedenis heeft aangetrokken – de meeste indruk maakt van allemaal. Zijn levensloop vanaf eind 1963 geeft wellicht het duidelijkst weer wat voor een verschrikkelijke impact de betrokkenheid bij een drama zoals dit op iemands leven kan hebben.

In 1967 moest De Mohrenschildt samen met zijn vrouw Jeanne Haïti definitief verlaten. Ze vertrokken naar Port Arthur, Texas.

In de jaren zeventig woonden de De Mohrenschildts in Dallas. In het voorjaar van 1976 had George een zware bronchitisaanval. Na behandeling verbeterde De Mohrenschildts bronchitis, maar hij begon sporen te vertonen van een zenuwinzinking. Hij werd paranoïde en claimde dat de FBI achter hem aan zat.

In de herfst van 1976, terwijl hij in deze slechte toestand verkeerde, volbracht De Mohrenschildt zijn ongepubliceerde manuscript 'I'm a patsy, I'm a patsy!', een titel die weinig te raden overlaat.

De nacht dat hij zijn manuscript af had, probeerde hij zelfmoord te plegen door al zijn kalmeringstabletten in te nemen. Die zelfmoordpoging mislukte.

Vlak na deze poging liet zijn vrouw hem opnemen in het Parklandziekenhuis, waar hij elektrotherapie kreeg.

Begin 1977 vluchtte De Mohrenschildt, die ervan overtuigd was dat kwade krachten hem achtervolgden, naar Europa in het gezelschap van de Nederlandse journalist Willem Oltmans, die zich in de Kennedy-zaak had vastgebeten en De Mohrenschildt inmiddels goed kende. Later verklaarde Oltmans voor de House Select Committee on Assassinations dat De Mohrenschildt wist van Oswalds plannen om JFK te vermoorden.

Midden maart vluchtte De Mohrenschildt naar Florida. Hij zette een geweer tegen zijn hoofd en stierf op 29 maart 1977, drie uur nadat een vertegenwoordiger van de House Select Committee on Assassinations contact met hem had proberen te zoeken.

De Mohrenschildt had zijn persoonlijke strijd tegen de demonen die hem achtervolgden verloren.

Maar daar hield het niet mee op. In april 1991 werkte een onderzoeker naar de moord op Kennedy voor de actualiteitenrubriek *Frontline* aan een aflevering over de moord op JFK. De researcher had in Florida gesproken met een vroegere luchtmachtkolonel en mogelijke CIA-pion in de samenzwering, die bereid was om over de aanslag te praten. Op grond van die toezegging maakte officier van justitie Bud Fensterwald, de beheerder van de archieven over de moord op JFK in Washington, een afspraak met de luchtmachtkolonel in Palm Beach, Florida. Een paar dagen voor de afspraak overleed Fensterwald. Zijn lichaam werd gecremeerd, zonder dat er een lijkschouwing had plaatsgevonden.

(Saillant detail: dezelfde Fensterwald had in 1977 de CIA-documenten over de vermeende Franse huurmoordenaars van Kennedy opgevraagd.)

Dat de complotteurs met alles weg zijn gekomen, kan echter slechts bewondering oogsten. Waarschijnlijk waren ze zelf ook hoogst verbaasd dat het verhaal van de Warren-commissie werd gepikt door de ganse natie, door de burgers, door de overheid, door de gehele wereld. Dat het zo gemakkelijk zou gaan, hadden ook zij niet voor mogelijk gehouden. En dat allemaal omdat men blind was, men blind wilde zijn, voor de mogelijkheid van een groter complot. Zoiets kon de beschaafde westerse wereld, dezelfde wereld die het kwaad van de nazi's had verdreven, dezelfde wereld die de Koude Oorlog met zoveel verve wist te voeren, die nota bene slechts luttele tijd daarvoor de Russen in een bloedstollende crisis op de knieën had gekregen, niet overkomen. Nee, het kwaad kon niet zo diep zijn geworteld in het centrum van diezelfde wereld. Dat was onmogelijk en dat moest ook vooral zo blijven.

Maar die manier van denken bestond in september 2001 ook...

En de film waarop alles te zien was, waaruit het bewijs voor het bestaan van een samenzwering om de president van de VS te vermoorden, klip en klaar bleek, was voor altijd verdwenen.

In beslag genomen door de FBI, om nooit meer boven water te komen. De film van de Babushka Lady, die de eenzame-dadertheorie, opgedrongen door de FBI van Hoover en overgenomen door de Warren-commissie – met als enige doel om een onderzoek naar de speculaties over een complot in de kiem te smoren – volledig onderuit zou hebben gehaald.

'Ik realiseer me goed,' verklaarde Robert Kennedy tegenover een groep studenten aan het San Fernando State College op 3 juni 1968, 'dat alleen de macht van het presidentschap de geheimen rond de dood van mijn broer kan ontsluieren.'

Drie dagen later was ook hij dood.

Robert Kennedy was aan de winnende hand in de strijd om het presidentschap. Maar er mocht nimmer een tweede Kennedy op de troon komen, een Kennedy die dezelfde overtuigingen had als zijn broer, die even financieel onafhankelijk en invloedrijk was als zijn broer, en, erger nog dan dat, die uit was op wraak voor de moord op zijn broer.

En daarmee was het evenwicht weer hersteld. De cirkel was gesloten.

'Het hoogste weten is te weten dat wij niets weten.'
Broeder Christian Rosencreutz, Ridder van de Gouden Steen, in het jaar 1459

Ik verlaat u met de volgende woorden:

Niets is geheim wat niet onthuld zal worden. Daarom zal iemand na mij komen, wiens heerlijkheid nog niet bekend is, die veel zal openbaren.
Deze gedachte zal nog verborgen moeten blijven tot de komst van Elias Artista.
Wie is hij, die zo komen zal? Het is de Lichtende Geest van de leer van het Rozenkruis: Elias Artista!

Neem deze passer en plaats hem op het middelpunt van de tempel.
Het antwoord ligt besloten in de dertiende graad.
Onder de schaduw van uw vleugels, Jehova.

Verantwoording

De gebeurtenissen in De Kennedy Code zijn fictief, maar deels op ware feiten gebaseerd. Voor het verkrijgen van de benodigde historische achtergrondinformatie heb ik mij gebaseerd op diverse bronnen. De volgende boeken wil ik daarbij met name noemen:

Abeele, Andries van den, *De Kinderen van Hiram, vrijmetselaars en vrijmetselarij*. Roularta Books, Brussel, 1991.

Bayard, Jean-Pierre, *De Rozenkruisers, historie, traditie en rituelen*. Tirion, Baarn, 1994.

Buck, J.D., *Mystieke Vrijmetselarij of de symbolen der vrijmetselarij en de groote mysteriën der oudheid*. Schors, Amsterdam, 1979 (fotomechanische herdruk).

Davis, John H., *The Kennedy clan, dynasty and disaster, 1848-1983*. Sidgwick & Jackson, London, 1985.

De manifesten der Rozenkruisers, kritisch onderzochte tekst met alle varianten benevens de Nederlandsche vertaling dezer geschriften volgens de uitgave van 1617, opnieuw uitgegeven en van een inleiding voorzien door Adolf Santing, fac. herd., Librairie des sciences occultes, Amsterdam, 1976.

Epstein, Edward Jay, *Inquest: The Warren Commission and the establishment of truth*. Viking Press, New York, 1966.

Fox, Sylvan, *The unanswered questions about president Kennedy's assassination*. Award Books, New York, 1965.

Garden, Erwin C.D. (Red), *Vrijmetselarij in Woord en Beeld*. Uitgeverij Parsifal, Antwerpen, 1994.

Garrison, Jim, *JFK: op het spoor van de moordenaars van John F. Kennedy*. Luitingh-Sijthoff, Utrecht, 1992.

Hancock, Graham, *Het teken, het zegel en de wachters, Zoektocht naar de verdwenen Ark des Verbonds*. Tirion, Baarn, 1993.

Marrs, Jim, *Crossfire, The Plot that Killed Kennedy*. Carroll and Graf, New York, 1990.

Morrow, Robert D., *Uit de eerste hand. Een oud-CIA-agent onthult details van het plan om president Kennedy te vermoorden.* Strengholt, Naarden, 1999.

Oslo, Allan, *De geheime leer van de tempeliers: geschiedenis en legende.* Averbode Ten Have, Baarn, 1999.

Poncé, Charles, *Kabbalah, achtergrond en essentie.* Uitgeverij Ankh Hermes, Deventer, 2002.

Richardus, dr. ir. Peter, *Vrijmetselarij, leren werken met de troffel.* Ten Have, Baarn, 2000.

Schlesinger jr., Arthur Meier, *De duizend dagen: John F. Kennedy in het Witte Huis.* Paris, Amsterdam, 1965.

Stern, Philip M., *The Great Treasury Raid.* Random House, New York, 1966.

The Warren Report, The President's Commission on the Assassination of President Kennedy, 24 september 1964.

Wittemans, Frans, *Geschiedenis der Rozenkruisers.* Schors, Amsterdam, 1976 (foto-mechanische herdruk).